ALTAI
Irtysch
Dsungarisches
Becken
Karamai
usu
Kueitun
Schihotsu
Schawan
Urumtschi
SCHAN
Kumul
Turfan
Toksun
G
N
Korla
A
Kongi
Lop Nor
I
K
Tscharchlik
Tschertschen
200 km

JAN MYRDAL

DIE SEIDEN STRASSE

F. A. BROCKHAUS · WIESBADEN

Titel der schwedischen Originalausgabe SIDENVÄGEN En resa från Höga Pamir och Ili genom Sinkiang och Kansu.
P. A. Norstedt & Söners Förlag, Stockholm 1977.
Übersetzung aus dem Schwedischen von Wolfdietrich Müller.
Umschlag nach Entwurf von Peter Molitor unter Verwendung des Fotos der Originalausgabe.

Cip-Kurztitelaufnahme der Deutschen Bibliothek

Myrdal, Jan:
Die Seidenstraße / Jan Myrdal. [Übers. aus d. Schwed. von Wolfdietrich Müller]. — Wiesbaden: Brockhaus, 1981.
Einheitssacht.: Sidenvägen ⟨dt.⟩
ISBN 3-7653-0333-X

V. Nr. 1535 ISBN 3-7653-0333-X

Satz: citysatz, 6508 Alzey, Druck: Druckerei Gorius, 6551 Vendersheim.

Inhaltsverzeichnis

Vorwort 9
1. Taschkurgan — das alte Tor nach China auf dem Dach der Welt 11
2. »Wo sich drei Reiche treffen« 28
3. Eine Grenze, die es nicht gibt 34
4. Es spukt im Konsulat 43
5. Sinkiang 47
6. Es begann mit den Pferden 50
7. Straßen und Jahre 53
8. Sind die Uiguren denn Chinesen? 66
9. Das Grab des Heiligen 71
10. Mit Grüßen vom Vorsitzenden Mao 79
11. Der Despot hatte 82 Zimmer in seinem Haus 86
12. Das leere Grab 89
13. Yipek Yoli 117
14. Ein Gespräch über Seide 121
15. Ein Spaziergang in Chotan 132
16. Die Parteisekretäre Li und Liu sprechen über Chotan 141
17. Wofür ist Chotan berühmt? Seide, Jade und Teppiche! 146
18. Kerija oder der Puls der Geschichte 155
19. Mit eigener Kraft 170
20. Die Politik des Sandes 180
21. Die nördliche Straße 186
22. Turfan 194
23. Die neuen Denkmäler 201
24. Vier Gespräche am Ili-Fluß 208
25. Stalins gespaltener Schatten 215
26. Das russische Spiel 223
27. Die Heimwehr in der Dsungarei 234
28. Das Produktions- und Aufbaukorps 257
29. Die Revolution zieht sich Nylonstrümpfe an 263
30. Mit Sven Hedin im Gepäck 269
31. Kansu 276
32. Der Mondsichelsee 278

33. Es regnet im Korridor 286
34. Das westliche Tor 294
35. Die Stahlstadt 300
36. Die Frauenfrage 303
37. Der liegende Buddha 307
38. Zur Wasserscheide 311
39. Der Gelbe Fluß 316
40. Wo die Straßen sich teilen 322

Vorwort

Seit ich begann, über dieses Buch nachzudenken, sind jetzt 18 Jahre vergangen. Seit ich begonnen habe, dieses Buch zu schreiben, in Tsingtao, wo Gun Kessle im Herbst 1976 im Sanatorium lag, ist ein Jahr mit Arbeit vergangen. Ich habe vielen zu danken, daß die Reise möglich und das Buch fertig wurden. Rewi Alley, der mir Jahr um Jahr zuredete, weiter um Reiseerlaubnis nach Sinkiang und Tunhuang zu bitten. Der Gesellschaft des chinesischen Volkes für freundschaftliche Beziehungen mit dem Ausland, die uns schließlich helfen konnte, die Erlaubnis zu bekommen und die Reise durchzuführen. Den persönlichen Freunden in China — ohne jeden einzelnen namentlich zu erwähnen —, mit denen ich nun bald 25 Jahre lang in langen aufrichtigen Gesprächen (Tausch-das-Herz-Gespräch, wie man in China sagt) über große und kleine Dinge gesprochen habe, über Weltpolitik wie über Persönliches. Zeitungen, Verlagen und dem Rundfunk in Schweden, die Vorschüsse und Verträge beisteuerten, welche die Reise durchführbar machten.
Gunnar Jarring, Anders Lennartsson, Per-Olow Leijon, Jan Stolpe und Torsten Örn nahmen es auf sich, das Manuskript zu lesen und zu kritisieren. Wenn ich etwas Falsches schreibe, so sind sie nicht dafür verantwortlich. Für meine Fehler stehe ich selbst ein, und ich bin auch nicht immer ihrem Rat gefolgt. Für die Kritik, die sie anbrachten, bin ich dankbar.

Fagervik

Jan Myrdal

August 1977

Dieses Buch von einer Reise in das nordwestliche China beginnt in einem Lager der Bergtadschiken im Hohen Pamir. Ein halbes Jahr später arbeite ich meine Aufzeichnungen aus. Das Haus ist aus Steinblöcken gebaut und steht weit draußen auf den Klippen nördlich von Tsingtao an der Küste von Schantung. Es ist Herbst, und das Meer ist blau, so blau; die Brandung schäumt unter den Fenstern, und Gun liegt in Wolldecken eingewickelt auf dem Balkon und schläft. Das Atmen fällt ihr leicht in der frischen Luft, die vom Gelben Meer hereinweht.
Es war eine lange Reise nach Osten gewesen. Hätten wir vom Pamir aus die andere Richtung genommen, wären wir jetzt in Athen. Es war auch eine ungewöhnliche Reise. Wir haben die Takla-Makan südlich und nördlich umfahren. Wir sind vom Ili-Tal durch die ganze Dsungarei gereist, haben Sinkiang verlassen und sind durch den Kansu-Korridor bis nach Schensi gefahren. Vom Eisenbahnknotenpunkt Paotschi in Schensi nahmen wir den Zug nach Tschengtu in Szetschuan und fuhren dann mit dem Flußboot gemächlich auf dem Jangtse nach Wuhan hinunter. Seit langem hat niemand mehr diese Fahrt gemacht. Ich kenne jedenfalls keinen, weder einen Chinesen noch einen Ausländer. Man fliegt. Warum sollte man auch mit dem Auto durch den Kansu-Korridor fahren, wenn es Züge über die ganze Strecke gibt?
In politischer Hinsicht ist dies ein entscheidendes Halbjahr in China gewesen. Als wir im Mai 1976 Peking verließen, fragte mich einer meiner chinesischen Freunde:
»Du, du bist doch einige Male hiergewesen, aber du siehst China von außen; glaubst du, daß der Kampf zwischen den beiden Linien ohne bewaffnete Auseinandersetzungen zu Ende geführt werden kann?«
In Chotan war eine Wandzeitungskampagne im Gange. Der junge Parteisekretär sagte:
»Weißt du, die beschuldigen mich, ich sei ein Kapitalistenlakai. Aber es steckt nicht viel Substanz in den Anklagen. Meistens nur große Worte und Wut.«
In Tschengtu hatten die Rebellen das Hotel besetzt. Wir mußten auf der Rückseite wohnen. Kampfgruppen bekriegten einander mit Wandzeitungen und versuchten sich gegenseitig zu übertönen. Die gegnerische Gruppe fuhr mit einem Lautsprecherwagen vor dem Hoteleingang vor und begann eine Salve von Parolen, und vom Hotel antwortete das Re-

bellenhauptquartier damit, daß es seine Lautsprecheranlage aufdrehte. Die Schlagworte heulten und zischten durch die Luft. Die Wandzeitungen flatterten im Wind. Es war das Verbindungshauptquartier für die ganze Provinz. Autos aus allen Ecken von Szetschuan parkten im Hof, und aufgeregte Rebellen eilten zum Empfangskomitee in der großen Halle. Aber die Menschen gingen auf der Straße vorbei, als sähen und hörten sie nichts. Sie warfen nicht einmal einen Blick auf das Hin und Her.

Als wir Tschengtu verließen, war der Zug voll von Menschen, die wegen Erdbebengefahr evakuiert wurden. In Yünnan hatte es ein Erdbeben gegeben, ein schweres in Tangschan, und nun gab es auch in Tschengtu Erdbebenwarnung.

Wir waren in Tsingtao, als der Vorsitzende Mao Tse-tung starb. Die Trauer war tief. Wir fuhren nach Peking, um ihm an seiner Bahre unseren Respekt zu zeigen. Bevor wir zur Küste zurückkehrten, gingen wir mit einem unserer alten Freunde im Fischpark spazieren. Er sagte: »Das ist jetzt eine schwere Zeit in China. Vielleicht kommt es so weit, daß du und andere Ausländer gezwungen sein werden, das Land zu verlassen. Wir müssen hoffen, daß alles gutgeht. Aber gewisse Personen sind gefährlich.«

Als dann die Nachricht allmählich offiziell wurde, daß ›die Vier‹ tatsächlich politisch vernichtet wären, und sich die Demonstrationen über China ausbreiteten, waren die Menschen hier in Tsingtao außer sich vor Freude. Die Erleichterung war ungeheuer.

Gun schläft draußen auf dem Balkon. Sie ist krank gewesen. Den Verdacht hatten wir schon, als wir nach China kamen. Aber sie hielt sich tapfer und führte ihre Arbeit durch. Selbst als sie in Tunhuang zusammenbrach, arbeitete sie weiter. Denn wenn man das Glück hat, als Künstler oder Fotograf oder Schriftsteller arbeiten zu dürfen, ist es doch eigentlich so, daß man nicht arbeitet, um zu leben, sondern für das Glück lebt, arbeiten zu dürfen. Gun wußte, daß sie möglicherweise für das Glück, durch die Takla-Makan zu reisen, Tunhuang zu besuchen, Maitschischan zu sehen, einen hohen Preis würde zahlen müssen.

Dies ist ein Reisebuch. Es ist kein Buch, das sich als eine Art Standardwerk über das nordwestliche China ausgibt. Es ist auch kein Buch, das das politische Geschehen während eines entscheidenden Jahres in China zusammenzufassen versucht.

Selbst wenn nur wir beide, Gun und ich, in dem trockenen Flußbett wandern und die Wolken im Sonnenuntergang über der Wüste in Flammen stehen, so sind wir doch immer zu dritt. Der Leser ist immer der dritte. Dieses Bewußtsein ist es, was dem Reisebuch letztlich seine Gestalt gibt.

1
Taschkurgan — das alte Tor nach China auf dem Dach der Welt

Das Lager gehört zur Volkskommune Tagarmi. Das Tal liegt offen und weit unter uns. Dort unten auf den grünen Wiesen ziehen die Herden auf dem Weg zu den Sommerweiden vorbei. Es ist die Zeit der Sommerwanderung. Da blökt und antwortet es aus den Schafherden, und die Jaks trampeln schwer und langsam vor den Kälbern her. Die Schneeberge stehen kreideweiß vor dem dunkelblauen Himmel. Die Luft ist so rein, daß alle Einzelheiten überdeutlich scharf hervortreten. Die Klippen auf der anderen Seite des Tals sind scharfgeschnitten und rauh. Weiße Wolken sammeln sich und verwehen über den Bergspitzen, und wir sitzen auf dem dicken Filzteppich vor der Jurte des Gastgebers.
Der Teppich hat ein bewegtes Muster in kräftigen Farben. Das ist Frauenhandwerk. Einen ganzen Winter braucht man, um einen Teppich herzustellen. Aber er ist nicht nur schön, er schützt auch vor der Feuchtigkeit und Kälte des Bodens. Die Musik spielt. Die Knochenflöten kreischen schrill, und die Finger schlagen auf das Trommelfell. Man tanzt den Willkommenstanz für uns. Es ist eine Musik, wie man sie in den Gebirgsländern von Kansu bis zum Balkan hören kann.
Der Vorsitzende des Revolutionskomitees, Mangsurban, tritt vor uns hin und beginnt zu tanzen. Er gestikuliert mit den Händen und stampft mit den Füßen. Dann treten unsere Gastgeber einer nach dem anderen vor und beginnen zu tanzen. Sie sind Tadschiken, Bergtadschiken. Wir sind im Tadschikischen Autonomen Kreis Taschkurgan im äußersten Westen Chinas.
Wir sind von Kaschgar heraufgekommen und die neue Straße gefahren, die gerade westlich unter dem Kongur Schan und dem Mustaghata verläuft. Der Kongur Schan ist 7719, der Mustaghata 7546 Meter hoch. Die Straße ist nur wenige Kilometer von der sowjetischen Grenze entfernt. Der letzte Paß lag 4650 Meter hoch. Jetzt sind wir unten auf 3700 Metern. Ich bin steif vor Kälte. Allmählich spüre ich auch die Höhe.
Hier verläuft der alte Weg über das Dach der Welt. Er scheint zwischen Himmel und Erde zu schweben, wie die Menschen nach dem Bericht der Pilger Hwei Scheng und Sung Jun früher sagten. Sie zogen vor fast 1500 Jahren hier vorbei. Aber es war schon damals ein alter und viel begangener Weg. Lange vorher war er eine der Seidenstraßen, war die Lapislazulistraße nach Osten und die Jadestraße nach Westen.
Der Weg über diese Berge ist viele Male beschrieben worden. Hier zogen Reisende jeder Art durch. Hier siedelten auch chinesische Geschichten-

erzähler die wildesten Abenteuer an. Der wirkliche Hüan Tsang wanderte vor 1300 Jahren durch dieses Tal, und Legenden entstanden um ihn, bis Wu Tscheng-en im 16. Jahrhundert ›König Markatta‹ schrieb und den König hier im Gebirge den Weißknochendämon besiegen ließ. Mao Tse-tung liebte diese Geschichte, aber Tschiang Tschin versuchte sie abzusetzen, als sie als Schaoschingoper gespielt wurde. Sie ahnte — und das ganz zu Recht —, daß die Leute an sie selbst dachten, wenn sie den als Schönheit verkleideten Weißknochendämon sahen. Es ist ein alter sagenumwobener Weg.

Immer mehr Männer und Frauen treten vor die Musiker und beginnen zu tanzen. Sie tanzen kraftvoll und stolz. Die alten Männer, die Weißbärtigen, bewegen sich in würdiger strammer Haltung. Zuletzt habe ich im Norden Albaniens Männer auf diese Art tanzen sehen. Der Weg hier oben über das Dach der Welt verbindet uns. Es ist jetzt 700 Jahre her, seit der junge Marco Polo dieses Tal von Westen her herunterkam. Später berichtete er über Pamir:

Marco Polo 13. Jh.

»Es fliegen keine Vögel hier wegen der Höhe und Kälte. Und ich versichere Euch, daß wegen dieser großen Kälte das Feuer hier nicht so stark ist und nicht wärmt und das Essen sich nicht so gut kochen läßt.«

Er war zeitiger im Jahr hier. Denn es gibt Vögel. Aber was er über die guten Weidegründe schreibt — »wo ein mageres Tier innerhalb von zehn Tagen Fleisch ansetzt« — paßt zu dem, was wir vor uns sehen. Hier oben in diesen Bergen gibt es einige der besten Weideplätze der Welt.

»Wir haben jetzt 170000 Tiere«, sagt Saman. Er ist stellvertretender Vorsitzender des Revolutionskomitees der Volkskommune. »Das sind sechsmal mehr, als wir bei der Befreiung hatten. Damals kamen ungefähr zwei Tiere auf jeden Menschen, jetzt sind es ungefähr neun. Früher besaßen einige wenige fast alle Tiere, und die meisten hatten keine und mußten für die anderen arbeiten. Jetzt ist das genossenschaftlich.«

Der Tanz ist vorbei. Wir stehen da und blicken über das Tal. Jetzt bläst der Wind kalt über uns weg, und dort unten stampfen die Herden vorbei. Über die Berge ziehen Wolken. Wir gehen in die Jurte. Das Essen soll beginnen.

Es dauerte lange, bis wir hierherkamen. Es dauerte 19 Jahre, eigentlich sogar noch länger, denn ich begann Marco Polo und Sven Hedin in einem Sommer vor dem Krieg zu lesen, als ich elf Jahre alt war. Das war auf Kvicksta bei meinen Onkeln. Es war zur Zeit der Heuernte, aber es hatte angefangen zu regnen, und so lag ich oben auf dem Dachboden auf dem Bauch, las Marco Polo und hörte den Regen auf dem Dach und den Donner in der Ferne. Es waren zwei zerlesene Bände. Sie hatten in derselben Kiste gelegen wie Jules Vernes ›Achthundert Meilen auf dem Amazonas‹ und Sven Hedins ›Durch Asiens Wüsten‹.

Aber richtig ernst wurde es erst, als Gun Kessle und ich zusammenzogen. Jeder brachte seine ordentliche, kommentierte Ausgabe von Marco Polo mit in die Wohnung. Sie hatte die Marsden-Ausgabe, ich hatte die von Yule. Im Sommer 1957, als wir auf dem Heimweg von Moskau waren, begannen wir davon zu sprechen, wirklich Marco Polos Weg nach Osten zu reisen.

Wir wollten den Landweg nehmen und auf Straßen und Flüssen durch ganz Europa und Asien reisen. Ein halbes Jahr später waren wir in einem 2 CV auf dem Weg nach Asien. Noch einmal 18 Monate, und wir fuhren von Westen her auf den Hohen Pamir zu. Das war im Sommer 1959, und wir waren Marco Polo hinauf durch Badachschan in Afghanistan gefolgt:

»Wir kommen über den Paß, und mit einem Mal wechselt die Szene. Als hätten nicht wir uns bewegt, sondern als wären die Kulissen vertauscht. Der Boden ist immer noch morastig, doch im Halbkreis erheben sich die weißen Berge vor uns, Pamir und Hindukusch. Gerade jenseits des Tales liegt die Sowjetunion, nach Osten zu Pakistan, und jetzt windet sich der Ab-i Panda hinunter ins Tal. Ein großer Kessel aus grünen Wiesen, wo der Amu-Darja vom Wachan und Pamir kommt und sich nach Osten wendet.

Die Wolken treiben über die Berge, und wir fahren in ein Amphitheater hinunter. Ein grüner, von Frühlingsblumen übersäter Abhang in weiten Linien, die von hohen schwarzen Bergen gebrochen werden. Ischkaschim, der Schlüssel des Pamir. Hier verläuft die Straße zum Pamir. Die neue Autostraße, die eines Tages weiterführen soll durch ganz Wachan bis nach Sinkiang in China. Der Wind ist schneidend kalt, aber die Wiesen stehen in frischem Frühlingsgrün, und man sagt, der Frühling sei mit uns gekommen. Der Schnee ist in Isch-kaschim gerade geschmolzen. Es ist der 16. Juli 1959, und der Kilometerzähler zeigt, daß wir 37480 Kilometer gefahren sind, seit wir Schweden im vorigen Winter verlassen haben.«

»Aber ich hatte aufgeben müssen, und ich hatte den Hohen Pamir nicht erreicht«, schrieb ich weiter. Ich saß gegen einen Berg von Kissen gelehnt und in Wolldecken gehüllt in einem vor Feuchtigkeit triefenden Zimmer unten im nordindischen Flachland auf dem Bett, hielt die Schreibmaschine auf den Knien und schrieb das ein halbes Jahr später, denn ich war immer noch bettlägerig. »Ich war krank geworden und hatte mich nur mit Mühe hinunter nach Faisabad schleppen können. Daß ich es nicht geschafft hatte weiterzufahren, war die größte persönliche Niederlage, die ich jemals erlebt hatte.«

Ich saß im Krankenbett in Defence Colony außerhalb Delhis und schrieb, und der naßkalte nordindische Winter tropfte über die Ziegelwände und drang durch die Wolldecken und die wollnen Pullover:

»Ich mußte ohne den Pamir zurückkehren. Es hilft nicht viel zu wissen, daß unsere Ente das erste gewöhnliche Personenauto war, das nach Isch-kaschim hochgefahren war, wenn man sich darüber grämt, daß es das erste Personenauto auf der Seidenstraße zum Pamir hätte sein können. Diese vollständige Erniedrigung durch die Krankheit. Vor Scham nicht einmal seinem eigenen Spiegelbild in die Augen sehen können.«
Sobald ich wieder gesund war und anfangen konnte, in die Zukunft zu planen, überlegten wir, wie wir die abgebrochene Reise fortsetzen könnten. Wir beantragten die Erlaubnis, nach Taschkurgan im Pamir in die westlichste Ecke Chinas fahren zu dürfen. Es dauerte 16 Jahre, bis wir diese Erlaubnis bekamen.
Die Frauen kommen mit dem Fleisch herein. Hinter ihnen in der Öffnung der Jurte stehen die Berge in einem ganz harten Weiß mit dem unglaublich dunklen Himmel darüber. Es gibt Hammelfleisch. Es ist Marco-Polo-Hammel. Das ist nicht nur eine große Ehre. Es schmeckt auch nach richtigem Fleisch.
Die Menschen, die uns hier aufnehmen, sind die gleichen wie die, bei denen wir auf der anderen Seite der Berge vor 17 Jahren gewohnt haben. Auch sie haben uns so gastfreundlich und selbstbewußt würdevoll aufgenommen. Aber auf dieser Seite sind sie nicht arm. Sie gehen nicht in Lumpen. Wir werden von der wirtschaftlichen Entwicklung später sprechen. Noch ist nicht die Zeit dafür. Wir sitzen auf dem unglaublich schönen Tadschikenteppich und haben Schüsseln mit Fleisch und große Schalen mit Sauermilch vor uns.
Ich bin glücklich. Hierherzukommen ist es wert gewesen, 17 Jahre zu warten. Von hier aus liegen jetzt auch die Wege nach Osten offen. Aber niemals wird man von mir sagen können, daß ich auf Marco Polos Wegen gereist bin. Was hilft es, der erste Ausländer zu sein, der seit 1949 im chinesischen Pamir gereist ist, und was hilft es, auf Straßen und Flüssen vom Nordkap bis zum Gelben Meer durchgekommen zu sein, und was hilft es, 20 Jahre nicht locker gelassen zu haben, wenn dann schließlich doch eine ganze Menge Meilen gerade über die hohen Pässe zwischen Afghanistan und China fehlen? Beinahe gilt nicht!
Vielleicht kann ich auch diese Erlaubnis in weiteren 17 Jahren bekommen. Ich habe ein altes Versprechen von Pakistan, diesen Weg nach Taschkurgan herauffahren zu dürfen, und wenn ich dann auch die Erlaubnis erhalte, die Grenze nach Afghanistan zu überschreiten und hinunter durch Wachan zu fahren, dann wäre die Reise vollendet und in diesem Fall nicht nur Marco Polos Reise, sondern auch die von Fa Hsien und Hüan Tsang. Alles, wovon der Elfjährige auf dem Dachboden auf Kvicksta träumte — und noch mehr.
Vielleicht kann ich diese Erlaubnis bekommen. Aber ich glaube nicht, daß ich die Reise dann noch werde durchführen können. Jetzt ist die

Musik wieder zu hören. Sie tanzen da draußen. Langsam machen mir die Höhen über 4 000 zu schaffen. Auf dem Weg herauf hatten wir Gesellschaft von einer Gruppe vom Fernsehen in Peking. Wir hatten sie in Kaschgar getroffen, und als sie hörten, daß wir hinauf nach Taschkurgan wollten, baten sie uns, sich anschließen zu dürfen. Sie hatten sich vom Sender in Kaschgar einen Jeep besorgt und fuhren hinter uns her. Aber die Höhenveränderungen waren zu plötzlich, und als wir direkt unter dem Kongur Schan rasteten, wurden drei von ihnen krank. Sie vertrugen die dünne Luft nicht. Sie wurden höhenkrank, übergaben sich, wurden kreidebleich im Gesicht. Einer verlor das Bewußtsein. Sie waren jünger als ich. So kann es einem gehen.
Ich wurde nicht höhenkrank. Jedenfalls noch nicht. Der Paß, über den wir kamen, lag auf 4700 Meter Höhe. Ich wollte mir ein paar Gräber dort ansehen, die gleich unterhalb des Passes lagen. Es war derselbe Typ wie die Gräber hier im Tal bei Taschkurgan, und sie erinnerten an die Gräber im Baschgul-Tal in Nuristan unter dem Hindukusch im Süden des Passes. Noch kann ich hier reisen. Aber in zehn, zwanzig Jahren kann ich das sicher nicht mehr. Selbst wenn ich die Erlaubnis bekommen sollte, ist es nicht sehr wahrscheinlich, daß ich jemals über die Pässe dort vor mir nach Afghanistan reisen kann. Sie sind auch noch höher. Es ist merkwürdig, hier zu sitzen, der Musik zu lauschen und zu wissen, daß man es bis hier geschafft hat, daß es aber nicht weitergeht.
Ich zitiere aus diesen Aufzeichnungen aus dem Lager östlich von Taschkurgan. Ich tue das, obwohl sie sich jetzt bei dem trüben Wetter recht sentimental anhören, denn das Reisen hat eine Dimension, die man nicht immer eingesteht.
Sie sind alle sehr wirklich und praktisch, die großen Reisenden, die hier heraufgezogen sind und dann über ihre Eindrücke berichtet haben. Sie haben auch sehr überzeugende Gründe für das Reisen. Sie trieben Handel. Sie sammelten heilige Schriften. Sie wollten untersuchen, ob das wirklich der Weg nach China ist. Sie sollten Karten zeichnen. Das alles ist wohl richtig.
Auch wir anderen, die reisen, haben unsere praktischen Gründe. In Büchern habe ich gelesen, daß ich selbst reise, um zu berichten. Auch das ist wohl richtig.
Aber eigentlich erklärt das nicht, daß ich selbst mehr Monate auf Reisen zugebracht habe, als ich in den letzten 20 Jahren zu Hause in Schweden war, und noch weniger erklärt es die Reisen der großen und bewunderten Reiseschriftsteller.
Das Reisen hat nämlich eine dritte Dimension. Diese sonderbare schmerzhafte Sehnsucht nach dem, was weit weg ist. Diese Morgendämmerung, wenn man aufbricht. Dieses gute Gefühl der Ermattung, wenn man über die Berge kommt. Der Geschmack von Meer im Mund, lange

bevor das Meer zu sehen ist; der Duft von Kulturland und Wasser, wenn man noch draußen in der Wüste ist; in einer fremden Stadt mitten in der Nacht ankommen und ganz still in der Dunkelheit stehen und den fremdartigen Geräuschen lauschen.
Reisen bedeutet nicht nur, Neues zu sehen; es bedeutet auch, etwas hinter sich zurückzulassen. Nicht nur Türen zu öffnen, sondern auch Türen hinter sich zu schließen, nicht mehr zurückzukehren. Aber der Ort, den man verlassen hat, um nie mehr zurückzukehren, ist doch immer noch zu sehen, sobald man die Augen schließt. Und keine Stadt wird in den Nächten so sichtbar wie die Städte, die man verlassen hat und in die man nie mehr zurückkehrt.
Gerade hier oben auf dem Dach der Welt, in diesem Augenblick, in dem ich einsehe, daß ich diese Reise, mit der ich mich 20 Jahre lang beschäftigt habe, niemals vollenden kann, sondern daß das, was jetzt noch davon übrig bleibt, niemals ausgeführt wird — gerade hier oben und eben jetzt wird mir klar, wie unglaublich stark, wie überwältigend und triebhaft das Bedürfnis eigentlich für mich ist, aufzubrechen, weiterzugehen, wegzugehen, hinter mir zu lassen, mehr zu sehen. Berichte, Reportagen und Beschreibungen sind richtig und wichtig und vernünftig — aber in einer dritten Dimension erscheinen sie auch wie Rationalisierungen eines starken Triebes, der auf dem Grund des Daseins liegt.
Ich meine nicht, daß es dem Bericht seinen Wert nimmt, wenn ich über die persönlichen Bedürfnisse, die mich antreiben, Rechenschaft ablege. Im Gegenteil. Wir sind nicht alle gleich. Es gibt Menschen, die glauben würden, daß Männer, die auf Knochenflöten spielen, die Trommelfelle martern. Es gibt Menschen, die tatsächlich nicht das geringste Interesse daran haben, zu lesen, was chinesische Mönche vor 1500 Jahren über den Ort, den sie nun selbst besuchen, zu berichten hatten. Und es gibt Menschen, die eigentlich niemals das Reisen selbst als ein so großes Glück erleben, daß es einem manchmal fast die Brust sprengt, sondern sich strenggenommen nur pflichtbewußt versetzen lassen und ihren Berichterstattungsauftrag ausführen, während sie gegen ihr Heimweh ankämpfen. Sie können rechtschaffene und gute Menschen sein, gute Kameraden, tüchtige Schreiber. Sie können sogar Revolutionäre sein und starke Solidarität mit den Menschen empfinden, über die sie berichten. Aber es ist sicher, daß das Taschkurgan, über das sie schreiben, ein anderes wäre als das Taschkurgan, über das ich berichte. Und das, obwohl es dasselbe Taschkurgan ist und keiner von uns das, was er sieht, zu entstellen versucht.
Taschkurgan liegt 3600 Meter über Meereshöhe. Es ist die westlichste Stadt Chinas. Taschkurgan bedeutet ›Steinturm‹, und man hat gesagt, daß eben dieses Taschkurgan der ›Steinturm‹ sei, von dem Ptolemaios um das Jahr 140 nach unserer Zeitrechnung als Einfahrt auf dem Weg

ins Seidenland berichtet. Aber das ist wohl nicht richtig. Was den Namen an sich betrifft, so gibt es zwei andere ›Steintürme‹; ein Taschkurgan im nördlichen Afghanistan gleich jenseits des Amu-Darja. Von dort aus waren wir 1959 in Richtung Kundus und durch Badachschan zum Pamir hinaufgefahren. Ein anderer ›Steinturm‹ ist Taschkent. Auch von dort führen Straßen zum Pamir. 1960 waren wir auf ihnen nach Pendschikent gefahren. Und alle diese Städte sind alt. Sie wurden schon in den ersten schriftlichen Berichten beschrieben. Das afghanische Taschkurgan ist seit Alexanders Heerzug, Taschkent seit der Sui-Dynastie bekannt.

Taschkurgan im Pamir ist eine alte Stadt an einer alten Straße. Jetzt ist sie sauber und neu. Eine breite Hauptstraße unter der wuchtigen Lehmfestung, die zur Zeit der Tsching-Dynastie gebaut wurde, deren Ursprung aber die Festung unbekannten Alters ist, die der Stadt den Namen gegeben hat. Es wurden jedoch keine Ausgrabungen im Fort gemacht; allerdings sind hier oben überhaupt keine archäologischen Untersuchungen durchgeführt worden.

Der Arzt, der dem Krankenhaus in Taschkurgan vorsteht, ist jung. Er heißt Fan Schi-hung. Er interessiert sich für Archäologie und Volkskunst, und er meint, daß die Funde, die hier oben ständig gemacht werden, darauf hinweisen, daß eine ordentliche archäologische Erschließung große und wichtige Ergebnisse erbringen würde. Er hat einiges über die Handelsstraße und ihre Geschichte geschrieben. Ein Aufsatz darüber soll in Peking veröffentlicht werden.

»Aber die sitzen darauf. Es muß viel Stoff geben, der sich in der Redaktion sammelt. Ich muß ihnen wieder schreiben und sie daran erinnern.«

Er besitzt selbst eine hübsche kleine Sammlung: Jade und Bronzen und Münzen.

»Es ist nicht so, daß wir danach graben oder systematisch suchen«, sagt er. »Das ist verboten. So etwas muß ordentlich und wissenschaftlich gemacht werden, damit man nicht die historischen Denkmäler zerstört. Die Geschichte gehört ja dem Volk. Aber in jeder Familie gibt es einige vorgeschichtliche Funde. Sie sind vererbt worden. Man hebt sie auf, weil sie schön sind.«

Er zeigt mir ein Elfenbeinfigürchen mit einer Inschrift aus der Han-Dynastie. Es ist hübsch. Ich kann mich nicht erinnern, etwas Ähnliches gesehen zu haben.

»Ich bekam es von einem Patienten. Er war schwer erkrankt. Man schickte nach mir, und ich ritt hinauf. Das dauerte zwei Tage. Als ich hinkam, stellte sich heraus, daß es ein entzündeter Blinddarm war. Ich mußte sofort operieren. Es ging gut, und danach wollte er mir das als Erinnerung geben. Er hatte es von seinem Vater bekommen, der es ebenfalls von seinem Vater hatte. Jetzt benutze ich es, um es Archäologen zu zeigen, wenn ich unten in Kaschgar bin. Ich versuche, Leute aus dem Museum in Urumtschi hierherzulocken. Wenn sie das hier sehen, merken sie, daß es hier viele Fundstücke auszugraben gibt, und das ist wichtig, um unsere Geschichte zu verstehen. Aber Sinkiang ist groß, und die Archäologen aus Urumtschi haben so viel zu tun, und es gibt so große Gebiete, die sie sich jetzt auf einmal vornehmen müssen, weil dort neue Industrien gebaut oder neue Bewässerungsanlagen gegraben werden. Wir hier oben dürfen warten. Aber es wäre richtig, Taschkurgans Geschichte wirklich genau zu untersuchen. Es war immerhin über lange Zeiträume das Tor nach China.«

Taschkurgan ist wohl nicht der ›Steinturm‹ des Ptolemaios, aber es war eine wichtige Station an der Seidenstraße. Zu verschiedenen Zeiten war es auch Verwaltungszentrum, zuweilen innerhalb des chinesischen Kaiserreiches. Damals wurden hier Mandarine eingesetzt, um den Handel und das Grenzgebiet zu überwachen. Zuweilen war es ein Hauptort von mehr oder weniger selbständigen Herrschern. Bis in die jüngste Zeit zogen hier Karawanen durch, auf ihrem Weg nach oder von China.

Noch immer ist es eine Handelsstadt. Von hier aus wird der Grenzhandel zwischen Pakistan und China betrieben. Hierher kommen die Händler aus Nordpakistan, und hier fahren die Lastwagen von Kaschgar mit Waren für Pakistan durch. In den Geschäften von Taschkurgan liegen, wie überall im westlichen und südlichen Sinkiang, Ballen von hauchdünnen Seidenstoffen mit Goldfäden und Silberverzierung. Sie kommen aus Pakistan. Die meisten Geschäfte sind an der oberen Straße. Sie ist neu gebaut, und dort liegen auch das Krankenhaus, das Kino und die Schulen. Die Geschäfte sind gut ausgestattet.

»Bevor die Straße fertig wurde, war es mit den Waren schwierig«, sagt Schirinbek, der Vorsitzende des Revolutionskomitees des Kreises. »Damals brauchten die Karawanen eine Woche von Kaschgar. Jetzt verkehrt an zwei Tagen in der Woche ein Bus. Der Verkaufspreis von Industrieprodukten ist hier derselbe wie unten im Land. Die Frachtkosten werden nicht auf den Preis geschlagen. Der Staat subventioniert den Transport hierherauf.«

Im Buchladen kaufe ich ein Buch über die Heilpflanzen in Sinkiang. Es ist eine schöne Ausgabe mit ausgesuchten Illustrationen in Farblithographien.

»Das ist gerade herausgekommen«, sagt Ismail, der stellvertretender Parteisekretär im Kreis ist. »Wir versuchen jetzt, es in großer Auflage zu verbreiten. Es muß in jede Produktionsbrigade und in jede Produktionsgruppe kommen. Es ist wichtig, daß die Menschen wieder die Heilpflanzen kennenlernen.«

»Wenn die Menschen das Sammeln von Heilpflanzen wieder ernst nehmen«, sagt Fan Schi-hung, »dann wird es möglich, auch schnell die

Qualität der Krankenpflege zu erhöhen. Die Berge hier in Sinkiang sind reich an Heilpflanzen. Von hier schicken wir auch viel hinunter ins Binnenland.«
»Die Frage der Einstellung zu Heilpflanzen ist auch eine politische Frage«, sagt Ismail. »Dabei dreht es sich um das Gehen auf zwei Beinen. Genosse Fan hier und die anderen Ärzte haben Zugang zu den modernsten Arzneien. Was nicht in Sinkiang hergestellt wird, bekommen wir aus anderen Teilen Chinas, und wenn es nötig ist, führen wir es ein.«
»Im großen und ganzen hat unsere Arzneimittelindustrie den höchsten internationalen Standard erreicht und übertroffen«, sagt Fan Schihung. »Indem wir die Heilpflanzen verwerten und gleichzeitig das Sammeln von Heilpflanzen zu einer Aufgabe machen, die jeden einzelnen angeht, wird es möglich, raschere Ergebnisse besser und auf billigere Art zu erreichen. Es geht also nicht um die Entscheidung, entweder die teuersten Arzneien aus den Speziallaboratorien in Schanghai oder die von den Menschen selbst gesammelten Heilpflanzen zu verwenden; wir gehen auf zwei Beinen.«
Das Pflanzenbuch ist in arabischer Schrift gedruckt. Seit ein paar Jahren läuft jetzt die Umstellung zu einer Schrift lateinischen Typs. Das ist ein Vorteil, weil man hier — wie früher in der Türkei — der Ansicht ist, daß diese Schrift besser zur Sprache paßt. Außerdem soll es in ganz China denselben Schrifttyp geben. Das macht Unterricht und Verständnis leichter. Und in ganz China wird jetzt planmäßig und auf lange Sicht der Übergang zum lateinischen Alphabet durchgeführt.
»Aber weiterhin bedienen wir uns sowohl der arabischen als auch der lateinischen Schrift«, sagt Ismail. »Während einer Übergangszeit benutzen wir beide. Die Hauptsache ist, verstanden zu werden.«
Es ist eine gute und reichhaltige Buchhandlung. Die meisten Bücher sind in Uigurisch, der Hauptsprache des südlichen Sinkiang, gedruckt. Einige in der Han-Sprache. An Büchern in ausländischen Sprachen kann ich nur einige einfache englische Lehrbücher finden. Sie sind für den Schulgebrauch. Die Klassiker des Marxismus, Marx, Engels, Lenin und Stalin einschließlich Mao Tse-tung, gibt es in vielen Auflagen in verschiedenen Sprachen und unterschiedlicher Schrift.
Wie überall in China ist die Abteilung für Naturwissenschaft und Technik recht umfangreich. Sie umfaßt sowohl einfache illustrierte populärwissenschaftliche Broschüren über das Sonnensystem, die Erdgeschichte, die Entwicklungsgeschichte, das Leben der Tiere und die Atomenergie als auch stärker spezialisierte Arbeiten über Mathematik, Physik und Chemie. Die Abteilung für Landwirtschaftskunde, Bewässerungstechnik, Viehzucht und Traktorenkunde ist natürlich groß.
Diese Buchhandlung im westlichsten Zipfel Chinas in Taschkurgan ist viel besser ausgestattet, als es die Buchläden draußen in der schwedischen

Provinz heutzutage sind. Es schadet nicht, daß das einmal gesagt wird. Ich kaufe das Pflanzenbuch und ein Handbuch für die Volksmiliz — eigens für die Heimwehrmänner und -frauen hier in dem autonomen tadschikischen Kreis —, einige Kinderbücher und eine Rolle Plakate.
Das Klima ist hart. Der Winter ist kalt und der Sommer kühl. Dazu kommt die dünne Luft.
»Hier kocht das Wasser bei 87 Grad«, sagt Fan Schi-hung. »Und sieh dir die Bäume an. Sie wachsen langsam hier oben. So ist das auch mit den Menschen. Zuerst paßt man sich an. Das ist nicht schwer. Das geht in ungefähr einer Woche. Dann zeigt sich, daß man sich eigentlich doch nicht angepaßt hat. Ich und meine Frau haben mitgearbeitet, das Krankenhaus aufzubauen, und wir fühlen uns wohl. Wir haben beantragt, hierbleiben zu dürfen. Aber wenn du meine Hände betrachtest, verstehst du, daß man sich auf die Dauer nicht an die sauerstoffarme Luft anpassen kann. Einen Großteil meiner Arbeitszeit verbringe ich nicht hier unten in Taschkurgan, sondern oben in den Bergen bei den Hirten. Sieh meine Hände an!«
»Siehst du, daß die Nägel verkrümmt sind? Die Zähne im Mund lockern sich auch. Ich will hierbleiben. Ich habe meine Arbeit hier, und die Menschen hier sind gut. Aber die Genossen sagen, daß ich schon zu lange hier bin. Ich bin aber auch vorher nicht weggegangen, obwohl sie mich hinunter ins Tiefland versetzen wollten. Nun weiß ich nicht recht, wie das weitergeht. Denn jedesmal, wenn ich ins Tiefland hinunterfahre, werde ich krank. Ich vertrage die schwere Luft unten in Kaschgar nicht.«
»Genosse Fan muß an seine Gesundheit denken«, sagt Schirinbek. »Nicht alle vertragen es, hier oben zu wohnen und zu arbeiten. Der größte Teil der Arbeit findet draußen auf dem Land statt. Er ist nicht einer von den Ärzten, die im Büro sitzen und Sprechstunde halten. Er reitet zwischen den Lagern hin und her und besucht die Kranken. Er dient dem Volk. Das bedeutet aber, daß er in einer Höhe von über 4 000 Metern arbeiten muß, und das kann man nicht lernen, wenn man aus dem Tiefland kommt. Dazu muß man geboren sein. Aber er hat auch mitgeholfen, Ärzte auszubilden.«
Schirinbek ist ein kräftiger Mann mit Händen wie Schmiedehämmer. Er hat buschige Augenbrauen und einen Brustkorb wie eine Tonne. Wir sitzen auf dem *kang* beim Bademeister an der Heilquelle der dritten Produktionsbrigade. Eigentlich ist er gar kein Bademeister, er ist ein Hirt, der krankheitshalber schon Rente bezieht, und kümmert sich um das Badehaus, ein niedriges Gebäude mit drei großen Badewannen aus Zement. Das Wasser ist schwefelhaltig. Die Quelle entspringt in den Bergen nordöstlich von Taschkurgan. Man sieht sie von weitem. Ihr Wasser hat das langgestreckte steinige Tal grün und gelb gefärbt. Je höher wir in der Schlucht hinaufkommen, desto stärker werden die Ablagerungen,

und schließlich sind wir am Ziel. Das Wasser ist heiß. Es hat 77°, und wir lassen es in der Wanne abkühlen, ehe wir hineinkriechen. Wir sitzen bis zum Kinn im Wasser.
»Das ist die Gesundheit selbst«, sagt Schirinbek. »Die Menschen hier kennen die Quelle, so weit man zurückdenken kann. Sie heilt Rheumatismus und schmerzende Gelenke und schwache Lungen. Jetzt wird sie von der dritten Produktionsbrigade verwaltet. Bis von Urumtschi kommen die Leute hierher, um zu baden. Wäre sie nicht so abgelegen, dann wäre sie bestimmt eine der berühmtesten Quellen Chinas.«
Danach hat der Bademeister von der dritten Produktionsbrigade Schalen mit Sauermilch und eine Schüssel Fleisch hingestellt. Es ist Hammelfleisch. Aber richtiges Hammelfleisch.
»Das hier ist der einzige Ort in der Welt, wo du Marco-Polo-Hammel essen kannst«, sagt Schirinbek. »Wir jagen ziemlich viel hier oben. Unser Gastgeber ist ein guter Jäger. Er hat den Widder selbst geschossen. So wohnt er da an der Quelle und kann auch seinen Rheumatismus durch Bäder loswerden.«
Auf dem Heimweg nach Taschkurgan sagt Fan Schi-hung:
»Genosse Schirinbek arbeitet sehr hart. Aber er ist kein junger Mann mehr und sollte auf seine Gesundheit achten. Er ist ein führender Kader mit großer Verantwortung, und er geht mit gutem Beispiel voran. Gerade jetzt hat er einen Monat in einer Produktionsgruppe gearbeitet. Er ist Hirt bei den anderen Hirten gewesen. Das ist ein guter Arbeitsstil. Das macht es ihm als Vorsitzendem des Revolutionskomitees für den ganzen autonomen Kreis auch leichter, zu den richtigen Entscheidungen zu gelangen. Er kennt die wirklichen Probleme. Aber er sollte an seine Gesundheit denken. Er ist ein Veteran, ein alter Kader, der die demokratische Revolution hier gegen die KMT in den 40er Jahren mitgemacht und angeführt hat. Man hat ihm vorgeschlagen, eine leitende Stellung in Kaschgar oder Urumtschi anzunehmen, die geringe körperliche Anforderungen stellt. Aber er will nicht. Er zieht es vor, hier zu leben. Und das kann man verstehen. Denn es ist nicht leicht, sich zu akklimatisieren. Die Menschen hier oben sind ein wenig anders. Das kannst du selbst sehen. Nicht nur, daß sie nicht zum Han-Volk gehören. Die meisten sind Tadschiken. Hochgewachsen, mit geraden Nasen und lockigem Haar, und viele haben blaue Augen. Das haben sie hier immer gehabt. Man kann es in den alten dynastischen Geschichten nachlesen. Ich habe es gerade in einer Aufzeichnung aus der Zeit der nördlichen Tschou-Dynastie gesehen, daß die Menschen hier für ihre tiefliegenden Augen und geraden Nasen bekannt waren. Das war vor 14 Jahrhunderten, aber es ist dasselbe Volk wie damals, das jetzt hier wohnt. Ich meinte jedoch nicht die Augenfarbe. Ich meinte etwas anderes. Die Menschen hier oben sind anders. Sie haben größere Nasenlöcher. Ihr Brustkorb ist tiefer. Sie

haben ein besseres Sauerstoffaufnahmevermögen. Das verändert man nicht ohne weiteres bei der Eingewöhnung. Es dauert ungefähr drei Generationen, bis sich der Organismus anpaßt, vielleicht sogar mehr. Ich wohne hier, und meine Frau wohnt hier, und wir haben Kinder, die hier geboren sind, aber diese Kinder sind nicht akklimatisiert geboren. Wenn sie hierbleiben, werden es vielleicht deren Kinder sein.
Wir können uns alle anpassen, auf den großen Höhen zu leben, und erreichen, daß sich unser Organismus darauf einstellt, den Luftdruck bei 4000 Metern über dem Meeresspiegel als Normalzustand zu nehmen. Aber das dauert einige Generationen. Deshalb können sich auch die Gebirgsbewohner nicht ohne weiteres in der schweren Luft des Tieflands wohl fühlen. Aber es ist an sich leichter, den Körper ans Tiefland anzupassen als an wirkliches Hochland. Das habe ich während meiner Arbeit hier oben festgestellt. Wenn du meine Fingernägel betrachtest, begreifst du, was ich meine.«
Das neue Krankenhaus liegt an der Hauptstraße in der oberen Stadt von Taschkurgan. Doktor Fan war selbst die treibende Kraft beim Aufbau. »Es ist ein Krankenhaus auf Kreisebene in einem Grenzgebiet. Es ist gut ausgestattet. Wir haben in Taschkurgan eine Ausrüstung, die sich mit Kaschgar messen kann.«
Die Röntgeninstrumente waren neu. Das ganze Krankenhaus hatte 30 Betten. Aber auch in jeder der zehn Volkskommunen im Kreis gibt es feste Kliniken. Dort können einfachere Operationen vorgenommen werden, und es gibt dort zwischen drei und fünf Betten für die längerfristige Pflege der Patienten. Jede Produktionsbrigade hat medizinisches Personal, drei Personen in den größeren Produktionsbrigaden und zwei in den kleineren. Dann gibt es in jeder Produktionsgruppe Barfußärzte. Vom Krankenhaus werden Krankenpflegegruppen mit Ärzten, Krankenpflegern und Ausrüstung zum Besuch der Lager ausgeschickt. Alle Brigaden haben jetzt Krankenversicherung auf genossenschaftlicher Grundlage.
»Das Kreiskrankenhaus arbeitet auch als Ausbildungskrankenhaus. Vor der Befreiung gab es hier oben überhaupt keine ärztliche Versorgung. Zur Zeit der Kulturrevolution hatten wir 19 Ärzte mit unterschiedlicher Ausbildung. Jetzt sind es mehr als 50. Wir halten Kurse hier im Krankenhaus ab. Die Barfußärzte von den Produktionsgruppen draußen kommen hierher und bilden sich weiter. Hier im Krankenhaus bilde ich auch Chirurgen aus. Meine Unterärzte haben alle ihre Ausbildung hier bekommen. Wir haben auch die modernste verfügbare Ausrüstung hier im Krankenhaus. Auf diese Weise haben wir jetzt ein Krankenpflegenetz aufgebaut, das den ganzen Kreis abdeckt. Wir folgen der Linie des Vorsitzenden Mao Tse-tung und legen den Schwerpunkt aufs Land, auf die Vorsorgemedizin, auf die Behandlung der gewöhnlichsten Krankheiten,

die den Menschen die größten Leiden bereiten. Der Arzt soll dem Volk dienen. Der Sinn ist ja nicht, Ärzte auszubilden, die davon träumen, weltberühmte Spezialisten zu werden, die der internationalen Elite dienen.
Der Rheumatismus ist ein schwieriges Problem. Es ist ja auch eine schwere Arbeit, Hirt zu sein. Aber mit der Syphilis und den Pocken sind wir fertig geworden. Dazu waren fünf Jahre harten Kampfes nötig. Das allgemeine hygienische Niveau ist gestiegen, und wir haben die hohe Kindersterblichkeit überwunden. Die tadschikische Bevölkerung ist seit der Befreiung um 65% gewachsen.«
Taschkurgan ist eine kleine Stadt mit ungefähr 3 000 Einwohnern. Seine Bevölkerung hatte einmal in den Mauern des alten Forts Platz. Jetzt ist die Festung verlassen. Sie wartet darauf, zum Denkmal erklärt zu werden. Von der anderen Straße, der in der unteren Stadt, die noch nicht neu gebaut ist, steigen wir hinauf zum Fort.
»Wie alt dieses Fort ist?« sagte Schirinbek. »500 Jahre vielleicht. Hier wohnten wir alle. Später haben wir die Bebauung ausgedehnt. Es gibt hier überall bei uns solche Befestigungen. Die Menschen mußten sich hinter die Burgmauern zurückziehen können. Dieses Fort war Sitz der Regierung zu jener Zeit. Hier gab es Steuereintreiber und Soldaten. Ich habe hier selbst gedient. 1944 verließen die KMT-Truppen Taschkurgan. Das war während der demokratischen Revolution. Sie war Teil der allgemeinen revolutionären Bewegung in China gegen die Reaktion. Man war sehr arm hier oben. Aber die Tadschiken waren nicht nur arm. Wir wurden sowohl von unseren eigenen Herren als auch von den reaktionären Han-Beamten ausgebeutet. Die KMT war ja ein chauvinistisches Regime. Ihre Beamten sahen auf alle herab, die keine Han waren. Die Tadschiken lebten also unter einer doppelten Tyrannei.
Nach der Befreiung haben wir viel getan, um die Reste des alten Han-Chauvinismus zu bekämpfen. Die Gegensätze zwischen den verschiedenen Nationalitäten in China spielten der Reaktion in die Hände. Wir haben viel Arbeit darauf verwandt, eigene Kader auszubilden. 80% aller Kader im Kreis sind Tadschiken. 15% sind Han, 5% Uiguren und andere. Der Vorsitzende Mao Tse-tung wies ja in seinen Leitsätzen für die Arbeit in Sinkiang 1963 darauf hin, daß Han-Kader, die in den nationalen Bezirken arbeiten, verpflichtet sind, die Sprachen zu lernen und die einheimischen Sitten zu beachten. Die Han-Kader, die hier arbeiten, haben sich gut geführt. Die meisten von ihnen sprechen nun die Sprache des Volkes und leben, wie die Menschen es hier tun. Die andern bemühen sich, unsere Sprache zu lernen. Sie tun ihr Bestes.
Wir haben jetzt 15 000 Einwohner im Kreis. Er umfaßt 25 000 Quadratkilometer. Die tadschikische Bevölkerung wächst schnell. Nicht etwa, daß die Familienplanung verboten ist oder daß es in Taschkurgan keine

Verhütungsmittel gibt. Wer Verhütungsmittel haben will, bekommt sie gratis. Aber wir folgen den Richtliniėn des Vorsitzenden Mao Tse-tung für die Familienplanungsarbeit. China braucht eine Familienplanung. Sie ist notwendig für die Befreiung der Frauen. Natürlich muß der Mensch auch bewußt das Bevölkerungswachstum planen, wie der Vorsitzende Mao Tse-tung hervorhob. Aber wenn man genau dieselbe Familienplanungspolitik hier für die Tadschiken wie für das Han-Volk betreiben würde, entstände daraus nicht Gleichheit, sondern Ungleichheit. Daraus könnten Gegensätze entstehen. Das Han-Volk macht ja eine so große Majorität in China aus, daß viele eine Propaganda für Verhütungsmittel und Familienplanung unter uns Tadschiken oder unter den Uiguren oder Tibetanern oder anderen Völkern in China als Versuch empfinden würden, China in ein Land des Han-Volkes zu verwandeln und auf diese Weise wieder eine reaktionäre Politik des Han-Chauvinismus zu betreiben, wie es die KMT getan hat. Wir müssen bei unserer Arbeit äußerst vorsichtig sein, damit solche Gegensätze nicht entstehen.

Die Notwendigkeit, nationalen Gegensätzen entgegenzuwirken, ist so wichtig, daß wir hier keine Familienplanungsdiskussion führen, obgleich das an sich gewisse Schwierigkeiten mit sich bringt.«

»In ganz China war das Volk unterdrückt«, sagt Dursland, Vorsitzende des Frauenverbandes in Taschkurgan, »aber der Tadschike wurde dazu vom Han-Chauvinismus unterdrückt, und die Frauen der Tadschiken wurden von der patriarchalischen Männerherrschaft unterdrückt. Die Frauen waren am meisten unterdrückt. Es gibt immer noch Schwierigkeiten für die Frauen. Die allzu frühe Ehe ist nicht so ungewöhnlich. Es gibt reaktionäre Kräfte, die gegen die Liebesheirat agitieren. Sie bedienen sich religiöser Vorurteile und sagen, eine Liebesheirat bedeute nur Sittenlosigkeit. Wir führen eine sehr intensive Propaganda dafür, daß eine Ehe sich nur auf Freiwilligkeit und gegenseitige Liebe zwischen erwachsenen Menschen gründen kann. Damit führen wir einen Kampf gegen die alten Sitten. Wir setzen unsere neue Moral gegen die alte reaktionäre Moral, die die Frauen unterdrückte.«

»Aber wir müssen ständig aufpassen, daß niemand einen Keil zwischen die Völker treiben und nationale Gegensätze schaffen kann«, sagt Schirinbek. »Du mußt verstehen, daß wir hier in Sinkiang eine sehr blutige Geschichte gehabt haben, daß sich die Menschen wegen der Unterschiede in Religion oder Herkunft oder Sprache totgeschlagen haben. Das hat uns geschadet. Wir müssen auf der Hut sein. Besonders weil Feinde unseres Landes ständig versuchen, hier festen Fuß zu fassen, indem sie sich bemühen, solche Gegensätze aufs Neue anzustacheln. Wir dürfen den Sozialimperialisten nicht die geringste Möglichkeit geben, sich in unsere Angelegenheiten zu mischen. Wir hatten immerhin den Vorteil, daß es hier bei uns keine Kader mit doppelter Staatsangehörigkeit gab wie anderswo nahe der Grenze. Aber die Sozialimperialisten schrecken vor keiner Methode zurück. Bist du dir darüber im klaren, daß wir für diesen Besuch die Grenzbewachung verdoppeln und verschärfte Bereitschaft für die Grenztruppen anordnen mußten? Seit der Befreiung sind keine Ausländer hiergewesen. Du bewegst dich in Sichtweite der Grenze. Wenn die Sozialimperialisten gerade jetzt eine Provokation durchführen würden, könnten sie eine große propagandistische Wirkung erzielen. Wir müssen zusehen, daß sie das nicht tun können. Wenn du dich darüber gewundert hast, warum es so schwer ist, eine Erlaubnis zu erhalten, hierherauf in den Tadschikischen Autonomen Kreis Taschkurgan zu kommen, so hast du hier die Antwort. Wir besprachen es auch hier oben lange, sogar noch, nachdem Peking und Urumtschi die Erlaubnis erteilt hatten. Wir tragen die direkte Verantwortung.«

Das Theater liegt genau gegenüber dem Krankenhaus. Wir waren dort gewesen und hatten eine Vorstellung vom eigenen Ensemble des Kreises gesehen. Der Tadschikische Autonome Kreis hat nicht nur verschiedene Laiengruppen draußen in den Produktionsgruppen; er hat auch ein festes Ensemble, das die lokale tadschikische Tradition weiterentwickelt. Danach trinken und essen wir eine Kleinigkeit. Es ist kalt hier in der Nacht, und wir sitzen in dicken Pullovern und mit Pelzmützen am Tisch.

»Wir tanzen gern«, sagt Dursland. »Wir tanzen und singen bei allen Festen. Das gehört zum Brauch unseres Volkes. Wenn Gäste kommen, heißen wir sie mit Tänzen willkommen. Wenn die Kinder so um die acht Jahre alt sind, fangen sie an, mit den Erwachsenen zu tanzen. So lernen sie es.«

»Vor der Befreiung waren 95% der Bevölkerung Analphabeten«, sagt Abusel, der stellvertretender Vorsitzender des Revolutionskomitees des Kreises ist. »Es gab nicht viele Hirten, die ein Buch lesen konnten. Jetzt gehen 3800 Personen in die Schule. Das sind 20% der ganzen Bevölkerung. Wir haben nicht nur die allgemeine Grundschule eingeführt, wir haben sogar eine allgemeine Mittelschule. Wir haben auch ein eigenes Lehrerseminar hier in Taschkurgan. Anschließend schicken wir die Jugendlichen zur höheren Ausbildung nach Kaschgar und Urumtschi und Sian und Schanghai und Peking. Wenn sie mit ihrer Ausbildung fertig sind, kehren sie hierher zur Arbeit zurück.

Die Kulturrevolution war sehr wichtig. Die Schule war den Hirtenkindern früher praktisch verschlossen. Hier oben sind wir ja vor allem Viehzüchter. Wir folgen dem Vieh auf der Wanderung von den Sommerweiden ins Winterquartier. Vor der Kulturrevolution hatten wir in der Theorie alle Zugang zu den Bildungsmöglichkeiten. Aber in Wirklichkeit gab es nur für Kinder von Eltern, die in der Nähe einer Schule

wohnten, eine Ausbildung. Und das bedeutete, daß die Kinder der arbeitenden Hirten keinen Unterricht bekamen.
Die Kulturrevolution brach mit dieser Linie. Erst da gelang es uns, für alle Kinder den Schulbesuch einzuführen. Für die kleinen Kinder richteten wir bewegliche Schulen ein, Schulen auf dem Pferderücken. Die Lehrer folgen den Schülern und unterrichten in der Jurte. Jetzt gibt es keine Kinder mehr ohne Grundschulunterricht. Dann richteten wir ordentliche Grundschulen mit zwei zusätzlichen Klassen als Mittelschule in jeder Volkskommune ein. Das sind Internatsschulen. Der Staat bezahlt Kost und Unterbringung für die Schüler. So bekommen nun die Kinder der Hirten genau dieselben Möglichkeiten der Ausbildung wie die der Seßhaften. Das war nicht so leicht durchzuführen, aber nachdem wir Liu Schao-tschis falsche Linie in der Ausbildungsfrage zerschlagen und den richtigen Kurs festgelegt hatten, konnten wir es auch in der Praxis durchführen. Aber zuerst muß man eine richtige Linie festlegen.
Die Jugendlichen erhalten eine Ausbildung, aber nicht, um den Kreis zu verlassen und zu versuchen, in den Städten etwas zu werden, und auch nicht, um die Volkskommune zu verlassen. Sie werden zu tüchtigen revolutionären Viehzüchtern ausgebildet. Wir sagen, daß die Ausbildung von der Volkskommune zur Volkskommune geht. Wenn sie mit ihren Schulen fertig sind, helfen sie mit, unsere eigene Heimat zu verändern und zu modernisieren.«
»Nicht nur Männer werden geschult«, sagt Dursland. »Wir haben jetzt auch ausgebildete Frauen aus dem Kreis. Technikerinnen, Lehrerinnen, Arbeiterinnen in der Krankenpflege. Schon 300 Frauen haben verantwortliche Posten auf Produktionsgruppenebene. Es gibt 485 vom Staat bezahlte Kader in unserem Kreis, also auf der Volkskommunenebene und aufwärts. 97 von ihnen sind heute Frauen.
Ich war elternlos, und als ich aufwuchs, gab es nur zwei Möglichkeiten für eine Frau. Sie konnte die Ehefrau eines Hirten werden, und das war ein elendes und armes Leben, oder sie konnte Freudenmädchen für die Herren werden. Das war noch elender und dazu ein unwürdiges Leben. Aber sie konnte zwischen diesen beiden Möglichkeiten nicht einmal selbst wählen.
Die Frau konnte gekauft werden. Die Brautgabe war nichts anderes als ein Kauf. Dann wurde sie die Sklavin ihres Mannes. Die Männer konnten sich scheiden lassen, wenn sie wollten. Die Frau konnte sich nicht frei machen. Der Mann konnte sie schlagen. Er konnte sie sogar totprügeln. Die Frau war wie eine Ware auf dem Markt. Die Reichen kauften sich drei oder mehr, aber die Armen konnten keine einzige zum Heiraten bekommen.
Die Frau konnte nicht am politischen und gesellschaftlichen Leben teilnehmen. Sie durfte nicht einmal frei mit den Männern reden. Die feuda-

len Bräuche saßen wirklich tief. Es war viel Arbeit nötig, um das zu überwinden, und es liegt noch ein ziemlich langer Weg vor uns. Aber früher war es undenkbar, daß Frauen leitende Posten innehatten und daß sie selbst frei wählten, mit wem sie sich aus Liebe verheirateten.«

Ja, die Frauen verändern sich. Wir sitzen in einer Jurte in einem Lager oberhalb von Taschkurgan. Dschangul ist 16 Jahre alt, ein scheues, selbstsicheres Mädchen. Es heißt, sie sei ein guter Schütze.

»Voriges Jahr fing sie einen KGB-Mann«, sagt Bajgum, der Hirt, in dessen Jurte wir sitzen. Er schenkt uns Sauermilch ein und sagt: »Sie ist ein tüchtiges Mädchen.«

»Es war am 2. August«, erzählt Dschangul. »Es war Abend. Wir hatten nur ein kleines Lager mit ein paar Jurten. Ich saß drinnen bei der Nachbarin, die Männer waren draußen bei den Herden. Wir waren ziemlich hoch in den Bergen. Da sagte die Nachbarin: ›Da draußen scheint jemand zu sein.‹ Und sie meinte, ich solle hinausgehen und nachsehen. Da erblickte ich einen fremden Mann. Er war gut siebzig Meter entfernt. ›Wer bist du?‹ rief ich. ›Mein Kamerad ist weg‹, sagte er. Aber er hörte sich nicht an wie einer von uns. Ich kannte ihn nicht, und sein Tonfall war nicht wie unserer, also rief ich noch einmal. Da lief er weg. Nun bin ich ja bei der Volksmiliz, bei der Heimwehr, also wollte ich ihn nicht entkommen lassen. Mein Bruder ist ein Jahr älter, und wir beide begannen, den Mann zu verfolgen. Dieses Lager oben in den Bergen lag ganz nah an der Grenze. Der Mann versuchte zu fliehen. Aber er verlor den Boden unter den Füßen, als er über den Fluß wollte. Er kannte die Furt nicht. Da war uns klar, daß er wirklich ein Eindringling war, der sich hier nicht auskannte. Er drehte sich nach uns um und schoß. Da sagte ich zu meinem Bruder, er sollte zu dem Grenzposten laufen und die Grenzwachen von der Volksbefreiungsarmee alarmieren. Ich hielt weiter Wache. Er schoß auf mich, damit ich nicht näher käme. Ich ging in Deckung, so daß er mich nicht treffen konnte. Inzwischen alarmierte mein Bruder die Grenzwachen. Sie boten Leute ringsum auf und besetzten alle Wege und Stege um ihn. Insgesamt gab er fünf Schüsse auf mich ab, ohne zu treffen. In der Morgendämmerung, als die Sonne aufging, schoß er sich die letzte Kugel in den Mund. Er war gefangen wie eine Ratte. Als wir hingingen und seine Leiche untersuchten, fanden wir seine Pistole, einige Pillen, ein paar getrocknete Aprikosen in einer Tasche, ein wenig Trinkwasser in einer Taschenflasche, ein Fernglas und seine Papiere. Er war ein KGB-Agent.«

Der Tadschikische Autonome Kreis Taschkurgan liegt unmittelbar an der Grenze. Die Straßen führen ganz dicht an den sowjetischen Stellungen vorbei. Sie gehen dann weiter als Autostraße über die Pässe nach Pakistan oder als Karawanenweg nach Afghanistan. Taschkurgan ist eine alte Stadt im äußersten Westen Chinas.

2
»Wo sich drei Reiche treffen«

Der Morgenwind ist kalt, der Raum eisig, hoch und klar in dem scharfen Licht. Über den Gipfeln sammeln sich die Wolken, und die Grasbüschel auf dem steinigen Boden werfen lange und scharf umrissene Schatten. Aber die Lehmmauer des Kuppelgrabes fühlt sich schon warm unter der Handfläche an, als ich die rauhe Oberfläche berühre. Ich bin auf dem großen Gräberfeld nördlich von Taschkurgan, wo sich Kuppelgräber über Heiligen und frommen Männern erheben. Es sind einfache Mausoleen aus sonnengetrockneten Ziegeln und strohverstärktem Lehm.

»Die ältesten müssen um die 300 Jahre alt sein, vom Anfang der Tsching-Dynastie«, sagt Doktor Fan Schi-hung. »Natürlich müssen sie zu Denkmälern erklärt werden. Das wird sicher geschehen, sobald die Archäologen in Urumtschi hier oben Untersuchungen machen.«

Die gleichen einfachen Kuppelgräber sieht man im Westen entlang dem alten Handelsweg in Badachschan und weiter auf die großen Denkmäler in berühmten Wallfahrtsorten wie Masar-i-Scharif zu, und sie begleiten den Weg nach Osten und bilden Gruppen unter dem Mustaghata und nahe dem Kleinen Karakul beim Kongur Schan am Weg nach Kaschgar. Hier verläuft die Straße zwischen Persien und China.

Die meisten Gräber sind einfache Hügel. So ist es islamischer Brauch. Hier und da ein strenger Grabsockel, weiß gestrichen. Darauf erhebt sich das Reitersymbol, ein Sattel auf vier Beinen. Das sind Männergräber. Einige davon sind neu. Von hier aus gehen die Wege auch über die Pässe nach Süden in das alte Kafiristan, wo holzgeschnitzte Pferdeköpfe noch über den Gräbern der toten Großen wachen.

Alte Herrengräber sind von Mauern umschlossen. Die flachen Holzdächer sind von den Winterstürmen weggerissen worden. Die Mauern sind rissig und verwittern, aber noch stehen sie kalkweiß und leuchtend im Sonnenlicht. Die Oberfläche ist voll von grell gemalten Symbolen und Figuren. Vorherrschend ist das Sonnensymbol. Mit seinen geometrischen Haken und ausstrahlenden Krümmungen ist es dasselbe wie die vorherrschende Figur auf den Filzteppichen der Tadschiken und Kirgisen in den Jurten. Aber auf die Wände um die Toten sind auch Gerätschaften und bestickte Brautkleider gemalt, Schmuck, aufgetischte Mahlzeiten, Marco-Polo-Hammel, die schützende Hand, Pferde und Menschenfiguren.

Diese erzählenden Bilder sind mit denen verwandt, die man auf Teehauswänden in Kundus im nördlichen Afghanistan oder auf Hauswän-

den in Wüstenstädten in Radschastan im westlichen Indien sehen kann. Hier in diesem Tal teilte sich Chinas alter Weg nach Westen. Ein Weg lief ganz oben im Tal direkt nach Westen. Er führte nach Persien und weiter in die Mittelmeerländer. Der andere Weg ging nach Süden weiter über die Wasserscheide und hinunter ins Industal. Gerade dieses langgestreckte Tal, wo sich die Wege treffen, um nach Jarkend und Kaschgar weiterzugehen, ist auch der fruchtbare Teil des Pamir, wo es feste Siedlungen gegeben hat und wo man Überreste alter wassergetriebener Mühlen sehen kann.
»Ja«, sagt Saman, stellvertretender Vorsitzender der Volkskommune Tagarmi, »jetzt haben wir Traktoren, zehn Stück. Und wir haben zwölf Mähmaschinen und zwölf Sämaschinen. Wir sind hier tatsächlich Selbstversorger mit Getreide geworden. Wir haben sogar einen kleinen Überschuß. Dennoch bleibt Viehzucht das Wichtigste für uns. Aber vergiß nicht, daß wir zum erstenmal Selbstversorger mit Getreide geworden sind.
Das sind große Veränderungen gegenüber früher. Ich war zur Zeit der demokratischen Bewegung zehn Jahre alt. Wir schlossen uns denen oben in Ili an. Dort hatten die drei revolutionären Distrikte eine eigene Regierung gebildet. Das reaktionäre KMT-Regime versuchte, seine Truppen gegen uns zu schicken. Dann kam es zu einem gütlichen Vergleich, aber die KMT brach 1946 ihr Wort. Sie schickten Truppen her. Sie plünderten und brandschatzten. Sie nahmen mehrere revolutionäre Genossen hier bei uns gefangen. Sie begruben sie lebend, nur der Kopf sah aus dem Boden. Das ist ein qualvoller Tod.
Im September 1949 war die Volksbefreiung auf dem Weg hierher. Da begannen die reaktionären Truppen zu fliehen. Sie waren keine Patrioten. Im allgemeinen waren die Streitkräfte der KMT in Sinkiang jedoch patriotisch eingestellt und schlossen sich der Befreiung an. Darum waren sie friedfertig. Aber diese hier flohen nach Pakistan und Indien und plünderten alles, was ihnen in den Weg kam. Im Oktober 1949 kam die Volksbefreiungsarmee hierher. Da wurde das tadschikische Volk von seinen Unterdrückern befreit. In der alten Gesellschaft waren die Tadschiken verachtet. Wir wurden als Lasttiere ohne Seele betrachtet. All das erlebte ich als Kind. Als die Befreiung kam, war ich 15 Jahre alt, und damals erhielt ich die Möglichkeit, in die Schule zu gehen.
Ich hatte das Glück, vier Jahre zur Schule gehen zu können. So war es damals. Jetzt haben wir die allgemeine Mittelschule für alle Kinder einführen können. Es ist wichtig zu lernen. Nachdem ich aus der Schule war, schickte die Partei mich zu Schulungskursen.
Indem ich Marx, Engels, Lenin, Stalin und den Vorsitzenden Mao Tsetung studierte, konnte ich meine Einstellung zur Welt verändern und zu einem klaren Klassenbewußtsein kommen. Ich bin davon überzeugt,

daß wir die kommunistische Gesellschaft erreichen können, und je mehr ich über die Ereignisse rundum in der Welt lese, desto mehr bin ich davon überzeugt, daß der Marxismus-Leninismus siegen wird. Und hier draußen in unserem Kreis sehen wir täglich, wie die sowjetischen Revisionisten immer tiefer sinken. Sie schrecken vor nichts zurück. Sie schicken Agenten zu uns, und sie versuchen sogar, die Grenzmarkierungen zu versetzen. Sie versuchen, die Grenzsteine an der Grenze zu nehmen und sie auf unser Gebiet vorzuschieben. Sie sind völlig schamlos. Hier gelang es ihnen nicht, die Menschen wirklich zu provozieren, wie sie es weiter oben nach Ili hin Anfang der 60er Jahre getan haben. Allerdings gab es auch keine Kader, bei denen sich herausstellte, daß sie eine doppelte Staatsangehörigkeit besaßen.«
Es geht auf den Nachmittag zu, und die Luft erwärmt sich. Ein paar Hirten kommen mit einer Wolke von Staub hinter sich auf das Lager zugeritten. Die Volksmiliz übt drüben beim Stall. Die Schüsse krachen.
»Unsere Mädchen schießen auch gar nicht so schlecht«, sagt Saman. »Unsere Volkskommune liegt direkt an der Grenze zu den sowjetischen Revisionisten, also muß man die Bereitschaft hochhalten.«
Als wir in die Jurte gehen, wo Sauermilch und Hammelfleisch warten, sagt der Gastgeber:
»Das ist ein tüchtiger Mann. Er ist ein guter Kommunist und arbeitet schwer. Deshalb bestimmten wir ihn zu unserem Delegierten auf dem zehnten Parteikongreß. Er hatte unser Vertrauen und leistete gute Arbeit bei den Sitzungen der Partei in Peking. Denn wie der Vorsitzende Mao Tse-tung gesagt hat, ist die Kraft, die unsere Sache im Innersten voranführt, die kommunistische Partei Chinas.«
Der Tadschikische Autonome Kreis Taschkurgan gehört zum Distrikt Kaschgar. Die Straße nach Kaschgar ist breit und in gutem Zustand und führt in mächtigen Biegungen über die Moränen hinauf, und der Mustaghata erhebt sich vor uns. Es wird immer kälter, und wir sitzen in dicke Pelze gehüllt. Die großen Lastwagen auf dem Weg nach Pakistan hupen, wenn wir ihnen begegnen. Die Fahrer winken. Genau auf dem Paß verlassen wir den Tadschikischen Autonomen Kreis Taschkurgan, und jetzt sind wir auch nicht mehr im Distrikt Kaschgar. Der Morgen auf dem Paß ist schneidend kalt. Das Tal vor uns liegt im Kirgisischen Autonomen Distrikt Kisil-su, der hier in einem breiten Keil in den Distrikt Kaschgar vorstößt. Kisil-su bedeutet ›das rote Wasser‹. Das ist der kirgisische Name des Kaschgarflusses. Es ist ein großer Distrikt, der sich entlang der sowjetischen Grenze von Pamir bis zum Tien Schan hinzieht. Die Straße verläuft nun ganz nahe der Grenze.
»Dieses Tal war uns in den Tagen der KMT versperrt«, sagt Sadit Tude. »Es hat die besten Weiden, aber die KMT wagte nicht, uns hierher zu lassen. Sie fürchteten, wir würden Kontakte über die Grenze herstellen.

Das war zu Stalins Zeit, und damals waren sie drüben Kommunisten.«
Sadit Tude ist stellvertretender Parteisekretär in der Volkskommune Bulunkul. Das Lager gehört zur Produktionsbrigade Subaschi, und der Gastgeber heißt Ak-dschol. Er ist Hirt.
»Wir sind 130 Haushalte hier in der Brigade«, sagt er. »570 Personen. Wir haben 10300 Tiere.«
Er gestikuliert mit den Händen, als er sie aufzählt:
»450 Jaks, 45 Kamele, 63 Pferde. Der Rest sind Schafe. Wir haben private Tiere und nicht nur gemeinsame. Jede Familie kann fünf große und zehn kleine Tiere besitzen. Anfangs war das unterschiedlich, je nachdem, wie groß die Familie war. Aber daraus ergaben sich nur Ungleichheiten. Nun rechnen wir unabhängig von der Größe der Familien.«
Wir haben gegessen. Die Männer lehnen sich zurück, rauchen und unterhalten sich. Die Frauen sitzen hinter dem Wandschirm. Aber sie nehmen an der Unterhaltung teil und gehen in der Jurte ein und aus. Sie rauchen jedoch nicht. Einer der Männer sagt:
»Du mußt wissen, daß die Revisionisten heute völlig schamlos sind. Sie haben keine Scham mehr im Leib. Das hier ist ein Grenzland, und wir haben eine Einheit zwischen der Volksmiliz, der Parteiorganisation und den Grenztruppen gebildet. Wir haben zwei Stellungen des Grenzschutzes hier, und das reicht nicht weit. Wir werden alle freigestellt, um die Grenze zu schützen, damit es den Revisionisten nicht gelingt, ihre Agenten hereinzuschicken. Manchmal kommen sie durch, aber wenn wir sie nicht ergreifen, werden sie gewöhnlich weiter unten erwischt. Man kann sagen, daß es für sie vielleicht leichter ist, hereinzukommen, als wieder hinauszukommen. Aber die Revisionisten tun Dinge, die man nicht glauben würde, wenn man es nicht selbst erlebt hätte. So schicken sie Mädchen vor. Diese Mädchen kommen bis an die Grenzlinie, wenn unsere jungen Männer mit den Tieren draußen sind. Sie machen ihnen schöne Augen. Sie stehen da und führen sich auf und wackeln mit den Hüften. Und dann sagen sie: ›Was für flotte junge Männer... wir haben keine Männer zu Hause... solche jungen Männer wollen wir haben... Kommt rüber zu uns, hier läßt sich gut leben‹.«
»Das ist schamlos«, sagt die Gastgeberin. »Aber auch wir Frauen sind bei der Miliz und wachen an der Grenze.«
»Nein«, sagt der Mann, »die Revisionisten können uns nicht mit so einfachen Finten hereinlegen. Sie können so viele angemalte Mädchen vorschicken, wie sie wollen, damit sie an der Grenze stehen und Augen machen und mit den Hüften wackeln und locken, aber unsere jungen Männer laufen weder zu ihnen über, noch weichen sie einen Fingerbreit von unserem eigenen Weideland.«
Man diskutiert Zukunftspläne. Die Produktionsbrigade hat ihren Plan für die Entwicklung in den nächsten Jahren ausgearbeitet.

»Wir haben unseren Auftrag in dem Plan für China, den Premierminister Tschou En-lai vorgelegt hat. Bis 1980 sollen wir mit der Bewässerung und auch mit der Mechanisierung der Heuernte angefangen haben. Der Viehbestand soll auf 20000 zunehmen. In den vergangenen 18 Jahren, seit die Produktionsbrigade gebildet wurde, haben wir den Bestand von 2500 auf 10000 Tiere gesteigert. Jetzt werden wir ihn verdoppeln.
Wir haben ausgerechnet, daß wir bei einer rationellen Nutzung unserer Weidegründe 40000 Tiere halten können. Wir haben große Arbeitsaufgaben. Wir haben 110 Kinder in der Brigade. Sie gehen alle in die Schule, elf von ihnen schon in die Mittelschule. Für sie hat die Volkskommune ein Internat. Sie lernen besonders Viehzucht und deren Probleme. Es ist wichtig für uns, daß sie zu uns zurückkommen. Daß wir ausgebildete Jugendliche in unseren Brigaden haben, vergrößert unsere Möglichkeiten, unser Land aufzubauen. Acht sind nach der Mittelschule schon zurückgekommen.
Wir haben drei Barfußärzte in unserer Brigade. In der Volkskommune gibt es ein Krankenhaus. Die kooperative Krankenpflege ist eines der großen Ergebnisse der Kulturrevolution. Das Hirtenleben ist nicht leicht. Die Menschen müssen bei Kälte und Regen und Schnee in großen Höhen arbeiten. Die Menschen sterben an Herzkrankheiten und Lungenentzündung und leiden an Rheumatismus. Früher starben die Frauen oft am Kindbettfieber. Wenn du verstehen willst, was die Kulturrevolution und die kooperative Krankenpflege bedeuten, mußt du wissen, daß 1965 — im Jahr vor der Kulturrevolution — 19 Kinder hier in der Brigade geboren wurden. Vier von ihnen starben. So war damals das Verhältnis. 20% der Kinder, die geboren wurden, begrub man innerhalb des ersten Jahres. 1975 wurden 26 Kinder in der Brigade geboren. Jetzt, nachdem ein Jahr vergangen ist, leben alle bis auf zwei. Verstehst du, warum wir meinen, die Barfußärzte sind gut?«
Die Frauen kommen jetzt mit dem eigentlichen Essen. Gewaltige Schüsseln mit Fleisch. Der Gastgeber schneidet für mich vor. Die Frauen haben sich hinter den Schirm zurückgezogen.
Eines Morgens stehen wir am Kleinen Karakul. Der See ist atemberaubend blau unter den Bergen, und die Klippen sind vom schneidenden Wind sanft abgeschliffen. Ein Grenzwächter reitet vorbei auf Bulunkul zu. Er grüßt. Ich blicke auf den See hinunter; hierher kam Sven Hedin im April 1894 von den ›gastfreundlichen Offizieren‹ in Pamirskij Post, ›diesem Zipfel des großen Rußland‹, wo er sich ›wie ein Landsmann und alter Bekannter‹ aufgehalten hatte. Hier durfte Hedin seinen ersten kirgisischen *badschge* erleben. Den Reiterwettkampf um eine geschlachtete Ziege, der in Afghanistan *buskaschi* heißt. Und hier in diesem See wäre Sven Hedin am 4. Oktober 1894 beinahe ertrunken. Er war dabei,

die Tiefe des Sees von einem Boot aus Häuten, das er hatte bauen lassen, auszuloten. Ein Sturm kam auf, und das Boot trieb ab und begann, sich mit Wasser zu füllen. Er schaffte es jedoch bis zum Strand, ›eilte zum Lager und fachte ein gewaltiges Feuer an‹. Ich stehe hier und versuche, mir die Situation auszumalen, und erinnere mich, wie ich als Kind im Sommer in Södermanland unter dem Dach lag, auf das der Regen trommelte, und grübelte, wie man es schaffen konnte, aus Jakmist ein gewaltiges Feuer zu machen.
Der See ist dunkel. Die Natur ist schmerzhaft groß und gewaltig und schön hier an dem kleinen schwarzen See. Hier verläßt uns die Grenze. Sie schwenkt jetzt nach Westen, und unser Weg geht nach Norden zum nächsten See, zum Bulunkul, um sich dann nach Osten zu wenden, hinunter in die Schluchten zu stürzen und dem Fluß Ges-Darja in die Ebene und nach Kaschgar zu folgen.
Es ist eine merkwürdige Grenze. Eigentlich ist es überhaupt keine Grenze, sondern nur eine vorläufige und von keinem anerkannte Frontlinie für russische Truppen, eine Art Demarkationslinie, könnte man sagen. Bis hierher gelangten die russischen Truppen zu der Zeit, als Sven Hedin sich zu der Heerschar von Landmessern, Geographen, Kundschaftern und Offizieren auf Vergnügungsreisen im Urlaub gesellte, zu all jenen, die seit 1875 den Pamir durchstreiften, bis dieser — um Oberst Thomas Hungerford Holdich zu zitieren, der zu dieser Zeit die kartographische Aufnahme in den indischen Grenzgebieten leitete — ›wahrscheinlich das am besten durchforschte Gebiet im Hohen Asien‹ war.
Die Geschichte um diese Grenze, der wir von Taschkurgan gefolgt sind, bis sie oben am Kleinen Karakul abbiegt, ist eine besondere Geschichte, die ein eigenes Kapitel verlangt. Um nämlich nicht von dieser Geschichte reden zu müssen, haben die Führer im Kreml der Welt berichten lassen, daß China Sibirien zurückfordere. Aber daß China Sibirien zurückfordert, ist genauso unwahr und unrichtig wie die Behauptung, daß die drei Reiche — das zaristische Rußland, das britische Imperium und das kaiserliche China — sich jemals an einem Dreiländergrenzstein hier oben begegnet sind.

3
Eine Grenze, die es nicht gibt

Es gibt Fragen, die sehr kompliziert werden, obgleich sie eigentlich ganz einfach sind. Die Komplikationen werden künstlich geschaffen und aufgebauscht, um die einfache Wahrheit zu verdecken. Zu diesen Fragen gehört jene um die Grenze zwischen China und der Sowjetunion im Pamir. Die einfache Wahrheit ist nämlich, daß es diese Grenze nicht gibt. Zuerst will ich diese Behauptung widerlegen. Danach wird es möglich, sowohl den historischen Hintergrund als auch die aktuelle Bedeutung dieses Umstandes zu erörtern.

Nach Artikel IX des Vertrages, der am 24. Februar 1881 (neuen Stils) zwischen Rußland und China in St. Petersburg geschlossen wurde, ernannten beide Seiten Bevollmächtigte, welche die Grenze feststellen sollten. Im Protokoll von Nowyj Margelan vom 22. Mai 1884 (alten Stils) wurde die Grenze festgelegt und die Grenzvermessung zwischen ›den russischen Territorien und der Provinz Kaschgar, die zu China gehört‹, beschrieben. Im dritten Kapitel des Protokolls heißt es:

»...die Grenzlinie geht... hinauf zum Paß Uz Bel, der auch Kisil-Dschik heißt (zum größten Teil des Jahres schneebedeckt), und dort endet auch die gemeinsame Grenze beider Länder, da die russische Grenze nach Südwesten abbiegt und die chinesische nach Süden verläuft. Alles Land mit den Flüssen, die dort fließen, welches sich westlich dieser Grenzlinie befindet, gehört zum Russischen Reich, und das Land mit allen Flüssen, welches sich östlich dieser Grenzlinie befindet, gehört zu China.«

Unmittelbar darauf folgt das vierte Kapitel im Protokoll:

»4. Die Beschreibung der Grenze in diesem Protokoll zusammen mit der beigefügten Karte, auf der die Grenzlinie zwischen dem Russischen Reich und China mit Flüssen, Gebirgspässen, Tälern und Grenzposten verzeichnet ist, ist von der russischen und der chinesischen Seite als endgültig ratifiziert und anerkannt.«

Der Uz-Bel-Paß heißt auf modernen Karten Kisil-Dschik und liegt auf 38° 40′ nördlicher Breite. Wer sich dafür interessiert, selbst nachzusehen, braucht sich nur eine einigermaßen detaillierte Karte vorzunehmen. Ich verwende das Kartenblatt NJ 43, ›Su-Fu (Kashgar Kone Shar) Southwest Asia‹ im Maßstab 1:1000000, herausgegeben vom U.S. Army Map Service, zu dessen Weltserie es gehört; es gibt auch gute Auskünfte über den Grad der Zuverlässigkeit.

Wenn man nun gemäß dem Wortlaut in diesem Protokoll eine Grenze zieht, die vom Kisil-Dschik (Uz Bel) nach Süden verläuft, so erreicht diese Grenze den Sarikul (Lake Victoria).

Aber die Grenze, die auf dieser Karte eingezeichnet ist und die Linie markiert, die heute von sowjetischen Streitkräften gehalten wird, verläuft in einem weiten Bogen beträchtlich weiter im Osten. Diese Grenzlinie über mehr als 300 Kilometer, die das zaristische Rußland einmal von seinen Truppen besetzen ließ und die jetzt von sowjetischen Truppen gehalten wird, hat keine Absicherung in irgendeinem internationalen Vertrag.
Ich will ganz deutlich werden. Nicht genug damit, daß diese Linie nicht durch irgendeinen Vertrag zwischen Rußland/Sowjetunion auf der einen Seite und irgendeiner chinesischen Regierung auf der anderen abgedeckt ist; diese Linie ist auch in keinem Abkommen zwischen Rußland/Sowjetunion und irgendeiner dritten Macht verankert.
Behandeln wir die beiden Fragen der Reihe nach. Die Regierung der Sowjetunion macht geltend, daß ihre Truppen das Gebiet östlich der Grenzlinie Kisil-Dschik - Sarikul gemäß dem Notenwechsel von 1894 besetzt halten. (Siehe Erklärung der Regierung der Sowjetunion vom 13. Juni 1969.) Ich werde auf die politische Situation, in welcher dieser Notenwechsel zwischen China und Rußland im April 1894 stattfand, zurückkommen; das Wesentliche an diesem Punkt der Diskussion ist, darauf hinzuweisen, daß die Regierung der Sowjetunion die Unwahrheit sagt.
Die kaiserliche chinesische Regierung erkannte die Grenzlinie, die die russischen Truppen errichtet hatten, nicht an. Sie erklärte ausdrücklich, daß sie sich an das Protokoll aus dem Jahr 1884 hielt. Es findet sich nichts in diesem Notenwechsel — und auch nicht in einer späteren Erklärung der chinesischen Regierung —, was benutzt werden könnte, um die russische militärische Demarkationslinie als anerkannte internationale Grenze darzustellen.
In der Übereinkunft über Einflußsphären im Pamir, die in der Erklärung vom 11. März 1895 zwischen Großbritannien und Rußland formuliert wurde, wird eine russische Südgrenze zu Afghanistan ›vom östlichen Ufer des Lake Victoria bis zur chinesischen Grenze‹ beschrieben. In der Grenzbeschreibung, die nach der Arbeit der gemischten russisch-britischen Kommission abgefaßt wurde, wird erklärt, daß die russisch-afghanische Grenze ihren Endpunkt auf dem ›Gipfel des Powalo Schwejkowskij..., der die Grenze zum chinesischen Territorium bildet‹, hat. Aber weder Afghanistan noch China waren Signatarmächte. Sie hatten auch weder an den Beratungen noch an der Arbeit der Grenzkommission teilgenommen.
Aber selbst wenn man sich auf den imperialistischen Standpunkt stellt, daß eine Übereinkunft zwischen Rußland und Großbritannien unabhängig von der Auffassung der chinesischen Regierung für China bindend sei, gibt es dennoch keinerlei internationale Übereinkunft, die die 307 Kilo-

meter russische militärische Demarkationslinie im Pamir von Kokrasch Kol/Powalo Schwejkowskij bis zum Uz Bel/Kisil-Dschik legitimiert.
Mit dieser Auffassung stehe ich nicht allein. Es ist im Gegenteil die einzige Auffassung, die bestehenden Übereinkünften und Dokumenten entspricht. Deshalb weist auch J.R.V. Prescott in der Karte und im Kommentar zu seiner Dokumentensammlung ›Map of Mainland Asia by Treaty‹ (veröffentlicht in Verbindung mit dem Australian Institute of International Affairs, Melbourne 1975) darauf hin, daß die heutige Grenze zwischen China und der Sowjetunion im Pamir keine Absicherung durch einen internationalen Vertrag habe.
An sich ist das Grenzproblem im Pamir nicht unlösbar. Es ist eines von vielen ähnlichen Problemen längs der langen Grenze zwischen der Sowjetunion und China, wo die sowjetischen Truppen heute Gebiete halten, welche die Streitkräfte des Zaren einmal auf der chinesischen Seite jener Grenzen besetzten, die China, gezwungen durch die Diplomaten des Zaren — unter Kriegsandrohung oder durch Erpressung — akzeptieren mußte. Solche von der Geschichte ererbten Probleme sollten gelöst werden können.
Die Einstellung der russischen Bolschewiki zu dieser expansionistischen zaristischen Außenpolitik war in der Zeit, als sie betrieben wurde, klar und eindeutig. Im Herbst 1912 befinden sich Lenin und seine Frau Krupskaja in Krakau. Von dort aus hält er die Verbindung mit den Bolschewiki in Rußland aufrecht. Am 13. November schreibt Krupskaja — die den Kurierdienst besorgt — ein Dokument ins reine, das sie weiter nach Rußland leitet. Es ist Lenins Entwurf zur Erklärung der sozialdemokratischen Dumafraktion. Der politischen Polizei des Zaren gelingt es, das Schreiben abzufangen. Es wird erst 1932, 15 Jahre nach der Revolution, im Archiv des alten Polizeiministeriums wieder aufgefunden. In dieser ›Deklaration der Arbeiterdeputierten‹ heißt es unter anderem: »Vom Rednerpult des IV. Reichsduma erklärt die sozialdemokratische Fraktion, daß ein unauflöslicher Zusammenhang zwischen ihrer Tätigkeit und der Tätigkeit der früheren sozialdemokratischen Fraktionen in den verschiedenen Reichsdumen besteht.../.../... Die sozialdemokratische Fraktion protestiert namentlich gegen die Außenpolitik der russischen Regierung. Sie brandmarkt den Versuch, unser Staatsgebiet durch Eroberung fremder Gebiete am Bosporus, im türkischen Armenien, in Persien, in China auszuweiten; sie brandmarkt die Eroberung der Mongolei, durch welche die guten Verbindungen zu der chinesischen Bruderrepublik gestört worden sind.«
Nach der Revolution wurden diese klaren und eindeutigen Prinzipien wegweisend für die Außenpolitik, die Lenin in einer schweren, durch Bürgerkrieg und ausländische Intervention verworrenen Lage absteckte. Am 25. Juli 1919, als der Krieg in Sibirien immer noch im Gang war,

gab der stellvertretende Kommissar für auswärtige Fragen, Leo Karachan, im Namen der Arbeiter- und Bauernregierung eine Erklärung an das chinesische Volk ab:

»...Wir wenden uns an das Volk von China in der Absicht, vollkommen klarzustellen, daß die Räteregierung alle Eroberungen der Regierung des Zaren, welche China die Mandschurei und andere Gebiete entriß, aufgegeben hat...«

Wegen der Kriegsumstände erreichte diese Erklärung die Regierung in Peking erst am 26. März 1920. Diese Regierung war schwach und dem Druck Japans und anderer fremder Mächte, die damals China in halbkolonialer Abhängigkeit hielten, ausgesetzt. Aber im September 1920 wurde eine chinesische Delegation unter der Leitung des Generals Tschang Schih-ling nach Moskau geschickt. Am 27. September 1920 gab die sowjetische Regierung eine weitere Erklärung ab. Lenins Regierung schlug durch Leo Karachan auch einen auf die Deklaration von 1919 gegründeten Freundschaftsvertrag zwischen China und der Sowjetunion vor. Der Vorschlag umfaßte acht Punkte. Der erste lautete:

»(1) Die Regierung der Russischen Föderativen Räterepublik erklärt alle Verträge, die frühere Regierungen mit China abgeschlossen haben, für aufgehoben und ungültig, verzichtet auf alle Eroberungen chinesischen Territoriums und auf alle russischen Konzessionen in China und gibt China ohne jede Kompensation und für alle Zukunft alles zurück, was China von der Regierung des Zaren und der russischen Bourgeoisie raubsüchtig weggenommen wurde.«

Am 31. Mai 1924 wird in Peking ein Vertrag zwischen China und der Sowjetunion unterzeichnet. Es ist der erste Vertrag auf gleichberechtigter Grundlage, den China seit mehr als hundert Jahren unterschreiben konnte. In diesem Vertrag heißt es unter anderem:

»Artikel IV. In Übereinstimmung mit ihrer Politik und den Erklärungen von 1919 und 1920 erklärt die Regierung der Sowjetunion alle Verträge und Abkommen der früheren zaristischen Regierung und irgendeiner dritten Partei oder Parteien, welche Chinas Rechte oder Interessen berühren, für aufgehoben und ungültig...

Artikel VII. Die Regierungen der beiden vertragschließenden Parteien stimmen überein, daß sie ihre nationalen Grenzen auf der Konferenz neu festlegen, wie es Artikel II dieses Vertrages vorschreibt, und in Erwartung dieser Neufeststellung die derzeitigen Grenzen beibehalten.«

In einem China, wo das Volk sich gegen plündernde ausländische Imperialisten und korrupte einheimische Warlords erhob — in einem Asien, wo die Völker den Kampf gegen Kolonialismus und imperialistische Unterdrückung aufgenommen hatten, wurden diese Erklärungen und dieser Vertrag mit stürmischer Begeisterung begrüßt. Die Worte wirkten wie ein Trompetensignal.

Es wäre also nicht schwer gewesen, die Probleme im Pamir und in anderen Gebieten an der Grenze, wo die Regierung des Zaren Chinas Souveränität verletzt und die Sowjetregierung die historische Situation von den früheren Herrschern geerbt hatte, zu lösen. Lenins Politik in dieser Frage war eindeutig. 1924, als Lenin gestorben war, beschrieb Stalin in seinen Vorlesungen an der Universität Swerdlowsk die zaristische Außenpolitik:

»Das Rußland des Zarismus war in erster Linie ein Herd für alle Art von Unterdrückung — sowohl kapitalistischer als auch kolonialistischer und militärischer — in deren unmenschlichster und barbarischster Form. Wer weiß nicht, daß die Allmacht des Kapitals in Rußland mit dem Despotismus der Zarenherrschaft verknüpft war, die Aggressivität des russischen Nationalismus mit der Henkerrolle der Zarenherrschaft gegenüber nichtrussischen Völkern, die Ausbeutung ganzer Gebiete — in der Türkei, in Persien, China — mit der Eroberung dieser Gebiete durch den Zarismus, mit Eroberungskriegen? Lenin hatte recht, als er sagte, daß der Zarismus ein ›militärisch-feudaler Imperialismus‹ war. Der Zarismus war ein Konzentrat der negativsten Seiten des Imperialismus, in die zweite Potenz erhoben.«

Der Standpunkt der heutigen Sowjetregierung ist ein anderer. In ihrer Erklärung vom 13. Juni 1969 behauptete sie unter anderem:

»Die sowjetisch-chinesische Grenze ist ein Ergebnis der historischen Ereignisse in einem langen Zeitraum.../.../... Nachdem sie sich in vielen Generationen gebildet hat, spiegelte und spiegelt die Grenze zwischen der Sowjetunion und China die tatsächliche Besiedlung der Völker in diesen beiden Staaten entlang der natürlichen Demarkationslinien, wie Bergen und Flüssen, wider. In ihrer ganzen Ausdehnung ist diese Grenze durch Verträge, Protokolle und Karten klar und exakt bestimmt.../.../... Weder die Erklärung von 1919 noch der Vertrag zwischen der Sowjetunion und China von 1924 enthielten oder konnten Andeutungen enthalten, daß die Verträge, welche die heutigen Grenzen zwischen der Sowjetunion und China feststellen, ungleich oder geheim waren. Natürlich ging es nicht darum, sie aufzuheben oder zu revidieren.«

Damit ist die Regierung der Sowjetunion zu der Einstellung zurückgekehrt, die Rußlands Außenpolitik kennzeichnete, bevor die Oktoberrevolution Lenin die Möglichkeit gab, die Prinzipien einer sozialistischen Außenpolitik in der Praxis zu formulieren. Jetzt deckt sich die Politik der Sowjetunion wieder mit der des alten Rußland.

Diese Wandlung nahm ihren Anfang schon zu Lebzeiten Stalins, wenn sie sich auch erst nach seinem Tod voll entfaltete, als die Sowjetunion die Rolle einer der beiden wettstreitenden Supermächte annahm. Stalin beging in seiner Außenpolitik schwerwiegende Fehler und verstieß gegen ebendie grundlegenden Prinzipien, deren erster Fürsprecher er unter Lenins Bolschewiken gewesen war. Aber nachdem sich China aus eigener Kraft befreit hatte, zeigte er sich auch bereit, vor Mao Tse-tung und den chinesischen Genossen nach gründlicher Diskussion einzugestehen, daß er Fehler gemacht habe. Er war zu Selbstkritik und zur Änderung seiner Politik fähig. Seine Nachfolger haben dagegen seine Fehler weiterentwickelt und sie in ein System gebracht.

Die Erklärung für diese Entwicklung muß man in der inneren Wandlung der Sowjetunion suchen. Um deutlich den Charakter der Fehler in Stalins Außenpolitik, die von seinen Erben zur Hauptrichtung der sowjetischen Außenpolitik gemacht wurden, sehen zu können, kann man drei Zitate nebeneinanderstellen.

Das erste stammt aus Stalins Vorlesungen über die Grundlagen des Leninismus. Ich habe es bereits angeführt. Es ist vom April 1924, und darin deckt sich seine Sicht mit der Lenins.

Das zweite stammt aus ›Genosse J.W. Stalins Ansprache an das Volk am 2. September 1945‹. Damals hatte Japan bedingungslos kapituliert. Es lautet:

»Aber die Niederlage der russischen Truppen von 1904 im russisch-japanischen Krieg hinterließ bittere Erinnerungen bei unserem Volk. Es war ein dunkler Fleck auf unserem Land. Unser Volk wartete mit Zuversicht auf den Tag, an dem Japan eine Niederlage erleiden und der Fleck abgewaschen würde. 40 Jahre lang haben wir, die ältere Generation, auf diesen Tag gewartet. Und nun ist er gekommen.«

Das dritte Zitat gibt eine entgegengesetzte Beurteilung dieser Niederlage. Es ist aus Lenins Artikel ›Der Fall von Port Arthur‹ in *Wperjod* vom 14. Januar 1905:

»Nicht das russische Volk, sondern die Selbstherrschaft hat eine schmachvolle Niederlage erlitten. Das russische Volk hat durch die Niederlage der Selbstherrschaft gewonnen.«

Mit der Wandlung der Sowjetunion zu einer Diktatur der Bürokratenbourgeoisie über das Proletariat hat die heute herrschende Führung Stalins Abweichung in eine großrussische chauvinistische Richtung zu einem neuen Zarismus weiterentwickelt und systematisiert.

Es stürmt in den Bergen. Die Grasbüschel verkriechen sich zwischen den Steinen, und der Schnee auf dem Kongur Schan glitzert weiß vor dem dunklen Himmel. Ein kirgisischer Hirt reitet auf dem Weg vorbei, der am Südufer des Sees nach Westen führt. Er hat das Gepäck auf sein Beipferd geladen. Über die steinigen Gebirgsweiten hinweg ziehen die Telefonmasten nach Norden. Die Sonne brennt auf den Nacken, und die langen Unterhosen, die gerade noch so gute Dienste gegen die Morgenkälte geleistet haben, beginnen in der Kniekehle zu jucken, als es auf die Mittagszeit zugeht.

Hier am Kleinen Karakul hielt sich Sven Hedin auf, als die russischen Truppen auf chinesisches Territorium vorrückten und dort im Westen auf der anderen Seite des Bergrückens feste Lager errichteten. Bei den russischen Offizieren hatte Sven Hedin sich wie zu Hause gefühlt, und der Kommandant von Pamirskij Post hatte eine Festrede zu Ehren des Königs von Schweden und Norwegen, der Goten und Wenden, Seine Majestät Oskar II., gehalten. In patriotischer Begeisterung hatte Sven Hedin den feurigen turkestanischen Wein getrunken, während die russischen Herren Schwedens Monarchen zutranken:

»Auf dem Dach der Welt, 3 610 Meter über dem Meer, fern von der lärmenden Welt, mitten in Asien und in einer Gegend, wo unsere nächsten Nachbarn die Gemsen der Felsen, die Wölfe der Wildmark und die Steinadler des Himmels waren.«

Die chinesischen Streitkräfte waren von den russischen Truppen verdrängt worden. Ihre Proteste hatten den russischen Stab nicht bekümmert. Kein Wunder, daß Sven Hedin die Chinesen mißtrauisch fand, als er von den russischen Linien her über den Paß kam, um hier zu vermessen, Karten zu zeichnen und die Wassertiefe auszuloten.

Gerade damals waren Rußland und Großbritannien im Begriff, sich über den Pamir zu einigen. Nicht weil sie ein mehr oder weniger gut begründetes juristisches Recht auf das Gebiet hatten — das gehörte zu China und Afghanistan —, sondern weil sie europäische Großmächte waren, die das große Spiel um Asien spielten.

Im Bericht der Grenzkommission, der 1897 in Kalkutta gedruckt wurde, meldete Oberstleutnant R. H. Wahab (R. E.) mit einem entlarvenden Schreiben:

»Keine Zeichen einer chinesischen Besiedelung konnten in dieser Richtung gesehen werden, wenn auch die nomadischen Kirgisen, deren Zelte ein Stück weiter oben im Tal anzutreffen waren, behaupteten, sie seien chinesische Untertanen.«

Wenn das gleiche Argument zur selben Zeit auch außerhalb Asiens gültig gewesen wäre, hätte Rußland ganz Nordschweden und ganz Nordnorwegen übernehmen können, denn auch dort hätte die Kommission im Bergland keine Anzeichen einer schwedischen oder norwegischen Besiedelung gefunden, auch wenn die nomadischen Lappen, deren Zelte ein Stück weiter oben im Tal anzutreffen waren, behaupteten, sie seien schwedische oder norwegische Untertanen.

Gewiß spielten England und Rußland um Asien, und gewiß hatten die britischen Vertreter in der Kommission ebenso wie die britischen Diplomaten ein Interesse daran, die russische Grenze so weit im Norden und Westen zu halten, wie es für die Russen annehmbar war. Aber die Russen waren auf jeden Fall Europäer und keine Asiaten, und Oberst Holdich schreibt in seinem Bericht über die Nomaden:

»...sie sind gänzlich kirgisisch, und es kann — glaube ich — als gegeben genommen werden, daß sie bald gänzlich russisch sein werden... Es gibt bei ihnen ohne Zweifel eine Tendenz, die chinesische Herrschaft zu akzeptieren, was auf den billigen Bedingungen, zu denen sie innerhalb des chinesischen Territoriums leben dürfen, und dem Fehlen direkter Steuern beruht; das Fell gewisser wilder Tiere, die ihre Jäger erlegen, ist der hauptsächliche Tribut, den die chinesischen Behörden in Taschkurgan fordern. Aber die Sorge um die Sicherheit für Leib und Leben wird sie unumgänglich allmählich in den russischen Pferch treiben, besonders weil es keinerlei ethnographischen Unterschied zwischen den Kirgisen in Alitschur oder Alai-Pamir und denen in Tagdumbasch gibt. Es scheint auch eine gewisse historische Berechtigung zu geben, die Kirgisen wieder unter eine christliche Regierung zurückzuführen, da sie, wie es scheint, ein Überbleibsel der mittelalterlichen nestorianischen Gemeinden in Asien sind.«

Der Weg hinunter durch die tiefen Schluchten, wo der Ges-Darja durch die Berge bricht, ist von den Erdrutschen des Frühjahrs weggerissen worden. Die Strecke ist nun provisorisch hergerichtet. Sie hängt am Berghang, und der Kies rollt unter den Rädern.

»Das ist ein schwieriger Weg«, sagt Rakmow, der stellvertretende Vorsitzende des Revolutionskomitees des Distrikts Kaschgar. »Letztes Jahr sah ich, wie der Erdrutsch kam. Es war, als finge der ganze Berg an, sich zu bewegen. Gefährlich kann das auch werden. Aber wir müssen die Straße offenhalten. Wir müssen die technischen Probleme lösen. Das hier ist unsere Verbindung nach Pakistan. Wir bauen sie aus. Früher war sie über große Teile des Jahres völlig unpassierbar. Jetzt halten wir sie im Winter wie im Frühling, Sommer und Herbst offen.«

Weiter unten im Tal lassen wir die Jeeps stehen und reiten hinauf in die Berge. Wir wollen zu dem alten Karawanenweg. Der Pfad windet sich den Hang hinauf. Er ist sehr schmal. Mein Pferd hat einen Sattel mit einem Sattelknopf aus Silber. Das ist sehr stattlich. Aber ich bin kein guter Reiter, und der Pfad ist schmal. Wenn ich mich umschaue, stürzt der Fels mehr als 100 Meter hinunter in das schäumende Wasser. Der Fels ist schwarz. Steine rollen über die Kante. Auf der anderen Seite streift die Felswand beinahe das Knie. Eigentlich hätte ich es vorgezogen, auf einem der Jaks zu reiten. Aber Abdullah lacht aus vollem Hals und sagt: »Ein verehrter Gast kann nicht auf einem Jak geritten kommen. Die Jaks sind für Frauen und Kinder. Du bist ein Mann und Ehrengast. Reit nur drauf los. Das Pferd ist von hier und kennt seinen Weg.«

Es ist später Nachmittag, als wir zur Gasi-Brigade kommen. Mitten im Gebirge tun sich die Wiesen saftig grün auf. Die alte Karawanserei ist verschwunden. Wir schreiten ihren Grundriß ab. Nur eine Schafbucht ist noch übrig. Es gibt sie seit mehr als zwei Generationen nicht mehr.

»Das war eine private Karawanserei«, sagt Mechmed Islam, Vorsitzender des Revolutionskomitees der Produktionsbrigade. »Hier rasteten die Karawanen, bevor sie sich in die hohen Berge aufmachten, und hier blieben sie, um sich auszuruhen, wenn sie von dort oben herunterkamen. Er hieß Chulumbek Hadschi, der Mann, dem sie gehörte. Er hat gut verdient. Dann kamen andere Zeiten, und es gab keine Karawanen mehr, und da ließ er auch die Karawanserei abreißen.«

Es ist ein wunderschönes Tal 2800 Meter über dem Meer. Die Luft ist frisch, und die Berge stehen wie eine schützende Ringmauer um das Grün.

»Aber im Winter ist es kalt«, sagt Mechmed Islam. »Da ist es immer so um −20 Grad. Wir haben jetzt 5557 Tiere. Vor der Befreiung hatten wir 1500 Stück. Aber sie gehörten damals drei Familien. Neun Familien arbeiteten für sie. Der Rest von uns mußte mitarbeiten, die Tiere aus den Dörfern im Flachland zu versorgen und auf der Weide zu hüten. 1951 machten wir der Ausbeutung ein Ende. Jetzt ist das Leben besser. Wir haben drei Lehrer hier, und alle unsere Kinder gehen in die Schule. Jetzt ist die Mittelschule für alle Kinder eingeführt, und wir haben fünf Kinder in höheren Schulen.«

Unser Gastgeber ist jung. Er ist Hirt und heißt Ak-dschol. Wir sitzen bei ihm drinnen und sind an die 20 Personen. An einer Längswand große Bilder von Marx, Engels, Lenin und Stalin. An der anderen Längswand Mao Tse-tung und zwei Diplome für gute Arbeit mit den Tieren und eine vorbildliche Dienst-fürs-Volk-Einstellung im Arbeitsstil. Draußen auf dem Hof werden Hammelfleischspieße über einem Holzkohlenfeuer gegrillt, und das ist ein großes Fest. Die Kinder sitzen im Halbkreis, sie knuffen sich in die Seite und flüstern. Es wird dunkel. Noch ist der Himmel ganz hell, aber durch das Tal steigt die Dunkelheit herauf. Zwei Sänger sind gekommen. Der Gesang erhebt sich erzählend, monoton und großartig in den Abend.

»Wir Kirgisen mögen Lieder«, sagt der Gastgeber, »wir haben viele Sänger. Sie haben so viel zu erzählen.«

4

Es spukt im Konsulat

Mitten in der Nacht weckt mich Gun.
»Bist du wach?« fragt sie. »Ich höre, daß du wach bist. Ich habe dagelegen und an Macartney gedacht. Petrowskij konnte so unverschämt zu ihm sein, weil der wußte, daß Macartneys Vater sich in China verheiratet hatte und Macartneys Mutter aus Sutschou stammte. Petrowskij war ein Rohling. Ich glaube nicht, daß er selbst sich um Macartneys Abstammung kümmerte; er war ja ein zaristischer Diplomat und als solcher in dieser Frage unbefangen. Aber Petrowskij wußte, wie die Engländer waren, wenn es um die Rasse ging. Du weißt, daß es reichte, wenn er sagte: ›Ach so, dieser Mac-irgendwas, Younghusbands eurasischer Sekretär! Nein, für ihn bin ich nicht zu Hause!‹ Und so mußte Macartney draußen bleiben. So was bringen die russischen Diplomaten fertig.«
Einen Augenblick ist sie still. Dann sagt sie:
»Sicher dauerte es deshalb solange, bis Macartney auch seine ordentliche Ernennung zum Konsul erhielt. Er arbeitete ja 18 Jahre hier in Kaschgar als britischer Vertreter, ehe er die Erlaubnis bekam, sich Konsul zu nennen. Bestimmt, weil seine Mutter Chinesin war. Die Briten entschuldigten niemals ein Halbblut. Du erinnerst dich, wie sie sich gegenüber dem Kanzlisten in Kabul benahmen, der mit einer Indonesierin verheiratet war.«
Es knackt in den Wänden, und das Zimmer ist ganz dunkel. Die schweren Samtvorhänge sind zugezogen. Wir wohnen im alten russischen Konsulat. Wir schlafen im Zimmer des wachhabenden Offiziers. Die Nacht ist still über Kaschgar, aber es knackt in den Wänden, und plötzlich höre ich, daß es draußen im Saal zu knarren beginnt. Es knarrt wie von Stiefeln, denke ich. Jemand, der draußen steht und sich leicht auf die Schuhspitzen stellt, die Knie beugt und mit den Stiefeln knarrt, während er nachdenkt.
»Glaubst du, es ist Petrowskij selbst, der im Saal steht und mit den Stiefeln knarrt?« sage ich zu Gun.
Aber sie ist schon wieder eingeschlafen. Ich höre sie weit weg in ihrem Schlaf atmen. Ich denke an Petrowskij. Ich begegnete ihm zum erstenmal bei Sven Hedin:
»Eine russische Flagge weht über dem Eingang, wo ein paar Kosaken Wache halten. Wenige Minuten später befinde ich mich im Arbeitszimmer des mächtigen russischen Konsuls Petrowskij in ein lebhaftes Gespräch über meine Reise und über wichtige asiatische Probleme verwickelt.«

Petrowskij kam mit einer Wache von 45 Kosaken 1882 hierher nach Kaschgar. Das war nach dem Frieden von St. Petersburg, in dem China einen russischen Konsul in Kaschgar akzeptierte, dessen Aufgabe es sein sollte, für einen erweiterten gegenseitigen Handel zu wirken und russischen Staatsbürgern behilflich zu sein. 21 Jahre lang arbeitete er dann emsig und planmäßig als russischer Vertreter in Kaschgar mit dem Ziel, Sinkiang für seinen Herrn, den russischen Selbstherrscher, zu übernehmen.

Sven Hedin schrieb ein Porträt von ihm, das 1953 in ›Karavan och Tarantass‹ erschien:

»Für alle diese Vergünstigungen hatte ich meinem Freund, dem Konsul und Staatsrat Nikolaj Fjodorowitsch Petrowskij, zu danken, einem Mann, der von den Chinesen gefürchtet und insgeheim gehaßt wurde, den aber das einheimische Volk, die Osttürken, schätzte und ›Der neue Dschagatai Khan‹ nannte.

Petrowskij war ein sehr gelehrter Mann, der über gründliche Kenntnisse in der Geschichte Zentralasiens, in Archäologie und osttürkischen Sprachen verfügte. Er war hochgewachsen, trug gewöhnlich einen einheimischen grünen Chalat oder Mantel und ein ebenso grünes Käppchen, und seine Augen zwinkerten jovial hinter der in Gold gefaßten Brille. An den Abenden saßen wir stundenlang zusammen und trugen uns mit großen Plänen.« Ich bezweifle die Liebe des Volkes zu Petrowskij. Andere Quellen geben ein anderes Bild von seinen Gefühlen. Aber ich meine, das Porträt an sich macht einen glaubwürdigen Eindruck.

Jetzt lag ich in der Dunkelheit, und es fiel mir schwer, wieder einzuschlafen. Ich fühlte mich kribblig. Es war der Alkohol, den mein Körper abbaute. Wir hatten am Abend zuvor Guns 50. Geburtstag gefeiert und ein großes Fest gehabt. Alle unsere Gastgeber und Freunde in Kaschgar hatten sich eingefunden. Wir hatten gegessen und getrunken und getanzt. Denn hier, wo Konfuzius keinen größeren Einfluß gehabt hatte, tanzt man. Danach waren wir ins Theater gegangen. Nicht daß wir besonders viel getrunken hätten, aber es war genug gewesen, daß es mir nun schwerfiel, wieder einzuschlafen. Ich lag da und dachte über Petrowskij nach. Er war ein typischer russischer Diplomat gewesen, hart und beschlagen und geschickt.

Es verhält sich schon so, wie Engels hervorhob, daß man die zaristische Diplomatie leicht unterschätzt, weil der Zarismus im allgemeinen ein solches Elend war. Aber das innere Elend wurde von den glänzenden äußeren Erfolgen aufgewogen, und von der Zeit Katharinas der Großen an war das zaristische diplomatische Korps das mit Abstand geschickteste. Petrowskij war ein typischer Vertreter dieses Elitekorps, das selbst so berühmten Gruppen wie der hohen Bürokratie Britisch-Indiens weit überlegen war.

Ich hatte Engels' Schrift über die Außenpolitik des russischen Zarismus mit in der Reisebibliothek. Sie würde lesenswert sein, wenn ich in der Nähe der Grenzgebiete der neuen Zaren reiste, hatte ich gedacht. Jetzt, da ich ohnehin noch nicht schlafen konnte, zog ich Pantoffeln und Schlafrock an und schlich hinaus in den Saal, um zu lesen. Es war wieder ganz still im Haus. Als ich das Licht anschaltete, sah ich die prachtvollen Chotan-Teppiche an den Wänden, und es glitzerte in den Spiegeln und der Vergoldung um mich herum. Ich las Engels aus dem Jahr 1890.
»Man muß aber nicht nur die Schwächen, sondern auch die Stärken des Gegners kennen. Und die auswärtige Politik ist unbedingt die Seite, wo das Zarentum stark, sehr stark ist. Die russische Diplomatie bildet gewissermaßen einen modernen Jesuitenorden, mächtig genug, im Notfall selbst zaristische Launen zu überwinden und der Korruption in seinem eigenen Innern Herr zu werden, um sie desto reichlicher nach außen auszustreuen; einen Jesuitenorden, rekrutiert ursprünglich und vorzugsweise aus Fremden... Der altrussische hohe Adel hatte noch zu viele weltliche Privat- und Familieninteressen, er besaß nicht die unbedingte Zuverlässigkeit, die der Dienst dieses neuen Ordens beanspruchte... Es ist diese ursprünglich aus fremden Abenteuern rekrutierte geheime Gesellschaft, die das Russische Reich auf seine gegenwärtige Machtfülle gehoben hat. Mit eiserner Ausdauer, unverrückt den Blick aufs Ziel geheftet, vor keinem Treubruch, keinem Verrat, keinem Meuchelmord, keiner Kriecherei zurückschreckend, Bestechungsgelder mit vollen Händen austeilend, durch keinen Sieg übermütig, durch keine Niederlage verzagt gemacht, über die Leichen von Millionen Soldaten und wenigstens einen Zaren hinweg, hat diese ebenso gewissenlose wie talentvolle Bande mehr als alle russischen Armeen dazu beigetragen, die Grenzen Rußlands vom Dnjepr und der Dwina bis über die Weichsel, bis an den Pruth, die Donau und das Schwarze Meer, vom Don und der Wolga bis über den Kaukasus und zu den Quellgebieten des Oxus (Amu-Darja) und Jaxartes (Syr-Darja) vorzuschieben, Rußland groß, gewaltig, gefürchtet zu machen und ihm den Weg zur Weltherrschaft zu eröffnen... Aufklärung, das war im achtzehnten Jahrhundert die Parole des Zarismus in Europa, wie Völkerbefreiung im neunzehnten. Kein Länderraub, keine Gewalttat, keine Unterdrückung von seiten des Zarentums, die nicht vollbracht worden ist unter dem Vorwand der Aufklärung, des Liberalismus, der Völkerbefreiung. Und die kindischen westeuropäischen Liberalen glaubten es bis herab auf Gladstone...«
Ich gehe auf den Flur hinaus und stoße die großen Türen in die Nacht auf. Die Luft ist frisch. Das Licht fällt hinaus auf den Hof. Kaschgar schläft.
Hierher kam einst 1890 der fünfundzwanzigjährige Student Sven Hedin, und der russische Diplomat nahm sich seiner an und führte ihn in sein

Arbeitszimmer mit Büchern und Quecksilberbarometern, Aneroiden und einem Seismometer:
»Vor der gewaltigen Generalstabskarte von der westlichen Hälfte des Erdteils bleibe ich stehen, um in einem Zusammenhang den ganzen 3000 Kilometer langen Weg von Teheran durch Chorasan, Transkaspien, Buchara, Samarkand, Fergana und Ostturkestan nach Kaschgar zu überschauen, wo ich nun glücklich angekommen bin. Die Karte zeigt mir, daß ich keinen weiten Weg habe zum Fuß des Kuen Lun und einen Ritt von knapp zwei Wochen in das geheimnisvolle Tibet.«
Viel später sollte er schreiben: »Grenzenlose Traumgesichte und Zukunftsperspektiven schwebten mir vor.«
Und vier Jahre, nachdem sich Konsul Petrowskij dieses schwedischen Studenten angenommen hatte, befand er sich oben im Pamir. Die russischen Truppen waren inzwischen auf direkten Befehl Konsul Petrowskijs einmarschiert und hatten begonnen, das Land zu besetzen. Die chinesischen Grenzwachen waren gegenüber reisenden Fremden mißtrauisch geworden. Sven Hedin nahm auf der Seite, wohin die russischen Truppen noch nicht gelangt waren, Täler, Pässe und Gewässer kartographisch auf; er segelt in einem Boot aus Häuten auf dem Kleinen Karakul, ertrinkt beinahe, als er dessen Tiefe auslotet, und erlebt viele andere bemerkenswerte Dinge, dann begibt er sich hinunter nach Kaschgar, wo er bei seinem väterlichen Freund Konsul Petrowskij wohnt, und sie sitzen bis tief in die Nächte und sprechen von Asien und seinen Problemen, von wissenschaftlichen Erfahrungen, geographischen Entdeckungen und interessanten neuen Karten. Kein Wunder, daß Strindberg Sven Hedin ›Kurier des Zaren‹ nannte!
Ich schließe die großen Türen des Konsulats. Lösche das Licht im Saal. Die Spiegel und die Vergoldung glitzern nicht mehr. Ich taste mich an den Teppichen an der Wand entlang und gehe auf unser Zimmer zu. Als ich hereinkomme, sagt Gun aus der Dunkelheit:
»Erinnerst du dich nicht an das, was Hedin davon berichtete, wie er 1890 zum erstenmal nach Kaschgar kam? Daß Petrowskij ihn schon am ersten Abend mitnahm, um bei Younghusband vorzusprechen, und daß er dort Younghusbands Dolmetscher traf, der Macartney hieß und dessen Mutter Chinesin war und dem man deutlich ansah, daß er der gelben Rasse angehörte, und der bei der Dienerschaft wohnte. Wer, glaubst du, erzählte Hedin das alles? Younghusband? Macartney? Petrowskij war zweifellos ein durchtriebener Teufel, der die richtigen Worte zu finden wußte.«
Aber ehe ich ihr antworten konnte, war sie wieder eingeschlafen. Ich liege in der Dunkelheit und horche in das große Haus hinein. Jetzt höre ich wieder ganz deutlich, wie es im Saal wie von Stiefeln knarrt.

5
Sinkiang

In der älteren Literatur: Ostturkestan mit der Dsungarei; Östliches Dschagatai, Kleines Bucharien; Hohe Tatarei, Kaschgarien, Chinesische Tatarei. Chinas nordwestlichste Provinz. Offizieller Name seit 1955: *Autonomes Gebiet Sinkiang-Uigur.*
Provinzhauptstadt *Urumtschi* (früher Tihua genannt). Weitere drei Städte als eigene Verwaltungseinheiten unterhalb der Provinzebene: *Karamai* (die Ölstadt), *Kaschgar* und *Ining* (früher Kuldscha). Es gibt elf *Distrikte,* davon sind fünf *autonome Distrikte* für verschiedene Nationalitäten (Hui, Kasachen, Kirgisen, zwei mongolische). Es gibt 80 *Kreise,* davon sind sechs *autonome Kreise* (Hui, zwei kasachische, Mongolen, Sibo und Tadschiken). Innerhalb des autonomen Gebietes, der Provinz (die uigurisch ist), also ein autonomer Distrikt (der mongolisch ist), in dem es einen autonomen Kreis gibt (der kasachisch ist). Das ist ein Beispiel. Es gilt das Prinzip, daß Nationalitäten, die in geschlossenen Siedlungen wohnen, eine autonome Verwaltung haben.
Fläche ca. 1600000 km^2. Das ist ein Sechstel der Gesamtfläche Chinas und mehr als England, Frankreich, Italien und Deutschland zusammen. Drei große *Bergketten* durchschneiden Sinkiang: *Altai* im Norden, *Tien Schan* in der Mitte und *Kunlun* im Süden. Zwischen ihnen liegen zwei gewaltige *abflußlose Becken.* Das *Dsungarische* Becken nördlich des Tien Schan und das *Tarim*-Becken südlich des Tien Schan. Im östlichen Tien Schan gibt es Hochebenen. Hier liegt auch die *Turfan*-Senke. Ihr niedrigster Punkt befindet sich 154 Meter unter Meereshöhe und ist Chinas tiefste Stelle. Im Westen an der Grenze zur Sowjetunion liegt unterhalb des Tien Schan das *Ili*-Tal. Oben am Altai fließt der *Irtysch* nach Westen. Er ist der einzige Fluß in Sinkiang, der mit einem Meer in Verbindung steht, der einzige Fluß in China, der zum nördlichen Eismeer fließt. Am westlichen Ende von Sinkiang steigen die Bergketten zum Dach der Welt an: *Pamir.* Dort grenzt China an die Sowjetunion (ohne bestätigte Grenzziehung), an Afghanistan und an Kaschmir (in pakistanischem Besitz, aber zwischen Pakistan und Indien umstritten).
Im Tarim-Becken liegt die große *Takla-Makan*-Wüste, 370000 km^2, östlich vom *Lop Nor* geht die Sandwüste in Steinwüste über.
Klima. Hier sind wir im innersten Eurasien, am weitesten von allen Meeren entfernt. Nördlich des Tien Schan beträgt der Jahresniederschlag 250 mm, es gibt 150 frostfreie Tage. Südlich des Tien Schan geht der Jahresniederschlag auf 100 mm zurück, und die Zahl der frostfreien Tage steigt auf 210. Die durchschnittliche Temperatur beträgt im Winter

−20°, im Sommer +35°. In der Turfan-Senke steigt die Juli-Temperatur auf über 46°. Der Unterschied zwischen Tag und Nacht ist sehr groß. Man kann sagen, daß jede 24-Stunden-Frist vier Jahreszeiten enthält.
Die *Landwirtschaft* ist zu 90% von Bewässerung abhängig. Nördlich des Tien Schan gibt es jedoch Weideland und Möglichkeiten zur Urbarmachung; südlich des Tien Schan herrscht reine Oasenkultur.
Die *natürlichen Reichtümer* sind groß: Öl, Kohle, Eisenerz, Uran, Gold, Salz, Schwefel und so weiter. Sinkiang ist reich.
Die *Bevölkerung,* die in der Zeit vor dem Ersten Weltkrieg auf 1000000 bis 2400000 geschätzt wurde, betrug 1953 4870000, davon 74% Uiguren. Die starke Zunahme seitdem beruhte vor allem auf Zuwanderung in die neuen Anbaugebiete, Ölfelder und Industriegebiete der Dsungarei. Die Volkszählung von 1957 gab 9200000 Einwohner an, und die Zahl liegt jetzt bei 11000000, verteilt auf 13 Nationalitäten. Den größten Anteil haben die Uiguren mit 45,7%, gefolgt von den Han mit 41,4%. 1953 lebten 75% der Bevölkerung südlich des Tien Schan in den Oasen um die Takla-Makan. Die Zuwanderung und die wirtschaftliche Expansion haben nun dazu geführt, daß das nördliche Sinkiang den größeren Bevölkerungsanteil hat.
Straßen und Eisenbahnen. Hier verliefen die uralten Handelsstraßen von Indien, Persien und den Mittelmeerländern nach China. Die heutigen Straßen folgen im großen und ganzen derselben Richtung. Die Eisenbahn, die heute Urumtschi mit Peking und Schanghai und dem ganzen wachsenden Eisenbahnnetz Chinas verbindet, wird nun von Urumtschi weiter nach Kaschgar und Chotan gebaut. Urumtschi hat einen internationalen Flugplatz und entwickelt sich zu einem Knotenpunkt des Luftverkehrs. Im südöstlichen Sinkiang, jenseits des Lop Nor nach der Grenze mit den Provinzen Kansu und Tschinghai hin führt China seine Kernwaffenversuche durch.
Die *Grenzen.* China grenzt in Sinkiang an die Mongolische Volksrepublik, die Sowjetunion, Afghanistan, Pakistan und Indien. Die Grenzen zur *Mongolischen Volksrepublik* und zu *Afghanistan* sind klar, vertraglich festgelegt, gegenseitig anerkannt und abgesteckt. Die Grenze zu dem von *Pakistan besetzten Kaschmir* ist in Erwartung einer endgültigen Lösung der Kaschmirfrage zwischen Pakistan und Indien von Pakistan und China festgelegt, anerkannt und abgesteckt. Die Grenze zu dem von *Indien besetzten Kaschmir* ist nicht gegenseitig anerkannt, festgelegt oder abgesteckt.
Indien erhebt dort Anspruch auf ungefähr 30000 km^2 nordöstlich des Karakorum-Gebirges, die Hochebene *Aksai Tschin.* Dieses Gebiet, das von China gehalten wird und verwaltungsmäßig zum Distrikt Chotan gehört, wird von der alten — und jetzt ausgebauten — Straße zwischen

Sinkiang und Tibet durchquert. Hier fanden im Grenzkrieg von 1962 Kämpfe zwischen Indien und China statt.

Vieles deutet darauf hin, daß dieser Konflikt zwischen Indien und China heute Schritt für Schritt seiner Lösung entgegengeht. Der realistische Kompromiß wird allem Anschein nach der sein, für den sich die afroasiatischen Staaten ausgesprochen haben; Premierminister Tschou En-lai hat sich bereit erklärt, ihn zu akzeptieren. Jede Seite behält im großen und ganzen, was sie hat, und steckt die Grenze danach ab. China erkennt mehr oder weniger Indiens Ansprüche im Osten im Grenzgebiet zwischen Bhutan und Burma an, und Indien Chinas Ansprüche im Westen. Die existierende Grenzlinie würde damit bestätigt werden.

Was die Grenze mit der Sowjetunion betrifft, behauptet China *zum einen,* daß sie eine Folge der ungleichen, unter Drohung eingegangenen Verträge ist, und daß die Sowjetunion in früheren Erklärungen und Abkommen sich bereit erklärt hat, die Grenzfrage zur neuen Behandlung aufzugreifen, um eine Neufestlegung zu erreichen, *zum anderen,* daß die sowjetischen Truppen sich heute an mehreren Stellen auf der chinesischen Seite auch dieser Grenze befinden.

Durch eine geschickte Verwirrungskampagne ist es der sowjetischen Propaganda geglückt, die Auffassung zu verbreiten, China wolle ganz Sibirien nehmen, wie es heißt. Das ist ganz einfach nicht wahr.

China fordert weiterhin, daß die Sowjetunion sich an die abgegebenen Erklärungen und eingegangenen Abkommen hält, die Grenzen neu festzulegen und währenddessen die derzeitigen Grenzen bestehen zu lassen. Das chinesische Außenministerium hat ausdrücklich erklärt, »mit Rücksicht auf die tatsächliche Lage diese Verträge als Grundlage für eine vollständige Lösung der chinesisch-sowjetischen Grenzfrage durch friedliche Verhandlungen und für die Festlegung der Grenzlinie in ihrer vollständigen Ausdehnung zu nehmen. China fordert das Territorium, welches das zaristische Rußland mit Hilfe dieser Verträge annektierte, nicht zurück.« (Erklärung des chinesischen Außenministers vom 8. Oktober 1969.)

Da die sowjetische Propaganda so laut die Trommel rührt, wenn es um »Chinas Anspruch auf Sibirien« geht, muß unterstrichen werden, daß die Stellungnahme der chinesischen Regierung unzweideutig ist. Sie schlägt vor, daß jene Grenze, die in diesen Verträgen errichtet wurde, als Grundlage benutzt wird, um die endgültige Grenze festzulegen.

Es gibt jedoch eine große Grenzfrage, die völlig offen ist: Pamir.

6

Es begann mit den Pferden

»Die Bevölkerung treibt Ackerbau und ist seßhaft. Sie bauen Reis und Weizen an. Sie haben Wein aus Trauben und viele gute Pferde. Die Pferde schwitzen Blut und stammen von den himmlischen Pferden ab. Die Städte sind von Mauern umgeben...«

Das ist mehr als 2000 Jahre her. General Tschang Tschien berichtet vor Kaiser Wu Ti von seinem Auftrag in den westlichen Ländern. Er spricht von dem heutigen Fergana westlich der Berge, an denen Usbekistan, Tadschikistan und Kirgisistan in der Sowjetunion teilhaben. Wir haben das Jahr 126 vor unserer Zeitrechnung.

Zwölf Jahre vorher war er als Botschafter zu den iranischen Völkern in Zentralasien gesandt worden, um ein Bündnis im gemeinsamen Kampf gegen die Hunnen herzustellen. Das geschah in der Zeit, als Rom gerade Karthago im Dritten Punischen Krieg geschlagen hatte.

Die Hunnen hatten Chinas zeitweilige Schwäche ausgenutzt und versucht, ihre Macht auszudehnen. Sie beherrschten nun auch die Oasen entlang der alten Kulturstraße nach Westen. Der große Kaiser Wu Ti aus der Han-Dynastie stärkte die Einheit des Chinesischen Reiches, führte Reformen durch und kämpfte gegen die Hunnen.

Nach vielen Abenteuern, langer Gefangenschaft bei den Hunnen und ausgedehnten Reisen war General Tschang Tschien zurückgekehrt. Er legte einen genauen Reisebericht ab.

China rüstete gegen die Hunnen. 221 vor unserer Zeitrechnung hatte Tschin Schih Huang China geeint. Die grundbesitzende Klasse hatte über die alte Sklavenhalteraristokratie gesiegt. Der neue Staat war stark zentralisiert und wurde einheitlich bürokratisch regiert. Münzen, Gewichte, Maße, Schriftsprache und Kalender wurden standardisiert. Die alten Reiche und Fürstentümer wurden zerschlagen. Alle Handelsschranken innerhalb des Reiches fielen. Die Spurweite zwischen den Wagenrädern wurde vereinheitlicht, und von der Hauptstadt des Kaisers gingen breite Landstraßen strahlenförmig in das Reich hinaus. Der Boden konnte jetzt gekauft und verkauft werden, und die grundbesitzende Klasse schuf einen Staat nach ihren Bedürfnissen.

Die Beamten sollten nach ihrer Tauglichkeit eingesetzt werden. Sie hatten den Willen des Kaisers auszuführen und kontrollierten sich gegenseitig. Die zentralisierte feudale Selbstherrschaft wurde errichtet. Dieser Staat sollte 2000 Jahre Bestand haben. Als er errichtet wurde, bedeutete er einen Sieg für den Fortschritt. Als er 2000 Jahre später zerschlagen wurde, war er ein reaktionärer und verfaulender Unterdrückerstaat.

Aber dieser neue Staat bedeutete nicht nur eine Befreiung, er ermöglichte auch, die Bauern, die sein arbeitendes Volk bildeten, mit niemals zuvor gesehener Wirksamkeit auszubeuten. Drei Viertel der Ernte konnten jetzt für die neuen staatlichen Bedürfnisse in Anspruch genommen werden. Gesiegt hatte dieser Staat auch dank seiner neuen militärischen Technik. Die Reiterei hatte die alten Reiche zertreten. Aber die Ausbeutung steigerte sich ins Unerträgliche, und in gewaltigen Bauernaufständen ging die Dynastie bereits 207 vor unserer Zeitrechnung unter.
China schien wieder nahe am Auseinanderfallen zu sein, und die Hunnen gewannen noch mehr Macht und Einfluß. Aber die neue Staatsordnung war ein zu großer Fortschritt, um getilgt zu werden; sie war eine historische Notwendigkeit für die grundbesitzende Klasse. Teile von Tschin Schih Huangs offizieller Ideologie mochten sie verwerfen, aber die tatsächlichen Ergebnisse behielten sie bei, und aus den Wirren trat eine neue Dynastie hervor, die das ungeheuerliche Instrument, das dieser neue zentralisierte, bürokratische Staat darstellte, weiterentwickelte. Die Han-Dynastie stellte die Einheit des Reiches wieder her und nahm den Kampf gegen die Hunnen auf. Die Reiterei wurde gestärkt.
Die ›blutschwitzenden‹ Pferde aus dem Westen, von denen Tschang Tschien berichtet hatte, erwiesen sich den mongolischen Pferden klar überlegen. Kaiser Wu Ti schickte eine Gesandtschaft nach der anderen, um Pferde beizuschaffen. Auf General Tschang Tschiens Anraten wurde auch Samen der Blauluzerne eingeführt. Kaiser Wu Ti ließ große Flächen neben seinem Palast mit diesem neuen Gewächs einsäen, das den ›himmlischen Pferden‹ Futter lieferte.
Die Hunnen sollten über die Wüsten zurückgetrieben und die Straßen nach Westen gesichert werden. Handel und Kulturkontakte sollten verstärkt und die Macht der Hunnen über den Handel gebrochen werden. Das war die Zeit, zu der die Weintrauben und der daraus gegorene Wein ebenso wie Knoblauch und vieles andere von China übernommen wurden. In einem Feldzug nach dem anderen wurden die Hunnen geschlagen. 121 vor unserer Zeitrechnung hatten die chinesischen Truppen die Hunnen aus dem ganzen Kansu-Korridor vertrieben und standen unmittelbar vor der gewaltigen Wüste im Tarim-Becken. 114 vor unserer Zeitrechnung, als General Tschang Tschien gerade gestorben war, zogen die ersten organisierten Handelskarawanen nach Westen.
Jährlich gingen bis zu zwölf Karawanen mit jeweils 100 Personen und einer großen Zahl von Lasttieren durch die Wüsten nach Westen. Jedes Kamel konnte eine Last von ungefähr 140 Kilo tragen. Die Tagesmärsche betrugen ungefähr 30 Kilometer. Aber noch war der Handel zögernd, und China ließ keine Kaufleute aus dem Westen herein. Die chinesischen Kaufleute wurden im Westen schlecht behandelt. Sie beklagten sich beim Kaiser.

105 vor unserer Zeitrechnung änderte Kaiser Wu Ti die Handelspolitik des Reiches. Ausländern wurde erlaubt, nach China zu kommen. Der Handel nahm zu. Man begann, Seide für den Export herzustellen. Die Oasen im Tarim-Becken waren mit China verbündet, aber der Handel über die Straßen wurde durch Überfälle gestört. In einem meisterhaft organisierten Feldzug führte deshalb General Li Kuang-li 60000 Mann quer durch die Wüste. Das ganze Tarim-Becken erkannte die Oberhoheit des Kaisers an. Das war 102 vor unserer Zeitrechnung. Die Straße war offen nach Iran, Indien und in die Mittelmeerländer. Der Handel blühte.

Seit damals hatten die Menschen um den Tarim ihr Schicksal mit den Menschen um den Gelben Fluß verknüpft. Manchmal ist China geeint gewesen. Dann waren die Oasen hier ein Teil des Chinesischen Reiches. In den letzten 2000 Jahren waren sie es ungefähr 500 Jahre lang hier im Westen und ungefähr 1000 Jahre lang weiter im Osten. Manchmal ist China in mehrere sich untereinander bekämpfende Reiche geteilt gewesen. Dann haben sich die Oasen hier an eines davon angeschlossen oder eigene lokale Dynastien errichtet. Manchmal sind erobernde Armeen eingedrungen und haben die Oasen beherrscht, und manchmal ist es wie in den 20er, 30er und 40er Jahren unseres Jahrhunderts gewesen. Damals war Sinkiang eine chinesische Provinz. Es war nicht selbständig. Aber die zentrale Regierung hatte keine oder nur sehr geringe Macht. Die Truppen wurden örtlich gelenkt. Ausländische Mächte intrigierten. Es gab schwere und verwirrende innere Auseinandersetzungen und viele Tote. Dennoch blieb es China.

Doch mit den Pferden begann es vor 2000 Jahren, als der Kaiser von China Verbündete im Kampf gegen die Hunnen suchte und seine Reiterei rüstete.

7

Straßen und Jahre

Schön kann man Kaschgar eigentlich nicht nennen. Die Stadt ist grau unter dem gelben Himmel. Die Wüste weht in dem starken Wind über die Stadt, und es knirscht zwischen den Zähnen. Es heißt, daß der Flugplatz jetzt seit mehreren Tagen gesperrt ist.

Unsere Gastgeber zeigen uns Schulen und Handwerkskooperativen und Krankenhäuser. Sie würden gern zeigen, daß Kaschgar neuer, moderner wäre, daß es mehr vorzuzeigen hätte. Sie möchten ein Kaschgar aus Glas und Beton und Stahl zeigen. Aber die Stadt breitet sich lehmgrau unter dem gelben Himmel aus. Kaschgar ist keine armselige Stadt. Der schlimmste Wirrwarr ist seit langem verschwunden. Die Basare sind aufgeräumt worden. Kaschgar ist nicht die Stadt, die man auf Fotografien in alten Reisebüchern sehen kann.

»Wir müssen von vorne anfangen, wenn wir jetzt industrialisieren«, sagt Rakmov, stellvertretender Vorsitzender des Revolutionskomitees. »Im ganzen Distrikt haben wir ungefähr 350 Industriebetriebe. Wir haben Kraftwerke und Zementfabriken gebaut und stellen Kunstdünger her. Wir haben Fabriken für landwirtschaftliche Geräte, und in jedem Kreis haben wir jetzt Reparaturwerkstätten, wo man sich um Geräte, Traktoren und Autos kümmert und hier und da beginnt, verschiedene Teile selbst herzustellen. Wir haben Textilindustrie und Seidenweberei, und wir stellen Teppiche her. Wir haben angefangen, unsere eigenen Dieselmotoren in Kaschgar herzustellen.«

Aber Kaschgar ist keine Industriestadt. Es ist der staubige Hauptort eines reichen Landwirtschaftsdistrikts. Man zeigt uns die neuen Warenhäuser. Sie sind gut ausgestattet. Menschen versammeln sich, um uns zu betrachten. Die Gastgeber entschuldigen sich: »Man ist hier nicht an Fremde gewöhnt.«

Als wir aus dem Warenhaus kommen und den offenen Platz vor der Moschee überqueren, hat sich eine Menschenansammlung gebildet. Wie ich mich umdrehe, ist Gun in der Menge verschwunden. Sie ist klein und dunkel und hat kurzes Haar, deshalb kann sie sich in Kaschgar unter das Volk mischen. Hier sind 90% der Bevölkerung Uiguren — aber sie könnte ja eine Kasachin sein. Sie erregt keine Aufmerksamkeit. Ich dagegen scheine an der Spitze eines kleines Demonstrationszuges zu gehen. Fremde sind nicht häufig.

Wir besuchen die Moschee. Sie ist restauriert. Es ist kühl unter den Bäumen. Alte Männer beten.

»Wir wollen die Gläubigen nicht stören«, sagen die Gastgeber.

Wir gehen durch die Basarstraßen bei der Moschee. Sie sind sauber und schmuck. Das Interesse an uns scheint nachzulassen. Die Menschen sind freundlich. Im Teehaus sitzen Männer um die Teekannen. Sie rauchen und diskutieren. Jetzt sind es nur ein paar Kinder, die uns folgen. Sie hängen über dem Geländer an der Plattform des Teehauses und starren mich an. Die Männer jagen sie fort:
»Belästigt die Gäste nicht!«
Die Straßen zum Stadtrand hin, wo das alte russische Konsulat liegt, sind breit und schattig. Große Pappeln wachsen längs der zugedeckten Rinnsteine. In ihnen fließt Wasser durch die Stadt und wird zu bestimmten Zeiten in die Gärten geleitet. Kaschgar ist eine Oase. Die Mittagshitze liegt schwer und gelb über der Stadt.
Im Schatten eines großen, grell bemalten Schildes sehen wir das Konsulat vor uns. Das Schild mahnt zur Wachsamkeit vor den neuen Zaren. Heute ist das Konsulat Gästehaus und Unterkunft für Reisende.
»Aber es wurde wohl nach Petrowskijs Glanzzeit gebaut, glaube ich«, sagt Gun. »Es waren ja schwedische Missionare dabei, die den russischen Handwerkern technische Hilfe leisteten.«
Die Stadt ist still in der Mittagshitze. Wir gehen den Weg zum Hauptgebäude des Konsulats hinauf, öffnen die schwere Tür und treten in die Kühle ein. Es ist die Zeit der Siesta.
Gun hat schon lange das britische Konsulat gesucht. Sie wollte es fotografieren. Sie mußte noch lange weitersuchen, bis sie es fand. Es ist Übernachtungshotel für Fernfahrer geworden. Da rasten sie, wenn sie die nördliche Straße von Urumtschi herunterkommen, bevor sie um die Wüste herum nach Chotan weiterfahren. Es ist sauber und hübsch, aber von der imperialen Größe einstiger Tage ist nicht viel zu sehen. Das einzige, was sie aus den Tagen des Weltreichs wiederfindet, sind ein paar britische Wasserhähne und eine Toilettenanlage, die ›Victory‹ heißt. Sie tröpfelt leise.
»Wie sind die Helden gefallen!« sagt Gun, als sie das erzählt.
»Zweites Buch Samuel«, antworte ich.
Denn wir sind zu einer Zeit in die Schule gegangen, als man die Bibel Buch für Buch und die Psalmen auswendig können mußte. Dieses Übernachtungshotel für Fernfahrer schien der einzige Rest der Tätigkeit der schwedischen Missionare in Kaschgar zu sein. Denn das britische Konsulat war von Schweden gebaut worden, und hier in Kaschgar hatte die schwedische Mission in Ostturkestan ihren Sitz gehabt. Von ihnen hatte Gun als Kind in der Volksschulbibliothek gelesen. Jetzt fragen wir nach ihnen. Gab es jemanden, der sich an die schwedischen Missionare erinnerte?
Nein, Missionare hatte es sicher einmal gegeben. Vielleicht waren sie Schweden. Aber das war lange her. Sie verschwanden vor der Befreiung.

Rakmov, stellvertretender Vorsitzender des Revolutionskomitees, glaubte sich zu erinnern, daß es hier schwedische Missionare gegeben hatte. Aber genau wußte er es nicht. Wenn wir tatsächlich interessiert wären, könnte man der Sache oben in der Stadtverwaltung nachgehen. Dort müßte es Akten geben. Man könnte dann vielleicht auch noch ein paar Alte aufspüren, die sich an die Schweden erinnerten. Falls die Schweden eine Schule gehabt hatten, fände sich wohl noch der eine oder andere, der sich an sie erinnerte. Das würde jedoch einen Tag in Anspruch nehmen.

Aber in zwei Tagen sollten wir in die Volkskommune Pachtaklik fahren und dann weiter nach Chotan. Wir sollten das Institut für Volksmedizin besuchen, und Gun, die draußen bei dem Heiligengrab Hasrat-i-Afak gewesen war, wollte noch einmal dorthin. Die Mosaikarbeiten waren so schön.

»Wenn Religion sein muß, dann ziehe ich den Islam vor, wenn ich in Kaschgar bin«, sagte Gun. »Wenn ich jetzt gezwungen wäre zu wählen.«

»Ja«, sagte Rakmov, »dieses Monument gehört uns. Die Missionare gehörten nicht hierher. Aber ich habe nichts Schlechtes über die schwedischen Missionare gesagt«, fügte er schnell hinzu. »Ich weiß nichts von ihnen.«

Die Missionarstätigkeit in Kaschgar ging über viele Jahrzehnte. Sie kostete große Summen, und die armen Menschen in Schweden sammelten diese Gelder, um in einer der drei Städte, die den Missionaren nach am dunkelsten waren, Licht zu verbreiten. Die anderen zwei waren Kabul und Lhasa. Sie glaubten an das, was sie taten. Aber es ist, als hätte diese Tätigkeit nie stattgefunden. Die Arbeit der Missionare wurde nicht einmal eine Schrift im Wasser. Sie bewegten sich eine Zeitlang in Kaschgars wüstengelber Luft, und dann waren sie verschwunden. Wo ist der Schatten jener, die vor zwei Generationen vorbeizogen? In Kaschgar sind sie vergessen.

Und eigentlich ist das gut. Denn wären sie nicht vergessen und würden ihre Schriften übersetzt und unter den Leuten verbreitet, so wäre es nicht erfreulich, schwedischer Reisender zu sein. Da würde man wohl nicht als sonderbarer Ausländer an der Spitze eines kleinen Zuges neugieriger, aber freundlicher Menschen aus Kaschgar gehen. Dann müßte man vor ihnen davonlaufen. Denn welches Volk möchte über seine armen Großeltern hören: »Alle Bekenner des Islam hegen ein ausgeprägtes Mißtrauen gegeneinander. Dieses Mißtrauen ist berechtigt, denn die allermeisten Muselmanen, zumindest in Ostturkestan, sind in höchstem Grad unehrlich und verlogen.«

Es wäre, wie gesagt, nicht leicht, hier zu reisen, wenn das ins Uigurische übersetzt wäre. Die Missionare waren keine schlechten Menschen. Wir wissen ja, wer sie waren. Sie kamen aus Lehrerhäusern und von Bauernhöfen. Sie hatten sich mit ihrer Ausbildung abgeplagt und waren strebsam und anständig. Sie gehörten nicht zur Oberschicht, und sie wollten das Beste. Sie verhielten sich auch nicht schlecht. Aber sie teilten die Überzeugung ihrer britischen und russischen Brüder. Und die Überzeugung, die am tiefsten in ihnen verwurzelt saß, war jene von der europäischen Überlegenheit. Der christliche Glaube wurde der übergreifenden kolonialen Ideologie untergeordnet:

»Die Bollwerke des Islam sind fest und eng verwachsen mit der angeborenen Neigung seiner Bekenner zu einem Leben nach den Forderungen schlimmer und naturwidriger Lüste... Wie verloren und vergessen muß sich der Missionar in diesem abgelegenen Land nicht häufig fühlen, wo er durch ständig schneebedeckte Gebirgsgegenden, die hoch über die Wolken ragen, und durch ungastliche Wüstenweiten, wo ganze Karawanen verschollen und untergegangen sind, von der restlichen Welt abgeschnitten ist. Es hier auszuhalten, gänzlich umgeben von all diesen unerschütterlichen Schranken und abgeschnitten von jeder Zivilisation und jedem wohlerzogenen Umgang, Jahr um Jahr in dieser die Geduld auf die Probe stellenden Arbeit, um Interesse für den christlichen Glauben, für Tugend und gute Sitten bei stumpfen, gleichgültigen, feindlichen und in jeder Weise sittlich verdorbenen Menschenwesen zu wecken, dazu braucht es mehr als menschliche Kraft.« (J.P. Norberg. Vorwort zu ›Auf ungebahnten Pfaden. 25 Jahre in der Mission des Missionsvereins in Ost-Turkestan‹. Stockholm 1917).

Ein anderes Zitat, jetzt von Lars Erik Högberg, der hier in Sinkiang 1894-1900, 1903-1909 und 1911-1916 als Missionar arbeitete:

»Man sieht selten bei dem Individuum oder dem Volk in seiner Gesamtheit eine tiefgehende Trauer, selten einen Schauder vor den tragischsten Ereignissen, selten eine wirkliche Äußerung der Freude über ein neugewonnenes Glück, man hört selten ein herzliches Lachen. Es ist merkwürdig, daß sich diese Züge sogar bei Kindern finden. Man bekommt sie mit Mühe dazu, für ein Geschenk zu danken... Die Menschen sind feige, es fehlt ihnen an Mut und Kraft sowie an Organisationstalent... wenn ein Diener bei einem Europäer gut behandelt und ihm Liebe erwiesen wird, geschieht es nur im Ausnahmefall, daß er mit Treue am Hausherrn oder der Hausfrau hängt... Irgendein Gedanke an eine mechanische Erfindung oder eine Verbesserung eines Werkzeuges oder dergleichen ist sicherlich noch nie in einem der Hirne dieser Eingeborenen entstanden...«

Der Missionar Gottfried Palmberg hatte jedoch auch Gutes über dieses elende Volk zu sagen:

»Eine Anerkennung muß man den Arbeitern gewähren. Sie sind zwar faul und unwissend, aber sie sind freundlich und gefügig. Sie wissen kaum von einer anderen Arbeitszeit als der, welche die Sonne anzeigt.

Während des Sommers haben sie deshalb eine Arbeitszeit von 15 Stunden. Streik und Gewerkschaft sind für sie unbekannte Dinge. Ihr Lohn reicht nur für das Notwendigste, aber sie sind dennoch mit ihrem Schicksal zufrieden.«

Wenn alte Großväter von dieser Zeit erzählen, dann sitzen die kleinen Kinder im Kindergarten in Kaschgar vor Staunen mit offenem Mund da.

Wir sind im Freilichtkino gewesen und haben einen Fliegerfilm mit Motiven aus dem Koreakrieg gesehen. Die Nacht ist stockfinster und heiß. Wir trinken Tee, wo einmal das Zimmer des wachhabenden Offiziers im russischen Konsulat gewesen ist. An der Wand hängen die prachtvollen Chotan-Teppiche, welche die letzten Kosaken nicht mehr mitnehmen konnten, und unsere Teegläser ruhen in alten russischen silbernen Haltern. Wir sprachen von der Vernichtung des Christentums in Zentralasien und von seinem flüchtigen Bestand in China.

Es hatte hier viele christliche Gemeinden und noch bis ins 19. Jahrhundert an manchen Orten einheimische Christen gegeben. Dann kam der europäische Imperialismus. Ihm ging die Mission voraus. Die Missionare kündigten die Truppen und Steuereintreiber und Kaufleute der Großmächte an.

»Die Missionare kamen, und die Religion verschwand«, sagte Gun. »Wer sich über den Zusammenhang wundert, kann deren eigene Schriften und Berichte lesen. Wer Ohren hat zu hören, der höre.«

»Matthäus 11:15«, sagte ich.

Viele Religionen schlugen in China Wurzeln. Der Buddhismus schlug Wurzeln, der Islam schlug Wurzeln. Aber das Christentum — in seinen verschiedenen Versionen — blieb eine fremde Religion. Es wurde vernichtet oder verschwand einfach, wie man nun den Vorgang bezeichnen will. Um 1949 war nach einem Jahrhundert intensiver Bekehrungstätigkeit kaum ein Prozent der Bevölkerung Chinas auch nur dem Namen nach Christen. Heute ist die christliche Gruppe in China verschwindend klein. Aber es gibt Muslime, und es gibt Buddhisten.

Dies verlangt eine Erklärung. Denn mit den Christen verhält es sich ja nicht so wie mit den Juden in Kaifeng. Juden kamen in der Zeit der Han-Dynastie nach China. Sie kamen mit den Karawanen durch Kaschgar und ließen sich in China als Händler nieder. Als der Handel blühte und die Straßen offen waren, kamen neue Familien nach; in Unruhezeiten oder Zeiten der Abschließung wurde die jüdische Gruppe vom Westen isoliert und schrumpfte zusammen. Aber 1163 bauten 70 jüdische Familien in Kaifeng eine Synagoge, und 1386 gab der erste Kaiser der Ming-Dynastie der jüdischen Gemeinde in Kaifeng Landbesitz auf ewige Zeiten. 1938 lebte immer noch eine Handvoll Personen in Kaifeng, die wußten, daß sie ›anders‹ als ihre Nachbarn waren. Aber von der hebräischen Sprache oder Religion war nichts mehr übrig. Die Juden waren

seit langem von der toleranten chinesischen Gesellschaft assimiliert worden. Allerdings beschäftigten sie sich auch nicht mit Bekehrungsversuchen.
Ganz anders die Christen. Sie versuchten ständig zu bekehren, und dennoch verschwanden auch sie. Aber Buddhisten und Muslime verschwanden nicht. Warum? Gewiß können Religionen verschwinden. Hier in Sinkiang mag es angebracht sein, daran zu erinnern, daß der Manichäismus tatsächlich einmal offizielle Staatsreligion war und auf dem Wege zu sein schien, Weltreligion zu werden. 762 wurde er vom Khan der Uiguren zur Staatsreligion erklärt. Er gewann großen Einfluß und begann, durch den Kansu-Korridor nach Süden hin im Jangtse-Tal die Oberhand zu gewinnen. Als sich der Konflikt der Uiguren mit dem chinesischen Staat verschärfte, fertigte Kaiser Wu Tsung aus der Tang-Dynastie in seinem dritten Regierungsjahr — im Jahr 843 nach unserer Zeitrechnung — aus politischen Gründen ein Dekret aus, das diese Religion verbot. Ein Jahrhundert später war der Islam die offizielle Religion hier draußen im Westen in Kaschgar; der Manichäismus lebte in Europa als geheime Religion unter Sektierern und Schwärmern weiter. Übrig blieben vom Manichäismus, nachdem die Inquisition ihn ausgeräuchert hatte, vielleicht ein wenig Hexenglauben und einige Blocksbergvorstellungen. Gewiß können Religionen veschwinden. Aber die Christen hatten schließlich eine sichere Basis in den Heimatländern, wo ihr Glaube staatlich geboten war. Die Christen verwandten große Energie auf die Bekehrungsarbeit, und dennoch verschwanden sie. Es ist heute schwerer, einen Christen in Kaschgar zu finden als einen Juden in Kaifeng.
Dreimal schien das Christentum im Begriff, in China eine Rolle zu spielen. Alle drei Male verwelkte es, ohne Wurzeln zu schlagen und eine chinesische Religion wie der Buddhismus oder der Islam werden zu können. Aber der Grund hierfür muß in den Ländern gesucht werden, wo das Christentum staatstragende Ideologie war. Der Grund war ein politischer.
Im 6. Jahrhundert unserer Zeitrechnung waren die Länder um das Mittelmeer christlich. Das war eine Zeit erbitterter politischer Kämpfe im östlichen Mittelmeerraum. Das Christentum war Staatsreligion im Oströmischen Reich. Das persische Sassanidenreich befand sich in einem erfolgreichen Kampf gegen die oströmische Herrschaft. Als staatstragende Religion hatte es den erneuerten Zoroastrismus proklamiert. Es gab jedoch große und noch wachsende christliche Gruppen im Sassanidenreich, und die Gebiete, welche die Sassaniden von Ostrom zu erobern versuchten, waren christlich.
Das war die Situation, als die Christen die zweite Person in der dreieinigen Gottheit diskutierten. Seit 380 war die kirchliche Orthodoxie geboten; die Kirche — nicht die verschiedenen religiösen Vorstellungen —

waren staatstragend. Häresie wurde zum Staatsverbrechen. Mit der Synode von Nizäa im Jahr 325 nach unserer Zeitrechnung wurde das Wesen Gottes eine staatliche Angelegenheit. Am 19. Juni 325 wurde dort mit Stimmenmehrheit Christi Gottsein und Wesenseinheit mit dem Vater, der ersten Person der dreieinigen Gottheit, festgestellt. Die Staatsmacht hatte den Beschluß zu vollstrecken. Damit erhielt jedoch die Frage nach dem Wesen des christlichen Gottes ein unmittelbares Interesse für die Sassanidenherrscher. Der Streit um das wahre Wesen Christi wurde ein politischer Kampf, der die Sassaniden insofern interessierte, als sie aus natürlichen Gründen jene Auffassung für subversiv hielten, die in Konstantinopel verordnet war, und darauf hinarbeiteten, jene Auffassung vom Wesen Christi zu verbreiten, von der der Kaiser in Konstantinopel meinte, sie bedrohe den Bestand des Staates.

Solange die Jakobiten — die das Kreuzzeichen mit einem Finger ausführten als Zeichen dafür, daß sie Christi Wesen für eins und göttlich hielten — Einfluß im Konstantinopel behielten, wurden ihre Anhänger von den Sassaniden innerhalb ihres Machtbereiches bekämpft. Die Fürsorge des Kaisers in Konstantinopel für sie hatte die politische Aufgabe, die Reichseinheit zu wahren und die Macht des Reiches auszudehnen. Die Jakobiten waren einflußreich in Armenien und Syrien. Die Politik der Sassaniden hatte dieselben Gründe wie die Konstantinopels, aber entgegengesetzte Interessen. Zu dieser Zeit stützten die Sassaniden die Nestorianer, die behaupteten, die Jungfrau Maria habe nur einen Menschen geboren, in dem das göttliche Wort seine Wohnung genommen habe, um dann diese Wohnung zu verlassen, als dieser Mensch am Kreuz starb. Die Sassaniden unterstützten die Bekehrungsarbeit der Nestorianer unter den Christen sowohl innerhalb des Sassanidenreiches als auch außerhalb.

Im Prinzip waren damals Nestorianer wie Jakobiten nach Beschlüssen verschiedener Synoden als Häretiker abgestempelt worden. Um das langfristige Ziel zu erreichen, die totale Kaisermacht über eine monolithische Kirche zu errichten und das Römische Reich in seiner ganzen Ausdehnung wiederherzustellen, ließ Kaiser Justinus I. (518-527) die Beschlüsse der Synode von Chalkedon durchführen. In Christus sind die göttliche und die menschliche Natur ›ohne Vermischung und Verwandlung in einem Wesen‹ vereint. Da halfen keine Diskussionen; da ging es nur noch darum zu glauben, denn begreiflich war das nicht. Nun waren die Jakobiten ebenso verdammt wie die Nestorianer, und die Sassaniden brauchten die Jakobiten nicht mehr zu verfolgen, sondern konnten die verschiedenen Sekten gleich behandeln. Es waren diese Sekten, die nun ostwärts entlang den Handelsstraßen missionierten.

Die Nestorianer hatten eine Gemeinde in der kaiserlichen chinesischen Hauptstadt. Es war eine unter den vielen Gruppen in dem Gewimmel von Ausländern, die sich um den Kaiserhof am östlichen Endpunkt der Handelsstraße gesammelt hatten. Sie waren als Ärzte und Astronomen bekannt. Aber ihre Religion wies keine Eigenschaften auf, die sie für die Bauernmillionen, welche die zunehmende Unterdrückung zum Aufruhr zwang, zu einer brauchbaren Ideologie gemacht hätte. Sie wurden von taoistischen und buddhistischen Vorstellungen besser bedient. Auch konnten die spitzfindigen christologischen Auslegungen unter den Nestorianern den rationalistischen Beamten, die durch das Prüfungssystem und das sorgfältige Studium der konfuzianischen Schriften aufgestiegen waren, nicht gefallen. Und die Warlords, die zu dieser Zeit unterschiedliche Legitimationen für ihre Versuche benötigten, die Macht an sich zu reißen und selbständige Herzogtümer zu schaffen, konnten ebenfalls nichts Nützliches bei diesen westlichen Sekten finden. Hätten die Nestorianer keine Zeit gehabt, ihre Namen in Stein zu ritzen, wären sie aus Chinas Geschichte verschwunden, als hätte es sie nie gegeben.

Hier draußen in Kaschgar und ringsum in Zentralasien hielten sich nestorianische und jakobitische Gemeinden ziemlich lange. Als volkstümlicher Glaube wurde der Nestorianismus schnell vom Manichäismus verdrängt, der die bewaffnete Macht des uigurischen Staates hinter sich hatte; aber Gemeinden bestanden weiter. Doch der Islam — der auf eine ganz andere Art eine brauchbare Ideologie war — wischte dann diese Gemeinden aus. Übrig blieben nur verstreute Gruppen von bedeutungslosen Sekten. Nestorianer und Jakobiten konnten von verschiedenen Herrschern ausgenutzt werden, aber ihre Ideologie war nicht so beschaffen, daß sie ein wirkungsvolles Werkzeug für einen bewaffneten Propheten werden konnte. Und alle bewaffneten Propheten haben Erfolg gehabt, wie Machiavelli betonte, und alle unbewaffneten sind gescheitert. Denn wenn die Menschen nicht mehr glauben, müssen sie mit Gewalt zum Glauben gezwungen werden. Moses, Kyros, Theseus und Romulus hatten Erfolg, aber Savonarola scheiterte, weil er keine ausreichenden Machtmittel besaß, jene festzuhalten, die geglaubt hatten, und die Ungläubigen zum Glauben zu zwingen. In den Auseinandersetzungen unter den Ländern zwischen dem Oströmischen Reich und dem Sassanidenreich wurden Nestorianer und Jakobiten zu Sekten und Häretikern zerrieben. Erst der Islam sollte den Völkern in diesen Ländern ein brauchbarer Glaube werden. Der erste Versuch des Christentums, in China zu missionieren, war also im voraus zum Scheitern verurteilt.

Der zweite Versuch ist bekannter und braucht deshalb nicht so ausführlich beschrieben zu werden. 500 Jahre lang versuchte die katholische Kirche, Eingang in China zu finden. Zuerst durch die Mongolen. Im Kampf mit den Nestorianern und anderen Sekten versuchten die Missionare, verschiedene Herrschergruppen auf ihre Seite zu ziehen. Im 14. Jahrhundert gab es eine katholische Kirche in Peking. Ein italieni-

scher Kaufmann hatte das Grundstück geschenkt, auf dem sie erbaut wurde. Aber diese Mission verschwand mit der Herrschergruppe, die sie zu gewinnen versucht hatte.
Die Jesuiten arbeiteten dann unter der Ming- und der Tsching-Dynastie, um Zugang zur hohen Bürokratie zu finden. Sie paßten sich soweit wie möglich den Vorstellungen und Sitten dieser hohen Bürokratie an. Sie bedienten sich ihres wissenschaftlichen und technischen Könnens, um diese hohe Bürokratie davon zu überzeugen, daß eine Verschmelzung der konfuzianischen Tradition mit der neuen Wissenschaft und Technik, welche die Jesuiten vermittelten, im Rahmen eines chinesischen Christentums von konfuzianisch-jesuitischer Art möglich sei. In China — wie in Europa — versuchten sie, die herrschende Klasse für ihre neue Staatstheorie und ihre politischen Ziele zu gewinnen.
Ungeachtet dessen, wie die jesuitische Mission aus der Sicht des chinesischen Volkes beurteilt wird — sie kamen nicht nur mit Wissenschaft und Technik, sondern versuchten auch, die Herrschenden mit wirkungsvolleren Werkzeugen zur politischen Unterdrückung zu versehen —, kam diese jesuitische Mission in Konflikt mit den europäischen Interessen. Wie in Paraguay wurde die Politik der Jesuiten in China im Verhältnis zu den europäischen Mächten, die jetzt den Wettlauf um die Weltherrschaft begonnen hatten, allzu selbständig. Der Streit um die Riten — ob nämlich die Ahnen und Konfuzius Gegenstand der *Ehrfurcht* oder der *Anbetung* wären, wobei ersteres zulässig, letzteres unzulässig war entsprechend dem ersten der zehn Gebote — konnte vom Papst nur zum Nachteil der Jesuiten entschieden werden. Der Mission wurde auferlegt, mit jenem zu brechen, was die Katholiken nun als Ahnenkult und Konfuziusanbetung zu sehen hatten. Dieser Beschluß war politisch unvermeidlich. Der Katholizismus war staatstragende Ideologie in europäischen Staaten, die sich mit aller Macht über die Welt ausdehnten. Er mußte den Weg für sie bahnen.
Aber mit diesem Beschluß wurde das Christentum in China gleichzeitig zu einer staatsfeindlichen Religion und entsprechend behandelt. Für besonders ernst hielt die hohe Bürokratie die Tatsache, daß diese Religion vom Ausland gelenkt wurde. Das Christentum war nicht nur staatsfeindlich; es war eine Bedrohung der äußeren Sicherheit des Reiches.
Fast 500 Jahre katholischer Mission in China endeten mit einer totalen Niederlage. Der Beschluß des Vatikans von 1704, daß die konfuzianischen Riten bekämpft werden sollten, verwandelte das Christentum, sobald man in China davon erfuhr, von einer Religion zu einer staatsfeindlichen Verschwörung. Denn diese Riten waren ja — unabhängig von der Dynastie — der eigentliche Kern der staatstragenden Ideologie im chinesischen Kaiserreich. Auch der zweite Versuch, das Christentum in China zu verbreiten, scheiterte aus politischen Gründen.

Den dritten Versuch unternahm die neuzeitliche Mission. Im ersten Opiumkrieg 1840-42 siegte Großbritannien über das damals wirtschaftlich rückständige China. Die Tsching-Dynastie befand sich im Zerfall. China mußte die Einfuhr von Narkotika gestatten. China mußte 21 Millionen Silberdollar bezahlen, um Großbritanniens Kriegskosten zu ersetzen. China mußte zustimmen, dem Handel fünf Häfen zu öffnen, und nun konnten die Missionare mit der Arbeit beginnen.
Gewisse christliche Vorstellungen hatten sich dennoch verbreitet. Während des großen Taiping-Aufstandes sah es einen Augenblick so aus, als könne sich China aus der Erniedrigung erheben, als ginge aus dem Bauernkrieg ein demokratisches China hervor. Damals glaubten die Aufständischen — oder wenigstens einige unter ihnen —, daß sie Christen seien. Das Christentum hätte fast dieselbe ideologische Rolle spielen können, die es im nördlichen Europa im 16. Jahrhundert gespielt hatte. Es lag jedoch nicht im Interesse der europäischen Mächte, daß China sich aus dem Zerfall der Tsching-Dynastie erheben sollte. Sie trugen deshalb dazu bei, die einzige Volksbewegung in China, die jemals Berührung mit christlichen Vorstellungen gehabt hatte, niederzuschlagen und zu vernichten.
Die Missionare wurden und blieben Kundschafter und Wegbereiter der ausländischen Mächte bei deren Versuch, China an sich zu reißen. So betrachteten sie auch die Chinesen im allgemeinen. Die Missionare wurden von internationalen Verträgen und ausländischen Truppen geschützt. Aber sie waren verhaßt. Die zum Christentum Bekehrten blieben eine bedeutungslose Randgruppe.
Es nützte nichts, daß der Vatikan 1942 — als Mussolinis Italien mit Japan verbündet war — mitteilen ließ, er habe in der Frage der Konfuzius- und der Ahnenverehrung umgedacht. Damals war das chinesische Volk im Begriff, sich sowohl von den Japanern und anderen Imperialisten (auch von deren Missionaren und Ideologen unterschiedlicher Prägung) als auch von der Verehrung des Konfuzius und der Ahnen, die das Volk niedergehalten und unterdrückt hatten, selbst zu befreien.
»Hier in Kaschgar gibt es nicht viele, die sich noch an sie erinnern«, sagt Gun. »Und keiner kümmert sich darum, was sie gemacht haben. Es ist merkwürdig, sich alle diese Andersson und Högberg und Bohlin und Engvall und wie sie alle hießen vorzustellen, die einmal schufteten und sich abmühten und erlebten, wie schwer es hier draußen in der Hitze und dem Wüstenstaub war, und die von armen schwedischen Häuslern und Handwerkern versorgt wurden, die zu Betstunden und Missionskaffeestunden im ganzen Land zusammenkamen und Geld an Sinkiangs Missionare schickten, das sie besser für ihre eigenen Kinder hätten verwenden sollen, es ist merkwürdig, daß alle diese Svensson und Mårtensson und Nyström heute völlig vergessen sind, als hätte es sie nie gegeben,

während die ›Eingeborenen‹, die Naturheilkundigen, die sie so verachteten, jetzt geachtet und verehrt und als Pioniere des Fortschritts und des Gesundheitswesens gefeiert werden. Ich frage mich, was sie empfunden hätten, wenn sie erfahren hätten, was aus ihrem Lebenswerk geworden ist. Weggeworfene Leben!«
Wir waren im Krankenhaus für traditionelle uigurische Medizin gewesen und gingen nach Hause zum alten Konsulat. Der Nachmittag war heiß, aber der Wind hatte sich gelegt. Die Luft war grau, nicht mehr gelb, und es knirschte kein Wüstenstaub mehr zwischen den Zähnen.
»Was keine Wurzeln hat, verschwindet«, sagte Gun.
Im Krankenhaus hatten wir lange mit dem alten uigurischen Arzt Sunun Kari geredet. Er erwähnte die Schweden, aber nicht namentlich:
»Die traditionelle uigurische Medizin stützt sich auf Erfahrungen aus 1700 Jahren«, sagte er. »Heute nutzt man unser Wissen und systematisiert es. Heute sind wir geachtet. Aber das war nicht immer so. Es gab schwere Zeiten für uns. Soviel ich weiß, gab es vor 70, 80 Jahren nur uigurische Ärzte. Dann kamen ein oder zwei Abendländer. Sie hatten ihre eigene Medizin. Allmählich wurden es mehr und mehr. Wir traditionellen uigurischen Ärzte wurden ebenso wie die traditionellen Han-Ärzte verdrängt. Wir waren nicht fein genug. Die Beamten und die Reichen gingen zu den Abendländern. Wir durften uns nur um arme Leute kümmern, die nichts bezahlen konnten. Es wurde immer schwerer, als Arzt zu leben. Der bedeutendste unter uns uigurischen Ärzten, Jusup Hadschi, wurde ebenfalls fortgejagt. Man begann, uns zu diskriminieren. Man nannte uns Hexenärzte. Die Behörden verfolgten uns. Schließlich kamen keine Patienten mehr. Wir wurden Straßenhändler mit unseren Kräuterarzneien. Wir mußten uns in anderen Arbeiten versuchen, um zu überleben. Wir hatten keine gedruckten Bücher, die unser Wissen weitergaben. Damals, als keiner mehr zu uns kam, setzte sich Jusup Hadschi hin, um sein Buch über unsere traditionelle Medizin zu schreiben. Er faßte in diesen schwersten Zeiten unser Wissen zusammen.
Nach der Befreiung haben wir Achtung gefunden. Der Vorsitzende Mao Tse-tung und die Partei gaben uns neues Leben. Jetzt haben wir auch Jusup Hadschis Buch in mehreren Auflagen gedruckt. Letztes Jahr brachten wir die dritte Auflage heraus. Der Vorsitzende Mao Tse-tung hat gesagt, daß unsere Erfahrungen wertvoll sind. Jetzt kommen die jungen Ärzte zu uns, um zu lernen. Es kommen auch junge Ärzte, die abendländische Medizin studiert haben, um zu lernen. Wir sind keine Feinde mehr. Wir wollen ja alle dem Volk dienen.«
Sunun Kari gab uns Jusup Hadschis Buch und schrieb selbst eine Widmung hinein. Ein alter verehrter Mann mit weißem Bart. Das Krankenhaus war groß. Es hatte 150 Betten und nahm am Tag 300 Patienten in der Poliklinik an.

»Wir müssen das Wertvolle an den Erfahrungen des uigurischen Volkes hervorholen und systematisieren«, sagte Oberarzt Mur Imat. »Das ist ein wichtiger Bestandteil der Gesundheitspflegearbeit, aber auch der Politik, die für die nationale Kultur zuständig ist. Wir haben jetzt eine moderne Ausrüstung mit Röntgenapparat und EKG und verbinden abendländische Methoden mit traditioneller uigurischer Kräutermedizin. Die traditionelle uigurische Medizin hat vier Diagnosemethoden. Zuerst geht es um den allgemeinen Eindruck, den der Patient macht. Wie bewegt sich der Patient? Wie ist seine Haltung? Wie sieht der Patient aus? Dann fragen wir den Patienten aus. Wie fühlt sich der Patient? Wie hat er sich gefühlt? Welche Behandlung hat der Patient früher gehabt, und wie hat sich diese Behandlung bemerkbar gemacht? Danach untersuchen wir die verschiedenen Pulse. Wir meinen ja, wie die Han-Medizin, daß es mehrere Pulse gibt. Die müssen sehr gründlich untersucht werden. Dann prüfen wir, wie der Patient aus dem Mund riecht und wie der Urin aussieht und riecht. Das sind unsere traditionellen Diagnosemethoden. Wir verknüpfen sie mit den abendländischen Methoden und erzielen recht gute Ergebnisse.
Wir bedienen uns der Heilpflanzen, die es hier in Sinkiang gibt. In gewissen Fällen werden auch Gold und Silber verwendet. Aber die Kräuter sind sehr billig. Alle Arzneien, die wir verwenden, sind sorgfältig untersucht worden, damit wir wissen, daß sie keine schädliche Wirkung haben. Wir haben besonders große Fortschritte bei zwei Krankheiten erreicht, einmal bei Gallensteinen und dann bei Vitiligo. Zu uns nach Kaschgar kommen jetzt Patienten aus ganz China, um Abhilfe gegen ihre Vitiligo zu finden. Wir haben 578 Patienten aus anderen Provinzen Chinas wegen Vitiligo behandelt. Jetzt arbeiten wir mit, unsere Ergebnisse wissenschaftlich zu systematisieren. Die Wirkung unserer Behandlung ist schnell und augenfällig. Die uigurische Medizin hat der Welt immer noch viel zu geben!«
Barfußärzte aus verschiedenen Kreisen, die nach Kaschgar kommen, um Fortbildungskurse zu besuchen, werden in abendländischer und uigurischer Medizin unterrichtet.
»Es geht darum, ihnen erste ordentliche Grundkenntnisse zu vermitteln, wie sie bestimmte zuverlässige und ausgewählte Heilpflanzen anwenden sollen«, sagte der alte Pharmakologe Abdulrahman Kerim. »Dann können sie Schritt für Schritt mehr lernen.«
»Die Missionare«, sagt Gun, »waren ungelehrig. Deshalb kam es auch so mit ihnen.«
Dieser Mangel an Gelehrigkeit war nicht ausgerechnet für die schwedischen Missionare in Kaschgar kennzeichnend. Er war typisch. Aber er war nur in einer bestimmten historischen Situation typisch. Man kann das so ausdrücken, daß Menschen aus Europa und Nordamerika vom

Anfang des 19. Jahrhunderts bis zur Mitte des 20. Jahrhunderts im allgemeinen die Voraussetzungen dafür fehlten, in China und anderen Ländern, die heute die Dritte Welt darstellen, gelehrig zu sein.
Es gibt viele Möglichkeiten, zu verfolgen, wie sich die Auffassung von Asien wandelt. Eine davon ist, sich an die Enzyklopädien zu halten. Schlagen Sie das Wort ›Chine‹ in Diderots und d'Alemberts klarer vernünftiger ›Encyclopédie‹ auf. Der Artikel wurde 1752 von Diderot geschrieben, er ist kurz und sachlich. Mit keinem einzigen Wort wird angedeutet, daß China ›merkwürdig‹ sei. Es ist groß. Es hat seine eigene technische Entwicklung (seinen großen Kanal vor allem), es hat seine Gesetze und seine Verwaltung, aber es ist nicht sonderbar.
Ein Jahrhundert später, im Jahr 1869, sucht Pierre Larousse die Tradition von Diderots und d'Alemberts Arbeit mit dem ›Grand dictionnaire universel du XIX. siècle‹ fortzusetzen. Wer dort ›Chine‹ aufschlägt, findet einen gelehrten und langen Artikel... aber schon in der 14. Zeile ist China ›mystisch‹ und ›eigenartig‹ geworden. Das Fremde ist exotisch geworden.
Gelehrigkeit und Gelehrtheit sind nicht dasselbe. Der Gelehrige ist einer, der von etwas und nicht nur über etwas lernt. Nicht etwa die Gelehrtheit fehlte. Larousse war gelehrter als Diderot. Aber der Kolonialismus machte Gelehrigkeit unmöglich. Es wurde für den ›abendländischen Arzt‹ ebenso unmöglich, bei Jusup Hadschi in die Lehre zu gehen, um Heilmittel gegen Vitiligo zu studieren, wie es für den europäischen Diplomaten unmöglich wurde, dem chinesischen Zeremoniell zu folgen, wenn er beim Kaiser in Peking empfangen wurde.
Der Kolonialismus ist auch ein ideologisches System; ein mächtiger Überbau aus Gesetzen und Vorstellungen und Künsten und Wahrheiten unterschiedlicher Art, welche die koloniale Ausbeutung geschaffen hat. Ein Überbau, der dennoch nicht nur Legitimation und Deckmantel war, sondern eine systematisierte und übergreifende Weltanschauung, die auch religiöse Glaubenserlebnisse und die Resultate der positiven Wissenschaften lenkte.
Die schwedischen Missionare in Kaschgar konnten sich nie von diesen Scheuklappen frei machen. Aber als China sich vom System des Kolonialismus befreite, da konnten sich auch Jusup Hadschis Ansichten von der Behandlung der Vitiligo vom Aberglauben zu Erfahrung und Wissenschaft verwandeln.
Erst jetzt wird es für europäische Wissenschaftler und Forscher wieder möglich, in Asien gelehrig und nicht nur gelehrt zu sein.
»Ja«, sagte Gun, »die Befreiung machte es möglich, die Wahrheit zu erkennen!«
»Johannes 8:32«, sagte ich.
»Aber umgekehrt!« sagte Gun.

8

Sind die Uiguren denn Chinesen?

Ich bin oben im zweiten Stock im Buchladen in Kaschgar und kaufe Plakate. Hier finde ich 23 Plakate, die ich noch nicht gesehen habe. Einige davon kommen aus Schanghai, aber die meisten aus Sinkiang. Jede Provinz hat ihre Verlage. Man kann die Ursprungsprovinz feststellen, indem man die Druckortsnummer ganz unten in der rechten Ecke nachsieht. Plakate aus Sinkiang haben die Nummer M 8098.

Aber gewöhnlich erkennt man sie an ihrem Stil. Die Künstler in Sinkiang arbeiten in einem härteren und herberen Stil. Sie sind Plakatrealisten. Aber man kann einfacher sehen, ob ein Plakat aus Sinkiang kommt, indem man den Text liest. Die meisten Plakate aus Sinkiang sind mit dem latinisierten Alphabet auf Uigurisch beschriftet.

Das 23. Plakat ruft: Ernte! Ernte! Ernte! Sein Himmel ist sommerblau mit weißen Wolken wie über Ili. Das Feld ist goldgelb, und die reifenden Weizenähren stehen wie Siegessymbole. In diesem Meer aus Weizen stehen zwei junge Männer, die Weizenähren reichen ihnen bis zur Taille. Zwei Uiguren. Stiernackig, breitschultrig, sehnig. Sie halten einander an den Schultern. In den freien Händen tragen sie große, blauglänzend frisch geschliffene Sicheln. Sie sehen den Betrachtern mit klarem Blick direkt ins Gesicht, und mit offenen Mündern und schimmernden Zähnen sagen sie:

> ARMIYE BILEN HELK KELBDAX BOLUP ITTIPAKLIXIP
> MOL HOSUL ALAYLI.

»Wenn Armee und Volk sich in einer Gemeinschaft des Herzens zusammenschließen, können wir eine reiche Ernte einbringen.« Ein Bauer und ein Soldat der Volksbefreiungsarmee. Junge Brüder in der Sonne. Es ist ein Plakat, wie Deineka, Malennow, Pimenow sie in der heroischen Zeit des ersten Fünfjahrplanes in der Sowjetunion schufen.

Als ich die Rolle bezahlt habe und auf dem Weg nach unten bin, gehe ich am Fenster vorbei, wo Gun steht und auf die Straße hinuntersieht.

»Siehst du den Kamelwagen?« fragt sie.

Ein Karren mit zwei vorgespannten Kamelen bewegt sich durch die Menge der Fahrräder. Ein roter Bus fährt vorbei. Er hat eben neue Passagiere aufgenommen. Er hupt die Radfahrer an, die die Straße füllen. Sie fahren an die Seite und lassen Platz für den Bus. Es ist Nachmittag und warm. Die Luft ist dunstig. Die Menschen sind auf dem Heimweg. Meistens sind es Männer, nur hier und da eine Frau. Die meisten Frauen gehen im Rock. Sie tragen Stiefel, Rock und Kopftuch. Eine verschleierte Frau haben wir nicht gesehen. Früher waren alle Frauen verschleiert.

Die Straße ist breit; die Bürgersteige sind von der Fahrbahn durch einen Grünstreifen zwischen zwei ordentlichen, vom Wasser glitzernden Rinnsteinen getrennt. Die Bäume hier hatten noch keine Zeit, richtig hochzuwachsen. Aber dies ist ein neuer Stadtteil. Auf der anderen Straßenseite liegt der Kulturpalast, den wir gestern besuchten. Dort gibt es eine Bibliothek und Leseräume, Ausstellungs- und Sitzungsräume. Weiter unten an der Straße ist die große Eisenwarenhandlung zu sehen. Sie bedient die Landwirtschaft. Von den Produktionsbrigaden kommen Vertreter herein, um Spezialmaschinen und Werkzeug aufzutreiben. Daneben liegt das Geschäft, das heimische Waren verkauft. Es gibt dort kräftige handgewebte Stoffe, Hausrat, schöne Schmiedearbeiten.
Wir sehen nach den Kamelen, die jetzt weit unten auf der Straße auftauchen. Die Luft ist dick vom Staub am Nachmittag, und es ist warm. Menschen eilen vorbei. Kaschgar ist eine zentralasiatische Stadt weit im Westen Chinas. Die meisten, die hier wohnen, sind Uiguren, 90% im ganzen Distrikt. Der Rest gehört verschiedenen Nationalitäten an: Han, Hui, Kasachen, Tadschiken und andere. Vierzehn Nationalitäten wohnen hier in der Stadt, sagt Pascha-chan. Sie kommt vom Jugendverband und begleitet und hilft Gun.
»Allerdings gibt es in der eigentlichen Stadt Kaschgar einen größeren Anteil Han«, sagt sie. »Die Stadt hat heute ungefähr 200000 Einwohner, und fast alle Han im Distrikt wohnen hier.«
»Ganz konkret«, sagt Rakmov, »ist die Situation heute so, daß 85% der Parteimitglieder Uiguren sind. 75% der Parteikader sind Uiguren, 65% der Parteisekretäre sind Uiguren. Im Parteikomitee des Distrikts ist das Verhältnis genauso.«
»An staatlichen Kadern haben wir ungefähr 30000«, sagt Liu Kiaschan, der stellvertretender Verwaltungschef im Distrikt ist. »Von ihnen sind etwas mehr als 22000 Uiguren und andere Nationalitäten. Also keine Han. Die Arbeiterklasse im Distrikt beläuft sich auf fast 35000, von ihnen sind 66% Uiguren. So stellt sich die Situation statistisch dar.«
»Aber man muß sich doch daran erinnern«, sagte Pascha-chan, »daß man noch viel von den feudalen und patriarchalischen Traditionen merkt, die zu überwinden wir im Begriff sind. Das geht nicht an einem Tag. Zwischen 1970 und 1975 haben wir 1120 Studenten aus dem Distrikt auf die Universität geschickt. Von ihnen waren 745 Männer und 375 Frauen. Von den 33000 staatlichen Kadern sind bis jetzt nur 9394 Frauen. Und es gibt nur 125 Frauen, die leitende Funktionen oberhalb der Volkskommunenebene innehaben, und nur 14 haben leitende Aufgaben im Kreis oder Distrikt. Das Vergangene läßt sich nicht an einem Tag überwinden.«
»Denkt jedoch daran, daß 95% im schulpflichtigen Alter heute in die Schule gehen«, sagt Rakmov. »Wir sagen nicht 100%; das wäre falsch.

Es gibt Nomaden oben in den Bergen, für die das Schulproblem noch nicht befriedigend gelöst worden ist, und es gibt den einen oder anderen Fall auch hier unten, der aus was für Gründen auch immer die Schule nicht ganz bis zum Ende besucht. Aber 95% aller Kinder besuchen die Schule heute sogar bis zur Mittelschule. Es wird keine Trennung zwischen Jungen und Mädchen gemacht. Wir werden die Reste der Diskriminierung auf Grund des Geschlechts ebenso überwinden, wie wir die Reste nationaler Diskriminierung überwinden.«

Wir gehen die breite Treppe im Buchgeschäft hinunter. Unten ist der Raum schwarz von Menschen. Sie kommen, um uns zu betrachten.

»Macht Platz für die ausländischen Gäste«, sagt Rakmov.

Die Menschen ziehen sich zurück und lassen einen Gang frei. Sie freuen sich. Einige ergreifen meine Hand, drücken sie fest und schütteln sie. Sie sind alle Uiguren. Einige haben Schirmmützen auf, aber die meisten tragen Käppchen.

Aber sind Uiguren denn Chinesen?

Ja, sind die Einwohner von Nykarleby in Österbotten Finnen?

Die Einwohner von Nykarleby in Österbotten sind Finnländer, aber keine Finnen, und die Uiguren in Sinkiang sind Chinesen, aber keine Han. Das Problem ist, daß wir in Europa den Begriff ›Han‹ gewöhnlich nicht verwenden. Mit Chinesen bezeichnen wir zwei verschiedene Erscheinungen. Teils meinen wir die Staatsbürger von China. Da gebrauchen wir das Wort ›Chinesen‹ auf dieselbe Art, wie wir ›Finnländer‹ auf die Staatsbürger von Finnland anwenden. Teils verwenden wir ›Chinesen‹ für das Han-Volk im allgemeinen. Da verwenden wir es genauso, wie das Wort ›Finnen‹.

Die Situation wird jedoch dadurch kompliziert, daß man nicht ohne weiteres vom Han-Volk auf dieselbe Art wie von Finnen reden kann. In beiden Fällen sind die Worte eine ethnische Bezeichnung, aber es handelt sich nicht um dieselbe Art von *Ethnos*. Denn das Han-Volk umfaßt Gruppen, die voneinander in Aussehen und Körperbau, Volkssitten, Kultur, Eßgewohnheiten und gesprochener Sprache so verschieden wie in Europa Norweger und Spanier sind. Sie können einander im Gespräch nicht verstehen; es fällt ihnen schwer, die Speisen der andern zu essen; sie benehmen sich unterschiedlich. Dennoch behaupten sie, daß sie zu einem Volk mit einer Kultur und einer Sprache gehören.

Man kann sagen, daß die Schriftzeichen und die klassische Literatur das Gemeinsame sind. Doch beides haben sie auch mit den Japanern gemeinsam. Aber auch die nicht Schreibkundigen, die also die Sprachbarriere nicht überwinden können, zweifeln keinen Augenblick daran, daß sie verschiedene Gruppen ein und desselben Han-Volkes ausmachen. Es ist sogar noch verwickelter. Eines der Völker in China sind die Hui. Sie betrachten sich als ein anderes Volk als die Han. Sie werden als Nationa-

lität anerkannt. Aber sie sprechen dieselbe Sprache wie ihre Nachbarn, die Han sind. Sie haben dieselbe Kultur, mit zwei Ausnahmen: Sie essen kein Schweinefleisch, und sie tragen weiße Mützen. Früher waren sie Muslime. Einige sind noch gläubig. In China sind sie eine Nationalität mit eigenen autonomen Verwaltungseinheiten.
In Frankreich sprechen wir nicht davon, daß Katholiken und Hugenotten zwei ›Völker‹ waren. In China tut man das, und sowohl die Hui wie die Han sehen den Unterschied als einen ethnischen an. Ich schreibe das, um zu zeigen, daß Definitionen, die wir in Europa als natürlich empfinden, es nicht unbedingt in Ländern mit einem anderen historischen Hintergrund sein müssen. Die Nationalitätenfragen stellen sich in Europa anders als in China oder Indien.
China ist heute ein einheitlicher Vielvölkerstaat mit langer Geschichte. Während dieser langen Geschichte haben verschiedene Völker die Vorherrschaft in China gehabt. Oft sind es Han gewesen. So unter der Han-Dynastie (206 vor bis 220 nach unserer Zeitrechnung; die Dynastie, die dem Han-Volk seinen Namen gab), unter der Tang-Dynastie (618-906), der Sung-Dynastie (960-1279) und der Ming-Dynastie (1368-1644). Aber China, die Kultur und Tradition des chinesischen Volkes, wurde auch unter vielen anderen Dynastien geformt. Sie konnten Türken sein wie die Nördliche Wei-Dynastie (387-557), als sich die spezifisch chinesische Skulpturentradition entwickelte. Die Mongolen herrschten während der Yüan-Dynastie (1271-1368), eine Zeit technischer Entwicklung und administrativer Veränderungen. Mandschus hatten die Herrschaft während der Tsching-Dynastie (1644-1911). Tibeter errichteten das Reich im Westen, das seinen Beitrag zur chinesischen philosophischen Tradition lieferte. Das, was wir als China und als chinesische Kultur kennen, ist eine Schöpfung vieler Völker und Nationalitäten.
Die Han-Kultur dominierte; das Han-Volk hatte die führende Stellung unter den meisten Dynastien und assimilierte auch andere Völker und deren kulturelle Traditionen. Aber China war in seiner ganzen langen Geschichte eine Einheit aus vielen Völkern. Auch in den Perioden, in denen die Einheit des Reiches zerfiel und mehr oder weniger selbständige Einheiten geschaffen wurden, hielten sich die Bande zwischen ihnen.
Sun Yat-sen erkannte Chinas multinationalen Charakter an. Für ihn waren die Hui ein Volk, eine Nationalität in China. Aber Tschiang Kai-schek weigerte sich, das anzuerkennen. Nach der Konterrevolution, die er 1927 anführte, wurde das »Hui-Volk« zu ›denen, die an den Islam glauben‹. Tschiang Kai-schek und seine KMT brachen auch hier mit der demokratischen Tradition Sun Yat-sens.
Während der KMT-Zeit wurde der Han-Chauvinismus eine offizielle Ideologie. Alle Nationalitäten sollten Schritt für Schritt zu Han verwandelt werden. Das brachte eine harte Unterdrückung für die Minderheits-

nationalitäten. Denn auch wenn diese mit europäischen Maßen gemessen große Völker sind, so machen sie doch neben der gewaltigen Han-Mehrheit nur eine verschwindende Minderheit aus.
Seit der Befreiung sind die verschiedenen Nationalitäten innerhalb des einheitlichen, aber multinationalen China gleichwertig. Han, Hui, Uiguren, Tadschiken, Kasachen sind alle Chinesen mit gleichen Rechten. Aber immer noch ist der Kampf gegen den ›Groß-Han-Chauvinismus‹ notwendig. Die Uiguren in Sinkiang sind also Chinesen; aber sie sind wahrhaftig keine Han!
Aber auch diese Frage ist nicht so einfach:
»Diese Schule wurde 1953 gegründet«, sagt Maram Chirip, Leiter der Propagandagruppe der Arbeiter bei der ersten Mittelschule in Kaschgar. »Aber erst 1970 wurde sie zu einer vollen Mittelschule für den Unterricht sowohl auf Uigurisch als auch auf Han ausgebaut. Es gibt Schüler von acht Nationalitäten an der Schule. Aber abgesehen von Uiguren und Han handelt es sich um einzelne Schüler, sieben Hui und ein Tadschike, so etwa. Wir haben jetzt 1497 Schüler, 706 Jungen und 791 Mädchen. 20 Klassen mit zusammen 866 Schülern haben Uigurisch als Unterrichtssprache. Sie lernen gleichzeitig drei Stunden in der Woche Han. 14 Klassen mit zusammen 631 Schülern haben Han als Unterrichtssprache. Sie lernen drei Stunden in der Woche durch die ganze Schulzeit Uigurisch. Die Anzahl der Schüler mit Han-Nationalität beträgt jedoch nur 544. Die übrigen 87 sind überwiegend Uiguren. Das kann verschiedene Gründe haben. Sie können nicht im Han-Zug anfangen, ohne Han zu sprechen. Das haben sie dann in der Grundschule mitbekommen, wo Han die erste Sprache war. Das kann darauf beruhen, daß eine solche Schule die nächstgelegene war.«
»Von den Lehrern«, sagt Musa, stellvertretender Vorsitzender des Revolutionskomitees der Schule, »sind 61 Uiguren und 42 Han.«
»Die Schüler werden bei der Aufnahme geprüft«, sagt Maram Chirip, »es kommt darauf an, ihnen den richtigen Unterricht zu geben. Natürlich gibt es Prüfungen. Wenn es um solches Wissen geht, das man im Kopf haben muß, werden keine Hilfsmittel zugelassen. Aber es ist nicht so, wie es vor der Kulturrevolution war, als die Lehrer die Schüler wie Feinde behandelten, die überlistet und entlarvt werden mußten. Jetzt arbeiten Schüler und Lehrer zusammen, um die bestmöglichen Ergebnisse zu erreichen, und die Schüler helfen sich gegenseitig beim Lernen.«
»Bei uns sind die Schüler auch schon recht reif«, sagt Musa, »sie kommen mit zwölf und bleiben, bis sie siebzehn sind.«
»Es ist eine großartige Sache für uns, daß alle Kinder heute die Mittelschule durchlaufen«, sagt Maram Chirip, »deshalb ist es so wichtig, daß wir ihnen hier in der Schule helfen, auf dem richtigen Kurs zu bleiben; sie dürfen nicht vergessen, wie es früher war.«

9

Das Grab des Heiligen

Gleich außerhalb von Kaschgar liegt Apak Hodschas Mausoleum. Wir besuchen es mehrmals. Nicht weil es der heiligste Wallfahrtsort im südwestlichen Sinkiang — dem alten Kaschgarien — war, sondern weil dieses Mausoleum ein bedeutendes und schönes Bauwerk ist.
Der Wind spielt in den Pappeln. Die Rosen glühen. Es ist Nachmittag, und der Gärtner leitet Wasser aus dem Bewässerungsgraben in die Rosenrabatten. Wir sitzen im Schatten, trinken grünen Tee und essen Maulbeeren aus großen Schüsseln. Es ist still und beinahe kühl. Unten am Tor zur Anlage hat ein Bus gehalten. Besucher quellen heraus und wandern hinauf auf das Mausoleum zu. Wir sehen seine grüne Kachelkuppel zwischen den Bäumen. Dahinter, außerhalb des Grüns, schließt sich eine Stadt der Toten an das kachelglänzende Mausoleum an. Die Gräber bestehen aus Lehm und liegen Reihe auf Reihe wie niedrige Hütten da. Der Boden ist trocken und verbrannt, Boden und Grabmäler und Mauern aus derselben kräftig braunroten Erde. Kein grünes Blatt; eine Totenstadt in *Terra di Siena*.
Die dunkelgrüne Kachelkuppel, auch sie in Erdfarbe mit mattem Schimmer, der Himmel, in der Stille hier draußen ohne den gelben Dunst, blau und dunkel über den Pappeln, und dazu der Laut des Wassers im Bewässerungsgraben, die glühenden Rosen und in der Hand schwarze Maulbeeren, die, im Mund zerdrückt, dunkle säuerliche Süße werden.
Jetzt ist das Mausoleum Kulturdenkmal und Ausflugsziel; eines der großen und berühmten Denkmäler der Provinz. Der Kurator heißt Hassan. Er ist Historiker. Er bietet durchsichtig hellrote Kirschen mit frischem, herbem Geschmack an.
»Gun mag Saures lieber als Süßes«, sagt er, »das weiß ich. Manche von uns auch. Das Süße kann leicht fad werden.«
»Fünf Generationen dieses Hodscha-Geschlechts liegen hier im Mausoleum begraben«, sagt er dann. »Zusammen sind es 72 Personen.«
Die in den sienaroten Gräbern draußen vor der Mauer liegen, gehören nicht zu dem Geschlecht. Sie haben teuer für ihre Gräber bezahlen müssen. Denn Apak Hodscha war ein Heiliger. Er schützte auch nach seinem Tod die Toten. Früher war dieses Mausoleum eine fromme Stiftung, ein *Wakf*. Sie war sehr reich. Der schwedische Missionar Gustaf Ahlbert schrieb vor 60 Jahren, daß dieses Mausoleum damals zu seinem — und seines Vorstehers und seiner Dienstleute — Unterhalt immer noch »große Ländereien besaß... nicht nur in Kaschgar, sondern auch in Jarkend und anderswo«. Zu diesem Mausoleum gehörten: »...ungefähr

43470 Hektar Land, 48 Paar Mühlsteine, 15 große Güter, eine Hochschule mit großen Ländereien u. a.«
Jetzt sind der Feudalismus und seine Besitzverhältnisse verschwunden. Das Mausoleum ist ein historisches Denkmal, der Unterhalt und die Bezahlung der Angestellten kommen aus der Staatskasse, und es kostet nichts, seine Toten hier bei Apak Hodschas Mausoleum begraben zu lassen. Der Grabplatz ist kostenlos.
»Die Kuppel war in den zwanziger Jahren beschädigt worden«, sagt Hassan. »Sie wurde im Zuge der gründlichen Restaurierungsarbeiten 1956 neu gebaut. 1972 wurde dann eine vollständige archäologische und architekturhistorische Untersuchung durchgeführt. Damals arbeiteten hier Spezialisten aus Urumtschi und auch aus Peking. Wir erwarten, daß die ersten Ergebnisse bald veröffentlicht werden.«
Das Mausoleum wurde 1620 gebaut. Das war eine große Periode der muslimischen Architektur. Es ist die Zeit, als Dschahangir im Indien der Mogulen bauen ließ; damals wurde Akbars Mausoleum bei Sikandra außerhalb von Agra gebaut. Es ist die Zeit, als Abbas I. in Persien herrschte und sein Architekt Muhammed Riza ibn Ustad in Isfahan zur Erinnerung an den Schwiegervater des Schahs Masdid-i-Shaykh Lutfullah errichtete. Aber Apak Hodschas Mausoleum ist durchaus nicht auf die gleiche Art ein exklusiver und raffinierter Bau. Das Gebäude ist herber, es ist geschlossener. Es erinnert am meisten an die Bauten in Chiwas großem 19. Jahrhundert. Dieselbe Strenge, dieselbe (vielleicht notgedrungen) sparsame und großlinige Dekoration. Aber Apak Hodschas Mausoleum ist 200 Jahre älter.
Die dunkelgrünen Kacheln der Kuppel sind nicht mit der timuridenblauen Kachel in Herat verwandt; sie knüpfen an die Pekinger Kacheln an. Aber den bemerkenswerten großartigen Mosaikeffekt, den die großen Kacheln bewirken, habe ich nicht einmal in Chiwa gesehen. Hier werden Bänder von grünen Kachelplatten von unregelmäßig eingesprengten sienafarbenen, blauschwarzen und weißen einzelnen Kacheln und Streifen von Kacheln durchbrochen. Die Oberfläche verändert sich und lebt ohne harte Gleichförmigkeit. Aber durch die gänzlich durchbrochene Symmetrie entsteht ein strenger Rhythmus, und wenn man ganz nahe an die Oberfläche tritt, zeigen sich in den weißen, früher anscheinend farblosen Platten blau gezeichnete Muster. Verschiedene Formen von Blumenornamentik und plötzlich hier und da deutliche Symbole, Svastiken. Der Kachelschmuck auf Apak Hodschas Mausoleum ist selbständig und ursprünglich, aber dennoch dem großen China und dem Chanat Chiwa zugewandt.
Oben im Dachgeschoß direkt unter der Kuppel öffnen sich Fenster in alle Himmelsrichtungen. Die Sprossenwerke der Fenster sind in dekorativen geometrischen Mustern gearbeitet, die in einem Fenster aus Herat

stammen, im anderen aus Chinas Innerem. Da ein Mäanderfenster und da ein Svastikafenster, hier Wolkenspirale und hier gesprungenes Eis. Wir kehren mehrere Male zu Apak Hodschas Mausoleum zurück, wandern im Garten, fangen das Gebäude ein, kommen ihm nahe, stehen dicht an den Kachelmosaiken und sehen hinaus über das Gräberfeld durch Sprossenwerk in Pinselmustern oder Timuridenmustern. Unten in ihren Gräbern ruht die Familie unter der Kuppel.

Als das Mongolenreich in China fiel und die Ming auf die Yüan-Dynastie 1368 folgten, beherrschten Dschagatais Erben die Oasen um den Tarim. Das Land nördlich des Tien Schan wurde durch die ewigen Kriege verheert und wurde zu Weideland, aber die Oasen im Süden wurden von der Wüste geschützt, und hier kamen und gingen die Herrscher in verwirrenden Kämpfen, ohne größere Spuren zu hinterlassen oder zu wirtschaftlichen Entwicklungen beizutragen.

Babur — der sich später zum Herrscher über Indien machte — traf 1502 mit seinem Onkel Achmed zusammen, der damals in erbitterte Kämpfe um die Macht über Taschkent verwickelt war. In seinen ›Erinnerungen‹ beschreibt Babur ihn:

»Alle Männer des jungen Chans (Achmed) waren nach mongolischer Art gekleidet. Sie hatten Mongolenkappen und Kleider aus chinesischer Seide mit Blumenstickereien im selben Stil, Köcher und Sättel aus grünem Chagrinleder, und ihre Mongolenpferde waren auf gleiche Art geschmückt.

Der junge Chan kam mit kleinem Gefolge, es waren vielleicht mehr als tausend, aber es waren weniger als zweitausend. Er war ein Mann besonderer Art. Er war eigensinnig und tapfer und ein starker Kämpe mit dem Säbel. Unter all seinen Waffen verließ er sich am meisten auf diesen. Er pflegte zu sagen, daß man Keule, Speer, Streitaxt und Beil nur einmal verwenden könne, wenn sie träfen. Er trennte sich niemals von seinem zuverlässigen scharfgeschliffenen Schwert. Er trug es immer an der Hüfte oder hielt es in der Hand. Da er in einer abgelegenen Gegend erzogen und aufgewachsen war, gab es viel Grobes in seinem Benehmen und Schroffes in seiner Rede.«

Es waren Herren und Fürsten dieses Schlages, die um die Herrschaft über Kaschgar und die anderen Oasen um das Tarimbecken kämpften. Kaschgarien war damals ein Vasallenstaat von China. Das einzige Entscheidende für das Volk war, daß während dieser Zeit der Islam siegte; mehrere Herrscher waren Muslime und bekämpften die Heiden und die Ungläubigen, sowohl die übriggebliebenen Buddhisten als auch die christlichen Sekten, die bei Marco Polos Durchreise noch Kirchen in Jarkend hatten.

Von Samarkand kam Anfang des 16. Jahrhunderts der gelehrte und heilige Sproß des Propheten, Hodscha Machmudi Asam. Er wurde Kalif,

geistiger Ratgeber, des regierenden Chans. Er erhielt Land zu Lehen und starb 1540 in Kaschgar, umgeben von großer Heiligkeit. Von ihm stammte die Hodscha-Familie ab, die in immer verwickelteren Kämpfen — auch untereinander — den Dschagataiern in Kaschgar die Macht entriß und einen theokratischen Staat errichtete.
Die Hodscha-Familie teilte sich in zwei Gruppen: Ak-tagh - Weißer Berg und Kara-tagh - Schwarzer Berg, die sich auf verschiedene kirgisische Familien stützten. Ihre wirtschaftliche Macht beruhte auf Landbesitz und Macht über die Heiligtümer, die Wakf-Eigentum besaßen. Nicht nur Land gehörte diesen Stiftungen, sie besaßen auch Leibeigene. Die Macht der Hodscha-Familie beruhte auf einem religiösen Feudalismus, der sich einen theokratischen Staat schuf.
Das bedeutete, daß die Politik der Hodscha-Macht mit allen Mitteln die Religion auszubreiten suchte. Überall wurden neue religiöse Einrichtungen gegründet und mit Land und Leibeigenen unter Wakf-Regeln ausgestattet. Die Macht der Hodscha-Familie nahm zu, und ihre Mitglieder mochten Heilige sein, wurden aber nicht mehr geliebt als vorher die Raubritter und Warlords vom Stamm der Dschagatai.
Im Spätherbst 1603 kam der Jesuitenpater Benedict Goes nach Kaschgarien. Er befand sich auf dem Weg nach Osten. Er hatte Agra ungefähr ein Jahr vorher verlassen, und es ist nicht sicher, ob er in frommer Verkleidung als Kundschafter des Mogulenkaisers Akbar reiste oder ob er den Zweck die Mittel heiligen ließ und Akbars 400 Goldmünzen und Akbars Paß benutzte, um sich den heiligen Auftrag zu erleichtern, den Weg von Indien nach China zu finden. Er war von Indien über die hohen Berge gekommen. Nun blieb er noch in Kaschgarien, bis er sich Mitte November 1604 einer Karawane durch die Wüste nach Osten anschloß. Er kam jedoch nie nach Peking. Er hatte keinen Paß, den er an der großen Mauer unten in Kansu vorweisen konnte; in der Stadt, die heute Tschiutschuan heißt, wartete er 17 Monate lang auf die Erlaubnis zur Weiterreise; dann starb er am 11. April 1607. Die Erlaubnis kam nie. Aber in dem Jahr, in dem Pater Goes sich in Kaschgarien aufhielt, war er ein fleißiger Briefschreiber, und er berichtete dem Jesuitenorden ausführlich und detailliert über die Verhältnisse im Land. 1615 veröffentlichte dann Pater Peter du Jarric Einzelheiten aus Benedict Goes' Briefen aus Jarkend.
Diese Stadt ist damals der große Umschlagplatz für den Handel zwischen West und Ost. Hierher kommen die Karawanen von Kabul, und hier werden die neuen Karawanen zusammengestellt, die nach Peking reisen sollen. Der Herr Kaschgariens gebietet über den Handel. Er verkauft das Karawanenrecht an den Meistbietenden. Der Karawanenführer, dem Benedict Goes sich dann anschließt, kauft das Recht für seine Karawane für 100 Beutel Moschus. Er war dann alleiniger Herrscher

über die Karawane, mit voller Gewalt während der ganzen Reise. Vier Teilhaber hatten sich bei ihm als Gesandte eingekauft, und 172 Kaufleute hatten ihm einen hohen Preis für die Teilnahme an der Karawane bezahlen müssen. Ein Karawanenprivileg war viel wert.

Die Religion war in dem eben erst ganz zum Islam bekehrten Land ordentlich organisiert. Jeden Freitag ging ein Beamter auf den Basar, um an die Gebote der Religion zu erinnern. Wenn das geschehen war, kamen zwölf Mann aus der großen Moschee; sie trugen Lederpeitschen, und ihre Aufgabe war, jeden auszupeitschen, der während der Gebetszeit auf Straßen oder Plätzen angetroffen wurde.

In einer Zeit verheerender Kriege und sozialer Zerrüttung gab die Religion der Hodscha-Familie nicht nur eine wirksame Ideologie, sondern auch die wirtschaftliche Grundlage durch den religiösen Feudalismus des Wakf-Eigentums und die physischen Machtmittel, mit denen sie den theokratischen Staat bilden konnten.

Der Apak Hodscha, der unter dieser grünen Kuppel ruht und dem Mausoleum den Namen gegeben hat, war Hodscha Hidadschetulla. Er war nicht nur ein Heiliger von so großer Heiligkeit, daß die Menschen vor ihm ohnmächtig zu Boden fielen, die Tauben hörten, die Stummen sangen, die Blinden sahen, die Gebrechlichen tanzten, und es nach dem Propheten selbst noch nie eine solche Heiligkeit gegeben hatte, sondern er wurde auch ein weltlicher Herrscher, der als Ebenbürtiger mit dem Dalai-Lama in Lhasa und mit Chanen und Häuptlingen jeder Art verhandelte und dem keine Ränke und keine diplomatischen Finten fremd waren. Er war es, der die Theokratie in Kaschgar festigte.

Gleichzeitig stürzte die Ming-Dynastie (1368-1644) in China, der Kaschgarien als Vasallenstaat Tribut gezahlt hatte. Die Mandschuren übernahmen den chinesischen Staat, stellten ihn wieder her und stärkten ihn. Die verschiedenen Hodscha-Parteien teilten Kaschgarien in erbitterten Kämpfen unter sich auf. Hidadschetulla hatte, um die Macht zu erringen, einmal den Herren der Oiroten gerufen. Die Oiroten waren Westmongolen und herrschten damals mit eigener Macht über die Dsungarei. Über die streitenden Hodschagruppen waren die Oiroten Oberherren. Sie waren Verwandte der Mandschuren, und lange war es unklar, wie die Oiroten zu den Stämmen standen, die Herren über China geworden waren. Sie hatten selbständig Verbindung zu den Russen in Sibirien hergestellt und von ihnen Schußwaffen erhalten; sie versuchten damals anscheinend gerade, eine neue Reitermacht wie Dschingis Chan zu bilden, und als sie sich 1609 auf den Marsch nach Peking machten, griff die chinesische Armee ein und fügte ihnen eine schwere Niederlage zu. Als sie dann der Aufforderung Kaiser Kang-hsis (1662-1722), sich im Jahr darauf am Hof in Peking einzufinden und den Kaiser formell um Vergebung zu bitten, keine Folge leisteten, wurden sie als Rebellen angesehen.

1696 schlug eine chinesische Armee von 80000 Mann, die von Kaiser Kang-hsi selbst angeführt wurde, die Oiroten bei Urga in der Mongolei. Ein kaisertreuer Fürst wurde neuer Herrscher der Oiroten. Er wandte sich nun gegen Tibet, begann in die tibetische Politik einzugreifen, und 1717 rückte eine oirotische Armee von Kaschgarien auf Lhasa vor. Damit waren die Oiroten wiederum Rebellen, und Kaiser Kang-hsi befahl seinen Truppen, die Oiroten aus Lhasa zu vertreiben. 1718 schlugen sie die chinesische Armee bei Lhasa zurück, aber 1720 wurden die Oiroten besiegt und aus Tibet vertrieben.
Zur selben Zeit hatte Kaiser Kang-hsi den Botschafter Tu Li-schen zu Ajuki, dem Chan der Torguten — der Wolgakalmücken — geschickt, um sie aufzufordern, nach Hause zurückzukehren. Diese Torguten waren 1618 mit 40000 Zelten aus der Dsungarei aufgebrochen und siedelten jetzt an der Wolga. (Auf Tu Li-schens Reise durch Sibirien führten die russischen Behörden dem chinesischen Botschafter und seinem Gefolge einige schwedische Gefangene vor. Dem Kaiser berichtete Botschafter Tu Li-schen später über diese: »Benahmen sich anständig und schienen wohlgenährt.«)
Die Torguten blieben an der Wolga, wo das Weideland gut war, obgleich sie über Kang-hsis Einladung zur Rückkehr nachdachten, und als die Russen gegen Mitte des 18. Jahrhunderts begannen, zur Wolga vorzudringen und das Land zu kolonialisieren, änderte sich die Lage so, daß sie beschlossen, nach Hause zurückzukehren. Am 5. Januar 1771 brachen sie auf. Es waren damals 400000. Die Wanderung dauerte acht Monate. Mehr als 100000 Torguten starben unterwegs, aber die Überlebenden gelangten nach China. Kaiser Tschien Lung empfing sie unter großen Ehren und gab ihnen Land in Ili und der Dsungarei, 185000 Tiere, Zelte, Stoffe, Getreide, Tee und Silber. Damals waren die Oiroten besiegt. Das war auch für die Torguten die Voraussetzung zur Rückkehr gewesen.
Die Kleinkriege der Oiroten hatten weder nach der Niederlage bei Lhasa noch nach dem Friedensgelöbnis von 1739 aufgehört. Chinesische Truppen hatten Hami und die Turfanoasen der chinesischen Verwaltung unterstellt, aber die Kleinkriege gingen weiter. 1754 wurden die Oiroten besiegt. Zwei Jahre später machte der neue Fürst der Oiroten einen Aufstand. Die Chinesen besiegten sie, aber als die chinesischen Truppen heimgezogen waren, erhoben sich die Oiroten erneut. Diesmal beschloß Kaiser Tschien Lung, die Dsungarei einer geordneten bürokratischen Verwaltung zu unterstellen. General Tschao Hui wurde Statthalter. Seine Residenz war in Ining im Ili-Tal. Der Kaiser ließ große Gedenksteine mit Inschriften auf Han, Mandschu, Oirat und Tibetisch aufstellen:
»Die Menschen in der Dsungarei mögen hören... Viele Generationen habt ihr euch als Diebe gezeigt. Die Mächtigen haben die Schwachen un-

terdrückt; die, welche viele waren, haben die, welche wenige waren, unterdrückt... Jetzt hat der Himmel die große Tsching-Dynastie errichtet. Das war durchaus keine Menschenmacht.«
In den Jahren 1757 und 1758 führte General Tschao Hui geordnete Verhältnisse in der Dsungarei ein. Manche sagen, daß eine Million Oiroten als Rebellen hingerichtet wurde. Andere sagen, es sei eine halbe Million gewesen. Wieder andere sagen, daß es wohl weniger als eine halbe Million war. Aber alle wissen, daß es viele waren, und das Land, das während der generationenlangen Kriege verheert und entvölkert worden war, wurde noch menschenärmer, und weitere Ackerbaugebiete wurden zu Weideland. Aber die Kriege hatten aufgehört. In Kaschgarien gingen dennoch die verworrenen Kämpfe weiter.
Der Statthalter Tschao Hui ließ einen Befehl an die rivalisierenden Hodscha-Gruppen ergehen, sofort mit ihrem unbändigen Benehmen aufzuhören, Frieden zu halten, gute Sitten zu wahren und Handel und geordnete Verhältnisse zu sichern. Als sie diesem Befehl nicht nachkamen, sondern in Jarkend sogar einen chinesischen Gesandten töten ließen, rückte Tschao Hui im Oktober 1758 mit 3000 Mann in Kaschgarien ein. Im Februar 1759 erhielt er Verstärkung, und im Juli desselben Jahres fiel Kaschgar. Am Ostufer des Jeschil-kul im Hohen Pamir wurden die letzten Streitkräfte des letzten Hodscha-Herrschers aufgerieben. Das war 1759. Der Hodscha-Herrscher war auf der Flucht nach Badachschan. Die Chinesen ließen einen Gedenkstein für den Sieg aufstellen. Er war auch zugleich Grenzstein. Am 22. Juni 1892 kam Oberst Jonow mit seinen Kosaken im Dienst des Zaren hierher. Sie vernichteten die afghanische Grenzbewachung und brachten den chinesischen Grenzstein ins Museum nach Taschkent. Der Jeschil-kul liegt nun weit im Innern der Sowjetunion.
In Kaschgarien kehrte nun Frieden ein. Die chinesische Verwaltung griff nicht in die religiösen und volkstümlichen Bräuche ein. Die Wakf-Institution bestand weiter, und der Charakter des Feudalismus blieb erhalten. Aber dem Handel stand der ganze Weg nach Peking offen, und zum erstenmal seit vielen Generationen ließ der Steuerdruck nach, und zugleich wurde das Bewässerungssystem hergerichtet und die Straßen sicher.
»Ihr Name ist Mamrisin«, sagt Hassan. »Sie liegt hier im Mausoleum begraben, zusammen mit ihrem Vater Ali Hodscha, ihrer Mutter Masudsim, ihrem Bruder Hassan Hodscha und ihrer Schwägerin Sudschang an der Seite ihres Großvaters Apak Hodscha. Am Hof in Peking wurde sie Hsiang Fei — ›Wohlriechende Konkubine‹ — genannt, denn sie war eine von Kaiser Tschien Lungs Nebenfrauen.«
Mamrisins Grabmal ist das kleinste unter der Kuppel. Drinnen steht auch ihre Sänfte. Mamrisin wurde dem Kaiser Tschien Lung von der

Hodscha-Familie zum Zeichen dafür, daß sie keine Rebellen mehr waren, als Konkubine geschickt und vom Kaiser als Symbol der wieder hergestellten Harmonie empfangen. In dreieinhalb Jahren wurde sie in dieser Sänfte von Kaschgar bis nach Peking getragen. Dort malte sie der italienische Jesuit Giuseppe Castiglione (1688-1766).
Dieser bedeutende Maler, der 51 Jahre in Peking wirkte und Kaiser Tschien Lungs Hofmaler war, ist in der Kunstgeschichte unter dem Namen Lang Schih-ning meist als Pferdemaler, aber auch für seine Schlachtenbilder von den Siegen des Kaisers über die Oiroten bekannt. Er wurde in Europa für seine tiefe Religiosität gerühmt, aber von seiner Hand gibt es keine Gemälde mit christlichem Inhalt. Als Hofmaler des Kaisers stellte er dessen muslimische Konkubine als chinesische Gottheit in portugiesischer Rüstung dar.
Ein Jahr nach der Ankunft am Hof starb die ›Wohlriechende Konkubine‹ unter geheimnisvollen Umständen. Sie erhängte sich, habe ich gelesen. Drei Monate danach starb ihr Bruder, der ihr gefolgt war. Der Trauerzug mit der 29jährigen toten Prinzessin und ihrem toten Bruder dauerte drei Jahre. Als die Toten unter der grünen Kuppel neben ihrem heiligen Ahnvater beigesetzt wurden, war der Basar in Kaschgar voll mit Waren aus dem Landesinnern; Kaschgariens kurze Selbständigkeit war vorbei.
Die Straße nach Kaschgar hinein war staubig. Es war später Nachmittag, und die Sonne stand tief. Die Menschen, die auf dem Markt gewesen waren, füllten die Straße, Männer auf Eseln, Jugendliche auf Fahrrädern, Traktorenschlepper mit ganzen Familien und junge spazierengehende Mädchen, denen der Staub um die Füße wirbelte.
»Diese Straße soll asphaltiert werden«, sagte Rakmov, »das ist im Plan schon festgesetzt.«

10

Mit Grüßen vom Vorsitzenden Mao

Am 23. März 1952 versammelten sich die Menschen des Sumpflandes am Kisil Darja außerhalb von Kaschgar zum Fest im Dorf Pachtaklik. Sie feierten den Sieg der Bodenreformbewegung.

Damals gab es hier 636 Familien. 226 Familien hatten überhaupt kein Land. 140 Familien waren Kleinbauern, die nur ein paar Ar Land besaßen. 31 Familien waren Großgrundbesitzer; sie besaßen zusammen 330 Hektar. Das war armselig. 1949 waren die Pachtgelder und Löhne einer Kontrolle unterstellt worden, und man konnte anfangen, die Ausbeutung zu überwachen. Jetzt, am 23. März 1952, hatten sich die Landlosen und Kleinbauern und die unteren Mittelbauern einigen und die Landverteilungsreform durchführen können. Die 31 Grundbesitzerfamilien verloren ihr Land und ihre Macht.

Die Vertreter der Partei hielten Reden. Die Kleinbauern hielten Reden. Es herrschte große Freude, denn hier im Dorf waren alle versammelt, die durch die Reform gewonnen hatten. Jetzt sollte alles anders werden. Die Versammlung schrieb an den Vorsitzenden Mao Tse-tung und berichtete, wie man jetzt im Kampf um das Land gesiegt hatte.

Am 30. August desselben Jahres antwortete Mao Tse-tung.

»Er hat das nicht diktiert; er hat es selbst geschrieben«, sagte Mechmed Abdulla, Vorsitzender des Revolutionskomitees der heutigen Volkskommune Pachtaklik.

Wir saßen im Empfangszimmer der Volkskommune und tranken Tee. Rund um den Tisch saßen Vertreter des Kreises Koneschar und der Volkskommune Pachtaklik. Sie boten Rosinen und Melonen aus eigener Ernte an, und die Verantwortlichen berichteten über Geschichte, Wirtschaft und Probleme der Volkskommune, wie man das in China tut, wenn Besuch kommt.

An der Wand hing seit 25 Jahren eine Kopie des Briefes des Vorsitzenden Mao Tse-tung.

Er dankte den Bauerngenossen vom Dorf Pachtaklik für den Brief, den sie im März geschickt hatten, als sie in der Bodenreformkampagne gesiegt und sich von der Herrschaft der Grundbesitzer befreit hatten. Indem sie die Einheit herstellten und die Produktion steigerten, würden sie ihren materiellen Lebensstandard verbessern, und auf dieser Grundlage würde es ihnen auch möglich werden, ihren kulturellen Stand zu heben.

»Jetzt, 25 Jahre später«, sagte Mechmed Abdulla, »haben wir den Sumpf entwässert. Wir haben Gräben gezogen und Schutzstreifen gegen den Wüstenwind gepflanzt. Wir haben die Felder geebnet und bauen

nicht wie damals nur Reis an, sondern jetzt zehn Sorten Getreide und dazu Baumwolle. Wir sind noch nicht ganz mechanisiert, haben aber aus eigener Kraft neun Traktoren und ein paar kleine Handtraktoren, zwei Lastwagen und Dreschmaschinen und vieles andere angeschafft. Der Lebensstandard hat sich wahrhaftig verbessert. Von den 2 258 Familien, die heute hier wohnen, haben 608 Fahrräder. Das ist ein Fahrradbestand von 36%! 147 Familien haben eine Nähmaschine. Das sind 16%. Unsere Anbaufläche ist auf 1600 Hektar gestiegen.
1949 gab es in dieser Gegend drei Grundschulen mit 13 Klassen, 17 Lehrern und 360 Schülern. Lesen konnten 10%, und wir hatten kein Krankenhaus und keinen Arzt. Jetzt haben wir sieben Grundschulen und eine Mittelschule. 98% der Kinder im schulpflichtigen Alter gehen sogar bis zur Mittelschule in die Schule. Wir haben 85 Lehrer und 1800 Schüler. Allein in diesem Jahr schicken wir 20 Jugendliche aus der Kleinbauern- und unteren Mittelbauernklasse zum Studium an die Universitäten und Hochschulen in Urumtschi und Sian. Wir haben ein eigenes Krankenhaus in der Volkskommune. Jede der sieben Produktionsbrigaden hat eine Poliklinik, und wir haben in allen 43 Produktionsgruppen Barfußärzte.
Wir sind zusammen 47 Kader auf Volkskommunenebene. Also 47 Staatsbeamte. Von diesen sind 43 Uiguren und vier Han. Die vier Han haben folgende Posten: ein stellvertretender Vorsitzender, ein Traktorfahrer, ein Kontorist, ein Techniker. Die Kader der Produktionsbrigaden und der Produktionsgruppen sind alle Uiguren.
Ich möchte hervorheben, daß die Entwicklung bei uns seit der Kulturrevolution besonders rasch verlaufen ist. Sie setzte große Kräfte frei. Zwischen 1965 und 1975 stieg zum Beispiel die Zahl der Lehrer um 65% und die Zahl der Schüler um 78%. Jetzt arbeiten wir daran, eine Volkskommune vom Tatschai-Typ zu werden. Wir sind fest entschlossen, das innerhalb von zwei bis drei Jahren zu schaffen.«
»Ja«, sagte Harnisahan, »wir haben den Rat des Vorsitzenden Mao Tsetung befolgt und tatsächlich unseren materiellen Lebensstandard und unser kulturelles Niveau angehoben.«
Auf dem Weg von dem Empfangszimmer auf die Felder sagt Mechmed Abdulla:
»So leicht ist es allerdings nicht immer, und schmerzlos geht es nicht. Die 31 Grundbesitzerfamilien sind ja noch da. Keiner von ihnen wurde hingerichtet. Aber einige von ihnen sind mit den Jahren von allein gestorben. Aber sie haben ihre Geisteshaltung nicht geändert. Wir haben gerade eine große Versammlung gehabt, um Sidik Barat zu kritisieren. Er war vor der Bodenreform Grundbesitzer. Er arbeitete in der ersten Produktionsbrigade. Er schien fleißig und ordentlich. Aber das war er nicht. Als die großen Diskussionen im Gange waren, stellte sich heraus,

daß er versuchte, sein Land zurückzubekommen. Er verbreitete Gerüchte. Als wir zu ihm kamen, versuchte er, die Kader zu bestechen, damit sie schwiegen. Er war eine kriecherische und schmeichlerische Person. Aber das Schlimmste war, daß er einen Jungen aus einer anständigen Familie verführte, ein Schieber und Dieb zu werden. Jetzt haben die Massen Sidik Barat kritisiert. Wir halten ihn im Auge. Der Junge hat eine strenge Verwarnung bekommen. Es geht ja darum, die Krankheit zu bekämpfen, um den Patienten zu retten. Das war vor einem Monat. Wir werden sehen, wie es geht.«

Der Leiter der siebten Produktionsgruppe der ersten Produktionsbrigade heißt Nur Aschim. Er ist 36 Jahre alt und hat drei Kinder. Zwei gehen in die Schule, eines ist noch zu klein dafür. Es sind vier Erwachsene in der Familie: er, seine Frau, sein Vater und seine Mutter. Sie arbeiten alle. Das Bareinkommen der Familie betrug im vorigen Jahr 1160 Yüan. Dazu kamen 360-380 Jin Getreide pro Person, Speiseöl, Gemüse und Melonen. Keiner in der Familie hat in den letzten Jahren ärztliche Behandlung gebraucht.

»Ich wurde 1971 zum Leiter der Produktionsgruppe bestimmt. Die Frage wurde von den Massen und den Kadern diskutiert. Mein Name wurde nach der Diskussion der Kader vorgeschlagen, und die Massen hießen es gut. Drei Forderungen werden an den Leiter einer Produktionsgruppe gestellt:

1) Politische Entschiedenheit.
2) Fähigkeit und Wille zu harter Arbeit in der Produktion.
3) Gewisse landwirtschaftstechnische Kenntnisse und die Fähigkeit, die Arbeit zu leiten.

Der Leiter der Produktionsgruppe ist für die politischen Studien verantwortlich und muß zugleich die Feldarbeit anführen und die Qualität der Produkte kontrollieren. Es ist ein ehrenamtlicher Auftrag, für den man keine Vergütung in irgendeiner Form bekommt. Als Leiter der Produktionsgruppe muß man am Tag zwei Stunden länger als die anderen arbeiten. Man muß eine Stunde früher aufstehen, um die Arbeit zu planen, und man muß eine Stunde länger arbeiten, um kontrollieren zu können, ob alles so ist, wie es sein soll. Ich fand das ganz großartig, daß ich gewählt wurde. Leiter einer Produktionsgruppe zu sein, heißt ja, dem Volk zu dienen.

Wir sind sechs Kader in einer Gruppe. Der Leiter der Produktionsgruppe, der stellvertretende Leiter, ein Leiter der Frauen in der Produktionsgruppe, ein Buchhalter, ein Lagerverwalter und ein Vertreter der Klein- und unteren Mittelbauern. Wir haben 209 Arbeitende in der Gruppe. Das durchschnittliche Bareinkommen im Jahr beträgt ungefähr 450 Yüan für Männer und 200-300 Yüan für Frauen. Der Unterschied beruht nicht sosehr auf verschiedenen Tagesverdiensten, sondern auf einer

unterschiedlichen Anzahl von Arbeitstagen im Jahr. Frauen und Männer bekommen für die gleiche Arbeit die gleichen Punkte. Der höchste Tagesbarverdienst beträgt 1,50, der niedrigste 1,20 Yüan.
Aber dazu kommen dann noch Getreide, Gemüse, Öl und so weiter. Und natürlich Schulen und Krankenpflege und all das, was im großen und ganzen vom Kollektiv bezahlt wird. Und hier liegt das eigentliche Problem für uns. Es ist notwendig, Mao Tse-tungs Gedanken richtig zu verbreiten, damit wir die Produktion ernsthaft auf eine planvollere Art erhöhen können. Die kollektive Wirtschaftsführung muß sich entwickeln. Aber es kann sich immer noch lohnen, auf den Markt in die Stadt zu gehen und Produkte von den privaten Parzellen zu verkaufen. Es kommen Fälle vor, wo Personen eine vorübergehende Knappheit ausnutzen und Überpreise nehmen. Da kann dann der Unterschied zwischen dem, was man auf dem Markt verdienen kann, und dem, was man durch kollektive Arbeit verdient, sehr groß sein. Irgendwelche wirklich ernsten Fälle haben wir nicht gehabt. Es gab einen Jungen, der sich letztes Jahr mit einem solchen Handel befaßte, aber wir brachten ihn zur Einsicht. Es geht darum, ein Bewußtsein zu schaffen, daß wir nur durch kollektive Anstrengungen vorankommen und auf diese Art unser aller materiellen Lebensstandard und kulturelles Niveau heben können. Die Frage, was für eine Ernte wir haben werden, ist eine politische Frage. Hier bei uns hängt ja die Ernte direkt von der geplanten Arbeit ab, die wir ausführen können. Wir bekommen dieses Jahr eine Rekordernte. Die Massen haben durch politische Diskussion Einheit erreicht und große Initiativen ergriffen.
Ich selbst ging sechs Jahre zur Schule. Jetzt schicken wir schon junge Leute auf die Universität!«
Der Leiter der ersten Produktionsbrigade, Tursun Hodscha, sagte:
»Wir bereiten jetzt das Ackerland für die Mechanisierung vor. Bis 1978 soll das ganze Land der Produktionsbrigade dafür bereit sein. Das wird in drei Wintern durchgeführt. Wir nehmen uns jeden Winter 120 Hektar vor. Das werden ungefähr 3000 Tageswerke für jede Etappe.
Wir bauen Reis, Weizen, Mais, Baumwolle, Melonen an und haben dazu einen Obstgarten und eine Pflanzschule. Wir gingen von einer Produktion von 180 Jin Getreide je Mu aus; nach den bisherigen Arbeiten mit den Feldern sind wir auf 405 Jin je Mu gekommen. Wir streben an, 800 bis 1000 Jin je Mu zu erreichen.
Wir rechnen damit, dieses Ergebnis durch drei Methoden zu erreichen:

1) Wissenschaftlichere Methoden, besseres Saatgut, genauere Zeitplanung usw.
2) Mehr Dünger, organisierte Kompostierung, Nutzung aller örtlichen Möglichkeiten und dazu Verwendung von Kunstdünger.
3) Ausgleichung und Planierung der Felder.

Wir steigern die Produktivität nach dem Rat des Vorsitzenden Mao Tsetung. Es geht also nicht darum, diese Steigerung dadurch zu erreichen, daß wir mehr Arbeitskraft einsetzen oder die Länge des Arbeitstages ausdehnen. Wenn die Anlage richtig gepflegt und auf wissenschaftliche Art durchgeführt wird, braucht man weniger und nicht mehr menschliche Arbeitskraft, zum Beispiel beim Unkrautjäten, um einen höheren Ertrag zu erzielen.
Wir haben natürlich den Vorteil, daß Kaschgar nur sechs Kilometer entfernt ist, und holen aus der Stadt Fäkalien, die wir zu Dünger kompostieren.«
Abdurchut Kur ist Leiter der sechsten Produktionsbrigade. Er sagte: »Die Frage der landwirtschaftlichen Entwicklung ist sehr sorgfältig diskutiert worden. Besonders intensiv ist die Diskussion nach dem Vierten Nationalen Volkskongreß im Januar 1975 gewesen, als Premierminister Tschou En-lai in Übereinstimmung mit dem großen Plan Mao Tse-tungs für Chinas Entwicklung die Aufgabe stellte, die Landwirtschaft, die Industrie, die Verteidigung sowie Wissenschaft und Technik grundlegend zu modernisieren, damit China zur Jahrhundertwende in der vordersten Reihe unter den technisch und wissenschaftlich hoch entwickelten Ländern steht.
Nachdem wir sorgfältig die Berichte des Volkskongresses durchgesehen und ausführliche Diskussionen über den Basisplan durchgeführt hatten, wurden die Fragen auf organisierte Art angeschnitten. Wir hielten im August 1975 in Kaschgar eine Versammlung für das ganze südliche Sinkiang ab, wo wir Erfahrungen in der landwirtschaftlichen Entwicklung austauschten. Vom Parteikomitee in unserem Kreis Koneschar schickten wir dann einen Delegierten zu der nationalen Konferenz, die im September und Oktober 1975 abgehalten wurde, um von Tatschai zu lernen. Hast du den Bericht des Genossen Hua Kuo-feng gelesen? Er sprach für das Zentralkomitee der Partei und stellte sechs Forderungen für die Kreise auf, die Kreise vom Tatschai-Typ werden wollen:

1) Das Parteikomitee des Kreises soll ein führender Kern sein, der an der Parteilinie und deren Politik festhält und im Kampf geeint ist.
2) Die Klein- und unteren Mittelbauern sollen im Kreis die Macht als Klasse haben und so in der Lage sein, kapitalistische Umtriebe zu bekämpfen und die Klassenfeinde zu überwachen und zu bekehren.
3) Die Kader auf Kreis-, Kommunen- und Brigadenebene sollen regelmäßig an der kollektiven produktiven Arbeit teilnehmen.
4) Rasche Fortschritte müssen bei den Anlagearbeiten in der Landwirtschaft, der Mechanisierung der Landwirtschaft und in einer wissenschaftlich betriebenen Landwirtschaft erreicht werden.

5) Die kollektive Wirtschaft muß einen stetigen Zuwachs aufweisen, und das Einkommen der armen Kommunen und Brigaden muß den Durchschnitt der Kommunen und Brigaden in der Umgegend erreichen oder übertreffen.

6) Eine allseitige Entwicklung von Landwirtschaft, Forstwirtschaft, Viehzucht, zugehörigen Nebenbeschäftigungen und Fischfang muß mit erheblichen Steigerungen des Ertrags, großen Beiträgen an den Staat und einer stetigen Verbesserung des Lebensstandards der Kommunenmitglieder sichergestellt werden.

Das waren die sechs Bedingungen, die Genosse Hua Kuo-feng im Namen des Zentralkomitees den Kreisen stellte, die Tatschai-Niveau erreichen wollen. So haben wir auch während der vergangenen Monate gearbeitet. Sofort nach der großen nationalen Konferenz setzte das Parteikomitee des Kreises Versammlungen an, auf denen unser Delegierter den Massen berichtete, was erörtert und beschlossen worden war. Auf diese Weise wurden die Massen mobilisiert, die Forderungen zu stellen, die wir allmählich durch wiederholte Versammlungen und Diskussionen zu einem festen Wirtschaftsplan für den Kreis gestalten konnten.

Unsere Felder waren zu klein, um den Ackerbau zu mechanisieren. Die Voraussetzung für die Mechanisierung war also, daß wir sie zu großen Feldern zusammenlegten, die eine Bearbeitung mit Traktoren ermöglichte. Unmittelbar nachdem wir im Herbst 1975 begonnen hatten, den Plan zu diskutieren, beschlossen wir, dieses Vorhaben innerhalb von drei Jahren durchzuführen. Vorigen Winter arbeiteten in unserer Brigade 400 Personen 15 Tage daran. Wir verwandten also 6000 Arbeitstage auf diese Aufgabe.

Wir haben einen festen Plan aufgestellt, der bedeutet, daß unsere ganze Brigade vorbereitet sein soll, in drei Jahren zur Mechanisierung überzugehen, so daß die Mechanisierung in fünf Jahren abgeschlossen ist. Dann soll alle schwere Arbeit auf den Feldern, wie Pflügen und dergleichen, mechanisiert sein.

Gleichzeitig soll das Be- und Entwässerungssystem verbessert werden, und wir wollen Pumpstationen einrichten. Das alles wird sorgfältig im Kreis diskutiert. Es geht auch darum, alles mit der Planung des ganzen Distrikts und der Provinz abzustimmen. Wir müssen auch zusehen, daß wir gleichzeitig ordentliche eigene Reserven halten und Getreidelager für Krieg oder Naturkatastrophen anlegen, den materiellen Lebensstandard der Kommunenmitglieder heben und darauf achten, daß der Staat seine Lieferungen bekommt. Denn ohne diese ist es nicht möglich, die Werkzeugindustrie und die Traktorenindustrie aufzubauen, die uns mit Maschinen und Geräten versorgen sollen.

Das alles diskutieren die Massen jetzt sehr sorgfältig. Wir werden unsere Pläne durchführen können, denn sie sind realistisch und haben in einer

breiten Massendiskussion Gestalt angenommen. Aber eine leichte Aufgabe ist es nicht. Wir werden noch auf viele Schwierigkeiten stoßen. Und es gibt welche, die nicht einsehen wollen, daß es notwendig ist, die Wirtschaft ordentlich zu führen.«
Wir sind auf dem Weg in das neugebaute Dorf für die erste Brigade der Volkskommune Pachtaklik. Die Häuser liegen in Grün gebettet, Weinreben spenden den Höfen Schatten. Mechmed Abdulla sagt:
»300 ausgebildete Jugendliche sind nach ihren Studien zurückgekehrt, um sich hier niederzulassen. Das ist besonders seit der Kulturrevolution üblich, als sich ihre Einstellung zum Leben änderte. Jetzt kehren die Intellektuellen zu ihren Familien zurück. Wenn früher ein Junge in die Schule gehen konnte und lesen lernte und Wissen erwarb, wurde er ein Intellektueller, der seine Familie und das Dorf verließ und seinen Vater nicht mehr kennen wollte, sondern in die Stadt ging und sich dort eine Karriere suchte. Die, welche weggegangen und gelehrt geworden waren, waren zu fein, um in der Erde zu graben. Jetzt, nachdem sich die Lebensanschauung der Studenten gewandelt hat, kehren sie aufs Land zurück, arbeiten bei den Produktionsgruppen und tragen dazu bei, das ländliche Gebiet zu entwickeln. Wir brauchen Menschen, die studiert haben. Wir müssen ja das ländliche Gebiet umwandeln. Sieh dir Asad Tiliwaldi an!«
Mechmed Abdulla zeigte auf den Vertreter des Kreisparteikomitees: »Er kam nach der Kulturrevolution zu uns zurück. Er hat sich gut geführt. Nach einigen Jahren wählten die Klein- und unteren Mittelbauern ihn auf einen verantwortlichen Posten in der Leitung der Produktionsgruppe. Jetzt ist er stellvertretender Sekretär der Parteiorganisation des ganzen Kreises. Er führt sich gut. Er nimmt regelmäßig an der Arbeit draußen auf dem Feld teil. Wir versuchen, an der Drei-in-eins-Kombination für die leitenden Organe festzuhalten. Junge Leute, die gut sind, sollen Verantwortung bekommen, damit sie lernen. Asad Tiliwaldi ist ein guter Genosse und ein guter Arbeiter. So erziehen wir Nachfolger in Übereinstimmung mit den Anweisungen des Vorsitzenden Mao Tse-tung.«

11

Der Despot hatte 82 Zimmer in seinem Haus

Unser Gastgeber war 56 Jahre alt. Er hieß Tursun Mechmed und arbeitete in der ersten Produktionsbrigade. Wir saßen in einem Zimmer in seinem Haus. Wir saßen auf dem schönen Chotan-Teppich, und auf dem ausgebreiteten Tischtuch standen Schüsseln mit köstlichem Kofta aus kleingehacktem und gut gewürztem, am Spieß gebratenem Hammelfleisch, Spieße mit gegrillten Hammelfleischstücken, richtiges Brot mit guter salziger Kruste, Schafskäse, Sauermilch, Pilau, bei dem der Reis einen weißen Berg über den Fleischstücken bildete und das Fett von den Fingern tropfte, wenn man aß. Es gab viel Essen, und es war gutes Essen. Die Frauen hatten ein paar Tage lang vor unserer Ankunft Essen gekocht. Der Gastgeber schenkte Branntwein in kleine Näpfe, und wir tranken einander zu.

»Wir Uiguren haben immer gern ein Glas getrunken«, sagte Mechmed Abdulla von der Volkskommune. »Sogar in der Hodschazeit«, meinte er. Die Han-Kader, die bei uns waren, paßten sich der Landessitte an, aßen Hammelfleisch und nahmen den Reis mit den Fingern der rechten Hand. Aber Genossin Tschen flüsterte Gun zu, daß sie das Hammelfleisch ihr geben wolle, wenn der Gastgeber nicht hinsah. Denn sie war aus Schanghai und hatte nie gelernt, Hammelfleisch zu essen.

»Hier gehöre ich zu einer Minderheitsnationalität«, flüsterte sie, »und habe ein Recht darauf, daß meine heimischen Bräuche respektiert werden.« Dann lachte sie.

Es war ein großes Fest. Wir aßen und tranken wieder, wir schwitzten und wurden rot im Gesicht, und ich spürte, wie der Schweiß in Strömen unter das Hemd rann, und wir nahmen nochmal Fleisch und genossen den guten Geschmack des Hammelfleisches, und Harnisahan sagte:

»Noch nie ist jemand hungrig aus einem uigurischen Haus gegangen, solange es im Haus etwas zu essen gab!«

Der Gastgeber schenkte Branntwein nach und zeigte auf die Schüsseln:

»Greift zu, greift zu!«

Die Frauen trugen neue Schüsseln herein, und wir aßen.

»Früher war es bitter für die Armen«, sagte er. »Früher war der Mensch nicht viel wert. Wir waren fünf in der Familie, meine Eltern, ich und meine zwei Schwestern. Wir arbeiteten für den Grundbesitzer. Wir hatten kein Land. Wir schliefen in einem Verschlag bei den Tieren. In den Sommern wurden wir von der Sonne gebraten, und in den Wintern froren wir. Es kam vor, daß wir uns Fragen stellten. Sollten wir dieses schwere Joch immer tragen? Sollten wir niemals frei werden?

Der Grundbesitzer nahm eine meiner Schwestern als Magd in sein Haus. Als sie ein Kind erwartete, schickte er sie zum Arbeiten aufs Feld hinaus. Sie war im neunten Monat und verblutete da draußen.
Meine andere Schwester hatte zwei Kinder. Sie verbrannte, als sie in dem großen Ofen Feuer machte. Ihr muß schwindlig geworden sein, und sie fiel ins Feuer. Meine Mutter kümmerte sich um die Kinder. Sie sorgte für sie wie für ihre eigenen, aber man konnte ihnen nicht viel geben, obwohl mein Vater und meine Mutter und ich von früh bis spät schufteten.
Der Grundbesitzer hieß Achmed, und er war ein harter Mann. Er besaß 30 Hektar Land. Er hatte ein Haus mit 82 Zimmern. Er besaß fünf Wassermühlen. Er hatte zwölf Zugtiere. Er war ein reicher Mann. Und er war hart. Für ihn arbeitete ich 17 Jahre. Er verprügelte mich. Seht meine Hände! Er hängte mich an der Wand auf, wenn er mich verprügelte, er hängte mich mit Schlingen um die Handgelenke auf, und seitdem habe ich die Finger nicht mehr gerademachen können. Tags sollten wir auf dem Feld arbeiten und nachts in seinem Haus. Er beaufsichtigte uns. Wie wir ihn haßten!
Als die Befreiung kam, war er wie verwandelt. ›Glaubt diesen Soldaten nicht‹, sagte er. ›Wartet und seht! Eines Tages sind sie wieder weg, aber wir müssen weiter zusammenleben. Hört nicht auf das, was sie sagen!‹ Aber wir hörten auf die Volksbefreiungsarmee. Als mir dann Achmed nichts mehr anhaben konnte, verließ ich seinen Dienst. Achmed versuchte sich einzuschmeicheln, aber wir verachteten ihn.
Ich erinnere mich, wie wir die große Bewegung zur Landverteilung in Gang brachten. Wir beschlagnahmten sein Eigentum. Auf mein Teil kam der Teppich, auf dem ihr sitzt, ein Schaf, eine Kuh und zwei Säcke Reis. Wir kämpften ihn in einer großen Versammlung nieder. Wir brachten alle unsere Anklagen gegen ihn vor. Dann wurde er zu fünf Jahren Gefängnis verurteilt. Das alles lief in geregelten Formen ab. Es muß richtig zugehen. Er ist jetzt tot, aber er starb an Krankheit und Alter. Wir richteten ihn nicht hin. Er hatte viele Verbrechen begangen und sich schwerer Grausamkeiten schuldig gemacht, und das Blut meiner Schwestern klagte ihn an, aber er war nur ein gewöhnlicher despotischer Grundbesitzer. So waren sie zu jener Zeit. Diejenigen, die wir hinrichteten, hatten sich viel schlimmerer Dinge schuldig gemacht.
Jetzt ist er tot. Aber die Erinnerung an alte Zeiten darf nicht sterben. Ich bin Analphabet. Zu meiner Zeit waren solchen wie mir die Schultüren versperrt. Aber meine Tochter ist in die Schule gegangen, und jetzt ist sie Barfußärztin und setzt in verschiedenen Kursen ihre Ausbildung fort. Mein Sohn ist Traktorfahrer. Einer meiner Neffen, die eine so bittere Kindheit hatten, hat jetzt die Ehre, in der Volksbefreiungsarmee zu dienen. Wir dürfen das Alte nicht vergessen. Es kann sein, daß die bösen Zeiten wiederkehren, wenn wir die Revolution nicht fest im Griff behalten.

In der alten Gesellschaft besaßen nur die Grundbesitzer eine Nähmaschine. Jetzt hat unsere Familie eine Nähmaschine und ein Fahrrad und ein Radio. Glaubt einer, daß solche Leute wie wir Gästen aus dem Ausland früher so eine Mahlzeit hätten bieten können? Nein, bestimmt nicht, damals mußten die Gäste mit dem besten, was wir bieten konnten, Vorlieb nehmen, mit einer Handvoll Mais.
Der Vorsitzende Mao Tse-tung hat uns den Weg gezeigt. Er zeigte uns, wie wir Herren im eigenen Haus werden konnten. Das sage ich den Jungen immer wieder: Vergeßt nicht, wie es war! Denkt immer daran.
Dieses Haus wurde 1966 gebaut. Damals faßten wir den Plan für ein neues Dorf hier in der ersten Produktionsbrigade. Das ging so vor sich, daß wir uns entschlossen, ein neues Dorf zu bauen, und daß dann Architekten und Techniker aus Kaschgar hierherkamen, um es mit uns zu besprechen. Wir hatten gewisse grundlegende Vorstellungen. Wir bauen ein neues sozialistisches Dorf. Die Häuser sollen der Größe der Familie angepaßt sein und im Stil einheitlich sein, damit das Dorf sauber und schön anzusehen ist. Die Techniker kamen hierher, um uns zu helfen, zu planen und zu zeichnen, aber alle Beschlüsse wurden von unseren eigenen Kadern gefaßt, nachdem die Massen die Fragen offen diskutiert und ihre Meinung gesagt hatten. Dann bauten wir das ganze Gebiet mit gegenseitiger Hilfe der Nachbarn, und das Kollektiv leistete seinen Beitrag; jetzt ist alles so, wie wir es haben wollen. Jetzt wohnen wir besser als der Grundbesitzer, trotz seiner 82 Zimmer. Unter der Führung des Vorsitzenden Mao Tse-tung können wir tun, was wir wollen.«

12

Das leere Grab

Die Nacht ist schwül, die Luft schwer. Gun liest Sven Hedin. Ich höre Radio. Ich habe Taschkent und Neu-Delhi hereinbekommen. Ich habe die Stimme Amerikas probiert; jetzt höre ich BBC. Der Kommentar nach den Nachrichten ist uninteressant. Ich schalte aus und gieße Tee nach. Gun sagt:
»Es waren 100 000 Menschen, die in Sinkiang in den Kämpfen Anfang der 30er Jahre draufgingen. Vielleicht waren es mehr als 100000. Kein Wunder, daß das Volk verbittert wurde. Es war doch derselbe Schlag Warlords wie in Dschagatais Zeiten. Baburs Onkel waren keine Spur romantischer als Ma Tschung-yin. Was Hedin über General Ma schreibt, könnte auch über einen von den Dschagatais geschrieben worden sein:
›Ma soll eine Proklamation erlassen haben, in der es heißt: Ich bin König über Alti-schahr (Die sechs Städte oder Ostturkestan). Aber das Volk sagt: ›Er ist es, der Sinkiang in eine Wüste verwandelt hat. Früher hatten wir alles im Überfluß, jetzt gibt es nichts. Alle sind hungrig und arm.‹ «
Nach einer Weile sagt sie:
»Aber es ist eigentlich noch sonderbarer. Die Armee, die Schen Schihtsais Macht als Generalgouverneur über Sinkiang sicherte und die Hedin damals im Frühjahr 1934 in Korla auf der nördlichen Straße befreite oder gefangennahm, war eine gemischte Armee aus weißen russischen Emigranten und Sowjetsoldaten unter dem Befehl eines weißen russischen Emigranten. Hör mal her:
›Hierher kommen wir Trupp auf Trupp den ganzen Tag lang von Karaschahr. Heute kamen um die 1000 Mann Russen an, zur Hälfte Weiße, zur Hälfte Rote...‹ ... Und als man fragte, wie es möglich sei, daß Rote und Weiße zusammenarbeiten könnten, antwortete ein kräftig gebauter Blonder:
›Nun, wenn wir dasselbe Ziel haben, geht das gut.‹ Er fügte hinzu:
›Im Januar und Februar war die Lage in Urumtschi entsetzlich, und wir warteten jeden Augenblick darauf, daß die Stadt von Ma eingenommen würde. Damals schickte der Generalgouverneur ein Funktelegramm mit der Bitte um Hilfe nach Moskau. Sie kam...!‹ «
»Ich frage mich, was die Leute davon hielten«, sagte Gun. »Ma Tschunyin war ein Halunke und blutiger Bandit genau wie seine Warlord-Verwandten in Kansu und Tschinghai und Ningsia. Aber freuten sich die Menschen, daß die Russen hierherkamen? Es waren ja keine beliebigen Russen. Die Roten, von denen Hedin spricht, waren GPU-Truppen

ohne Rangbezeichnung. Wie kam es, daß sich GPU-Truppen und zaristische Kosaken unter einem zaristischen General von der weißen Seite im russischen Bürgerkrieg vereinigen und meinen konnten, sie hätten gemeinsame Ziele? Ich frage mich, ob diese GPU-Truppen nicht trotz allem zu Stalins 30% gehören! Mao Tse-tung sagte, daß Stalin in der Hauptsache eine richtige Politik, aber zu 30% eine schlechte Politik betrieb. Dieses gemeinsame Ziel, das die Roten und Weißen in Sinkiang hatten, scheint doch zu diesen 30% zu gehören.«

»Ich tat mich immer schwer mit Hedin, als ich ein Junge war«, sagte ich. »Eine meiner allerersten Erinnerungen als Kind ist, daß ich mit einem Verwandten durch die Große Ausstellung in Liljevalchs Kunsthalle in Stockholm ging, wo die Hedin-Expedition ihre Sammlungen zeigte. Es war das erstemal, daß ich Bilder von den Löwentänzern sah. Später, als ich mit der chinesischen Volksartistengruppe arbeitete, verstand ich den Tanz und die Bewegung. Damals erfuhr ich auch, daß das eigentlich hier aus Sinkiang kommt. Es waren Löwentänzer aus Kutscha, die den Tanz während der Tang-Dynastie in die Kaiserhauptstadt Tschangan, das heutige Sian, brachten. Das war 1952, 20 Jahre nachdem ich als Kind die Bilder von den Löwentänzern in Liljevalchs Kunsthalle auf Djurgården betrachtet hatte. Wang Di-tse, der Leiter der Künstlergruppe, erzählte mir davon. Aber als ich ihn und die Künstler zum Ethnographischen Museum in der alten Kaserne draußen auf Gärdet mitnahm, wo ich als Schulkind gewöhnlich die Winterferien verbracht hatte, wurde er wütend, und die Künstler drehten sich um und verlangten, ins Hotel zurückgehen zu dürfen. Sie faßten diese Art von Ausstellung als eine Beschimpfung Chinas auf.

›Das chinesische Volk hat sich erhoben‹, sagte Wang Di-tse zu mir. ›Man kann unser Land nicht auf diese Art darstellen. Das wird uns nicht gerecht. Die Genossen von der Künstlergruppe waren tief verletzt. Genosse Fan Li-tschen, der die Nummer mit dem fliegenden Dreizack ausführt und gute Kenntnisse von der alten Gesellschaft und von solchen Dingen wie Opiumrauchen und anderem hat, was man in eurem Museum sehen kann, wollte doch, daß ich dir etwas ausrichte: Die Artisten verstanden, daß du sie nicht verletzen wolltest und daß du es nicht bös gemeint hast, aber du mußt daran denken, daß das Volk von China jetzt aufgestanden ist und daß wir alte schlechte Sitten bekämpfen. Ich selbst‹, sagt Wang Di-tse, ›ich selbst will hinzufügen, daß es die Betrachtungsweise an sich ist, die wir Chinesen verletzend finden. Es ist eine imperialistische Art, andere Völker anzusehen. Als ob wir seltsame Tiere in einem zoologischen Garten wären.‹

Eine Weile nachdem ich meine Arbeit für sie beendet hatte, ging ich wieder hin, betrachtete die Sammlungen und versuchte, mit ihren Augen zu sehen, und da verstand ich, daß sie recht hatten. Wir zeigen das Freilichtmuseum Skansen als einen Teil der Vergangenheit unseres eigenen hart arbeitenden Volkes, aber wir zeigen ihre Vergangenheit, als ginge es nur um eigenartige exotische Bräuche und Sitten in seltsamen Ländern. Hedin war ein Kulturimperialist und Schreiber der Schloßhofrede und Bewunderer Hitlers, und das merkt man während seiner Arbeit in Asien.«

»Aber Hedin stand nicht nur für Bauernzug und Schloßhofrede und Bewunderung für den Zaren und den Kaiser und Hitler«, sagte Gun. »Er war in Wirklichkeit auch etwas anderes. Hör diese Rede, die er, wie er sagt, dem zaristischen russischen General hielt, dessen GPU-Truppen Korla eingenommen hatten und der ihn jetzt gefangenhielt. Sie klingt fast wie eine Schloßhofrede, aber der Inhalt ist tatsächlich richtig:

›Ich versichere Ihnen, daß unsere Ziele viel höher sind als dieser elende Wettkampf um die vergängliche Macht in der Provinz Sinkiang. Aus unserer Sicht ist der Krieg zwischen Scheng Tupan und Ma Tschung-yin nur ein Sekundenbruchteil auf der Uhr der Geschichte. Da wir mitten in den Krieg geraten sind, müssen wir zu unserer eigenen Sicherheit seinen Verlauf genau beobachten. Aber wir ekeln uns beim Anblick verwüsteter Städte, brennender Dörfer, zu Wüsten verwandelter Gärten und eines Volkes, dessen überlebende Splitter dazu verurteilt sind, an Hunger und Seuchen zu sterben. Dieser niederträchtige Krieg hat ein ganzes Volk in Bettler verwandelt und niedergerissen, was in Jahrhunderten und Generationen aufgebaut wurde. Er hat die Grenze der Wüste Gobi Hunderte von Meilen nach Westen vorgeschoben. Ich versichere Ihnen, Herr General, daß weder ich noch einer in meinem Stab das geringste mit diesem unglücklichen Krieg zu tun haben will.‹

Diesmal war Hedin auf Rechnung einer chinesischen Regierung in Sinkiang und weder für Rußland noch für Deutschland. Ich meine doch, daß seine Einstellung zum Volk und zu China in diesen Büchern aus den dreißiger Jahren ganz anständig ist.«

Die Nacht war schwül, aber es war ein Wind aufgekommen, und draußen in der Dunkelheit hörte man ihn jetzt in den Pappeln wehen. Ich dachte darüber nach, was Gun von Hedin gesagte hatte. Es ist schwer, Menschen zu beurteilen, das Leben ist lang, und wir alle haben genug Zeit, uns viele Male zu ändern. Ich hatte Wang Di-tse 25 Jahre lang nicht getroffen. Wie er sich in dieser Zeit verhalten hatte und wie er aufgetreten war — oder ob er überhaupt noch am Leben war —, wußte ich nicht. Ich hatte in vielen Jahren nicht einmal an ihn gedacht, bis ich mich jetzt im Zusammenhang mit dem Löwentanz an ihn erinnerte. Aber damals in diesem ernsten Gespräch — ›Tausch-das-Herz-Gespräch‹, wie die chinesischen Freunde sagen —, das er auf dem Weg vom Ethnographischen Museum draußen auf Gärdet in Stockholm im Herbst 1952 mit mir führte, hatte er mich dazu gebracht, zu verstehen,

wie eurozentrisch und kulturimperialistisch unsere Sicht von Asien und seinen Völkern war. Das hatte es mir später möglich gemacht, über Afghanistan zu schreiben. Und in Hedins Büchern aus dem China der dreißiger Jahre spricht nicht nur ein Bewunderer Hitlers und ein reaktionäres Akademiemitglied; da gibt es auch vieles, womit er tatsächlich für das chinesische Volk Stellung bezieht.
Aber als ich mich umdrehte, um mit Gun darüber zu reden, sah ich, daß sie schon eingeschlafen war. Sie lag mit der ›Flucht des Großen Pferdes‹ über dem Gesicht und atmete ruhig. Ich nahm das Buch, legte es auf den Tisch neben die Teekanne und löschte das Licht. Dann lag ich in der Dunkelheit und lauschte dem Wind in den Bäumen. Das Rauschen nahm zu und übertönte Guns Atemzüge, und dann schlief ich ein.
Ich wache davon auf, daß Gun mit mir in der Dunkelheit spricht. Sie sagt:
»Bist du wach? Ich höre, daß du wach bist. Stimmt's?« Es ist Viertel nach drei, und jetzt bin ich wach.
»Ich dachte über eine Sache nach«, sagt Gun. »Es gibt da draußen bei Apak Hodschas Mausoleum auch ein leeres Herrschergrab. Wir hätten darum bitten sollen, es sehen zu dürfen. Sie müßten wissen, welches das ist.«
»Du meinst Jakub Begs Grab?« sage ich.
»Auf den Bildern, die ich gesehen habe, sieht es ganz genauso wie die anderen Gräber auf dem großen Gräberfeld vor dem Mausoleum aus«, sagt Gun. »An sich könnte ich jedes beliebige Bild von dem Gräberfeld nehmen und sagen: Hier ist Jakub Begs Grab. Es ist jetzt seit 100 Jahren leer. Aber das wäre nicht ehrlich.«
Nach einer Weile sagt sie:
»Er starb im Mai. Im Mai 1877. Ob er von seinen nächsten Angehörigen vergiftet oder erschlagen wurde oder von ganz allein in der Niederlage starb, ist wohl nicht sicher. Aber sicher ist, daß man ihn verabscheute, und daß ihn keiner verteidigen wollte. Seine Soldaten meuterten und schlossen sich den chinesischen Regierungssoldaten an, die auf dem Rückweg nach Kaschgar waren, und Jakub Begs eigene Begleiter schrieben an die chinesischen Regierungsbeamten und baten, von Jakub Beg befreit zu werden.
Es gab nicht einmal einen Kampf, als die Regierungstruppen hierher zurückkamen. Jakub Begs Sohn Kuli Beg floh über die Berge nach Rußland. Er hatte keine Macht. Der einzige, der wirklich für den Aufruhr und alles Elend bestraft wurde, war Jakub Beg selbst, und er war tot. Ihn holte man aus seinem Grab. Der Leichnam wurde auf dem Scheiterhaufen verbrannt und der Kopf zum Kaiser nach Peking geschickt. Deshalb ist sein Grab leer. Ich hätte gern ein Bild davon gehabt, das hätte lehrreich sein können.

Ich dachte im Zusammenhang mit Ma Tschung-yin daran. Sie waren dieselbe Sorte Warlords und Mörder. Es ist klar, daß die Menschen es vorzogen, wieder unter die chinesische Regierungsmacht zu kommen. Sie wollen nicht erleben, daß Städte und Dörfer geplündert und Freunde und Verwandte getötet und sie selbst geprügelt werden und nur mit einer guten Portion Glück überleben. Die Menschen wollen Ruhe und Ordnung und gute Bewässerungskanäle und niedrige Steuern haben; sie wollen keine ruhmreichen Reiterherrscher haben, und noch weniger wollen sie Warlords, die so untauglich wie grausam sind.
Hedin erzählt, wie Ma Tschung-yin und sein Krieg die Wüste Hunderte von Meilen über die Oasen vorrücken ließ. Aurel Stein berichtete, wie hart Jakub hauste, so daß die Bevölkerung in bestimmten Oasen auf die Hälfte zurückging.«
Aurel Stein war ein Jude aus Ungarn, der ein Gefühl für diese Tyrannei hatte. Aber er war auch ein treuer britischer Staatsbeamter. Ein Patriot des britischen Weltreiches, der für seine schwere Kundschaftertätigkeit in Sinkiang geadelt wurde. Was er über Jakub Begs Tyrannei geschrieben und gesagt hat, stimmt mit allem überein, was es über Jakub Beg und seine Politik zu lesen gibt.
»Jakub Beg versuchte, ein selbständiges Reich zu schaffen. Er nahm Kontakt mit dem Sultan der Türkei und Königin Victoria von England auf und behauptete, er kämpfe für den reinen Glauben. Aber die Menschen wollten ihn nicht haben. Nicht genug, daß er nicht von hier war, sondern von der anderen Seite der Berge, daß er als Tanzjunge, der ältere Herren amüsierte, angefangen hatte und dann mit List und Schlauheit durch die Ränge hochgeklettert war... er plünderte und saugte das Volk aus.«
»Auf der anderen Seite habe ich gelesen, daß er aus einer höchst ehrenwerten Familie kam, wo Vater und Großvater religiöse Richter — *kazi* — waren«, sage ich, aber Gun unterbricht mich und fährt fort:
»Das spielt keine Rolle. Wir haben doch auch dealende Strichjungen aus guten Familien in Stockholm getroffen. Die sind auch nicht anständig geworden, wenn sie es zu etwas brachten. Genauso ist es bei Jakub Beg. Wichtig war, daß die Menschen nicht von so einem regiert werden wollten. Sie wollen nicht ausgeplündert werden und nicht riskieren, erschlagen zu werden. Auch wenn sie nicht die beste aller Gesellschaften bekommen, wollen sie lieber als Jakub Begs Herrschaft eine gesetzmäßige und ordentliche Verwaltung haben, wo die Beamten bestraft werden, wenn sie das Volk unterdrücken, und wo die Steuern niedrig und einigermaßen gerecht sind und dazu verwendet werden, die Bewässerungskanäle und Straßen zu unterhalten. Die Uiguren haben nie in der Geschichte die Neigung erkennen lassen, sich Warlords vom Schlage Jakub Begs oder Ma Tschung-yins unterzuordnen. Sie wollen arbeiten und in

Frieden leben. Deshalb verweigerten sie Jakub Beg ihre Unterstützung, und deshalb wurde Kuli Beg gezwungen, nach Westen über die Berge zu fliehen, und diese Provinz hier wurde eine ganz gewöhnliche Provinz: Sinkiang. Ich meine, dies erklärt vieles«, sagt Gun, »denn ich habe mir überlegt, wie es kam, daß Sinkiang an China festgehalten hat, sogar in den langen Zeiten, als es kaum eine chinesische Zentralgewalt und kaum chinesische Truppen gab und keiner Sinkiang zwingen konnte, bei China zu bleiben.«
Gerade hier in diesem verlassenen russischen Außenposten in Kaschgar wird natürlich die Frage nach Sinkiangs chinesischem Charakter besonders wichtig. Draußen in der Nacht ist Wind aufgekommen, aber hier im Schlafzimmer ist die Luft immer noch schwer und drückend heiß. Jakub Beg konnte sich selbst *atalik ghazi,* Vater und Held, nennen lassen, aber er war wahrhaftig nicht der *badaulet,* der ›Glücksprinz‹, wie er sich nannte, denn er wurde nie ein volkstümlicher Held, er wurde von seinen eigenen Leuten verlassen, wurde von ihm Nahestehenden ermordet, seine Leiche wurde aus dem Grab geholt und auf dem Scheiterhaufen verbrannt und der Kopf an den kaiserlichen Hof geschickt, und keiner kümmerte sich um seinen Namen.
»Wenn ich dich recht verstehe«, sage ich zu Gun, »meinst du, daß weder Ma Tschung-yin noch Jakub Beg und nicht einmal Hidadschetulla Hodscha — Apak Hodscha, der da draußen in seinem Mausoleum ruht — für Kaschgar werden konnte, was Achmed Chan für Kabul wurde? Ein Reichsgründer.«
Aber Gun antwortet nicht. Sie ist wieder eingeschlafen. Ich höre sie atmen. Es ist warm, und jetzt bin ich hellwach und kann nicht mehr schlafen. Ich stehe aus dem Bett auf, nehme meinen Morgenmantel und gehe hinaus in das große Empfangszimmer. Als ich das Licht anschalte, glitzert es in den Spiegeln, und die Vergoldung leuchtet, aber die Stühle stehen mit weißen Überzügen da, und die reichen Teppiche an den Wänden haben einen dumpfen Glanz. Ich frage mich, ob die Kosaken am Ende die Teppiche nicht mitnehmen konnten, oder ob man die Teppiche später hierherbrachte und im Empfangszimmer des Chefs der Wache aufhängte. Ich gieße mir Tee ein und setze mich an den Schreibtisch. Die Bücher, die ich gerade lese, habe ich auf einen Stapel links von mir gelegt. Weiße Zettel zeigen, wie weit ich gekommen bin. Ganz hinten im Buch habe ich Seitenzahlen und Hinweise angemerkt. Ich denke an das, worüber wir gesprochen habe, und suche etwas, das ich vor kurzem angestrichen habe.
Denn Jakub Beg und Ma Tschung-yin zogen wie verheerende Wüstenstürme über Sinkiang weg. Hinter sich ließen sie nichts als Tod und Vernichtung zurück. Als Warlords konnten sie keinen Staat aufbauen. Auch Hidadschetulla Hodscha, der in so großer Heiligkeit 1693/94

starb und nun in seinem schönen Mausoleum begraben liegt, ließ keinen dauerhaften Staat zurück. Seine Macht baute auf Heiligkeit und Feudalbesitz. Aber sie brachte keine Ordnung und keinen Aufbau, und seine Nachkommen überzogen die Oasen mit einem verworrenen Krieg nach dem andern. Bei Achmed Chan war das anders. Seine Macht war anderer Art.

Als Nadir Schah von Persien 1747 ermordet wurde, brach seine afghanische Leibwache aus dem Lager auf, machte sich frei und begann die Wanderung nach Hause in die eigenen Berge. Der Anführer der Leibwache war Achmed Chan aus dem Geschlecht der Saddozaier vom Stamm der Abdali. Ihn krönten dann die Stammesältesten zum Schah Durr-i-Durran, die Perle des Zeitalters. Sein Stamm nahm damals den Namen an, den er heute noch trägt — Durrani. Das war der Ursprung des afghanischen Staates, der sich dann in langen Unabhängigkeitskriegen von einem Stammesbund zum Staat verwandelte. Als Achmed Schah von den Stammesältesten mit Weizenähren zum Schah gekrönt wurde, war das eine symbolische Handlung in einem historischen Sprung nach vorn. Das Königreich Kabul diente der weiteren Entwicklung des afghanischen Volkes.

Aber wer hatte etwas von Hidadschetulla Hodscha und Jakub Beg und Ma Tschung-yin? Es ist nicht nur eine Frage der Grausamkeit. Achmed Chan konnte sicher grausamer als Hidadschetulla Hodscha sein, und ich bezweifle, daß Jakub Begs Härte schlimmer war als die, die sein Zeitgenosse in Afghanistan, Abdur Rahman, zeigen konnte, wenn er es für nötig hielt. Ma Tschung-yin können wir beiseite lassen. Aber die Frage ist, welches Bedürfnis die Grausamkeit befriedigte. Abdur Rahmans Grausamkeit war dem Aufbau des Staates förderlich. Sie ließ sich rechtfertigen — er rechtfertigte sich selbst sehr redegewandt — mit dem Bedürfnis, Leben und Sicherheit der Untertanen zu schützen, die Handelsstraßen befahrbar zu machen, die Unabhängigkeit des Landes gegen die drohenden Großmächte zu verteidigen. Die schweren Unabhängigkeitskriege gegen die Briten kosteten das Land viel und verzögerten seine Entwicklung, aber Abdur Rahmans Politik sicherte die Unabhängigkeit des Landes und trug dazu bei, die Folgen der britischen Angriffe zu überwinden. Seine Politik war — wie die Achmed Chans — historisch progressiv. Aber wer hatte etwas von Jakub Beg? Es waren nicht die Kaufleute. Es waren nicht die, welche das Land bebauten, auch nicht die, welche das Land besaßen — denn die Oasen waren entvölkert und die Landwirtschaft verarmt —, es waren nicht die Goldgräber, die unter entsetzlichen Entbehrungen gezwungen wurden, nach Gold zu graben, um Jakub Begs Regiment zu bezahlen. Er blieb ein Warlord, der keine historisch progressive Aufgabe in Sinkiang erfüllen konnte, und damit konnte er auch nicht staatsbildend wirken.

Hierhin paßt, was ich angestrichen habe. In Taschkurgan hatte ich unter anderem John Woods ›A journey to the source of the river Oxus‹ in der Auflage, die sein Sohn Alexander Wood 1872 herausgab, bei mir gehabt. Am Neujahrstag 1838 befand sich John Wood — damals ein junger Leutnant auf Erkundungsreise — in Jerm im nördlichen Badachschan. Er sprach mit Achmed Schah, dem führenden Mullah in Jerm. Dieser hatte Indien 1809 verlassen und sich lange im östlichen Turkestan aufgehalten, bevor er nach Jerm gekommen war. Er sprach viel von den Chinesen und deren Sitten:

»Er hatte viele Anekdoten über das Mißtrauen, das die Chinesen auszeichnet, deren Furcht und Argwohn gegenüber Ausländern, zu berichten; über die wachsame Rührigkeit, mit der sie ihre Grenzen bewachen, und die Wirksamkeit ihrer restriktiven Maßnahmen. Gleichzeitig rühmte er, wie alle anderen Einwohner dieser Länder, ihre Rechtschaffenheit und Aufrichtigkeit... Ein ausländischer Kaufmann informierte die Behörden in Ili, daß er seine *korgeen,* seine Satteltaschen, verloren habe. Der Mann wurde gebeten, sie genau zu beschreiben und ihren Inhalt zu beeiden. Er gab diesen unter Eid mit einem Wert von 100 Silberyambo an und durfte dann mit der Aufforderung gehen, an einem bestimmten Tag zurückzukommen, an dem der Staat, sollten die Satteltaschen nicht gefunden werden, ihm seinen Verlust ersetzen würde. An dem angesetzten Tag erschien der Kaufmann, und zu seiner großen Enttäuschung waren die Satteltaschen da. Sie waren nicht geöffnet worden, und zum Verdruß des schlauen Mannes wurde das jetzt von den Behörden getan. An Stelle der Summe, die er beeidet hatte, zeigte sich, daß der Inhalt bloß einige wenige Yambo wert war. Ein ausführlicher Bericht von der ganzen Affäre wurde nach Peking übermittelt, und der Kaiser beschloß, daß zum Nutzen seiner Schatzkammer und aus Sorge um die moralische Gesundheit der Untertanen die Einreise barbarischer und prinzipienloser Ausländer mit sofortiger Wirkung verboten werden sollte. Das mag eine wahre Geschichte sein oder nicht — aber aus ihr können wir die hohe Meinung erfahren, welche Menschen, die besonders viel mit ihnen zu tun haben, vom Charakter der Chinesen hegen.«

Dieser Bericht, den Leutnant John Wood am Neujahrsabend 1838 vom Mullah Achmed Schah in Jerm hörte, erklärt, warum das Volk in Kaschgarien es vorzog, sich wie früher in der Geschichte innerhalb eines multinationalen — damals gerade von den Mandschu beherrschten — chinesischen Reiches zu befinden, als der Macht des einen oder anderen Warlords zu unterstehen.

Aber nicht weniger aufschlußreich ist in diesem Zusammenhang die Fußnote, die der Sohn Alexander Wood 1872 über Jakub Beg beifügt: »... und selbst wenn seine Karriere alle die Züge von Intrigen und Morden, die von der Gründung einer Dynastie im Orient nicht zu trennen

sind, aufgewiesen hat... scheint er ein Herrscher zu sein, unter dem der Handel sich entwickeln kann und der bis zu einem gewissen Grad Verbindungen mit den Ausländern fördern kann.«
Eben das, was Jakub Beg für die Briten akzeptabel machte und bewirkte, daß die Russen seine Politik mit mehr als Interesse verfolgten, machte ihn weniger annehmbar für das Volk, das Intrigen und Morden und einem Handel, von dem die Ausländer zu gewinnen hofften, ausgesetzt war.
Aber wenn die Wiederherstellung der chinesischen Verwaltung in Kaschgar eine Befreiung von unerträglicher Gesetzlosigkeit war und der Politik der Briten wie der Russen eine Sperre vorschob, so wurde sie doch von eben jenen Truppen durchgeführt, die gerade einen großen Volksaufstand in einem Ozean von Blut ertränkt hatten und von einem der rücksichtslosesten reaktionären Beamten Chinas geführt wurden, von Tso Tsung-nan. Die Befreiung war keine Befreiung; sie war die Errichtung einer rationellen feudalen Unterdrückung unter geordneten Verhältnissen. Doch für die Kaufmannsklasse und die feudale Grundbesitzerklasse, für die Mullah Achmed Schah in Jerm in Badachschan 1838 sprach, zeichneten sich die Mandarine der Tsching-Dynastie durch Rechtschaffenheit und Aufrichtigkeit aus. Im Vergleich mit Jakub Beg erschienen sie den Arbeitenden, die die ganze feudale Herrlichkeit ermöglichten, erträglich.
Denn ohne diesen Vergleich waren sie unerträglich. Die Tsching-Dynastie befand sich in Auflösung. Sie hatte die zentralisierte Staatsmacht von der Ming-Dynastie übernommen und sie noch mehr zentralisiert; ihre Macht beruhte auf einer Allianz zwischen Stammeshäuptlingen der Mandschu, die zum herrschenden Adel geworden waren, und einem auf den Grundbesitzern beruhenden Han-Mandarinat. Aber schon von der Jahrhundertwende an, unter Tschia Tsching, der 1796 auf Tschien Lung gefolgt war, erwies sich die Dynastie als Hindernis für Chinas Entwicklung und hemmte jeden Fortschritt. Korruption, administrative Willkür, Unterdrückung und Inkompetenz trugen dazu bei, die ökonomische und soziale Krise auszulösen, die das Reich erschütterte. 1725 hatte eine Steuerreform alle Arten von Steuern zu einer einzigen zusammengelegt, die in Silber zu bezahlen war. Aber schließlich änderten die Steuern sich von Provinz zu Provinz, und örtliche Beamte schlugen ihre Zusatzsteuern darauf. Die ökonomischen Kräfte, die durch die Reform freigesetzt werden sollten, wurden von dem wachsenden Steuerdruck und der zunehmenden Korruption aufgesogen. Chinas Industrie entwickelte sich zwar, aber langsam und lahmend.
Die Tsching-Dynastie vermochte nicht einmal das Rauschgiftverbot aufrechtzuerhalten. Die Engländer pumpten Opium nach China hinein und holten Silber heraus. In den 1830er Jahren saugten sie jährlich zwi-

schen 20 und 30 Millionen Tael Silber heraus, also zwischen 850 und 1275 Tonnen jedes Jahr. Chinas Münzsystem beruhte auf dem Silberstandard. Die Steuern wurden in Silber berechnet. Aber in 100 Jahren verdoppelte sich so der Silberpreis im Verhältnis zu den Kupfermünzen, mit denen der Handel und einfachere Zahlungen gewöhnlich abgewickelt wurden. Die landwirtschaftlichen Erzeugnisse wurden mit Kupfer bezahlt, aber die Steuern sollten in Silber entrichtet werden. Bis zum Opiumkrieg verdoppelte sich auf diese Art die Grundsteuer, während das Volk gleichzeitig verarmte und die Verwaltung aus Mangel an Bargeld erlahmte. Als die Regierung in einem verzweifelten Versuch, die Gesetze und Finanzen und die Gesundheit des Volkes zu verteidigen, das Verbot der Rauschgifteinfuhr aufrechtzuerhalten suchte, zwangen die Briten China mit Militärmacht, ›sich zu öffnen‹. Die Tsching-Dynastie vermochte nicht einmal ihre erste Aufgabe zu erfüllen: das Land gegen fremde Angriffe zu schützen. Die Niederlage im Krieg führte unmittelbar zu einer verstärkten Ausbeutung in China. Die großen Bauernmassen wurden noch tiefer in die Armut hinabgedrückt; kleine Händler und Handwerker wurden zu Bettlern. Die Kriegsentschädigungen wurden mit erhöhten Steuern aus dem Volk herausgepreßt, und der ausländische Kapitalismus pumpte Silber aus China heraus, während gleichzeitig das Rauschgift immer mehr Menschen zerbrach. In ganz China begannen die Bauern, Handwerker, kleinen Händler, die patriotischen Intellektuellen und die niederen Beamten, sich zu erheben und zu empören. Am 11. Januar 1851 wurde in Tschintien im Kreis Kueiping in Kuangsi »Taipings himmlisches Reich« ausgerufen. Seine offizielle Ideologie war christlich. Es war die gewaltigste Erhebung in China seit dem Sturz der Ming-Dynastie. Das wirtschaftliche Programm des Taiping-Aufstands sah die Durchführung einer Bodenreform vor, die den Bauern Land geben sollte, ferner Unterstützung des Handwerks, freieren Handel, niedrige Steuern mit vereinfachter Erhebung. Seine sozialen Reformen umfaßten ein Verbot von Rauschmitteln, Rechte für die Frauen, das Verbot, den Mädchen die Füße einzubinden, Mädchen zu verkaufen, Mädchen als Konkubinen zu halten. Die Außenpolitik sollte auf einer Grundlage der Gleichberechtigung und eines für beide Seiten vorteilhaften Handels die Freundschaft mit allen fremden Staaten in sich schließen. Der Taiping-Aufstand in China war einer der größten demokratischen Freiheitskriege des 19. Jahrhunderts. In Europa wurde er sowohl von Sozialisten wie Marx als auch von radikalen Demokraten wie Strindberg begrüßt. Aber nach 14 Jahren harter Kämpfe erlitt die Taiping-Bewegung eine Niederlage. Die fremden Großmächte hatten sich geeinigt und unterstützten die korrupte und zerfallende Tsching-Dynastie gegen die Aufrührer. Nur mit ausländischer Hilfe konnte die Tsching-Dynastie an der Macht bleiben.

Aber wenn China auch auf diese Art für ausländisches Kapital sicher gemacht wurde, so hatte die Tsching-Dynastie zugleich verloren, was in der klassischen chinesischen Tradition das ›Mandat des Himmels‹ genannt wurde. Von der Mitte des 19. Jahrhunderts an herrschte also die Tsching-Dynastie als eine korrupte regierende Clique ohne historische Legitimität. China sank zu einem halbkolonialen Land herab.

Die gesteigerte Unterdrückung führte dazu, daß Chinas verschiedene Nationalitäten sich gegen die Tsching-Dynastie erhoben. Die ausländischen Mächte, die der Tsching-Dynastie geholfen hatten, den Taiping-Aufstand niederzuschlagen, halfen der Dynastie auch, diese verschiedenen Erhebungen niederzuwerfen. Für sie war es ein gutes Geschäft. Die Tsching-Dynastie sicherte den ausländischen Mächten nicht nur ihre Interessen in China, sie sank auch immer tiefer in die Schuld des Auslands und verpfändete Stück für Stück ihrer Souveränität, um die verschiedenen Volksgruppen, die sich gegen ihre Herrschaft erhoben, niederhalten zu können.

In Schensi und Kansu erhoben sich die Hui. Sie werden in der europäischen Literatur Tunganen genannt, nach dem Namen, den ihnen die türkisch sprechenden Völker gegeben haben. Der Krieg dauerte von 1861 bis 1873 und forderte riesige Opfer. Als die Taiping-Bewegung unterlegen war, wurde Tso Tsung-nan geschickt, um die Hui zu bekämpfen. Er bezog sein Geld von britischen Handelshäusern. Schritt für Schritt rückten seine Truppen durch Kansu vor.

In dem heutigen Sinkiang hatte die Tsching-Dynastie eine besondere Verwaltung. Der Vizekönig hatte seinen Sitz in Kuldscha im Ili-Tal. Unter sich hatte er zwei Stellvertreter, je einen für das Gebiet nördlich und südlich des Tien Schan. Diese Stellvertreter — *ambane* — verfügten über alle inneren Angelegenheiten. Fragen, die die Grenzen oder Außenbeziehungen berührten, mußten jedoch dem Vizekönig, der in direkter Verbindung mit Peking stand, vorgetragen werden. Unter dem *amban* gab es dann einen geschäftsführenden Beamten mit vier Ratgebern, einem für militärische Fragen, einem für zivile Fragen, einem für die Finanzen, einem für das Rechtswesen. Diese hatten jeweils ihren Stellvertreter, der der eigentlichen Verwaltung vorstand.

Gleichzeitig gab es eine spezifische uigurische Verwaltung. Ihr stand ein *hakim beg* vor, der für die Steuereintreibung und die Rechtsprechung verantwortlich war. Er war nur dem *amban* selbst Rechenschaft schuldig. Außer seinem Gehalt erhielt er von der Tsching-Dynastie Land zu Lehen. Es war eine schwerfällige Administration, aber sie funktionierte — wie aus dem Bericht des Mullah Achmed Schah hervorgeht — ein gutes Stück ins 19. Jahrhundert hinein. Die Steuern hielten sich in annehmbaren Grenzen, der Handel blühte, das Rechtswesen war in Ordnung, und die Beamten waren nicht übermäßig korrupt.

Aber der für die ganze Verwaltung der Tsching-Dynastie kennzeichnende Auflösungsprozeß gegen die Mitte des 19. Jahrhunderts erhielt hier draußen im sogenannten Chinesisch-Turkestan eine zweifache Wirkung. Hier waren — wie in gewissen anderen Gebieten — die Verwaltungsposten nicht nach allgemeiner Tauglichkeit besetzt. Sie konnten nur vom Mandschu-Adel bekleidet werden. Das bedeutete schließlich, daß die Qualität der Beamten niedriger war als im übrigen China, und daß die Bevölkerung einer doppelten nationalen Unterdrückung ausgesetzt war. Von 1820 an flammte in Chinesisch-Turkestan ein Aufstand nach dem anderen gegen die Tsching-Dynastie auf.
Um ihre Herrschaft zu sichern, begann die Tsching-Dynastie damals, Kaufleuten aus dem Chanat Kokand westlich der Berge gewisse Privilegien zu geben. Von 1832 an hatte der Chan von Kokand das Recht, von seinen Untertanen, die in Chinesisch-Turkestan ansässig waren, Steuern zu fordern. Die Organisation stand unter der Leitung eigener *aksakalen,* die von einem Vertreter aus Kokand mit Sitz in Kaschgar gelenkt wurden.
Die Kaufleute aus Kokand wurden schließlich auf diese Weise eine Kaste, die sich als Staat im Staate organisierte, mit einer eigenen Verwaltung, die in einem Untertanenverhältnis zu einem fremden Fürsten stand und einen Teil des Staatsapparates einer ausländischen Macht darstellte. Später sollte das zaristische Rußland, als es das Chanat Kokand erobert hatte, diese feudalen Privilegien in Sinkiang übernehmen und das ganze System mit örtlichen *aksakalen,* die direkt dem zaristischen Generalkonsul in Kaschgar unterstellt waren, beibehalten. In den Jahren vor dem Ersten Weltkrieg schien Rußland mit Hilfe dieser Organisation im Begriff zu sein, Sinkiang zu übernehmen. Zu Beginn der 1960er Jahre hatten die neuen Herrscher auf ähnliche Art den ›Bund der im Ausland ansässigen Sowjetbürger‹ organisiert und ihn direkt der Aufsicht ihrer Konsuln unterstellt, und sie versuchten, mit dessen Hilfe die Macht in Sinkiang zu ergreifen. Die schweren Konflikte des Jahres 1962 und die chinesische Verwirrung durch die Tausende von plötzlich auftauchenden ›Sowjetbürgern‹ erhalten ihre wirkliche Erklärung durch den Vertrag zwischen der Tsching-Dynastie und dem Chanat Kokand aus dem Jahr 1832, der die Privilegien der Kaufleute aus Kokand behandelte. Auf 1962 werde ich zurückkommen. Jetzt sind wir mitten im 19. Jahrhundert, und die Vertreter der Tsching-Dynastie im damaligen Chinesisch-Turkestan werden immer unfähiger, ihre Aufgaben zu erfüllen.
Die Kaufleute aus Kokand nutzten die gewonnene Machtposition aus und versuchten, den Handel auf den Basaren um den Tarim an sich zu reißen. In einer Oase nach der andern verdrängten sie den einheimischen Handel — sowohl den einheimischen uigurischen als auch den allgemein

chinesischen. Im Kampf um den Markt nutzten sie auch ihre Religion aus.
Gleichzeitig drängte Rußland vor. Im Pekinger Vertrag von 1860 hatte Rußland die Tsching-Dynastie gezwungen, Kaschgar dem russischen Handel zu öffnen. Nach der Niederlage im Krimkrieg hatte Rußland sein Interesse nach Osten gerichtet. Die zaristischen Diplomaten nutzten geschickt die schwierige Lage Chinas aus. Rußland wurde die Macht, die im französisch-britischen Krieg gegen China 1856-1860 siegte.
Im Juni 1860 besetzten und plünderten französisch-britische Truppen Peking. Der russische Diplomat Ignatjew hatte von dem französischen Minister Baron Gros erfahren, daß die französisch-britischen Truppen nicht vorhatten, in Peking zu bleiben. Sie sollten nach der Eroberung und Plünderung zurückgezogen werden. Mit diesem Wissen sollte nun Graf Ignatjew eine der großen Paradenummern der russischen Diplomatie durchführen.
Während des noch andauernden Krieges hatte Rußland die Tsching-Dynastie bereits gezwungen, große Landgebiete abzutreten, die nach dem bis dahin gültigen Grenzvertrag zwischen China und Rußland aus dem Jahr 1689 chinesisch waren. Die Methoden waren skrupellos gewesen. Murawjow, Generalgouverneur des östlichen Sibirien, der die Verhandlungen geleitet hatte, die zum Vertrag von Aigun führten, arbeitete mit verschieden lautenden Textfassungen in verschiedenen Sprachen, und damit gelang es ihm, für Rußland mehr zu kapern, als die Tsching-Dynastie wissentlich abgegeben hatte. Dafür wurde Murawjow — mit dem Beinamen ›Amurskij‹ nach dem Fluß Amur — in den Grafenstand erhoben.
Jetzt führte Graf Ignatjew sein Meisterstück durch. Der 28jährige Prinz Kung mußte während dieser Krise, als die französisch-britischen Truppen Peking besetzt hatten, für den Hof der Tsching-Dynastie die Auslandsverbindungen wahrnehmen. An ihn wandte sich Graf Ignatjew. Er betonte, Rußland habe immer Liebe und Zuneigung für China gehegt. Rußland sei Chinas wahrer Freund und wolle dem Land helfen. Rußland werde seinen ganzen Einfluß und alle Möglichkeiten der Druckausübung benutzen, um die französisch-britischen Besatzungstruppen zu bewegen, die kaiserliche Stadt Peking zu verlassen. Zum Lohn wollte Rußland als geringfügige Kompensation nur das Land zwischen dem Fluß Ussuri und dem Meer einschließlich verschiedener anderer Kleinigkeiten, darunter das Recht, in Kaschgar Handel zu treiben.
Prinz Kung akzeptierte zu Lasten Chinas die russischen Bedingungen für die Hilfe. Am 5. November 1860 hatten die französisch-britischen Truppen Peking verlassen. Am 14. November wurde der Vertrag zwischen Rußland und Peking unterzeichnet. Ein paar Tage danach wurde dem Prinzen bewußt, daß er geprellt worden war. Die russische Diplo-

matie arbeitete mit Bauernfängerkniffen; die Bitterkeit darüber hat nicht nachgelassen. Sie ist einer der Gründe, warum das chinesische Außenministerium immer noch wünscht, daß die Machthaber im Kreml zustimmen, diesen schmachvollen Vertrag für aufgehoben zu erklären. Falls der Kreml dem zustimmen will, wird China auf der anderen Seite damit einverstanden sein, daß die Grenze dort festgelegt bleibt, wo der Prinz sie nach dem listigen Vorgehen des Grafen Ignatjew akzeptiert hatte. Der Wunsch erscheint mir nicht unbillig.
Der siebte Artikel des Pekinger Vertrages von 1860 lautete:
»Kaschgar wird versuchsweise zu denselben Bedingungen wie Ili und Tarbagataj für den Handel geöffnet. In Kaschgar wird die chinesische Regierung ausreichend Land für eine Faktorei mit allen notwendigen Gebäuden wie Wohnungen, Lagerräumen, Kirche und so weiter einschließlich einem Friedhof und Weideland wie in Ili und Tarbagataj abtreten. Der *amban* in Kaschgar soll unverzüglich beauftragt werden, besagtes Land abzutreten...«
Damit hatte Rußland einen Fuß in Kaschgar. Aber die Grenzen des Russischen Reiches waren immer noch fern von Kaschgar. Nördlich von Kaschgar reichte Chinas Grenze bis hinauf zum Balchaschsee. Jenseits der Berge nordwestlich von Kaschgar lag das Chanat Kokand, und nach Westen erstreckte sich China über den Pamir bis hin zum Chanat Buchara und zum Königreich Kabul. Rußland lag weit weg.
Doch wie Chinas Küstenstädte aufgebrochen und für die ausländischen Mächte geöffnet worden waren, konnte jetzt auch die Grenze gegen Zentralasien aufgebrochen werden. Die Tsching-Dynastie war im Zerfall begriffen. Sie konnte sich weder gegen die fremden Mächte verteidigen noch auch nur das diplomatische Spiel bestreiten. Die Generäle der Tsching-Dynastie verließen ihre Truppen, und die Diplomaten der Tsching-Dynastie ließen sich mit den einfachsten Bauernfängertricks hereinlegen.
Nur gegen die eigene Bevölkerung konnte die Dynastie Krieg führen. Aber auch da nur mit offener oder indirekter Unterstützung der ausländischen Mächte, die sich in China bereits etabliert hatten und schon dabei waren, das Reich aufzuteilen. Die Tsching-Dynastie war korrupt. Sie unterdrückte das Volk. Die Bauernheere und Agitatoren der Taiping-Erhebung verbreiteten Aufruhr um sich, wo sie durchzogen. Chinas Bauern befanden sich auf dem Marsch, wie sie es immer wieder getan hatten, wenn eine Dynastie korrupt und verkommen war und nicht mehr herrschen konnte. Aber jetzt, in der Mitte des 19. Jahrhunderts, war es nicht mehr die gleiche Bauernrevolte; Taiping war damals eine Revolte, die im Begriff war, sich zu einer Revolution auszuwachsen.
In Schensi bekommen die Taiping-Agitatoren 1862 Kontakt mit dem Volk der Hui, den Muslimen. Sie werden von der Tsching-Dynastie

schwer unterdrückt. Sie werden nicht nur von den Grundbesitzern ausgebeutet und von Steuern erdrückt, sind nicht nur der Willkür der Beamten ausgesetzt, sie sind auch als Volk unterdrückt und verachtet. In den 268 Jahren, in denen die Tsching-Dynastie herrschte, wurden nur 45 Personen des großen Hui-Volkes zu höheren Stellen in der Reichsverwaltung zugelassen. Im Mai 1862 erhob sich das Hui-Volk spontan in Schensi, und innerhalb kurzer Zeit breitete sich der Aufruhr über das ganze nordwestliche China aus.

Es war ein Bauernkrieg, ein Freiheitskrieg gegen die Tsching-Dynastie. So wie die europäischen Bauernkriege trug auch dieser Krieg ein religiöses Gewand. Es ist wichtig, im Gedächtnis zu behalten, daß das nicht bedeutet, daß es ›eigentlich‹ ein sozialer Krieg war, der aus taktischen Gründen als ein religiöser ›ausgegeben‹ wurde. Man denke an Thomas Münzers Handeln im deutschen Bauernkrieg 1524. Der soziale Inhalt läßt sich nicht aus der religiösen Verkündung aussondern. Münzer selbst dürfte sein Auftreten gänzlich in religiösen Begriffen gedeutet haben. Aber ebenso unmöglich ist es, ihn in einen ›rein religiösen‹ Verkünder zu verwandeln. Die Ideologie des Bauernkrieges wird die Religion; Taiping, ein Bauernkrieg auf der Grenze zwischen Revolte und Revolution, stand im Begriff, auch in der Ideologie den Sprung an der Religion vorbei zu machen. Der Krieg des Hui-Volkes fand innerhalb des Rahmens der religiösen Ideologie statt, wie auch Thomas Münzer seinen Kampf geführt hatte.

1761 spät im Herbst war ein Mann namens Ma Ming-hsin, gebürtig aus Anting in Kansu, in das Salar-Gebiet ganz oben am Oberlauf des Gelben Flusses in der Provinz Tsinghai gekommen. Er hatte in Kaschgar studiert, und jetzt predigte er die ›neue Lehre‹, *hsin-tschiao*. Er war Schwärmer und Mystiker. Die Lehre hatte Verbindung zum Sufismus, sie war streng und asketisch, öffnete aber zugleich den Weg zur Ekstase. Die Gläubigen trampelten, sangen und tanzten, so wie die Gläubigen der zur gleichen Zeit bestehenden christlichen Sekten in den Bauernstuben Europas trampelten, sangen und tanzten. Die Anhänger der neuen Lehre nahmen den Kampf gegen die alte Lehre auf. Der Kampf wurde auch mit Waffen geführt. Nach zwei größeren Aufständen wurde die ›neue Lehre‹ von den Behörden 1783 als gemeingefährlich verboten. Sie bestand als geheime schwärmerische Sekte in ständigem Aufruhr gegen den Staat weiter, und 1862 konnte ihr Führer Ma Hua-lung, der direkte Erbe des Gründers und Heiligen Ma Ming-hsin, einen Bauernkrieg anführen, der einer der größten in der neueren Geschichte Chinas wurde. Hier im damaligen Chinesisch-Turkestan waren alle zentralen Posten Männern von den ›acht Bannern‹ vorbehalten. Diese Banner bestanden aus den Nachkommen derer, die im 17. Jahrhundert mit den Mandschu gegen die Ming-Dynastie vorgegangen waren. Sie waren in acht Abtei-

lungen innerhalb des Heeres organisiert, jede Abteilung unter ihrer Farbe: gelb, weiß, rot und blau, mit Umrandung und ohne Umrandung. In jedem Banner waren Mandschu, Mongolen und Han jeweils für sich organisiert. Diese ›acht Banner‹ machten das Rückgrat und die höchste Macht während der Tsching-Dynastie aus.
Es gibt eine Statistik über die Beamten, welche die 13 höchsten Posten bis 1874 in Chinesisch-Turkestan innehatten. Es handelt sich um zusammen 234 Personen. Von ihnen kamen 229 mit Sicherheit aus den ›acht Bannern‹; vier — zwei *ambane* in Urumtschi, ein Vertreter in Hami, ein Ratgeber in Kaschgar — waren *möglicherweise* außerhalb der ›acht Banner‹ bestellt worden.
Aber dieses System, das anfangs die Grenzgebiete zu sichern und in treuen Händen zu halten schien, war gegen die Mitte des 19. Jahrhunderts zu einer Bedrohung der Staatssicherheit geworden. Die Posten wurden durch Nepotismus besetzt. Verwandtschaft und Verbindungen bedeuteten nicht nur *mehr* als Tauglichkeit — das war ja allgemein so im ganzen Reich —, hier draußen bedeuteten sie *alles*. Die Qualität der Verwaltung sank, und die Unterdrückung nahm zu. Bis hier draußen reichte die Überwachung nicht mehr, und untaugliche Beamte, eingesetzt auf Grund von Verbindungen und ohne wirksame Kontrolle über sich, ergriffen die Gelegenheit, sich zu bereichern. Als das Hui-Volk sich empörte, wurden die Verbindungen ins Land hinein abgeschnitten. Am 13. Juli 1864 erhob sich Urumtschi. Der Aufstand siegte in einer Stadt nach der anderen. Am 26. Juli fiel Jarkend, am 30. Juli Kaschgar.
Der Aufstand hatte keine Führung. Es wurde eine Zeit großer Wirren, in denen verschiedene örtliche Feudalherren die Macht in mehreren Städten wieder übernahmen. Aksu, Urumtschi, Kaschgar, Chotan, Jarkend hatten jeweils ihre eigenen Herrscher. Diese lagen bald im Krieg miteinander und fädelten raffinierte Intrigen gegeneinander ein.
Gleichzeitig waren die russischen Truppen in Bewegung gesetzt worden und marschierten jetzt von zwei Seiten in das Chanat Kokand ein: durch chinesisches Territorium von der Gegend bei Ili aus und von den Stützpunkten, die Rußland am Fluß Syr-Darja angelegt hatte. Am 2. September 1864 vereinigten sich die zwei Abteilungen, nachdem sie Dschambul, Turkestan und Tschimkent erobert hatten. Während die russischen Truppen in Bewegung waren, handelten die russischen Diplomaten schnell und wirksam. Am 7. Oktober (25. September alten Stils) 1864 unterzeichneten die chinesischen Bevollmächtigten das Grenzprotokoll in Tschugutschak. Sie waren vom Rest des Landes abgeschnitten, die Aufständischen beherrschten die Straßen hinter ihnen, sie hielten nur einen kleinen Streifen des Reiches oben in Ili. Unter russischem Druck überschrieben sie nun das ganze Land zwischen dem Balchaschsee und dem Tien Schan. Sie hofften auf Rußlands Hilfe.

Als das russische Vorrücken in Zentralasien allmählich Aufmerksamkeit weckte, schickte Staatskanzler Fürst Gortschakow Zirkulare an alle russischen Botschafter im Ausland. Sie enthielten die Richtlinien der russischen Regierungsbehörden für Rußlands zentralasiatische Politik und waren vom Verständnis für die Besorgnis der internationalen öffentlichen Meinung geprägt. Nun wollte Rußland die öffentliche Meinung beruhigen, und seine Botschafter sollten den verschiedenen Regierungen die Prinzipien klarmachen.
Rußland hatte sich — meinte Gortschakow — schweren Herzens gezwungen gesehen, sein bereits fast zu ausgedehntes Territorium noch auszuweiten. Denn eine zivilisierte Nation, die eine Grenze mit halbwilden Stämmen gemeinsam hat, wird sowohl im Interesse der eigenen Sicherheit als auch im Interesse des allgemeinen Handels gezwungen, »...eine gewisse Oberhoheit über Nachbarn auszuüben, deren Unruhe und nomadische Instinkte es schwierig machen, mit ihnen zusammenzuleben.«
Gortschakow schreibt als erfahrener und durch die politischen Realitäten geläuterter Staatsmann an andere erfahrene und geläuterte Staatsmänner und betont:
»Solcherart ist das Schicksal für alle Mächte in der gleichen Situation gewesen. Die Vereinigten Staaten in Amerika, Frankreich in Algerien, Holland in seinen Kolonien, England in Indien — alle waren unvermeidlich gezwungen, einen Kurs einzuschlagen, wo der Ehrgeiz von geringerer Bedeutung ist als die zwingende Notwendigkeit, und wo die größte Schwierigkeit darin liegt, zu wissen, wo man einhalten kann.«
Rußland hatte doch jetzt endlich eine natürliche und sichere Grenze erreicht. Die Steppen standen unter seiner Kontrolle, und die Grenzlinie lag direkt vor den »Ackerbau und Handel treibenden Völkern, die an den Boden gebunden sind und eine entwickeltere gesellschaftliche Organisation haben, womit sie uns eine Grundlage für freundschaftliche Verbindung geben...«.
Jetzt hatte Rußland keinen Bedarf mehr an irgendeiner Expansion in Zentralasien. Rußland hatte nur die Hoffnung, daß die jetzt angrenzenden Staaten »trotz ihrer niedrigen Kultur und ihrer unklaren politischen Entwicklung... eines Tages die echten Verbindungen erreichen mögen, die in unserem gemeinsamen Interesse die Hindernisse beseitigen können, welche ihrem Fortschritt im Weg stehen«.
Gleichzeitig kann Staatskanzler Gortschakow es nicht unterlassen, mit Befriedigung zu notieren:
»Manche Personen haben während des letzten Jahres die Freundlichkeit besessen, unsere Aufgabe anzuerkennen, unsere Nachbarländer auf dem asiatischen Kontinent zu zivilisieren. Der Fortschritt der Zivilisation hat keinen sichereren Verbündeten als die Handelsbeziehungen. In allen

Ländern erfordern diese als Voraussetzung für ihre Zunahme Ordnung und Stabilität. In Asien ist außerdem eine Wandlung der Bräuche der Bevölkerung erforderlich.«
Eine solche Wandlung der Bräuche der asiatischen Bevölkerung kann jedoch nur von einer festen politischen Organisation durchgeführt werden, von einer Regierung. Eine starke Gesellschaft ist notwendig. Rußlands Aufgabe ist es deshalb, behauptete Gortschakow, zuerst seine Grenzen zu sichern, um Unruhe, Unsicherheit und Krieg zu verhindern. Rußlands Aufgabe wird danach sein, den angrenzenden Staaten ihre Selbständigkeit durch eine billige und gerechte Politik zuzusichern, auf Grund deren sie zu leben lernen, ohne zur Gewalt zu greifen. Rußland ist nicht ihr Feind und hat kein Verlangen nach Eroberungen. Rußland ist ihr Helfer.
»Wenn Rußlands Regierung diese Politik verfolgt, hat sie die Interessen des Reiches vor Augen; aber wir glauben, daß die Erfüllung dieser Aufgabe auch der Menschheit und der allgemeinen Zivilisation dient. Wir haben das Recht, mit einer gerechten und loyalen Einschätzung der Politik, die wir verfolgen, und der Prinzipien, nach denen sie festgelegt sind, zu rechnen. Gortschakow.«
Somit hatte Rußland also seine äußerste, sichere, natürliche und endgültige Grenze erreicht. Im Jahr darauf eroberten die russischen Truppen Taschkent.
Die britische Regierung wurde nun wieder unruhig. Am 31. Juli 1865 schlug Lord Russell einen Notenwechsel zwischen England und Rußland mit dem Ziel vor, den Status quo in Zentralasien sowie die Unabhängigkeit und Integrität Persiens zu garantieren. Fürst Gortschakow drückte in seiner Antwort seine Freude über Englands freundschaftlichen Vorschlag aus, aber da Rußland überhaupt keine Gebietserweiterung in Zentralasien wünschte, sei ein Notenwechsel überflüssig. Rußland strebe nur Frieden und Sicherheit für alle Teile in Zentralasien an. Rußland wünsche, daß der friedliche Handel blühe. Trotzdem, meinte Gortschakow, wäre es ein leichtes, die gewünschten Erklärungen abzugeben, wenn nicht der Emir von Buchara gerade bedrohlich gegen den Chan von Kokand aufgetreten wäre. Im September desselben Jahres betonte Zar Alexander II. Nikolajewitsch, der russische Selbstherrscher, gegenüber dem britischen Botschafter, Sir Andrew Buchanan, daß Rußland überhaupt keinen territorialen Ehrgeiz in Zentralasien habe. Rußland arbeite auch in diesen barbarischen Gegenden für Frieden und Versöhnung. Im Oktober schickte Fürst Gortschakow eine Note, in der darauf hingewiesen wurde, daß Rußland nur friedliche Handelsabsichten in Zentralasien habe, Afghanistans Unabhängigkeit respektieren und im Einvernehmen mit Großbritannien die persische Monarchie stützen wolle.

Gleichzeitig mit diesen diplomatischen Manövern ging die Eroberungspolitik weiter. Die Armee des Emirs von Buchara wurde geschlagen, und Rußland besetzte im Mai 1866 Chodschent zwischen Kokand und Buchara. Im Juli 1867 wurde aus den jüngst eroberten Gebieten das Generalgouvernement Turkestan errichtet. Im Mai 1868 eroberten die Russen Samarkand. Der Emir von Buchara wurde gezwungen, Kriegsentschädigung zu zahlen, und Buchara wurde russischer Vasallenstaat. Rußland hatte den Amu-Darja, den Oxus der Antike, erreicht. Das Chanat Kokand schrumpfte allmählich durch das anhaltende russische Vorrücken, aber es lag noch in einem Keil zwischen dem Generalgouvernement Turkestan und dem russischen Vasallenstaat Buchara im Westen und dem südlichen Teil Chinesisch-Turkestans im Osten.

In Chinesisch-Turkestan schien der chinesische Einfluß ausgeschaltet. Nur im Osten auf Hami und Barkul zu gab es noch eine chinesische Verwaltung. Oben in Ili hatten die Regierungstruppen und die hohen Beamten anderthalb Jahre ausgehalten. Der Vizekönig hatte um 40000 Mann Truppen aus Peking gebeten, war aber statt dessen abgesetzt und am 1. November 1864 durch Ming-hsu, den Militärbefehlshaber in Tschugutschak, ersetzt worden. Die Situation der Belagerten wurde immer schwieriger. Es herrschte Hungersnot. Die Menschen aßen sogar Katzen. Die Typhusepidemie forderte am Tag 50 bis 100 Menschenleben. Die russischen Behörden leisteten keine Hilfe. Die chinesischen Beamten, die vor kurzem so große Gebiete aufgegeben hatten, um Rußlands Wohlwollen zu gewinnen, bekamen nur Ausflüchte zu hören, wenn sie jetzt den russischen Gouverneur Westsibiriens um Beistand baten. Die russischen Behörden beobachteten den Untergang der Chinesen, ohne etwas anderes zu tun, als abzuwarten. Im Winter 1865/1866, als die Belagerung seit über einem Jahr andauerte und die Lage verzweifelt war, versuchte das Außenministerium in Peking — Tsungli Jamen — wiederholt, den russischen Minister zum Eingreifen zu bewegen, erhielt aber nur unverbindliche Antworten. Am 6. März 1866 fiel Ili, und der neue Vizekönig Ming-hsu und seine Familie sowie sein Vorgänger und dessen Familie wurden getötet. Am 11. April 1866 fiel Tschugutschak. Die Russen glaubten, die reife Frucht sei gefallen und sie müßten sie nur noch auflesen.

Das taten sie dann auch im Sommer 1871, als es denkbar erschien, daß das Ili-Gebiet in Jakub Begs Reich aufgehen würde. Mit 1785 Mann und 65 Offizieren marschierte damals General Kolpakowskij, Gouverneur von Semiretschie — ›Siebenstromland‹ — über die Grenze und besetzte ein Gebiet von fast 3200 km^2, das fruchtbarste in diesem Teil Asiens. Erst im September erfuhr die Außenwelt etwas davon.

Im alten Kaschgarien hatten die Kämpfe zwischen den verschiedenen Feudalherren im Winter 1864/65 wieder die Formen angenommen, die in der Hodscha-Zeit üblich gewesen waren. Um Hodscha Raschuddin, der sein Reich in Aksu errichtet hatte, wirksamer bekämpfen zu können, hatte Sadik Beg in Kaschgar sich an den Chan von Kokand gewandt und um jemanden aus dem ›Weißer Berg‹-Zweig der Hodscha-Familie gebeten. Der Chan von Kokand schickte damals Hodscha Busurg. Dieser brachte einen Kokander General tadschikischer Abstammung mit, der wiederholt Kämpfe gegen die russischen Truppen verloren hatte. Seine Herkunft war ein wenig umstritten, aber er war für seinen Mut und Ehrgeiz bekannt, und mit ihm schickte der Chan von Kokand 68 Mann. Dieser Mann war Jakub Beg.

Mit Hilfe der Kokander Kaufleute, die den *aksakalen* des Chans von Kokand unterstellt waren, und den früheren Mandschutruppen — die sich jetzt zu Muslimen erklärt hatten — setzte Jakub Beg Sadik Beg ab, den Mann, der ihn gerufen hatte. Er ließ auch den örtlichen Herrscher in Jarkend absetzen und hob Hodscha Busurg auf den Thron. Als er die Macht stabilisiert und seine Steitkräfte organisiert hatte, setzte er Hodscha Busurg ab und erklärte ihn zu einem notorischen Wüstling, der sein Erbe verwirkt habe. Jakub Beg nahm nun Kontakt mit dem Emir von Buchara auf und brachte diesen dazu, ihm den Titel ›Atalik Ghazi‹, Vater und Held, zu verleihen. Der Emir wurde von den Russen geschlagen und zu einem russischen Vasallen gemacht, aber Jakub Beg fuhr mit seinen Eroberungen fort und setzte die örtlichen Herrscher einen nach dem andern ab. Er nahm nun den Namen ›Badaulet‹, Glücksprinz, an. 1870 beherrschte Jakub Beg im großen und ganzen das ganze südliche Sinkiang und einen Teil des nördlichen Sinkiang. Seine Hauptstadt war Aksu, und er herrschte über eine Bevölkerung von 1015000 Personen. Die Engländer suchten Kontakt mit ihm. Sie gaben ihm in unterschiedlichen Formen diplomatische Unterstützung. Während Rußland seine Eroberungen fortsetzte, 1874 Chiwa nahm und schließlich 1876 Kokand besetzte, versuchte Großbritannien, Jakub Begs Stellung eines selbständigen Monarchen zu stärken. Der Sultan der Türkei erkannte ihn 1875 als ›Chan von Kaschgarien‹ und ›Amir-ul-Muminin‹, Befehlshaber der Gläubigen, an.

In der kaiserlichen Regierung in Peking wurden eingehende Diskussionen geführt, welche Politik man einschlagen solle. General Tso Tsungtang, der 1873 den Befreiungskampf des Hui-Volkes in Kansu niedergeschlagen hatte (ein Feldzug, der von ausländischen Handelshäusern gegen Sicherheiten im chinesischen Zollwesen und der chinesischen Steuererhebung und zu 10 % Jahreszins finanziert worden war), wollte weiter vorrücken und mit Jakub Beg Schluß machen. Nach verschiedenen Debatten bekam er diese Erlaubnis, und seine Truppen nahmen Urumtschi am 18. August 1876. Im April des folgenden Jahres schlugen chinesische Regierungstruppen Jakub Beg zuerst bei Turfan und dann bei Toksun.

Im Mai 1877 starb Jakub Beg. Die chinesischen Quellen geben an, er habe Selbstmord begangen, andere Quellen, er sei ermordet worden.
Der Staat, den Jakub Beg aufzubauen versucht hatte, stürzte in sich zusammen. Seine Armee hatte aus angeworbenen Truppen bestanden, solchen aus Kokand und aus Badachschan und von den afghanischen Stämmen. Auf sie hatte er sich verlassen. Sie hielten ihm die Treue, solange er für ihr Wohlergehen sorgen konnte. Die chinesischen Truppen, die er übernommen hatte, als er gegen Sadik Beg intrigierte, um für seinen damaligen Herrn die Macht in Kaschgar zu übernehmen, hatten bleiben müssen, wohin sie verlegt worden waren. Jakub Beg hatte nie gewagt, sie aus Kaschgar und Jarkend herauszuführen. Das uigurische Fußvolk war nicht gewillt gewesen, für ihn in den Krieg zu ziehen. Es war unzuverlässig gewesen.
Die Kaufleute aus Kokand hatten aufgehört, ihn zu unterstützen, als der Basarhandel zum Erliegen kam, nachdem die Wirtschaft der Oasen verwüstet worden war. Jakub Begs Geheimpolizei — so gut organisiert, daß sie bis in Persien Berühmtheit erlangt hatte — vermochte zwar die wirklich Unzufriedenen aufzuspüren, aber auch sie konnte ihm keine Menschen schaffen, die ihn unterstützt hätten.
Großbritannien hatte Jakub Beg zeitweise unterstützt. Diese Hilfe war der Einsatz in dem großen Spiel um die Macht über Asien, das seine Diplomaten und Staatsmänner mit ihren Gegnern aus Rußland spielten. Aber die britische Unterstützung war halbherzig und nicht stark genug, um Jakub Begs Herrschaft zu sichern. Eben dieses britisch-russische Spiel um Asien war das entscheidende Argument für die Diskussion der Beamten des chinesischen Kaiserreichs, ob sie ihre begrenzten Mittel auf den Aufbau einer modernen Küstenverteidigung gegen Japan im Osten oder auf die Sicherung der westlichen Gebiete in Innerasien, die unter Jakub Begs Macht gekommen waren, verwenden sollten.
Obwohl die japanischen Streitkräfte — unter Leitung eines Stabschefs aus den Vereinigten Staaten und auf Schiffen aus den Vereinigten Staaten transportiert — bereits Taiwan angegriffen hatten und zurückgeschlagen worden waren, und obwohl die ausländischen Mächte China gezwungen hatten, den Sieg nicht zu vollenden, sondern statt dessen Kriegsentschädigung zu zahlen und Japans besonderes Interesse an den Riukiu-Inseln anzuerkennen, wurde die Situation in Turkestan ernster beurteilt. Der Gouverneur in Hunan hob hervor:
»Wenn unsere Truppen einen Schritt zurückfallen, rücken die Russen einen Schritt vor. Wenn unsere Truppen einen Tag verlieren, gewinnen die Russen einen Tag. Nichts ist dringender als das. Verschiedene Staaten wie England, Frankreich und die Vereinigten Staaten können die Situation ebenfalls zu ihrem Vorteil ausnutzen. Eine weitere Verschlechterung der russischen Angelegenheiten führt unumgänglich zu Schwierig-

keiten an der Küste, und unsere Verteidigung kann der doppelten Bedrohung kaum begegnen. Die Folge davon könnte sein, daß Chinas Auslandsbeziehungen in Zukunft in eine unvorstellbare Lage kommen.«
Als General Tso Tsung-tangs Truppen durch die Wüsten vorrückten und es auf der Hand lag, daß Jakub Beg nicht die Kraft hatte, Widerstand zu leisten, spielte die britische Regierung eine letzte Karte aus, um ihn zu retten. Am 7. Juli 1877 schlug die britische Regierung vor, daß Jakub Beg Chinas Oberhoheit anerkennen solle, aber dafür örtlicher Herrscher bleiben dürfe. Tso Tsung-tang meldete nach Peking, das Ganze sei ein Teil des britisch-russischen Spiels. Jakub Beg stammte nicht aus Kaschgar. Dort war die Macht von einer kleinen Gruppe andidschanischer Herkunft aus Kokand ergriffen worden. Nun waren die Russen vorgerückt und hatten Kokand besetzt. Die britische Aktion war eine Falle:
»Die Männer aus Andidschan gehören zu einem Stamm, der außerhalb des Kaschgargebietes wohnt. Großbritannien und Rußland sind beide befreundete Staaten. Wenn Großbritannien jetzt Andidschan vor einem russischen Angriff schützen will, so ist das nicht unsere Sache... Wenn Großbritannien irgendwo einen selbständigen Staat für die Männer aus Andidschan zu errichten wünscht, kann Großbritannien ihnen britisches Territorium oder irgendeinen Teil von Indien überlassen. Was für einen Grund haben wir, uns um die Dankbarkeit dieser Männer zu bemühen, indem wir ihnen unser fruchtbares Land geben?«
Der britische Vorschlag wurde von der chinesischen Regierung abgewiesen. Die Angelegenheit sei — sagte man den Briten — eine innere Angelegenheit. Wenn Jakub Beg etwas vorzubringen habe, solle er nicht einen Vertreter nach London schicken, sondern sich direkt an General Tso Tsung-tang wenden, der in dieser Sache der verantwortliche Beamte sei.
Diese britische Unterstützung beschleunigte Jakub Begs Untergang. Es wurde für die chinesische Regierung notwendig, seiner Herrschaft umgehend ein Ende zu bereiten. Die Russen hatten gegen die Briten gespielt, als sie den chinesischen Regierungstruppen Getreide überließen. Nach der Eroberung von Kokand leistete Rußland China Hilfe, um Jakub Beg auszuschalten. Man rechnete damit, daß der Widerstand gegen das Vorrücken der chinesischen Regierungstruppen so stark sein werde, daß Jakub Beg zwar fiele, Kaschgar aber eine Zeitlang ein herrenloses Gebiet bliebe und auf diese Art automatisch Rußland zufallen würde. Um eine solche Entwicklung unmöglich zu machen, erhielten die chinesischen Regierungstruppen den Befehl, schnell auf Kaschgar vorzurücken. Und den Widerstand, der die chinesischen Regierungstruppen aufhalten sollte, wie die Russen gehofft hatten, diesen Widerstand gab es nicht, Jakub Beg hatte keine Stütze. Seine Herrschaft brach zusammen. Kaschgar wurde weder russisch noch britisch.

Das Vergangene ist nicht vorbei. Alle die Handelnden in dem großen Spiel vor 100 Jahren sind seit langem tot, und Jakub Beg, der einen Augenblick lang glaubte, er könne ein Reich errichten, hat nicht einmal ein Grab. Aber Kaschgar ist keine Stadt ohne Geschichte, seine Geschichte ist von diesem vor langem Gestorbenen geformt, und wie sollte man die Tagespolitik in Sinkiang verstehen, ohne an ihre Voraussetzungen zu denken?
Draußen vor den Fenstern herrscht noch tiefe Nacht. Ich habe in diesen Stunden viel Tee getrunken. Zwei Thermosflaschen sind schon leer. Die dritte steht an der Tür. Sie ist in Urumtschi hergestellt, sehe ich. Sie ist hübsch bemalt: Ein Kasachenmädchen steht lachend mit einem Lamm in den Armen vor einer Jurte. Hinter ihr erheben sich waldbewachsene Hänge zu schneebedeckten Gipfeln vor blauem Himmel. Das Gras ist saftig grün.
Ein heißer Wüstenwind weht draußen in der Nacht. Die Haut ist trocken, und als ich über den Teppich wieder zum Tisch gehe, lade ich mich auf, bis sich die Haare aufrichten und Funken von den Fingerspitzen auf den Henkel überspringen, denn ich gehe in Gummisandalen. Ich sitze hier in diesem verlassenen Spiegelsaal in russischem Provinz-Empire und ordne meine Aufzeichnungen über Kaschgar. Die Kosaken sind weggezogen, und wenn ich von den Papieren aufblicke, sehe ich mich selbst in dem großen Spiegel. Das Amalgam ist allmählich vergilbt und beginnt, an dem goldenen Rahmen abzublättern, und dort hinten, wo das Zimmer sich in der Dunkelheit zum Flur hin verliert, sehe ich den Faltenwurf des schweren roten Vorhangs. Der Wind zieht unter der schweren Tür herein, und in der Müdigkeit der späten Nachtstunden frage ich mich, wer da draußen in der Dunkelheit steht. Früher haben dort ungebetene Gäste gestanden. Die Augen brennen mir, und ich hefte die Aufzeichnungen zusammen und lege sie in den Ordner.
Kaschgar war eine der Städte, die anscheinend zum Einsatz gehörten, als das große Spiel stattfand. Andere solche Städte waren Teheran und Kabul. Nach Chiwa und Merw, Peschawar und Lahore schienen beide Seiten in diesem Spiel zu angeln. Während des ganzen 19. Jahrhunderts führten Rußland und Großbritannien Manöver gegeneinander um die Herrschaft über das Innere Asiens. Chiwa und Merw und vieles andere wurde von den Russen genommen. Pandschab und Sind und vieles andere wurde von den Briten genommen. Die Agenten und Diplomaten und Abenteurer der beiden Großmächte fertigten Karten an und intrigierten. Persien und Afghanistan und Sinkiang konnten am Ende von keiner Seite erobert werden. Dieses große Spiel um Asien brachte den Völkern unermeßliche Leiden. Die britischen Truppen benahmen sich in Afghanistan, wie es die deutschen Truppen im Zweiten Weltkrieg in Jugoslawien taten. Sie erlitten auch das gleiche Schicksal.

Das Vergangene ist nicht tot, und die Einsätze in diesem großen Spiel haben immer noch einen großen Einfluß auf die Zukunft der Völker. Es wird deshalb immer wieder notwendig, in die Protokolle zurückzugehen und zu versuchen, Klarheit darüber zu gewinnen, was wirklich geschah. Natürlich kann man klären, was wahr und was falsch ist. Was für uns wichtig ist, wird von unserer eigenen Zeit bestimmt. Daß Bismarck den Inhalt der Emser Depesche entstellt hat, wissen wir. Aber das bestimmt nicht ein für allemal den Charakter des Anfangsabschnittes des Deutsch-Französischen Krieges. Das große Spiel ist schuld daran, daß ich in dieser Nacht in Kaschgar nicht schlafen kann. Wenn ich dieses große Spiel zwischen Rußland und Großbritannien während des 19. Jahrhunderts hier von Kaschgar aus beobachte, erscheint das Muster als ein anderes, auch wenn die Protokolle dieselben bleiben. Ich wundere mich, daß ich das nicht schon früher gesehen habe.
Drei Jahre lang las ich fast täglich Berichte aus der Zeit des großen Spiels. Tagebücher, Memoiren, Reiseschilderungen und späte Berichte. Das war nicht so merkwürdig. Ich war in diesen Teil Asiens gekommen, und ich sah mich gezwungen, mich über diese Zeit zu orientieren. Im Frühjahr 1958 saß ich an dem gemieteten Schreibtisch in einer kleinen Kellerwohnung an der alten Schemiran-Straße nördlich von Teheran. Damals lag sie am Stadtrand und war still und ruhig; jetzt ist die Gegend längst von der Großstadt geschluckt. Gun malte, aber ich kam einfach mit dem Schreiben nicht in Schwung, denn plötzlich hatte ich eingesehen, daß die Karte über die Zeit, die ich von zu Hause im Kopf hatte, nicht mehr stimmte. 1959 wohnten wir dann in Kabul, und ich ging gewöhnlich in die Bibliothek der Französischen Archäologischen Delegation, um mir Bücher zu leihen. Sie halfen mir freundlich. 1960 mieteten wir eine Erdgeschoßwohnung in einem Haus in Defence Colony am Rand von Neu-Delhi. Ich hatte in Kabul angefangen zu schreiben. Jetzt schrieb ich weiter, bis dieses Buch fertig war.
Der Weg von Teheran über Kabul nach Delhi bot natürlich eine ganz besondere Perspektive von dem großen Spiel. Jede Stadt und jedes Dorf lieferten einen neuen Beweis für britische Roheit und britische Gewalt. Jedes Buch, das ich aufschlug, zeugte erneut von britischem Verrat und britischem Zynismus. Der Unterschied zwischen dem britischen Offizier und Gentleman und dem preußischen Junker und SS-Mann reduzierte sich darauf, daß der britische Gentleman das nicht zu Hause tat. (Außer in Irland natürlich.) Für meine Freunde war diese Betrachtungsweise auch ganz natürlich. Der US-Imperialismus war in der Region auf den britischen Imperialismus gefolgt. Er war die große Gefahr. Und der Kampf gegen den US-Imperialismus war, wie der Kampf gegen den britischen Imperialismus, ein und derselbe lange Freiheitskampf. An den Abenden trafen wir Freunde in Delhi, und die älteren unter ihnen er-

zählten von den Gefängnisjahren unter den Briten und von Mißhandlung und Folter.
Das alles war richtig. Ich hatte die Protokolle richtig gelesen. Die Irrtümer, die ich natürlich beging, und die Fehler, die es in dem Buch über Afghanistan gibt, gehören nicht zu diesem Thema. Sie gelten vielleicht für das Verhältnis Afghanistan—Pakistan oder für die Einwohnerzahlen afghanischer Städte.
Dennoch stimmt das Bild nicht mehr, wenn ich das russische Spiel von Kaschgars Horizont aus betrachte. Daß das russische Agieren in den Hintergrund getreten war, ist wohl begreiflich, da ich die Geschichte von Städten wahrgenommen habe, wo die Ruinen von den Verheerungen der britischen Truppen und die zurückgelassenen Denkmäler der Erbauer des britischen Imperiums das Gesichtsfeld beherrschten. Aber das, was sich hier von Kaschgar aus so deutlich abzeichnete, hätte ich auch von Kabul oder Neu-Delhi aus erkennen müssen.
Im 19. Jahrhundert war Rußland wirtschaftlich zurückgeblieben, es war korrupt, es war untüchtig, es gab bittere Armut. England dagegen war das reichste Land der Welt. Von London aus wurde ein Reich regiert, das mächtiger als alle vorangegangenen war. Aber wie ging es in dem großen Spiel zu?
Waren es 3000 Mann, die die Russen bei ihrer Eroberung der Länder zwischen dem Kaspischen Meer und dem Pamir verloren? Währenddessen verloren die Briten ganze Armeen in Ländern, die sie nie eroberten. Wie gerieten sie in diese merkwürdigen Kriege? China zum Beispiel! Die Briten führten Krieg. Rußland steckte den Gewinn ein. Man betrachte das Spiel um Kaschgar zu Jakub Begs Zeit! Der britische Versuch, Einfluß auszuüben, gab Rußland die Möglichkeit, im Ili-Gebiet einzumarschieren. Als die Briten eingriffen, um Jakub Beg zu helfen, und vorschlugen, die kaiserliche Regierung möge ihn als Vasallen akzeptieren, da unterzeichnete die britische Regierung Jakub Begs Todesurteil, denn damit zwang sie auch die Beamten, die im stillen bereit gewesen waren, Jakub Beg weiterleben zu lassen, zu der Entscheidung, ihn so schnell wie möglich unschädlich zu machen.
Gewiß befanden sich Großbritannien und Rußland seit den Napoleonischen Kriegen in einem großen Spiel — einem kalten Krieg, könnte man sagen — um die Herrschaft zwischen Kaukasus und Pamir, und gewiß nahmen hohe britische Diplomaten und ordenbehängte britische Offiziere und persönlich mutige britische Kundschafter und Offiziere an diesem Spiel teil..., aber die Russen stachen sie ständig aus. Die Briten gerieten in Kriege, mit denen sie nicht gerechnet hatten; sie standen vor der ganzen Welt in ihrer ganzen offenbaren (und sie war offenbar!) Niedertracht da; sie verloren ihre diplomatischen Karten, bevor sie sie ausspielen konnten; was sie machten und sagten, kehrte sich gegen sie, und als

das Jahrhundert zu Ende ging, sollte eine Grenze gezogen werden, um Indiens Nordgrenze zu sichern, wie es hieß. Damals unterzeichneten die Briten ein Abkommen über Afghanistans Grenze mit Rußland, die mitten in einem Gebiet verlief, das chinesisches Territorium war, ohne China zu fragen. Die britischen Diplomaten waren stolz auf die Sicherheit, die sie jetzt gewonnen hatten, denn die Russen hatten stillschweigend akzeptiert, daß die Briten sich ein Stückchen chinesisches Territorium nahmen. Der wirkliche Staatsrat und Generalkonsul Petrowskij in Kaschgar lächelte natürlich.

Es war kein Fehler, daß ich die britische Niedertracht während des großen Spiels vom Horizont Teherans, Kabuls und Neu-Delhis aus gesehen hatte. Die Niedertracht war eben so unübersehbar. Der Fehler war, daß ich mich nicht darum gekümmert hatte, die Karten, die Rußland ausspielte, näher anzusehen. Das war ja die gewinnende Seite durch das ganze 19. Jahrhundert hindurch. Mit haushoch überlegenem Geschick stachen die gerissenen Diplomaten dieses korrupten und heruntergekommenen Selbstherrschertums die Vertreter des reichen und mächtigen Großbritannien aus.

Die russische Herrschaft war nicht weniger niederträchtig als die britische. Die Völker versuchten ihr so lange wie möglich auszuweichen. Was Rußlands Diplomaten mit Finesse und Geschick gewonnen hatten, wurde danach von Rußlands korrupten Gendarmen und Beamten mit der Knute regiert. Der britische Kolonialismus brauchte für seinen Bestand einheimische Lehrer und Angestellte; um ihren Profit zu steigern, legten die Briten Industrie an und eröffneten Straßen. Der britische Kolonialismus war eine Art von Ausbeutung, die gleichzeitig ein Bürgertum mit eigenen Ausbildungsmöglichkeiten und einer (tatsächlich existierenden) freien Presse schuf. Er konnte nicht anders. Das war seine Art, die Eroberung lohnend zu machen. Aber dadurch war er auch gezwungen gewesen, seine Nachfolger zu erziehen. Nun sind die Briten seit 30 Jahren fort aus diesem Asien.

Es war in Kaschgar, wo mir das deutlicher sichtbar wurde. Aber ich hätte nicht nach Sinkiang zu reisen brauchen, um das 19. Jahrhundert auf diese Art zu betrachten. Genauso sahen es Marx und Engels. Sie haben ziemlich viel über das große Spiel geschrieben. Jetzt ist der Morgen heiß und dunstig gelb. Die Nacht ist vorbei. Ich muß hineingehen und Gun wecken. Wir müssen packen. Wir wollen heute nach Chotan fahren. Die Augen brennen vor Müdigkeit, ich packe die Bücher und Papiere zusammen. Natürlich weiß ich, warum ich die wirkliche Rolle des alten Rußland in dem großen Spiel im 19. Jahrhundert nicht sehen wollte, sondern mich damit zufrieden gab, zu behaupten, daß Rußland und Großbritannien sich in nichts nachstanden, um dann die britischen Übergriffe zu beschreiben. Gerade hier in diesem alten zaristischen Spiegelsaal in der westlichsten Ecke Chinas weiß ich das sehr wohl. Ich verstaue Engels' Schrift über die zaristische Außenpolitik in der größeren der beiden Büchertaschen. Sie war mir 1960 nicht unbekannt. Dennoch hatte ich sie nicht zur Erklärung der Politik Rußlands im 19. Jahrhundert beitragen lassen, sondern mich damit begnügt, zu sagen, daß Rußland und Großbritannien gleich niederträchtig auftraten. Das war richtig. Aber es erklärte nichts.

Die zaristische Politik in Asien wurde mir klarer, und ich verstand Engels leichter, als ich 1965 durch Turkmenistan reiste und die Unterdrückung des turkmenischen Volkes erlebte. Die Besetzung der Tschechoslowakei 1968 war reine zaristische Politik. Sie machte es notwendig, das 19. Jahrhundert erneut zu durchdenken. Und hier in Kaschgar konnte ich jetzt das große Spiel von der Rückseite her sehen.

Das Vergangene wird lebendig. Wenn ich über die Kämpfe zwischen Dänemark und Schweden im 17. Jahrhundert schreiben sollte, ist es wahrscheinlich, daß ich die Kämpfe eher allgemein schildern und stärker das Leiden der Menschen zeigen würde; es ist weniger wahrscheinlich, daß ich die Politik Schwedens und Dänemarks aufgreifen würde. Das ist möglich, aber es ist falsch. Sicher ist, daß die Art, in der ich das große Spiel 1960 schilderte, jetzt unzulänglich geworden ist. In einer Lage, in der Moskau immer deutlicher in den Spuren des Zarismus weitergeht, wird die Politik des Zarismus wichtig. Das Tagesgeschehen verändert die Wirklichkeit des Vergangenen nicht, wohl aber die Sicht des Vergangenen.

Es geht nicht um irgendwelche abstrakten Fragen. Nehmen wir zum Beispiel die Grenzfrage. Wer verstehen will, warum der Kreml heute mit der Behauptung, China fordere Sibirien und wolle große Stücke der Sowjetunion an sich reißen, ein derartiges Sperrfeuer gegen China eröffnet hat, der muß die zugrundeliegenden Dokumente studieren. Daß sie schmachvoll waren, und daß China sie heute als schmachvoll erlebt, ist klar. Es dürfte den Kreml nicht besonders viel kosten, Marx und Engels in der Schimpflichkeit dieser Verträge zuzustimmen und mit Lenin der Ansicht zu sein, daß sie revidiert werden sollten, wenn China sich bereit erklärte, die Grenze so zu akzeptieren, wie diese Verträge sie gezogen haben. Das wäre nicht nur eine anständige Politik, sie würde auch den Interessen der Bevölkerung auf beiden Seiten der Grenze dienen und die Tradition von Marx und Lenin erfüllen. Aber die sowjetische Propagandawelle gegen China wird voll begreiflich, wenn man die heutige Außenpolitik des Kremls als eine Fortsetzung der Politik des Zaren sieht.

Denn aus den Dokumenten geht hervor, daß die Truppen, die jetzt den Pamir halten, das ohne Stütze durch einen internationalen Vertrag tun. Das wäre keine größere Schwierigkeit. Aber zu erkennen, daß das Problem gelöst werden kann und daß es überhaupt ein Problem zu lösen

gibt, würde für die Führer des Kreml ungefähr so viel bedeuten, wie wenn sie eine Schleuse öffneten. Wenn China erreicht, daß ein ungerechter Vertrag annulliert wird — was dann mit Japan? Und Rumänien? Und wie steht es mit Polen? Indem der Kreml die Politik des Zaren einschlug, hat er sich in eine Zwangslage gebracht.
Ich gehe hinein, um Gun zu wecken. Aber sie ist schon wach. Sie liegt im Bett und liest.
»Bist du die ganze Nacht aufgewesen?« fragt sie.
»Es wird ein warmer Tag«, sagt sie dann.
Als wir alles gepackt haben und den Frühstückstee trinken, sagt sie:
»Es ist ganz klar, daß die Russen Kaschgar haben wollen. Kaschgar und Ili sind die reinen Kornkammern. Was sagte Rakmov gestern? Die vorhandenen Reichtümer geben die Möglichkeit, das Ackerland auf das Dreißigfache zu erweitern und den Ertrag zu vervielfachen. Es geht nur darum, in Kaschgar das Wasser rationell und wirtschaftlich auszunutzen und ordentliche Dämme und Kanäle zu bauen. Kaschgar ist schon jetzt ein reiches Ackerbaugebiet, und es kann unermeßlich reich werden. Aber diese Technik gab es schon vor 100 Jahren. Kein Wunder, daß Petrowskij hier im Konsulat saß und intrigierte!«

13
Yipek Yoli

Der rote Wind bläst staubig und heiß über Kaschgar. Ich habe eine große Schale Sauermilch gegessen und einen Eimer kaltes Wasser über den Kopf gegossen, aber ich spüre noch denselben Durst im Hals, und die Haare sind schon wieder knisternd trocken. Wir verstauen das Gepäck. Verschnüren die Schreibmaschine, die aufgehen will, breiten weiße Baumwolltücher über Guns Fototaschen.
Es ist noch früh. Der Asphalt glänzt vom Wasser, wo die Tankwagen des Straßenamts vorbeigefahren sind und den Staub des gestrigen Tages abgespült haben. Wir fahren ins Zentrum. Gun will vier Messer kaufen, die in Kaschgar geschmiedet wurden. Sie hatte beim Frühstück eine Liste zusammengestellt:
»Das für den Onkel, das für die Tante...«
Auf dem Hinweg überholen wir drei Lastwagen, die von Pakistan herunterkommen und jetzt am Morgen das letzte Stück über die Ebene nach Kaschgar gefahren sind. Die Autos sind staubig. Die Fahrer winken.
»Wir kennen uns hier ja alle«, sagt unser Fahrer. »Ich bin diese Route gefahren. Man muß ein gültiges Gesundheitszeugnis haben, bevor man aufbrechen kann. Herz und Lunge und so. Wenn das Wetter oben im Gebirge schlecht ist, kann es manchmal ziemlich kritisch werden.«
Kaschgar ist natürlich immer noch eine Handelsstadt. Die Basarreihen in den Straßen hinter der Moschee erwachen. Die Läden werden aufgeklappt. Dahinter arbeiten Fahrradreparateure und Schuhmacher, Goldschmiede, Schneider und Kupferschmiede.
»Aber die Eigentumsformen verändern sich«, sagt Abdulla. »Wir erlauben es dem Kapitalismus nicht, wieder Wurzeln zu schlagen und heranzuwachsen. Die Handwerker haben Kooperativen gebildet.«
Auf dem Marktplatz glänzt der Asphalt vom Wasser nach der morgendlichen Straßenreinigung.
Das große Kaufhaus hat geöffnet. Es füllt sich bereits mit Menschen. Sie sind aus den Dörfern gekommen, um in Kaschgar einzukaufen.
Eine junge Frau mit Kopftuch und großblumigem Rock schließt gerade die großen Doppeltüren des Geschäfts für Kunsthandwerk auf.
»Sie ist Kasachin«, sagt Gun. »Sieh dir ihre Stiefel an!«
Hinter den breiten Schaufenstern auf den Marktplatz hinaus liegen hübsche Stickereien, kunstvoll geschmiedete Kaschgardolche, Geräte, Schmuck und Silberarbeiten auf Teppichen mit Farben von starker Leuchtkraft und Tönen in Blau und Rosa. Die Muster sind auffallend und frei.

»Aber die Teppiche kommen aus Chotan«, sagt Abdulla.
»Mit der Zeit werden die Kaufhäuser und ihre kooperativen Verkaufszentralen die Aufgaben des Basars übernehmen«, sagt Rakmov. »Auch die Alltagssitten ändern sich allmählich. In den Oasen, die kleiner sind und weiter draußen liegen, sind die Basare noch, was sie früher in Kaschgar waren. Allerdings sind natürlich die Unsitten verschwunden. Aber hier verändert es sich. Kaschgar ist auf dem Weg, eine moderne Stadt zu werden, eine Großstadt. Die meisten jüngeren Menschen gehen heute lieber in die Kaufhäuser zum Einkaufen, wenn sie in die Stadt kommen. Weißt du, hier im Kaufhaus gibt es nicht nur ein oder zwei oder zehn verschiedene Transistorradiomodelle. Hier gibt es vielleicht zwanzig verschiedene Modelle. Hier gibt es nicht nur Armbanduhren aus Sinkiang, hier gibt es Armbanduhren aus Schanghai und Peking und anderen Orten. Hier gibt es Waren aus Pakistan und aus ganz Sinkiang und ganz China. Die Warenversorgung ist wichtig, denn sie dient dem Volk. Wenn die Leute von den entfernten Produktionsbrigaden hereinkommen, gehen sie gern ins Kaufhaus. Es ist auch wie eine Ausstellung. Hier zeigen wir, was wir produzieren können.
Die Kaufkraft des Volkes hier im Distrikt Kaschgar ist heute 78mal größer, als sie 1949 war. Die Leute kaufen teure Konsumartikel wie Nähmaschinen und Fahrräder und Armbanduhren und gute Transistorgeräte, mit denen sie die ganze Welt hereinbekommen. Sie sparen, um diese Dinge zu kaufen. Die Einkommen sind gesichert, und wir fördern das Sparen. Die Bankguthaben des Volkes sind heute 350mal größer als 1950. Aber es geht auch darum, dafür zu sorgen, daß es Waren gibt, und daß die Waren eine gute Qualität halten. Das ist eine politische Frage.
Sicher gibt es Schwierigkeiten. Das Heiratsalter zum Beispiel. Wir haben es jetzt im allgemeinen auf 20 Jahre angehoben. Aber das ist immer noch zu niedrig. Für die Revolution ist das eine wichtige Sache. Die Frauen sind der halbe Himmel. Der alte Brauch der jungen Ehen, wo die Mädchen Hausfrauen werden, bevor sie noch selbständig werden konnten, lebt weiter. Aber wir müssen ihn auf die richtige Art bekämpfen. Denn gerade in solchen Fragen greifen die reaktionären Kräfte sehr hart an. Der Klassenfeind sagt zu den Kleinbauern nicht, sie täten ihm leid, weil sie nun eine 78mal größere Kaufkraft haben, seit sie sich von Gutsherrschaft und Wucherern befreiten. Das geht nicht. Aber sie schicken reaktionäre religiöse Gestalten vor, die flüstern, es sei unsittlich, daß Mädchen in die Schule gehen und selbständig werden und sich selbst ernähren, anstatt sich schon zu verheiraten, wenn sie fast noch Kinder sind.
Das müssen wir sehr ernst nehmen. Wenn wir Fehler machen, wird es dem Klassenfeind gelingen, die Einigkeit des Volkes zu zerstören. Wir

gehen es langsam und behutsam an. Aber wir müssen den Frauen jede Stütze im Kampf für Gleichberechtigung und Freiheit geben. Das bedeutet, daß wir niemals auf die Forderung nach Freiwilligkeit und gegenseitiger Liebe als dem einzigen Grund für eine Ehe verzichten dürfen und daß wir danach streben müssen, das Heiratsalter zu erhöhen.«

Als wir aus dem Stadtkern herausfahren, öffnen sich die breiten neuen Esplanaden. Die jungen Pappeln stehen in einer Linie und werden zur Allee. Sie sind in Doppelreihen an den offenen Rinnsteinen gepflanzt worden, in denen Wasser zu den Gärten der Stadt fließt. Die Rinnsteine im Innern Asiens sind keine Abflüsse, sondern Bewässerungskanäle.

»Da liegt der neue Bahnhof«, sagt Rakmov. »Er wird in allernächster Zeit fertig. Wenn die Eisenbahnlinie für den regulären Verkehr geöffnet ist, wird alles leichter. Dann wird es auch möglich, die Industrialisierung voranzutreiben. Hier bedarf es großer Leistungen, wenn es uns gelingen soll, die Landwirtschaft so zu entwickeln, wie wir es hoffen. Sonne haben wir, und Land haben wir, und Wasser haben wir tatsächlich auch. Wir müssen nur Arbeit und Pflanzen und Maschinen und Phosphat und Ammoniumsulfat dazutun.«

Hier von Kaschgar aus ging die alte Handelsstraße von China in die Länder im Westen. Diese reiche Ackerbaugegend zwischen der großen Wüste und den hohen Bergen war einer der wichtigen Umschlagplätze, und im Basar von Kaschgar trafen sich die Kaufleute aus ganz Asien. Nach Kaschgar kamen die Karawanen auf zwei großen Straßen von Osten her. Diese Straßen umgingen die gewaltige Wüste an beiden Rändern. Die eine führte nördlich um die Wüste und verband die Oasen am Fuße des Tien Schan. Dort wird jetzt die Eisenbahn gebaut. Schon reicht sie von Urumtschi herunter nach Korla am Bagrasch-kul. Dann führt sie am Fuß des Gebirges weiter über Kutscha und Aksu nach Kaschgar.

»Die Tunnelarbeiten brauchen ihre Zeit«, sagt Rakmov. »Stellenweise ist es genauso schwer gewesen, die Eisenbahn hier in Sinkiang zwischen Urumtschi und Kaschgar zu bauen, wie es der Bau der Strecke von Tschengtu in Szetschuan nach Kunming in Yünnan war. Wir hatten viele technische Probleme bei schwierigen Tunnelbauten zu lösen. Wir begannen den Bau schon nach der Befreiung zu planen, und 1958 begann die gründlichere Planung. Aber ernsthaft in Gang kam der Bau erst später. Die Bahn soll 1985 für den Verkehr freigegeben werden. Dann soll sie auch völlig fertig sein.«

Aber nicht nur nach Kaschgar wird eine Bahnverbindung eingerichtet. Die Bahnlinie soll rund um das ganze Tarimbecken geführt werden. Sie wird jetzt weiter nach Chotan gebaut und soll dann über Kerija und Nija weiter nach Osten führen. Die Straße südlich der Takla-makan, an der die Bahnlinie nun weitergezogen wird, ist die ältere der zwei großen

Handelsstraßen von Kaschgar nach Osten. Sie ist eine der Straßen der Menschheit, eine der Straßen, die älter als alle Geschichte sind.
Über diesen Weg über die Berge und Wüsten hielten die Völker an Euphrat und Tigris, am Mittelmeer und am Nil Verbindung mit dem Volk um den Gelben Fluß, lange bevor die Chroniken der geschriebenen Geschichte begannen, von Reisen und Gesandten und Heerzügen zu berichten.
Hier von den Bergen im Pamir aus wurde vor 5000 Jahren Lapislazuli in Badachschan geholt und in den Westen nach Sumer und Ägypten gebracht. Jade aus Chotan wurde an den Gelben Fluß gebracht. Als die Straße zum erstenmal in den Chroniken beschrieben wurde, war sie schon uralt.
Es ist jetzt 100 Jahre her, daß die Straße den Namen erhielt, unter dem wir sie kennen: ›Seidenstraße‹. 1877 hielt der Professor der Geographie an der Universität Bonn, Ferdinand Freiherr von Richthofen, seine Vorlesung: ›Über die zentralasiatischen Seidenstraßen bis zum 2. Jahrhundert n. Chr.‹ Richthofen war einer der Begründer der physikalischen Geographie. Der Name, den er der Straße gab, war ein geeigneter Name. In der Buchhandlung in Chotan kaufe ich Plakate und Bücher ein. Da finde ich auch ein Buch über neuere Textilfunde bei Ausgrabungen entlang der Seidenstraße. Der Titel ist ›Yipek Yoli‹ — ›Die Seidenstraße‹.
Bei den Fußnoten sehe ich Hinweise auf den großen französischen Sinologen Edouard Chavannes und auf Berthold Laufers grundlegende Arbeit ›Sino-Iranica‹ von 1919. Ich weiß, daß man zur Zeit eine chinesische Ausgabe von Joseph Needhams Monumentalwerk ›Science and civilization in China‹ vorbereitet. China respektiert die Forscher, die dazu beigetragen haben, die Wissenschaften zu entwickeln. Jene Sinologie dagegen, die in das Nachrichtenwesen der Supermächte eingeht oder als ideologische Verkleidung des Imperialismus, Kolonialismus oder Rassismus in verschiedenen Formen verwendet wird, betrachtet man in China als feindliche und im Grunde unwissenschaftliche Tätigkeit.

14
Ein Gespräch über Seide

Wir brauchen nicht bei den römischen Kaisern zu beginnen. Nehmen wir König Heinrich VIII. von England! Wenn er sich richtig fein kleiden wollte, dann zog er seine seidenen Kniehosen an. Seine Tochter Elisabeth wurde eine so mächtige Herrscherin, daß sie selbst an Werktagen ihre schwarzen gestrickten Seidenstrümpfe tragen konnte. Deswegen war sie an den europäischen Fürstenhöfen beneidet und berühmt.
Nichts ist wie Seide. In der schwedischen Sprache haben wir zwei Begriffe dafür — *siden* und *silke. Siden* ist der Stoff und *silke* das Garn. Aber die Bedeutung der Wörter geht ineinander über und deckt sich. *Silke* kam als Stoff und als Wort die großen Flüsse längs der Handelswege durch Osteuropa herauf; man hat Stoffreste in Gräbern aus der Wikingerzeit gefunden. *Siden* kommt als Wort und als Stoff aus dem Süden. Ursprünglich kamen jedoch Wort und Sache aus China, dem Land der Serer. Sie wurden Serer genannt, denn Seide hieß in ihrer Sprache ›se‹.
Seide ist das vornehmste aller textilen Materialien. Es ist leicht — es ist kräftig. Es ist kühl — es wärmt. Ungefärbt hat es einen lebendigen reinen Ton — gefärbt bekommt es ein tiefes Leuchten. Es ist angenehm zu tragen — es ist schön anzusehen. Es schützt, ohne zu kleben — es läßt den Körper atmen, ohne ihn auszukühlen. Die dicksten geknüpften Teppiche werden mit Seide am schönsten — der dünnste Flor wird in Seide haltbar. Nichts ist wie Seide. Richtige Seide. Sahnegelb und weich. Gesponnen von der Raupe des echten Maulbeerspinners *Bombyx mori.* Ein Haustier seit 5000 Jahren.
Seide gibt es an sich in vielen Arten. Das Spinnennetz ist Seide. Es gibt eine Anzahl von Schmetterlingen, die sich in Kokons einspinnen, wenn sie sich verpuppen wollen, die man verwerten kann. Viele von ihnen sind wild; in Bengalen und anderswo macht man Rohseide aus Puppen, bei denen der Faden zu dünn ist, um sich abrollen zu lassen. Er wird gekrempelt und gesponnen. Aber der richtige Maulbeerspinner lebt von Maulbeerblättern und kann gezüchtet werden. *Bombyx mori* ist ein domestizierter Seidenspinner, der seit Jahrtausenden mit dem Menschen lebt und nur als Haustier leben kann.
Die Eier, die das Spinnerweibchen legt, sind äußerst klein. Sie wiegen ungefähr 0,9 mg. Sie können längere Zeit aufbewahrt werden, wenn man sie kühl hält. Zum geeigneten Zeitpunkt — wenn es die ersten Maulbeerblätter gibt — wird die Temperatur auf +28° C erhöht. Nach zehn Tagen bis drei Wochen schlüpfen die Larven. Sie bekommen jetzt frische Maulbeerblätter. Sie entwickeln sich unglaublich schnell, und

nach einem Monat und vier Häutungen sind die ausgewachsenen Raupen ungefähr 6 cm lang. Dann spinnen sie sich ein. Wenn der Kokon nun in Ruhe gelassen wird, brechen die Schmetterlinge nach einigen Wochen aus den Puppen. Graue und unansehnliche geflügelte Insekten, die sich paaren, sich vermehren und sterben.
Die Kokons, die in die Seidenherstellung gehen, werden abgelöst, sie werden durch Hitze getötet und getrocknet. Dann werden sie sortiert; Kokons, die Zeichen von Krankheit aufweisen, werden ausgelesen. Kokons von gleichem Aussehen werden in Serien gesammelt. Sie werden in heißes Wasser gelegt, das sich jedoch nicht dem Siedepunkt nähern darf; wenn es zu kalt ist, zerfällt der Kokon und kann nicht verwendet werden. Sie werden gebürstet, und das äußerste Fadengewirr löst sich. Übrig bleibt ein kleines Knäuel auf einem festen Kern. Dieses Knäuel wird nun abgewickelt. Der Faden, der verwendet wird, ist sehr fein; er ist zwischen 300 und 900 Metern lang, und beim Aufspulen werden fünf bis sieben Fäden zusammengeführt, damit der Faden grob genug wird und eine zur Verarbeitung ausreichende Stärke bekommt.
Die Voraussetzung für eine Seidenherstellung auf diese Art ist eine hochentwickelte Landwirtschaft, eine hochentwickelte Technik und eine ausgearbeitete wissenschaftliche Tradition. Der Sprung vom Sammeln der Kokons draußen in den Wäldern, dem Auflösen in heißem Wasser, dem Krempeln und Spinnen, um Rohseide zu erhalten, zum Züchten von Maulbeerspinnern und der Herstellung der Seide ist groß.
Es ist jedoch mehr als nur sorgfältige Züchtung von Maulbeerbäumen, die Möglichkeit zur ordentlichen Regulierung der Temperatur und standardisierte Routine notwendig. Auch das Aufspulen, das die Seide von den verschiedenen Formen von gekrempelter und gesponnener Rohseide unterscheidet, erfordert Maschinen, eine entwickelte Technologie.
Es waren die hochentwickelte chinesische Wissenschaft und Technologie, die den Sprung zur Seidenherstellung ermöglichten. Sie waren selbst das Ergebnis des Kampfes des arbeitenden chinesischen Volkes um eine gesteigerte Produktion. Die Seidenherstellung schuf dann neue Forderungen, welche die Technologie vorantrieben.
Die grundlegenden Erfindungen und die großen wissenschaftlichen Durchbrüche werden nicht in isolierten Studierzimmern, sondern vom arbeitenden Volk in der Produktion erreicht. Diderot verstand das, denn er und die anderen Enzyklopädisten waren Repräsentanten des aufsteigenden europäischen Bürgertums. Deshalb interessierte er sich für die Wirklichkeit der Produktion. Zu seiner Zeit waren die Intellektuellen des chinesischen Feudalismus in Mandarinat und Überfeinerung erstarrt und ein Hemmschuh für Chinas Entwicklung geworden. Heute kann man einen Nachmittag in Chotan sitzen und mit chinesischen Intellektuellen verschiedener Nationalitäten reden, und sie sprechen von

der Kurbel, dem Treibriemen und dem Exzenter mit derselben Faszination wie einst Diderot. Die europäischen Intellektuellen dagegen sprechen von Schönheit und Tradition und Kunst wie einstmals die feudalen Mandarine in China.
Das Problem war ja, aus einem kleinen klebrigen Knäuel von ungefähr 3 cm Länge und 2 cm Durchmesser einen Faden abzuwickeln, der fast 1000 Meter lang ist. Vor Beginn unserer Zeitrechnung hatten die chinesischen Bauern sich das Prinzip der Kurbel zunutze gemacht und die kurbelgetriebene Getreideschwinge konstruiert. Die Kurbel war eine Erfindung von ganz grundlegender Bedeutung. Aus dem 11. Jahrhundert gibt es auch die erste gedruckte Beschreibung von einer Seidenaufspulmaschine, die Fußpedal (als Kurbel) und Treibriemen verwendet, um Seidenfäden von den Kokons abzuspulen.
Der Seidenabfall wurde mit Spinnrädern gesponnen, eine Erfindung der indischen Baumwollzüchter.
»Du siehst«, sagte Tschin Tsching, »das Volk ist die treibende Kraft in der Weltgeschichte, wie der Vorsitzende Mao gesagt hat. Das gilt auch für die Technologie der Seide.«
Es war Nachmittag in Chotan, und wir saßen im Sitzungsraum des Revolutionskomitees und diskutierten über die Seide und ihre Geschichte in Chotan. Tschin Tsching war dabei; er unterrichtete an der Lehrerhochschule in Chotan.
»Wir sind ein paar Leute, die öfter zusammenkommen, um Probleme der Geschichte Chotans zu erörtern. Es kann sich um Themen wie die Deutung alter Texte oder um neue archäologische Funde handeln, aber es können auch Probleme im Umkreis der sozialen Situation und des Klassenkampfes um die Jahrhundertwende sein. Ich habe an der Universität Geschichte studiert und unterrichte auch an der Lehrerhochschule Geschichte, aber diese Diskussionen haben nicht direkt mit der Schule zu tun. Wir sind persönlich interessiert und haben verschiedene Erfahrungen und treffen uns, um die Probleme zu erörtern. Natürlich ist dies eine politische Aufgabe. Es berührt schließlich den Kampf um den Überbau.«
Die beiden anderen Teilnehmer waren Abdur Rahman, ein älterer Techniker an der Versuchsanstalt für Seidenraupenzucht, und Jo Li-Tschun, der in der Industrie- und Verkehrsabteilung des Distrikts Chotan arbeitete.
»Gute Seide hängt von guten Kokons ab«, sagte Abdur Rahman. »Zwei Dinge sind für gute Kokons nötig: die Erfahrung des Volkes und ein geeignetes Klima. Von diesen beiden ist die Erfahrung des Volkes am wichtigsten.
Heute haben wir in China Maulbeerbäume von Hainan im Süden bis Heilungkiang im Norden, von Schantung im Osten bis hier bei uns in

Chotan im Westen. Die echte Seidenraupe kommt aus China und hat sich dann über die Welt verbreitet.
In den ältesten Zeiten war sie wild. Die Menschen sammelten Kokons. Dann begannen sie, bewußte Zucht zu treiben. Das war ein großer Schritt nach vorne. Der Kokon, den wir heute kennen, ist kein Naturprodukt. Er ist gezüchtet. Wir haben Kokons in Gräbern aus der jüngeren Steinzeit gefunden. Schon vor 5000 Jahren hat man angefangen, die Seidenraupen zu nutzen. Das kann man auch an anderen Dingen sehen; es gibt Schmuckmuster, die auf die Form und das Verhalten der Seidenraupen zurückgehen. In der chinesischen Sprache kommen auch die Zeichen für Seide und Maulbeerbaum schon sehr früh vor.
Das Zentrum war das Tal des Gelben Flusses. Dann das Jangtsetal und Szetschuan. Es gibt eine Chronik über eine chinesische Prinzessin, die im 5. Jahrhundert unter der Nördlichen Wei-Dynastie Seidenspinnereier hierher schmuggelte, und so begann hier die Seidenraupenzucht, aber die Seide ist bei uns noch älter. Von hier breitete sich die Seidenraupenzucht dann nach Westen aus. Die Seidenstraße war ein Weg des Kulturaustausches. Die Seide verbreitete sich von Chotan nach Indien und Persien und weiter nach Westen über die Welt.«
»1959 öffneten wir ein Grab nördlich von Nija«, sagte Jo Li-Tschun. »Es gehörte einem Herrscher aus Nija, einem Großen des Ortes. Wir fanden zwei Särge. Die Leichen waren mumifiziert. Es ist ja trocken hier. Ein Mann und eine Frau. Die Frau war in Seide gekleidet. Das Muster im Stoff bestand aus Schriftzeichen. Der Fund stammte aus der Zeit der Östlichen Han-Dynastie, also aus den ersten zwei Jahrhunderten der christlichen Zeitrechnung.«
»Chotan ist während eines langen Zeitraumes ein wichtiges Zentrum in China gewesen«, sagte Tschin Tsching. »Hier war China mit Zentralasien und Europa verbunden. Die Seidenkarawanen spielten eine große Rolle. Auf diesem Weg wurde die Seide als Stoff hierher verbreitet.
Auf seinem Heimweg kam General Tschang Tschien hier vorbei, und seitdem hatten wir geregelte Verbindungen. Gesandte vom kaiserlichen Hof brachten Seide als Geschenk für die örtlichen Herrscher mit. Diese schickten Söhne zum Studieren an den Hof in Tschangan, dem heutigen Sian, und der Herr über Chotan war der erste örtliche Herrscher im Tarimbecken, der nach seinem Besuch in der Hauptstadt auch zum kaiserlichen Beamten ausersehen wurde. Es war unter der Westlichen Han-Dynastie, als die Straße richtig organisiert wurde. Chotan war ein wichtiger Ort an dieser Strecke.
Die südliche Straße verlief von Tunhuang hierher nach Chotan und dann über Jarkend nach Persien und weiter. Daß diese Straße sicher für den Handel wurde, bedeutete größeren Kontakt zwischen den Ländern. Der Handel nahm zu, der gegenseitige Kulturaustausch wurde größer,

und es kam zu gegenseitigen Besuchen. China exportierte verschiedene Waren in den Westen, aber in der Hauptsache war es Seide. Die Karawanen waren groß. Sie umfaßten mehrere 100 Personen. Die Reise dauerte lange. Man mußte alles in allem acht bis neun Jahre für eine Reise von Tschangan nach Persien oder Nordindien und zurück rechnen. In dieser Zeit kamen viele Kaufleute aus dem Westen nach China, um Seide zu kaufen. Sie ließen sich längs der Handelsstraßen und in Tschangan nieder.

Es war ein Luxushandel. Ehe die Seide Rom erreicht hatte, war ihr Preis so gestiegen, daß sie mit ihrem Gewicht in Gold bezahlt wurde. Wir haben eine ganze Anzahl von Funden von Seidenstoffen längs dieses Handelsweges gemacht. Besonders nach der Befreiung haben unsere Archäologen den Handel mit Hilfe dieser Stoffreste belegen können. Die Funde bei Nija gehören also zu einer ganzen Serie ähnlicher Funde. Wir wissen daher, daß Seidenstoffe vor Beginn unserer Zeitrechnung unter der Westlichen Han-Dynastie nach Chotan geschickt wurden. Das geht aus den Quellen hervor, und wir wissen auch, daß Seidenstoffe unter der Östlichen Han-Dynastie gleich nach Beginn unserer Zeitrechnung von der herrschenden Klasse hier in Chotan benutzt wurden. Und wir wissen weiter, daß sich die Kenntnis von der Seidenraupenzucht und der Seidenherstellung durch Chotan weiter nach Westen ausbreitete.

Die Frage, wann die Annahme von Geschenken aus Seide und der Transport von Seide und die Benutzung von Seide in die tatsächliche Zucht von Seidenraupen und die Herstellung von Seide umschlugen, ist nicht so leicht zu beantworten. Es handelt sich nicht nur um eine einzige Erfindung, es handelt sich um die zusammenhängende Einheit einer Vielzahl unterschiedlicher Kenntnisse von der Pflege des Maulbeerbaumes und der richtigen Art, die Raupen zu behandeln, bis zur Kunst, den Seidenfaden vom Kokon abzurollen. Wir können noch nicht sagen, wann Chotan zur Seidenherstellung überging.

Chotan erkannte die Oberhoheit des Kaisers frühzeitig an. Seine Herrscher verbrachten lange Perioden in der Hauptstadt. Die Kontakte waren lebhaft. Die einheimischen Münzen wurden nach dem Muster der Han-Dynastie geprägt, und das Verwaltungssystem und die Titel der Beamten folgten dem Vorbild des Kaiserreichs. Der kulturelle Einfluß war stark. Auch in der Zeit nach dem Fall der Han-Dynastie wurde die Seidenstraße offengehalten, und die Nördliche Wei-Dynastie suchte die Verbindungen mit Persien zu stärken und hielt den Weg über Chotan offen. In dieser Periode wurde Chotan ein Zentrum der Seidenherstellung.

Unter der Tang-Dynastie blüht Chotan. Von Tschangan führen damals große Straßen nach Westen. Eine Straße geht nördlich des Tien Schan am heutigen Ining und Ili vorbei; eine geht direkt südlich des Tien Schan

nach Kaschgar und weiter nach Westen; eine geht hier durch Chotan und teilt sich dann in zwei. Die eine Straße vereinigt sich mit der, die durch Kaschgar geht, und verläuft dann mit ihr gemeinsam nach Persien und weiter nach Westen. Die andere biegt über die Bergpässe ab hinunter ins Industal, und dort unten am Meer werden die Waren auf Schiffe umgeladen, die in die westlichen Länder segeln.
Die beste Schilderung von Chotan, die wir aus dieser Zeit haben, stammt von Hüan Tsang. Er war in Indien gewesen, um die Religion zu studieren und buddhistische Schriften zu holen. Er verbrachte ein wenig mehr als ein halbes Jahr hier im Winter 644/45, dann zog er mit einer Karawane weiter nach Osten. Chotan stand damals unter der Souveränität des Kaisers, und Hüan Tsang, der dem Verbot des Kaisers, China zu verlassen, getrotzt hatte, wartete hier darauf, Vergebung für seinen Trotz zu erhalten und die Erlaubnis zu bekommen, mit den Schriften nach China zurückzukehren. Der Kaiser hieß ihn dann herzlich willkommen, und er kam irgendwann im Frühjahr 645 nach Tschangan. Während er dann an der Übersetzung der Schriften, die er mitgebracht hatte, arbeitete, diktierte er gleichzeitig einem Mönch seine Reiseaufzeichnungen. Dieser Mönch redigierte sie dann zu einem zusammenhängenden Bericht. Hüan Tsang war nicht der erste buddhistische Mönch, der mit heiligen Schriften aus Indien durch Chotan kam. Ganz im Gegenteil. Hier wanderten viele Mönche und Pilger durch. Er war nicht einmal der erste, der seine Reise beschrieb. Fa Hsien kam im Jahr 400 auf dem Weg nach Indien hier vorbei, und er beschreibt Chotan als ›ein reiches und glückliches Land mit einem wohlhabenden Volk. Alle Einwohner sind Buddhisten und erfreuen sich ihres Glaubens.‹ Aber das ist auch alles, was er von Chotan sagt. Der Rest sind religiöse Beschreibungen von reichen Klöstern und Zeremonien und von den Schwierigkeiten der Reise durch die Wüste. Sie sind an und für sich wertvoll, berichten aber nichts über die Seide. Hüan Tsang dagegen oder der, welcher den Bericht aufzeichnete und redigierte, versuchte, ebenso genau und sorgfältig wie die Historiker zu sein, als sie ihre Berichte über fremde Länder schrieben.
Er beschreibt Chotan als ein Land, das größtenteils aus Sand- und Geröllwüste besteht. Aber der brauchbare Boden, der begrenzt ist, ist besonders fruchtbar und gibt reiche Ernten und viele Früchte. In Chotan werden Teppiche, Decken und feine Seidenstoffe hergestellt. In Chotan wird auch weiße und schwarze Jade gewonnen. Das Klima ist angenehm, aber es gibt Sandstürme. Die Sitten sind freundlich, und das Handwerk hat einen hohen Stand. Das Volk ist wohlhabend und hat feste Siedlungen. Musik wird geschätzt, und das Volk liebt Gesang und Tanz. Einige wenige gehen in Häute und Wolle gekleidet, aber die meisten tragen Seide und Stoffe.

Er berichtet, daß sie Buddhisten sind und 5000 Mönche haben und daß die Schrift der indischen ähnlich ist. Hüan Tsang erzählt auch, wie die Seide nach Chotan kam. Sein Bericht ist später sehr bekannt geworden. In alten Tagen — sagt Hüan Tsang — wußte man nichts von Maulbeerbäumen und Seidenraupen. Aber man hörte, daß das Land im Osten diese Dinge hatte. Deshalb schickte man eine Gesandtschaft und fragte nach der Seidenkunst. Aber der Kaiser wollte sie als Geheimnis behalten und wollte keinen anderen wissen lassen, wie die Seide hergestellt wurde. Er ließ alle Grenzstationen bewachen und verbot es, Maulbeersamen oder Seidenspinnereier aus seinem Reich auszuführen. Der König von Chotan bat dann darum, eine Prinzessin aus dem Kaiserhaus als Zeichen seiner Treue und Untertänigkeit heiraten zu dürfen. Der Kaiser willigte freundlich in diesen Wunsch ein. Dann schickte der König von Chotan einen Gesandten zu der kaiserlichen Prinzessin und bat den Gesandten auszurichten, daß es in Chotan weder Maulbeerbäume noch Seidenraupen gab. Wenn sie in Seidenkleidern gehen wollte, müßte sie zusehen, daß sie Samen und Eier mitnahm, damit sie sich anmutige Kleider arbeiten lassen konnte.
Die Prinzessin hörte das und dachte darüber nach, dann verschaffte sie sich heimlich Maulbeersamen und Seidenspinnereier und verbarg sie in ihrer aufgetürmten Frisur. Als sie an die Pforte kam, untersuchten die Wachen sie gründlich, aber sie wagten nicht, ihren Haaraufbau zu untersuchen. Die Prinzessin wurde mit großem Prunk zum königlichen Palast geleitet und brachte also den Maulbeersamen und die Seidenspinnereier dorthin. Im Frühjahr ließ sie den Samen aussäen, und als die Zeit kam, in der die Raupen schlüpfen, sammelte man Laub für sie. Aber am Anfang war man gezwungen, sie mit allen Arten von Laub zu füttern. Erst nach und nach gab es richtige Maulbeerblätter für sie. Da ließ die Königin eine Inschrift in Stein hauen, die besagte: ›Es ist verboten, Seidenraupen zu töten. Erst wenn die Schmetterlinge ausgeflogen sind, kann man die Seide einsammeln.‹
Dieser Bericht deutet darauf hin, daß man zuerst Rohseide verwendete, gesponnene Seide, bevor man zu richtiger Seide überging. Aber man muß sich daran erinnern, daß dies von buddhistischen Mönchen geschrieben wurde, die auf Grund ihrer religiösen Ideologie dagegen waren, daß man Seidenraupen im Kokon tötete. Es ist schwer zu sagen, in welchem Maße Hüan Tsangs Bericht hier die tatsächliche Seidenherstellung in Chotan im 6. Jahrhundert widerspiegelt. Aber daß der Bericht von der Prinzessin, die mit Samen und Eiern kam, bekannt war, wissen wir. In Dandan-Oilik draußen in der Wüste stieß man bei Ausgrabungen 1914 auf eine Malerei. Sie zeigt, wie die Prinzessin mit einem Korb voller Kokons nach Chotan kommt. Ein Mädchen aus dem Gefolge zeigt auf die Turmfrisur der Prinzessin, und ein anderes Mädchen webt. Das ist

eines der Bilder, die für Chinas Geschichte wichtig sind. Aber Aurel Stein fand es in einer Zeit, als die Imperialisten China noch ausplündern konnten und unser historisches Erbe uns gestohlen wurde, um von Antiquitätenhändlern in Europa und Amerika verkauft zu werden oder in Museen in verschiedenen Städten des Westens zu landen. Wir respektieren und schätzen ausländische Forscher wie Joseph Needham, der mit seiner Arbeit unser Wissen um unsere eigene Geschichte gefördert hat. Auch unsere Forscher leisten Beiträge zur Erforschung anderer Völker. Aber wir meinen, daß diejenigen, die gestohlen und geplündert und Kulturdenkmäler entführt haben, Diebe sind, ob sie in China oder Griechenland oder Ägypten gestohlen haben. Das ist unser grundsätzlicher Standpunkt.«

Wir aßen dann Melonen mit Eis. Die Eisfabrik in Chotan arbeitete mit Hochdruck. Draußen auf allen Straßen standen Eisverkäufer. Tschin Tsching sagte:

»Du kannst ruhig draußen auf den Straßen Eis kaufen. Es ist völlig hygienisch. Es ist wichtig, dafür zu sorgen, daß die Menschen hier während des Sommers gutes und ungefährliches Eis bekommen können.«

Als wir zu Ende gegessen haben, fragte er: »Soll ich weitersprechen? Gut! Es gibt andere Versionen der Erzählung. In einer davon nimmt die Prinzessin ohne Wissen des Königs die Seidenspinnereier mit. Als die Raupen schlüpfen, beschuldigen die Minister sie vor dem König, kleine Giftschlangen aufzuziehen. Der König befiehlt, alle die kleinen Schlangen zu verbrennen, aber die Königin, die nicht wagt, dem König die Wahrheit zu erzählen — er weiß ja nicht, was Seide ist —, rettet einige von ihnen und zieht sie heimlich auf. Als sie dem König dann die Seide zeigt, wird er von Reue gepackt und beichtet einem Mönch seine Sünde. Um seine Sünde, so viele Seidenraupen verbrannt zu haben, zu sühnen, läßt er damals eine große Stupa bauen. Das soll sich unter der Östlichen Han-Dynastie ereignet haben. Diese Erzählung kommt aus Tibet. Sie berichtet auch, wie andere Könige in Chotan unter der Han-Dynastie Prinzessinnen vom Kaiserhof in Tschangan geheiratet haben.

Wenn du nach Tunhuang kommst, mußt du eine Höhle aus der Zeit der fünf Reiche im 10. Jahrhundert besuchen. Dort gibt es große Gemälde von der Hochzeit des Königs von Chotan, Li Scheng-tian, mit der Tochter des Herrschers von Tunhuang, des mächtigen Vizekönigs. So etwas ist viele Male in der Geschichte geschehen. Die Prinzessin, die in den Berichten vorkommt, hat wohl ihr Vorbild in vielen geschichtlichen adligen Mädchen aus dem Inland gehabt. Und in der eigentlichen Beschreibung liegt gewiß auch irgendein wahrer Kern. In jedem Fall spiegelt die Erzählung die tatsächlichen Verhältnisse wider, daß nämlich das Wissen sich zur Zeit des Anschlusses an China nach Chotan ausbreitete. Damals wurden auch die wirtschaftlichen Verbindungen stark.

Nach den schriftlichen Quellen wissen wir, daß die Seidenherstellung im 4. Jahrhundert unter der Wei-Dynastie beginnt. Damals wird das besonders in den offiziellen Chroniken hervorgehoben. Schon vorher dürfte es jedoch eine gewisse örtliche Seidenproduktion gegeben haben, und später während der Tang-Dynastie war sie so groß, daß sie erwähnenswert war. Chotan wurde einer der Seidendistrikte Chinas.
Es wird noch einige Zeit dauern, bis die Fragen geklärt sind, wie das zugegangen ist. Die Geschichte der Seide auf der europäischen Seite ist ebenfalls nicht geklärt. Es ist möglich, daß hier in der Mitte des 6. Jahrhunderts die zwei christlichen Mönche mit den in ihren Stäben versteckten Seidenspinnereiern durchgewandert sind. Wenn sie so lange in China waren, wie berichtet wird, dürften sie von der Prinzessin mit den Seidenspinnereiern in ihrem Haaraufbau gehört haben. Das gibt einem zu denken. Ganz sicher ist dieser Bericht wohl auch nicht, auch wenn wir wissen, daß Griechenland in der Zeit der Tang-Dynastie Zentrum einer eigenen Seidenproduktion war.
Das erfordert noch gründliche archäologische Studien. Es wird einige Zeit brauchen, bis wir die Verhältnisse aufklären können. Aber 1959 schickte das Museum in Urumtschi Leute her, die bei Nija Ausgrabungen vornahmen. Sie fanden ziemlich viel. Nicht nur Siegel der Han-Dynastie und Seidenstoffe und Münzen, sondern auch verschiedene Geräte und Werkzeuge, Stücke von Teppichen und gewachsten Baumwollstoff. Es wird noch eine Zeitlang dauern, bis alles ausgewertet ist. Erst nach der Befreiung konnte man beginnen, die alten Eisengruben aus der Han-Dynastie 25 Kilometer von hier in den Bergen zu untersuchen.«
»Chotan erbringt heute 60% der Seidenkokonproduktion in Sinkiang«, sagt Abdur Rahman. »In jedem einzelnen unserer sieben Kreise werden Seidenraupen gezüchtet. Unser Klima ist geeignet, und wir haben heute die besten Eier. Einige Brigaden kommen jährlich auf einen Verdienst von 10 000 Yüan für den Verkauf von Kokons an den Staat. Das ist also eine wichtige Nebenbeschäftigung.
Die Reaktionäre und die KMT hielten die Produktion niedrig. Die Jahre 1940 und 1941 waren recht gut, aber dann sank die Produktion. Das beruhte auf mehreren Faktoren. Teils war der soziale Druck auf die Züchter sehr stark. Teils waren damals verschiedene Arten billiger Kunstseide im Begriff, den Markt zu erobern. Seide lohnte nicht mehr, die Preise wurden gedrückt, und die Züchter gerieten in Not. Außerdem degenerieren die Eier nach einer gewissen Zeit. Man kann auf die Dauer keine hohe Qualität halten, wenn der Stamm isoliert wird. Auch wurden die Kokons von vielen Krankheiten befallen. Das alles wirkte zusammen. Aber eigentlich machte die soziale und politische Unterdrückung es unmöglich, den Niedergang der Produktion zu durchbrechen. 1949 betrug die Gesamtproduktion von Kokons im Distrikt Chotan nur 27 Tonnen.

Der Vorsitzende Mao Tse-tung betonte die Bedeutung der Seidenherstellung, und nach der Befreiung leitete die Partei die Arbeit mit großer Aufmerksamkeit und führte eine Vielzahl von Studienkursen durch. Jetzt produzieren wir 450 Tonnen Seidenkokons, und durch gezielte Kreuzung mit anderen Stämmen haben wir die Degeneration aufgehalten, die Qualität erhöht und die Krankheiten bekämpft.
Die Partei hat viel Arbeit auf die Pflanzung von Maulbeerbäumen verwandt. Seit der Befreiung haben wir 5 750 000 Bäume gepflanzt. Wir haben jetzt 5900 Baumschulen. Wir haben eigene Sorten und Sorten aus anderen Landesteilen. Insgesamt gibt es 136 verschiedene Sorten. Es kommt darauf an, sie auszuwählen und zu kreuzen und für jeden Ort den Baum zu finden, der das beste Ergebnis erbringt. Die Qualität der Seide hängt auch von den Blättern ab. Man muß das richtige Blatt für die Raupe zur richtigen Zeit auswählen. Die dunklen Arten eignen sich oft am besten für Raupen, die Seide zum Färben liefern sollen. Richtiger Glanz erfordert richtige Raupen auf den richtigen Blättern zur richtigen Zeit. Das kann man nicht aus Büchern lernen. Das erfordert Erfahrung und Anleitung. Deshalb sorgt die Partei dafür, daß die Jungen von uns lernen und unsere Erfahrungen weiterführen und nicht schludern.«
»Die feudale Ausbeutung führte zu schlechter Qualität und sinkender Produktion«, sagt Lo Li-Tschun. »Man kann sagen, daß sich die Seidenproduktion in Chotan während der ganzen Tsching-Dynastie und der Zeit der Warlords und unter Scheng Schi-tsai und der KMT im Niedergang befand. Chotan hätte beinahe aufgehört, ein Zentrum der Seidenherstellung zu sein. Ja, ganz China ging zurück und wurde aus dem Weltmarkt verdrängt.
Die Seidenweber konnten es sich nicht leisten, die Seide zu tragen. Das war herrschaftlicher Stoff. So wurde sie auch ›chanum etles‹ genannt. Wenn es sich um erstklassige handgewebte Seide handelte, konnte der Meister ein Zwölftel behalten. Gewöhnliche Seide ergab dagegen nur ein Vierundzwanzigstel für den, der sie herstellte. 1949 waren hier noch 60 Webstühle in Gebrauch. Chotan produzierte vier Tonnen Seide, und das handgewebte Erzeugnis betrug nur 14 000 Meter. Das war alles, was von Chotan, einmal ein Zentrum des Welthandels, übriggeblieben war.
Jetzt produzieren wir 144 Tonnen Rohseide im Jahr. 1953 begannen wir, die neue Seidenweberei zu bauen. Aber wir erhöhen auch weiterhin die Produktion von handgewebter Seide. Wir gehen auf zwei Beinen. 70 Produktionsgruppen in 11 Volkskommunen arbeiten an handgewebter Seide. Wir haben heute 400 solche Webstühle in Gebrauch, sie produzieren 126700 Meter im Jahr. Auf diese Weise entwickeln wir auch die künstlerische Tradition des Volkes. Wenn wir alle verschiedenen Qualitäten, Samt und Brokat und alles, zusammenzählen, werden heute mehr als 200 verschiedene Arten Seide in Chotan hergestellt. Das geht nicht

nur in den Verkauf in ganz China und ins Ausland. Heute verwendet das Volk die Seide hier. Es heißt nicht mehr ›chanum etles‹ (›Damenstoff‹), es heißt nur ›etles‹.
Auch die Qualität wird ständig besser. 1955 betrug der Anteil der ersten Klasse 77% der Produktion. Heute sind 86% erste Klasse. Chotan ist wieder im Begriff, ein großes Seidenzentrum zu werden. Der größte Teil unseres Exportes geht nach Pakistan. Dort werden unsere Muster geschätzt.«

15

Ein Spaziergang in Chotan

Es ist staubig in Chotan. Der leichte graue Staub wirbelt um die Füße, wenn man durch die Gassen geht. Der Wind aus der Wüste ist schwer vom mitgeführten Sand, und schon in der Dämmerung hat er einen dünnen roten Schleier über die Stadt gebreitet. Der Morgen ist kühl.

Wir haben den Morgentee mit Wasser aus der Thermosflasche zubereitet und kaltes Wasser über den Kopf gegossen, und jetzt sind wir angezogen und fertig. Wir haben fast anderthalb Stunden Zeit, bevor das Tagesprogramm beginnt. Morgens vorher gehen wir spazieren und unterhalten uns. Tagsüber arbeiten wir, und abends ordne ich meine Aufzeichnungen. Ich muß mich auch um die Ausrüstung kümmern, den Staub aus den Kameras blasen und für Gun die Filme für die Arbeit des nächsten Tages bereitlegen. Sie führt Tagebuch. Sie sagt:

»Weißt du noch, wie wir gelacht haben, als Börje Sandelin ein königliches Stipendium bekam und oben im Schloß zum Tee war und Gustav VI. Adolf zu ihm sagte: ›Junger Mann, denken Sie daran, jeden Abend Tagebuch zu führen. Das haben Louise und ich auf Reisen immer getan. Danach las Louise mir dann aus dem Tagebuch vor, wenn wir wieder zu Hause waren. Man sieht auf diese Art viel mehr.‹ Jetzt habe ich bald 20 Jahre das Reisetagebuch geführt, das ist praktisch.«

Chotan ist keine Großstadt. Es ist niedrig und grau. Lehmhäuser mit flachen Dächern. Nur 40000 Einwohner. Es gibt nicht viele Denkmäler in der Stadt. Im Zentrum, wo sich die großen Straßen kreuzen, sind die Straßen breit und asphaltiert. Da haben die Häuser drei Stockwerke. Dort liegen die Kaufhäuser und Büros. Folgt man der Asphaltstraße nach Westen, führt sie an den neuen Industrien vorbei und wird dann zur Landstraße nach Jarkend. Folgt man der nach Osten, kommt man nach Kerija. Nach Norden zu liegen der Marktplatz und das Kino. Diese Straße ist Geschäftsstraße. Dort sind die Buchhandlungen und das Eisenwarengeschäft, das Geschäft für örtliche Erzeugnisse aus den Kooperativen, das Kleidergeschäft und vieles andere. Geht man noch weiter hinaus, kommt man zu der neuen Straße. Denn Chotan soll entwickelt und umgestaltet werden, und die neue große Asphaltstraße von Jarkend nach Kerija und weiter ins Landesinnere führt in einem Bogen nördlich um die Stadt. Der Verkehr soll aus dem Stadtkern nach draußen verlagert werden. Dort draußen werden auch neue dreistöckige Reihenhäuser und Einfamilienhäuser aus gebrannten Ziegeln gebaut. Folgt man der Straße vom Zentrum nach Süden, kommt man zu den Resten der alten Stadtmauer. Sie sollen als Kulturdenkmal erhalten bleiben. Unmittelbar

westlich dieser Mauer wohnen wir im Gästehaus des Distrikts. Es liegt mit dem Theater und einigen Versammlungslokalen in einer parkähnlichen Anlage.
Es ist inzwischen lange her, seit der letzte Mandarin seinen Jamen in China verlassen hat, aber wenn der Name Jamen nicht mehr benutzt wird und die Mandarine verschwunden sind, so spielt die Tradition immer noch eine Rolle. Der Jamen — Flaggenpforte — war in der Kaiserzeit die Residenz und das Amtsgebäude des siegelberechtigten Beamten. Hier lebten und arbeiteten auch seine Untergebenen. Es war so etwas wie der Wohnsitz des Regierungspräsidenten mit der Provinzregierung. Immer noch bilden in den kleineren Städten in ganz China die Büros des Distrikts mit Gästehaus und Versammlungslokalen eine Gruppe für sich. Das ist praktisch: Kader auf Dienstreise müssen irgendwo übernachten. Und hier verbindet sich das Praktische mit der Tradition.
Es ist früh am Morgen, und die Luft ist noch kühl. Wir gehen aus dem Gästehaus und wandern an dem Speisesaal und dem Theater vorbei. Am Tor steht ein Lastwagen mit hochgeklappter Motorhaube. Drei Männer in den Zwanzigern stehen neben dem Auto. Sie tragen alle drei grüne Militärhosen, aber sie sind Zivilisten. Zwei von ihnen haben Uigurenmützen auf, und der dritte ist barhäuptig. Er ist ein Han. Einer der Uiguren hält den Vergaser hoch und pustet. Die anderen sehen zu. Sie unterhalten sich. Als wir vorbeigehen, winken sie. Wir haben sie gestern im Speisesaal getroffen. Sie sind Fahrer aus Jarkend. Sie haben ihre Ausbildung und ihren Führerschein in der Volksbefreiungsarmee bekommen und gerade ihren Militärdienst abgeschlossen und im Verkehrsamt von Jarkend Arbeit gefunden.
Wir gehen an der alten Stadtmauer entlang hinaus zu der großen Straße. Gestern waren wir direkt nach Süden abgebogen, als wir aus dem Tor kamen. Da waren wir hinter der Stadtmauer angekommen. Es hatte da Häuser gegeben, gewundene Gassen neben Bewässerungskanälen. Das Wasser floß unter den Mauern in die verborgenen Gärten, und das Grün hing von den Mauern über den Weg. In den Toren hatten die Frauen gestanden und uns betrachtet, und die kleinen Kinder, die auf dem Weg spielten, hatten mitten im Seilhüpfen aufgehört und uns nur angestarrt. Wir waren durch das Dorf weitergegangen und an den Bewässerungskanälen entlanggewandert. Radfahrer auf dem Weg nach Chotan waren von den Fahrrädern gestiegen und hatten uns nachgesehen.
»Es ist nicht eigenartig, daß die Leute den Ausländern in Chotan nachsehen«, sagte Gun. »Ich weiß noch, wie ich klein war. Wir hatten noch nie einen richtigen Ausländer aus der Nähe gesehen, und da kam ein Deutscher im Lodenmantel und einem kleinen merkwürdigen Hut mit Feder und gelben Handschuhen und goldumrandeter Brille, und er rauchte eine Zigarre. Wir Kinder starrten ihn an, daß uns die Augen bei-

nahe aus dem Kopf gefallen wären. Wäre er dann noch auf dem Grabenrand gewandert gekommen, weiß ich ja nicht, was wir getan hätten. Die Menschen sind in Chotan nicht anders als in Norrland. Es gibt hier nicht so viele Ausländer.«
Da waren wir schon schräg hinübergegangen und den kleinen Pfaden und Kanälen gefolgt, um auf die große Landstraße zu kommen, die von Jarkend nach Chotan geht.
»Es ist so seltsam mit all diesen ausländischen Journalisten, die beschreiben, wie sie nicht allein durch chinesische Städte gehen durften«, sagte Gun. »Es ist, als glaubten sie, China verberge Geheimnisse in den Vorstädten. Aber es ist doch nur gewöhnliche Höflichkeit. Wir begleiten unsere ausländischen Gäste auch auf dem Morgenspaziergang, wenn wir entdecken, daß sie am frühen Morgen in die Heide hinauswandern. China ist nicht Chicago, wo die Universität uns warnte, zu Fuß auf die Straße zu gehen, wenn es dunkel wurde. China ist ein zivilisiertes Land.«
Wir sind in all den Jahren in Städten und Dörfern herumgewandert, wohin wir auch kamen. Manchmal haben die Gastgeber uns begleitet und manchmal nicht. Das hängt von den örtlichen Verantwortlichen ab. Hier in Chotan hatten sie sich überzeugt, daß wir selbst auf uns aufpassen konnten. Jedoch war Chotan eine der armen Städte in China, und Chotan war auch eine der Städte, wo es die größten politischen Scherereien gab. Die Wandzeitungen riefen Parolen für und gegen die örtliche Parteiführung aus. Die Menschen sahen uns an, aber keiner kümmerte sich darum, wohin wir gingen.
Jetzt gingen wir an der alten Stadtmauer entlang weiter zu der großen Straße, die von Süden nach Norden verläuft. Wir bogen nach Westen ab und gingen Richtung Zentrum. An den Wänden hingen Wandzeitungen wie Bettücher zum Trocknen. Sie wurden von Klammern an Leinen, die von Fenster zu Fenster gespannt waren, festgehalten.
Es war noch nicht richtig Morgen, und auf der Straße vor uns sahen wir nur drei Frauen. Eine gutgekleidete in uigurischer Seidenkleidung, Seidenstrümpfen und schwarzen Pumps; sie trug eine geblümte Plastikeinkaufstasche und eilte auf uns zu. Eine ältere Uigurin in geblümtem Kleid und Hosen fegte das Trottoir vor dem dreistöckigen Gebäude, in dem sich, wie man uns gesagt hatte, das Büro der Miliz und die Abteilung für allgemeine Sicherheit von Chotan befanden. Auch ihr Kleid war aus Seide im Chotanmuster. Die dritte Frau, ein junges Han-Mädchen in sauberer blauer Kadertracht, stand an der Bushaltestelle.
»Ich wette, sie trägt eine hübsche geblümte Seidenbluse unter dem blauen Oberteil«, sagt Gun. »Das tun die Mädchen. Ich verstehe nicht, wo die männlichen Journalisten ihre Augen haben, wenn sie das nicht sehen. Besonders die Studentinnen in Peking und Schanghai, die gern in geflickten und abgetragenen blauen Hosen gehen und aussehen wollen,

als kämen sie gerade vom Kanalbau, lassen einen kleinen Zentimeter gemusterte Seide unter dem Oberteil vorschauen. Das halten sie für schick. Und das sehen die Journalisten nicht! Dieses Mädchen da war aus Schanghai. Man kann ein Mädchen aus Schanghai überall wiedererkennen. Das ist wie mit den Pariserinnen in Frankreich. Man sieht sofort, woher sie kommen. Das hat weder etwas mit Schönheit noch mit teurer Kleidung zu tun. Das ist einfach so, obgleich man die Mädchen aus Peking und Tschungking im allgemeinen auch leicht erkennt. Die Mädchen aus Peking wollen gern ein wenig ernst und streng aussehen. Die zeigen nicht soviel Seide. Die verstecken die Seide. Und die Mädchen aus Tschungking sind das genaue Gegenteil, sie gehen ohne Strümpfe in kurzen Röcken. In Tschungking gehen die Jugendlichen paarweise Hand in Hand in der Abenddämmerung spazieren. Das tut man in Peking nicht. Du solltest irgendwann mal darüber schreiben.
Hier sind die Frauen flotter in ihren Bewegungen als im Landesinnern. Sie waren ja auch frei. Hier gab es keinen Konfuzius, der jedes Lachen abtötete und jeden Tanz verbot und die Menschen falsch und langweilig machte. So klagten auch die Mandarine hier draußen über Gesang und Musik und Tanz. Sie fanden das unanständig. Von hier kamen früher auch viele der großen Tanztruppen und Orchester. Es ist so, wie Wang sagte: In ganz China treten nun Gesangs- und Tanztruppen aus Sinkiang und Tibet auf, um die Menschen anzuregen, sich von der konfuzianischen Tradition frei zu machen. Das geht, auch wenn es seine Zeit braucht. Aber in diesen 15 Jahren hat sich doch viel verändert. Der Unterschied ist groß.«

Wir haben das Zentrum hinter uns gelassen und sind über den Gemüsemarkt weitergegangen. Die ersten Verkäufer sind gekommen. Wir gehen durch die Gassen nördlich des Marktplatzes. Sie sind alt und verwinkelt. Die Lehmhäuser sind einstöckig mit flachen Dächern. Sie drängen sich dicht aneinander. Der Staub liegt in Verwehungen. Er kitzelt im Hals und fühlt sich unter den Schuhsohlen weich an. In die Ablagerungen des Straßenstaubs hat sich ein schwarzes Abwasserrinnsal eingegraben. Wir steigen darüber. Aber es stinkt nicht in der trockenen Hitze. Wenn wir das nächstemal nach Chotan kommen, soll das alles verschwunden sein, hatte der Parteisekretär gesagt. Aber noch sehen große Teile von Chotan wie eine arme Stadt in Nordafghanistan aus. Eine Stadt aus Lehm und Staub.

»Ich frage mich, wie es mit ihrer früheren Schönheit war«, sagte Gun. »Marco Polo sagte ja, daß es eine vornehme Stadt war. Sie war reich. Aber was meinte er damit? Es gibt viele, die glauben, Stockholm sei zu Bellmans Zeiten eine angenehme Stadt mit fröhlichen Festen und schönen Palästen gewesen, aber in Wirklichkeit war Stockholm damals im 18. Jahrhundert Europas elendste Stadt mit der höchsten Sterblichkeit.

Stockholm war damals wie ein kleines Kalkutta. Ich möchte gerne wissen, wie Chotan zu Marco Polos Zeiten war.»
Wir biegen wieder nach Osten ab und suchen den Weg zurück zur Hauptstraße. Vor uns füllt eine dichte Staubwolke die Gasse. Um uns ist Lärm und Getöse. Der Morgen hat schon begonnen. Ein ganzes Viertel von Lehmhäusern wird zur Zeit dem Erdboden gleichgemacht. Die Arbeiter sind gekommen. Hier sollen vierstöckige Wohnhäuser aus gebrannten Ziegeln entstehen.
Wir gehen weiter und unterhalten uns über die Politik der Seide. Sie begann schon früh, eine Rolle zu spielen. Hesekiel sprach von Seidenschleiern, wenn er sich über Jerusalems Verworfenheit richtig auslassen wollte. Und das war fast 600 Jahre vor unserer Zeitrechnung. Wenn es sich wirklich um Seide handelte. Auf Bibelübersetzungen kann man sich nicht sosehr verlassen. Aristoteles soll von Seidenraupen und Seide gesprochen haben. Aber seine Zoologie ist nicht ganz zuverlässig. Die Kühe schwenken die Hörner nicht, und die Löwen schlagen keine Funken mit den Beinen, trotz allem, was Aristoteles dazu meint. Aber vielleicht spricht er von Seide, wenn er ›eine große Raupe, die Hörner hat und sich so von anderen unterscheidet‹, beschreibt. Wenn diese Raupe sich in Kokons eingesponnen hat, rollen Frauen den Faden ab und verspinnen ihn. »Es heißt, daß er zuerst auf der Insel Kos von Pamphilia, der Tochter des Plates, gesponnen wurde.«
Dies bedeutet *entweder,* daß im 3. Jahrhundert vor unserer Zeitrechnung — also 800 Jahre bevor die legendenumwobenen Mönche um 550 von China an Kaiser Justinians Hof gezogen kamen — auf der Insel Kos irgendeine Form von dünner und durchsichtiger Ganz- oder Halbseide aus abgerolltem oder gesponnenem Seidengarn von irgendeinem einheimischen Schmetterlingskokon hergestellt wurde, *oder* daß Frauen auf Kos chinesischen Seidenstoff aufzogen und daraus ihr berühmtes dünnes Koser Tuch herstellten, *oder* es bedeutet etwas ganz anderes. Funde von Koser Tuch hat es nicht gegeben. Soviel ich weiß, ist auch kein Gerät gefunden worden, das die Frage lösen kann. Aus diesem Grund sagte Tschin Tsching, daß der europäische Teil der Geschichte der Seide nicht geklärt sei.
»Auf jeden Fall ist es klar, daß der große Bedarf an Seide in Europa zu Beginn unserer Zeitrechnung mit Stoffen gedeckt wurde, die man hier durch Chotan transportierte«, sagte Gun. »Da der Handel so wichtig wurde, kann es keine größere eigene Seidenproduktion am Mittelmeer gegeben haben.«
Wir waren auf die große Straße gestoßen und näherten uns langsam wieder dem Marktplatz. Jetzt kommen die Fahrräder; sie sind schon ein klingender Strom geworden, der auf dem Weg ins Zentrum an uns vorbeifährt.

Der Seidenhandel war einträglich. Die Kaufleute hatten hundertfachen Gewinn. Das eben war das Problem für Rom. Seide war der höchste Luxus. Sie war so luxuriös, daß es im Grunde schon unsittlich war.
Als dem eigentlichen Gründer der christlichen Theologie, Tertullian, von seiner Frau aufs Schlimmste zugesetzt wurde, schrieb er:
»Du bist die Tür des Teufels, du hast dem Baum der Erkenntnis nachgegeben... du hast den Mann überredet.«
Ja, meinte er, es ist der Fehler der Frau, daß ›Gottes Sohn sterben mußte‹.
Und dann zählt Tertullian einige der Schändlichkeiten des Frauengeschlechts auf. Sie kleiden sich in ›Seidengewänder, Purpurkleider, Goldschmuck und Perlen‹.
Er betrachtet seine junge Frau aus Fleisch und Blut und schreibt:
»Nacken, die man mit Perlen und Smaragden zu bedecken pflegt, sind nicht bereit, sich unter das Henkerschwert zu strecken. Deshalb fort mit dem Schmuck. Das ist die Zeit der Märtyrer. Beugt eure Nacken für Christi Joch, eure Häupter für eure Ehemänner!«
Nach 17 kirchlichen Jahren überwältigte den Kirchenvater das eheliche Leiden, er brach in schismatische Schwärmerei aus und taumelte aus der Kirche. Aber seine Verurteilung der Seide blieb kirchlich und rechtgläubig. Die Seide hatte einen schlechten Ruf. Noch im 18. Jahrhundert schrieb Gibbon mit Verachtung über den armen Heliogabal, der 222 als Achtzehnjähriger von seiner Mutter ermordet wurde, er habe die männliche Ehre beschmutzt — indem er sich in Seide kleidete.
Diese moralische Entrüstung hatte einen materiellen Hintergrund. Der Soldatenkaiser Aurelian, der ungefähr geboren wurde, als Tertullian mit der Kirche brach, lehnte es selbst ab, Seide zu tragen, und verbot seiner Frau, auch nur ein einziges Seidenkleid zu besitzen. Die Seide wurde mit ihrem eigenen Gewicht in Gold bezahlt.
Länger als zwei Jahrhunderte hatten damals die römischen Behörden die Seide bekämpft. Sie kam aus China, an Chotan vorbei und weiter auf dem Landweg über die Seidenstraße zum Mittelmeer; wenn der Landweg versperrt war, wurde die Seide über die Pässe nach Indien und dann auf dem Seeweg nach Rom transportiert. Aber Roms Handelsbilanz mit Asien war passiv. Rom importierte immer mehr Luxusartikel aus Indien und China, hatte aber selbst nichts zu exportieren. Rom importierte Seide und Gewürze und hatte selbst nur Glaswaren, Nippsachen und wertloses Zeug zu bieten. Es gab nichts in Rom, ohne das China oder die indischen Staaten nicht leben konnten. Rom mußte seine Luxusartikeleinfuhren mit Silber und Gold bezahlen. Seine herrschende Klasse forderte ihren Luxus; für diese Klasse war der Import ein Bedürfnis geworden. Kaiser Tiberius wies den Senat darauf hin, daß Münzen zur Bezahlung von Luxusartikeln nach Osten wanderten. Was das bedeutete, erklärte

Plinius. Rom verlor — niedrig gerechnet — jährlich 100 Millionen Sesterze nach Indien, China und Arabien.
Man unterschätzt leicht Chotans Rolle in der Weltgeschichte. Die Seidenkarawanen, die vor 2000 Jahren hier vorbeikamen, führten nur Luxusartikel für eine kleine Oberschicht mit sich. Es kamen auch gar nicht so viele Karawanen. Man kann sagen, daß es sich trotz allem um eine Randerscheinung handelte, und daß die römischen Moralisten reichlich übertrieben und weder der Münzfluß nach Osten noch der Handel als Ganzes für die Geschichte des Volkes von größerer Bedeutung war.
Aber 1938 veröffentlichte Professor Fredrick J. Teggart an der University of California in Berkeley eines dieser herrlich schönen Bücher, die mit einemmal ganze Gebäude von Spekulationen aus dem Weg räumen und die Streitpunkte deutlich machen. Der Titel war »Rom und China. Eine Untersuchung von Wechselbeziehungen im historischen Geschehen«. Es befaßte sich mit der Periode von 58 bis 107 nach unserer Zeitrechnung, und Fredrick J. Teggart stellte sich die Frage, ob es irgendeinen Zusammenhang in der Geschichte geben könne. Er stellte die Frage einfach und naiv und beantwortete sie mit einer Untersuchung, die jedes Schulkind in den letzten Jahrhunderten hätte machen können, und es gibt viele Historiker, die sich darüber noch nicht beruhigt haben.
Fredrick J. Teggart schrieb nämlich Land für Land in chronologischer Reihenfolge alle Ereignisse, Kriege und Unruhen auf, die in der Geschichte belegt waren. Danach legte er diese Listen nebeneinander. Das Ergebnis war ganz eindeutig. Es gab eine Wechselbeziehung.
Jede Erhebung in Europa folgte direkt entweder auf Kriege an Roms östlichen Grenzen oder in Chinas westlichen Gebieten — in Sinkiang. Der Zusammenhang war so exakt, daß auf Kriege an Roms östlichen Grenzen Erhebungen am Rhein und am Unterlauf der Donau folgten und auf Kriege am Tien Schan Erhebungen an der Donau zwischen Wien und Budapest.
Von den 40 Erhebungen oder Invasionen, die während dieser Zeit an Roms Grenzen in Europa stattfanden, waren neun an der oberen Donau auf Kriege am Tien Schan gefolgt, und die 31 übrigen, die am Rhein und am Unterlauf der Donau stattfanden, waren auf Kriege an Roms östlichen Grenzen gefolgt. Von diesen Kriegen im Osten folgten 18 auf Kriege im heutigen Sinkiang. Teggart konnte also belegen, daß bei 27 Erhebungen und Kämpfen an Roms Grenzen in Europa dem europäischen Geschehen politische Handlungen im heutigen Sinkiang vorausgegangen waren, politische Handlungen, die von der kaiserlichen Regierung der Han-Dynastie ausgingen.
Der Zusammenhang war deutlich. Er war für die Staatsmänner in Rom und Tschangan nicht sichtbar. Er war auch für die Handelnden und Kämpfenden in Turfan oder an der oberen Donau nicht offensichtlich.

Es wäre eine einleuchtende Schlußfolgerung, daß der Handel, der nach den römischen wie den chinesischen Quellen hundertfachen Verdienst erbrachte, nicht nur von nebensächlichem Interesse für die Völker zwischen China und dem europäischen Rom war. Die Seidenstraße war die zivilisierte Hauptader in einem Handelsnetz der Barbarei. Die Karawanen, die in Chotan rasteten, waren nicht nur für eine beschränkte Gruppe kaiserlicher Beamter, wandernder Kaufleute und römischer Luxuskonsumenten von Interesse.
Aber Rom hatte nicht genug Waren, um seinen Handel zu bezahlen. Rom mußte seine Einfuhr mit Gold und Silber bezahlen, das die römischen Legionen von den besiegten und kolonisierten Völkern erbeutet hatten. Diese passive Handelsbilanz war für die immer tiefere wirtschaftliche Krise des römischen Imperiums nicht entscheidend; aber sie trug dazu bei, diese Krise zu verschlimmern und die Ausbeutung, die die Sklavengesellschaft zerfraß, zu steigern.
Dennoch blieb das Muster für Europas Handel mit China erhalten, auch nachdem Rom gefallen war. Europa hatte Indien oder China keine Produkte von wirklichem Wert zu liefern. Ob es Portugiesen oder Spanier oder Briten waren — alle kamen mit ihren Stoffen und Hüten, ihrem Honig und Öl und ihren Glasperlen und wollten Seide und Gewürze, Lackarbeiten und Porzellan. Das kaufte man in China mit dem Silber, das man aus Afrika und Südamerika gestohlen hatte.
In den ersten Jahren des 19. Jahrhunderts war der Strom von Edelmetall nach China ungefähr zwölfmal so groß wie zu Plinius' Zeit. Dann brachen die Briten mit Militärmacht den Widerstand der chinesischen Behörden gegen Rauschmittel und Bibeln; erst mit dem Opiumhandel — und der Mission — wurde es für die Europäer richtig lohnend, mit China zu handeln.
An der Bushaltestelle vor dem Kino gegenüber vom Gemüsemarkt hat sich schon eine Schlange gebildet. Die Straße ist jetzt voll von Radfahrern auf dem Weg ins Zentrum. Die Menschen sind auf dem Weg zur Arbeit.
»Wer nicht begreift, daß die Zeit des Imperialismus vorbei ist, hat keinen Sinn für Geschichte«, sagt Gun. »Die Zeit ist zu Ende, wo man hinging und ein Land ausplünderte, um Luxusartikel aus einem anderen Land zu kaufen, und wo Missionare und Militärs die Menschen zwangen, sich mit Rauschgift zugrunde zu richten, damit die Geschäftshäuser in Europa und Amerika sich bereichern konnten. Die Völker in der Dritten Welt haben den Zusammenhang gesehen.«
Der Bürgersteig füllt sich immer mehr mit Menschen. Sie sehen nicht nach den Wandzeitungen, die mit kräftigen Pinselstrichen ihre Anklagen gegen den Parteisekretär Li Schu-schan hinausschreien und ihn einen Kapitalistenlakai schelten.

Oben im Zentrum dirigiert nun ein weißgekleideter Verkehrspolizist die Fahrradströme. Nach Westen hin liegen die neuen Industriebetriebe. Chotan ist erwacht. Die Morgenkühle ist vorbei. Die Sonne brennt, und der Staub juckt auf der Haut und knirscht zwischen den Zähnen.
»Ihr habt nur zehn Minuten Zeit bis zu eurer Diskussion über Chotan mit dem Parteisekretär Li«, sagte Abdulla. »Beeilt euch!«

16
Die Parteisekretäre Li und Liu sprechen über Chotan

»Ich bin erst seit einem Jahr hier«, sagt Parteisekretär Li Schu-schan. »Chotan war einer der Orte, wo es während der Kulturrevolution zu blutigen Auseinandersetzungen kam. Es wurde ›ein vollkommener Bürgerkrieg‹, wie der Vorsitzende Mao sagte. Gerade jetzt gibt es große Kritikkampagnen, aber auch schwere Fraktionskämpfe. Das könnt ihr an allen Hauswänden sehen.«

Wir sitzen im Empfangszimmer des Gästehauses und trinken Tee. Parteisekretär Li Schu-schan ist in den Vierzigern. Er trägt Uniform. Er ist von der Volksbefreiungsarmee ›ausgeliehen‹. Während der Kulturrevolution war er für die Grenzbewachung und die Sicherheit im Kreis Houtscheng oben im Ilital verantwortlich. Er erhielt den Auftrag als Parteisekretär in Chotan gerade deshalb, weil er für ruhig und tüchtig gehalten wurde. In einem von Fraktionskämpfen zerrissenen Chotan brauchte man einen jungen tauglichen Parteisekretär, der bereit war, unter schwierigen Verhältnissen hart zu arbeiten.

Es gab welche, die ihn für einen so verantwortungsvollen Posten für zu jung hielten. Chotan ist ja auch schon Grenzbezirk. An den Hauswänden flatterten nun Wandzeitungen mit Angriffen auf ihn. Er sagte: »Ich soll ein Kapitalistenlakai sein, heißt es da.«

Aber er begann keine Polemik gegen sie. Li Schu-schan ist recht typisch für die jüngeren Kader in der Volksbefreiungsarmee. Er soll auch ein guter Truppenoffizier gewesen sein. Als der Film über den Langen Marsch gedreht wurde, hatte sein Regiment den Ehrenauftrag, den Marsch über die Schneeberge darzustellen. Damit die Aufnahmen gut gelängen, führte er den Marsch fünfmal mit seinen Männern durch. Er war braungebrannt und sehnig und sprach ruhig und entspannt:

»Der Distrikt umfaßt 220 000 km^2; von Osten nach Westen erstreckt er sich über 920 km, von Norden nach Süden über 420 km. Er ist in sieben Kreise eingteilt: Chotan, Modschu/Karakasch, Pischan/Guma, Tschira, Yütien/Kerija, Minfeng/Nija, Lop. Einige dieser Kreise haben Doppelnamen wie Yütien/Kerija. Beide Namen sind sehr alt. Der eine ist Han, der andere uigurisch. Beide Namen sind gleichwertig.

Es gibt hier 58 Volkskommunen, acht staatliche landwirtschaftliche Betriebe und Waldgebiet. Wir haben 1198 Produktionsbrigaden, 5900 Produktionsgruppen, und die Bevölkerung beläuft sich auf 1020000 Personen. Das ist eine Verdoppelung im Vergleich zu 1949. 90% sind Uiguren.

Die Partei hat 24000 Mitglieder im Distrikt Chotan. Davon sind 22000, also 90%, Uiguren. Von den 14000 Kadern sind 9600 Uiguren, also 60%. Diese nationalen Kader sind das eigentliche Rückgrat. Wir legen besonderes Gewicht darauf, weibliche Kader zu bekommen. Atik Kurban, die stellvertretende Vorsitzende des Revolutionskomitees des Distrikts Chotan, entwickelte ihr politisches Bewußtsein während des harten Klassenkampfes gegen die örtlichen Grundbesitzer um Verminderung der Pacht.«

Atik Kurban saß am Kopfende des Tisches. Jetzt griff sie in das Gespräch ein:

»Früher gingen wir Frauen verschleiert. Jetzt sind 32% der Kader Frauen. Den stellvertretenden Vorsitz in der Seidenweberei hat eine Frau, den stellvertretenden Vorsitz in der Teppichfabrik hat ebenfalls eine Frau. Sie war auch Delegierte beim Vierten Nationalen Volkskongreß.«

»Chotan ist ein Distrikt mit hohen Bergen und gewaltigen Wüsten«, fährt Li Schu-schan fort. »Aber es ist eigentlich sehr reich. Hier gibt es Kohle, Kupfer, Gold, Zinn, Asbest. Jetzt bohren wir nach Öl. Vor der Befreiung gab es hier keine Industrie. Jetzt wird die Industrie entwickelt. Wir bauen die Wasserkraft aus, wir haben zwei Kohlegruben. 120 Kilometer von hier haben wir ein reiches Kohlelager. Es gibt noch keine Straße dorthin. Wir bauen die Straße nächstes Jahr und erschließen die Grube. Wir brauchen Kohle, denn die Wasserkraft reicht nicht aus, um unseren Bedarf an elektrischer Energie im Winter zu decken. Wir haben Werkstätten zur Reparatur von Landwirtschaftsmaschinen und Traktoren in allen Kreisen in Betrieb genommen. Diese werden nun weiterentwickelt, um kleine Industriebetriebe zu werden. Wir haben regelmäßige Busverbindungen mit allen Kreisen und allen Volkskommunen eröffnen können. Wir haben eine funktionierende Leichtindustrie — Seidenweberei und Teppichherstellung. Wir bauen eine große neue Textilindustrie auf. In fünf Monaten haben wir voraussichtlich 15000 Spindeln in Betrieb.

Wir haben Telefonverbindungen mit jeder Produktionsgruppe im ganzen Distrikt eingerichtet. Der Flugplatz wurde 1957 geöffnet. Jetzt haben wir drei Linienflüge in der Woche nach Urumtschi und auch eine Direktverbindung nach Lantschou. Wir bauen die Hauptstraße aus und machen Vorarbeiten für die Eisenbahn.

Wir messen der Viehzucht großes Gewicht bei. 1949 gab es ungefähr 1000000 Tiere; jetzt haben wir 2300000. Wolle von unseren Schafen ist besonders für die Teppichherstellung geeignet und geht direkt an unsere Teppichfabrik. Chotan ist immer für sein Obst berühmt gewesen. Wir haben eine große Auswahl und verkaufen frisches und getrocknetes Obst. Wir haben Trauben, Aprikosen, Pfirsiche, Birnen, Äpfel, Feigen, Walnüsse, Melonen, Datteln und vieles mehr.

Das Wasser ist hier für die Landwirtschaft entscheidend. Wir bekämpfen den Sand. Wir pflanzen Schutzgürtel. In den letzten 18 Jahren haben wir 8500 Kilometer Kanäle gebaut. Jetzt versorgt sich der Distrikt Chotan völlig selbst mit landwirtschaftlichen Erzeugnissen.
Vor der Befreiung gab es hier ein Lehrerseminar und 145 Grundschulen, aber keine Mittelschulen. Besonders im letzten Jahrzehnt und seit der Kulturrevolution haben wir in der Ausbildung einen großen Sprung nach vorne gemacht. 90% der Kinder im schulpflichtigen Alter gehen jetzt in die Schule. Wir haben 1231 Grundschulen, 66 Mittelschulen, sieben höhere Schulen, 121 Arbeiteruniversitäten.
Vor der Befreiung gab es hier drei Krankenhäuser. Jetzt haben wir neun große Krankenhäuser, eines in jedem Kreis und dazu zwei hier im Hauptort des Distrikts. Wir haben Kliniken in jeder Produktionsbrigade, und die kooperative Krankenpflege erreicht nun jede Produktionsgruppe. Wir bauen das Netz der Barfußärzte auf.
Wir haben uns bemüht, Laienensembles einzurichten, und wir legen großes Gewicht auf die Alphabetisierungskampagne. Wir werben für das Alphabet lateinischen Typs, das zur uigurischen Sprache paßt, und streben an, die Reste des alten Analphabetismus zu besiegen. Das ist in sehr knappen Zügen eine Übersicht über die Arbeit hier in Chotan.«
»Mir gefällt der Parteisekretär Li«, sagt Gun, »er ist tüchtig und klar und direkt. Er sitzt nicht auf dem hohen Roß. Wenn solche Männer wie er Kapitalistenlakaien sind, dann bin ich die Jungfrau Maria!«
Der stellvertretende Parteisekretär Liu Hou-tschan ist in den Sechzigern. Ein älterer Parteiarbeiter, ein wenig bedächtig. Auf dem Weg in die Seidenfabrik spricht er über Probleme in Chotan.
»Wenn du an die dreißiger Jahre zurückdenkst, dann weißt du, wie es hier war. Und bei der Befreiung war Chotan ein richtiges Nest von Reaktionären. Wir hatten hier 1951 und 1952 bewaffnete Auseinandersetzungen. Die Reaktionäre organisierten sich in Reiterverbänden. Aber es gelang uns, die Massen zu mobilisieren, und wir rieben die ganze reaktionäre Untergrundorganisation auf. Einige von den Reaktionären liefen auch zu uns über. Sie entlarvten die anderen. Du weißt, unser Prinzip ist, politisch zu arbeiten und den mit Milde zu behandeln, der sein Vergehen oder seinen Fehler eingesteht. Zur Gewalt soll man ja nur im Notfall greifen. Der entscheidende Sieg gegen die Reaktion war der politische Sieg. Als die Massen mobilisiert waren, wurde die Reaktion zerschlagen. Aber wenn die Diktatur des Proletariats Milde zeigt, bedeutet das nicht, daß wir nachgiebig sind. Wenn es notwendig ist, greifen wir mit Gewalt durch. Jedoch entscheidet die Politik.
1974 versuchten die reaktionären Elemente wieder, Gerüchte zu verbreiten. Das ist nicht so merkwürdig. Sieh dir die Klassenverhältnisse in Chotan an! Chotan war ein Distrikt, der vor der Befreiung von der här-

testen Klassenunterdrückung geprägt war. Draußen in den Oasen beherrschten vier oder fünf Grundbesitzer 80% des Bodens. Im großen und ganzen kann man sagen, daß 90% der Bevölkerung nur 20% des Bodens besaßen. Der Lebensstandard war niedriger als anderswo in Sinkiang. Hier ging es am ärmsten zu. Das machte es leicht, hier politisch zu arbeiten, und wir konnten rasch die Massen mobilisieren, Landwirtschaftskooperativen und Volkskommunen einzuführen. Aber gleichzeitig bedeutete dieser Hintergrund, daß der Klassenkampf hier oft wieder ausbrach. Während der Kulturrevolution zeigte sich das unter anderem in heftigen Auseinandersetzungen. Es gelang den Kräften, die eigentlich dem Klassenfeind dienen, die Massen zu spalten und richtige Kämpfe hier in Chotan anzuzetteln. Auch später ist die Fraktionstätigkeit ein Problem geblieben.

Chotan ist heute Selbstversorger mit landwirtschaftlichen Erzeugnissen, und das ist gut. Aber wir müssen weitergehen. Die privaten Parzellen sind eine Schwierigkeit. Denn um voranzukommen, müssen wir große kollektive Anstrengungen bei Baumpflanzungen und Bewässerungsanlagen aufwenden. Doch wenn die Volkskommunenmitglieder auf ihren privaten Parzellen arbeiten, dann geht das nicht. Aber gleichzeitig kann man die Sache auch anders sehen. Wenn das Kollektiv seinen Mitgliedern nicht mehr als 320 Jin Getreide im Jahr garantieren kann, dann sind diese gezwungen, ihre privaten Parzellen zu bestellen. Erst wenn das Kollektiv jedem Mitglied 360 bis 370 Jin Getreide im Jahr garantieren kann, werden die privaten Parzellen überflüssig. Die erfolgreichsten Produktionsbrigaden bei uns garantieren ihren Mitgliedern 400 Jin Getreide jährlich. Aber das ist nicht das Übliche. Da hast du das Problem. Unsere Transporte sind teuer. Die Autos gehen auf den langen und schlechten Wegen kaputt. Aber es ist hier schwierig, die Straßen in der Wüste freizuhalten. Die Straßendecke leidet unter der Überschwemmung im Juli. Dann braust das Wasser durch die Wüste. Aber uns fehlen hier gute Steine für einen ordentlichen Straßenbau. Diese Schwierigkeit muß überwunden werden. Die Straße asphaltieren wir 1977. Aber erst die Eisenbahn wird unsere vordringlichsten Schwierigkeiten lösen. Wir haben nicht genügend Bewässerungskanäle. Wir haben nicht genug, um das Wasser auf die Felder zu leiten, und nicht genug, um die Felder vor Überschwemmungen zu schützen. Im April und Mai, wenn wir es eigentlich brauchen, fehlt uns das Wasser. Dann herrscht Dürre. Das trifft die Baumwollzucht, den Weizen, das Gemüse. Die Schneeschmelze oben im Gebirge beginnt erst im Mai richtig. Im Juli bekommen wir dann Hochwasser. Aber dann reichen die Bewässerungskanäle nicht aus, um für den Ablauf zu sorgen. Wir haben auch nicht genug Dammanlagen, um das Wasser zu speichern. Es läuft ohne Nutzen ab und verliert sich draußen in der Wüste, nachdem es erst Hochwasserschäden

verursacht hat. Das Problem kann gelöst werden, aber es erfordert große Anstrengungen.
Die Verbindungen sind ein Problem. Der Distrikt ist groß. Fast so groß wie Rumänien. Denk nur an die Krankenpflege. Wir haben es schwer, in akuten Fällen zur Behandlung zu kommen. Es ist besser als früher. Aber immer noch sterben Menschen unnötigerweise. Sie schaffen es nicht, zur Behandlung zu kommen. Auch das ist ein Problem.
Die Bevölkerung wächst. Das hat mehrere Ursachen. Die Mütterfürsorge und die Entbindungshygiene sind besser. Der Kampf gegen die Säuglingssterblichkeit ist erfolgreich gewesen, besonders der, den wir gegen Diphtherie und Lungenentzündung geführt haben. Auch der Kampf gegen Geschlechtskrankheiten ist erfolgreich gewesen. Vor der Befreiung war ein großer Teil der Bevölkerung davon betroffen, und viele wurden unfruchtbar. Zu diesem natürlichen Zuwachs kommt ein gewisser planmäßiger Zuzug aus dem Landesinnern hierher. Das gilt zum Beispiel für bestimmte Facharbeiter in der Textilindustrie und ähnliche Berufe. Wenn es um die Familienplanung geht, sind wir, wie du weißt, äußerst vorsichtig. Wer Verhütungsmittel haben will, bekommt sie natürlich. Sie sind hier wie in ganz China kostenlos für den, der sie haben möchte. Aber wir betreiben keine Kampagne. Die Gründe sind politischer Art. Aber auch für die Zukunft kann man sich denken, daß in einem unterbevölkerten Distrikt wie Chotan der planmäßige Bevölkerungszuwachs höher sein wird, als er in einem dichtbesiedelten Gebiet im Landesinnern sein darf. Die optimale Familiengröße ist nicht ein für allemal gegeben, denn sie kann auch nicht an allen Orten gleich sein.
Die Ausbildung ist ein Gebiet, auf dem wir erfolgreich sind. Im großen und ganzen haben wir die Grundschulausbildung durchführen können, und wir kommen nun allmählich dahin, daß die meisten weitermachen und die Mittelschule durchlaufen. Wir sind im Begriff, eine ausgebildete Generation zu bekommen, und das ist eine entscheidende Veränderung. Draußen in den Brigaden wird jetzt die ›7. Mai-Universität‹ eingerichtet. Alle können teilnehmen, Junge und Alte, Lesekundige und nicht Lesekundige. Fünf Freistunden in der Woche. Alphabetisierung, medizinische Grundkenntnisse mit Hygiene sowie Landwirtschaftstechnik. Besonders die Jungen, die sich nach ihrer Schulzeit auf dem Land niederlassen, sind die treibenden Kräfte bei dieser Bildungsarbeit. Die Bewegung beginnt jetzt, allgemein zu werden. Das bedeutet, daß sich das kulturelle Niveau auf dem Land erhöht, und daß wir beginnen können, die sozialistische Landgemeinde neuen Typs aufzubauen.
Aber wie du siehst, haben wir große Probleme. Unsere Fortschritte mögen groß erscheinen, wenn man sie mit der Vergangenheit vergleicht, aber sie werden ziemlich klein, wenn man sie mit dem vergleicht, was notwendig ist.«

17

Wofür ist Chotan berühmt? Seide, Jade und Teppiche!

Stellvertretender Parteisekretär in der Seidenweberei ist eine Uigurin. Aber ich habe ihren Namen nicht mehr. Diese Aufzeichnung wurde bei einem Wolkenbruch vernichtet, als wir viel später nach Tunhuang kamen. Jedenfalls war es eine Frau, sie war Uigurin, und sie war sehr aufgeweckt.

»Bei der Befreiung stand es schlecht um die Seide in Chotan. Die Produktion war niedrig. Die Qualität war schlecht. Unsere Tradition war in der reaktionären Zeit heruntergekommen. 1953 begannen wir mit dem Bau der Fabrik. 1954 fing die Produktion an. Aber damals war sie nur in der Lage, sich um die Kokons zu kümmern. Die Seide schickten wir dann an die Küste.

Wir haben unsere Entwicklung an den Grundsätzen des Vorsitzenden Mao Tse-tung ausgerichtet. Wir sind vom Kleinbetrieb zur Großindustrie gegangen. Wir haben uns auf eigene Kräfte verlassen und eigene Initiative entwickelt. Erst 1962 waren wir in der Lage, Seidengeorgette herzustellen. Jetzt produzieren wir alle Arten von Seidenerzeugnissen, von Seide und Samt bis zu Seidenteppichen und Füllungen für Bettdecken und Futter für Winterjacken und sogar Seife aus Kokonöl. Wir haben mechanisiert und der schaffenden Initiative der Massen in der technischen Entwicklung freien Spielraum gegeben.

Ganz zu Anfang schickten wir 80 unserer Seidenweber hinaus, um die neuen Techniken zu lernen. Gleichzeitig kamen 20 Veteranen aus dem Landesinnern mit ihrer Technik hierher zu uns. Diese Gruppe ist immer noch das Rückgrat unserer Arbeit. Die 80 kamen aus Familien, die jahrhundertelang mit Seide gearbeitet haben. Nun übernahmen sie auch die ganze moderne Technik aus Schanghai. Als wir dann die Industrie aufbauten, kamen 500 Arbeiter aus dem Landesinnern. Jetzt sind wir 1500, die in der Fabrik arbeiten. 60% sind Uiguren. 70% sind Frauen.

Die Parteiorganisation hier in der Fabrik hat 202 Mitglieder. 113 davon sind Uiguren. Das sind 56%. Von den Mitgliedern des Jugendverbandes sind 45% Uiguren. Die leitenden Kader, in der Partei wie in der Verwaltung und Technik, sind alle Uiguren. Von hier sind auch mehrere Kader in verantwortliche Funktionen in Kreis und Distrikt gewählt worden, und sie haben sich sehr dafür eingesetzt, die Produktion und die politischen Bewegungen voranzutreiben. Als Delegierte zum 10. Parteikongreß wählen wir Guli Chan. Sie ist Seidenarbeiterin wie ihre Familie seit vielen Generationen.

Sieben unserer nationalen Kader haben in Peking studiert. Ich selbst habe 1951 in Peking am Nationalitäteninstitut studiert. Während des letzten Jahrzehnts haben wir um die 100 Kader und Arbeiter nach Schanghai und in andere Küstenstädte zu Studien und zum Erfahrungsaustausch geschickt. Wir haben viele Nationalitäten hier in der Fabrik, aber das Verhältnis zwischen uns ist gut. Wir sind eine Familie.
Wie die Kader an der Produktion teilnehmen, ist eine prinzipielle Frage. Alle Kader müssen bei uns mindestens 100 Tage im Jahr an körperlicher Arbeit teilnehmen. Dazu kommt, daß die verantwortlichen Kader, wenn in der Produktion Schwierigkeiten auftreten, in den Arbeitsprozeß gehen und regelmäßig arbeiten müssen, um die Schwierigkeiten vor Ort in den Griff zu bekommen. Am Schluß jeder Periode, in der die Kader in der Produktion gearbeitet haben, halten wir eine Versammlung ab, um die Erfahrungen zusammenzufassen. Die Massen liefern dann auch kameradschaftliche Kritik, um den Kadern zu helfen.
Das bringt auch mit sich, daß die technische Entwicklung der Produktion schneller vorankommt. Auf diese Weise wird es leichter, technische Initiativgruppen durch das Drei-in-eins-Prinzip einzurichten, wo erfahrene Arbeiter, technisch ausgebildete Kader und politisch verantwortliche Kader in eine einheitliche Neuerungsgruppe zusammengefaßt werden. So haben wir zum Beispiel die Frage lösen können, auf mechanischem Weg das Wachs aus der Seide zu waschen. Früher wurde das mit der Hand gemacht. Ebenso haben wir den Prozeß mechanisiert, bei dem die Kokons aus dem siedenden Wasser gefischt werden, nachdem sie aufgeweicht wurden und bevor der Faden aufgehaspelt wird.
Die Löhne werden nach der achtstufigen Lohnskala gezahlt. Der höchste Lohn in unserem ganzen Unternehmen ist 152 Yüan im Monat, der durchschnittliche Monatslohn 58 Yüan. Dazu kommen Krankenpflege, Altersversorgung und Sicherheiten gegen Unglücke und Invalidität. Für die Angestellten werden 100% der Krankenpflegekosten gedeckt, für deren Angehörige 50%. Die Krankenpflegekosten für zum Beispiel eine Blinddarmoperation betragen 12 Yüan. Der Angestellte bezahlt nichts für seine Operation, aber 6 Yüan bei einem Familienangehörigen. 95% der Angestellten haben eigene Sparkonten bei der Bank. Wenn jemand in Schwierigkeiten kommt, tritt die Fabrik natürlich für ihn ein.
Weibliche Arbeiter werden mit 50 Jahren pensioniert. Weibliche Kader mit 55. Männer mit 60, gleich ob sie Arbeiter oder Kader sind. Die Altersversorgung kann etwas schwanken auf Grund unterschiedlicher Verhältnisse, aber sie macht zwischen 60 und 70% des Einkommens aus. Die Kosten für Begräbnisse, bei Unfällen und für den Schulbesuch der Kinder werden von der Fabrik übernommen. Wir haben eine Grundschule und eine Mittelschule. Die Schülerzahl beträgt jetzt 800. Dazu haben wir Kliniken, Kindertagesstätten und einen Arbeiterklub. Wir haben

auch eine ›21. Juli-Arbeiteruniversität‹ bei der Fabrik. Sie erteilt sowohl politischen als auch allgemeinen und technischen Unterricht.«

Wir gehen durch das Wohngelände der Fabrik. Man hat Heime für die Unverheirateten und kleine Familienwohnungen für die Verheirateten gebaut. Tscheng Tschung-tschu ist 25 und unverheiratet. Sie war Rotgardistin und ging aufs Land, um durch Arbeit ihre Einstellung zu ändern. Jetzt ist sie seit sechs Jahren in der Fabrik. Sie arbeitet in der Färberei. Im Heim teilt sie ihr Zimmer mit drei anderen Mädchen. Die Zimmer liegen zu beiden Seiten des Mittelgangs in einem niedrigen langgestreckten Lehmgebäude. Auf dem Tisch am Fenster steht ein Wecker, es gibt aber auch ein Transistorradio, Teebecher, einen Spiegel und Bücher. Das Zimmer hat einen Holzfußboden.

»Wir arbeiten Schicht«, sagt Tscheng Tschung-tschu, »ich arbeite in der zweiten Schicht. Wir haben eine gemeinsame Küche und einen gemeinsamen Waschraum. Für Miete und elektrisches Licht bezahlt jede von uns 2 Yüan und 47 Fen im Monat.«

Die Kinder spielen vor den Schlafgebäuden. Auf Leinen zwischen den Bäumen hängt Wäsche. Die Sonne sticht, und der Staub wirbelt durch die Luft.

»Wir haben einen Teil geschafft, aber wir haben noch einen weiten Weg vor uns«, sagt die stellvertretende Parteisekretärin.

»Habt ihr die Hände der Arbeiterinnen gesehen? Früher waren sie immer vom Pilz verdorben, die Hände wurden zerfressen. Die Hitze und Feuchtigkeit und Arbeit mit der Seide verdarben sie. Jetzt haben wir den Pilz mit Eisessig und Penizillin besiegt. Jetzt ist die Berufskrankheit überwunden.«

Ja, drinnen in den hellen — aber schwül heißen — Sälen, wo der Seidenfaden von den Kokons geschlagen und abgewickelt und wo die Seide aufgehaspelt wurde, saßen die Arbeiterinnen auf Stühlen, die auf Schienen liefen. Sie schoben sich vor und zurück, während sie die dünnen Seidenfäden von den Kokons packten und zusammenführten, damit die aufzuhaspelnde Seide eine gleichmäßige und hohe Qualität hielt. Ihre Hände waren rot, leicht geschwollen, mit spröder Haut wie von langem Geschirrspülen, aber sie waren nicht wund.

»Aber wir haben noch viel vor uns«, meinte die stellvertretende Parteisekretärin, als wir auf Wiedersehen sagten.

Für drei Dinge ist Chotan draußen in der Welt berühmt. Für seine Seide, seine Jade und seine Teppiche. Der Ruhm wegen der Jade ist am ältesten. Von hier kam die Jade 4000 Jahre lang ins chinesische Landesinnere. Und Jade ist ein merkwürdiges Material.

Jade liegt kalt wie Eis in der Hand. Jade ist hart, aber nicht kantig. Frische und unversehrte Jade vermag kein Stahl zu ritzen. Wenn Jade dagegen in Gräber gelegt wurde, zerfällt und zerbröselt sie an der Oberfläche. Jade hat Tiefe, und durch dünne Jade dringt das Licht. Jade fühlt sich sanft und glatt und ölig mit den Fingerspitzen an, wenn sie poliert ist. Jade klingt, wenn man sie anschlägt. Jade ist weiß, und Jade ist dunkel mit einem Spiel ins Grün.

Jade ist eine Bezeichnung für Stein, der wie Jade aussieht und sich wie Jade anfühlt. Das Wort kommt aus dem Spanischen, ›piedra de la hijada‹ — Nierenstein. Auf chinesisch sagt man yu. Aber es wurde ein Ehrenname für Stein, der schön wie Jade war. Was wir jetzt als Jade bezeichnen, sind hauptsächlich zwei Minerale: Jadeit und Nephrit. Bis ins 18. Jahrhundert, als sich der Jadeit aus dem oberen Burma in China zu verbreiten begann, war Jade in China Nephrit. Und fast aller Nephrit kam aus Chotan.

In den chinesischen Texten wird berichtet, wie die Menschen in Chotan Jade in den Flußbetten suchten. Von hoch oben in den Kunlung-Bergen flossen zwei Flüsse hinunter in den Distrikt Chotan und vereinigten sich draußen in der Wüste, um — manchmal — bis zum Tarimfluß vorzudringen: der Kara-kasch (Schwarze Jade) und der Dschurung-kasch (Weiße Jade). Chotan war das Jadeland. Die Stellen, wo der Mondschein die Flußbetten füllte, waren sichere Fundorte für Jade. Jade aus Chotan, so konnte man sagen, war zu Stein kristallisierter Mondschein. Schmuck- und Kultgegenstände aus Jade sind aus vielen Kulturen bekannt. Sie gehören besonders der jüngeren Steinzeit an. Aber in den Kulturen um den Stillen Ozean spielte Jade eine besonders wichtige Rolle. Besonders in China erlangte die Jade eine Bedeutung, die weit über ihre Bedeutung als Schmuckstein hinausging. Die Lehre von der Jade und die Lehre von Jadegegenständen wurde einer der Hauptzweige der chinesischen Kulturgeschichte und Kunstwissenschaft. Und Jade kam aus Chotan.

Während des Winters, wenn das Flußbett trocken war, suchten die Menschen nach Jade, die mit der Schneeschmelze heruntergespült worden war. Aber die große Jadeausbeute aus Chotan war nicht die gewesen, welche die Menschen im Flußbett aufsammeln konnten, sondern das waren die Blöcke, die man oben im Gebirge ausgrub. Es war eine harte, mühselige und gesundheitsschädliche Arbeit gewesen. Wer nach Jade grub, mußte in einer Höhe von 5400 Metern arbeiten. Man brannte den Schnee und das Eis weg und brach die Jadestücke aus der Erde los. Ein Jahr harter Arbeit konnte 300 Kilo Jade ergeben. Aber da mußte der Gräber die ganze Zeit oben im Hochgebirge leben und arbeiten. Die Profite gingen an die Kaufleute unten in Chotan und weiter weg über die Handelsstraßen.

Heute ist die Arbeit mechanisiert worden. Es gibt fünf Jadegruben mit 300 Angestellten, und die Jahresproduktion des Distrikts ist auf 200 Tonnen gestiegen. Die Arbeiter bekommen Zusatzprämien für die

Arbeit in großer Höhe. Sie wohnen in kälteisolierten Zelten, und Waren werden heute mit Autos und Traktoren hinaufgebracht. Keiner muß mehr seine Ausrüstung auf dem Rücken hinauftragen. Man benutzt Druckluftbohrer und Sprengstoffe. In der Jadezentrale wird Jade unterschiedlicher Qualität und unterschiedlichen Aussehens für alle Provinzen verladen, und auf der Kantonmesse wird Jade aus Chotan ins Ausland verkauft. Die Jadeförderung in Chotan ist eine Exportindustrie. Aber heute ist Jade kein kultisches Material mehr, sie ist auch nicht mehr nur ein Material für schönes Kunsthandwerk. Heute wird Jade für Bohrköpfe und in der Elektroindustrie verwendet. Jade ist ein Material, das sich ebenso wie Gold immer mehr vom Schmuck und Wertmesser zu einem industriellen Rohmaterial wandelt.
Chotans Teppichfabrik ›Hotan Rayonluk Gilam Karhanisi‹ liegt außerhalb der Stadt Chotan, im Kreis Lop vier Kilometer weiter östlich am Ufer des Dschurung-kasch-Flusses. Es ist auch keine Fabrik im eigentlichen Sinn; es ist eine Manufaktur. Hier stellen alte Meister und ihre jüngeren Schüler Teppiche her, und hier sammeln sich die Teppiche, die draußen in den Produktionsbrigaden hergestellt werden. Die Teppiche gehen hauptsächlich in den Export. Und dies ist nicht ganz ohne Probleme.
Stellvertretender Vorsitzender des Revolutionskomitees ist eine Frau. Sie heißt Rotsemi Salan. Vor ihr war schon ihr Vater Teppichweber. Wir trinken Tee mit ihm, einem alten Meister. Sie selbst war Delegierte von Chotan auf dem Vierten Nationalen Volkskongreß.
»Unterhalten wir uns also über Teppiche aus Chotan«, sagt sie. »Das hier ist ein staatliches Unternehmen. Wir haben drei Werkstätten, 405 Angestellte, davon 48% Frauen; von unseren 218 Webern sind 61% Frauen. Dies ist eine wichtige Industrie für China. Hier verdienen wir das Geld, das benutzt werden kann, um unser Vaterland mit modernen Industriebetrieben aus dem Ausland zu versorgen. Wir haben eine bedeutsame Aufgabe an der Produktionsfront. Das muß man im Kopf behalten. China hat zum Beispiel petrochemische Industrie im Ausland gekauft. Wie wäre das möglich, wenn es nichts gäbe, was China verkaufen könnte? Unsere Teppiche sind in der ganzen Welt gefragt. Hier kämpfen wir auf unsere Weise für die Revolution und für die Modernisierung des Vaterlandes.
Es ist jetzt 2000 Jahre her, daß Teppiche aus Chotan an den Kaiser geschickt wurden. Es waren richtige Teppiche aus Wolle. Das zeigen auch die Grabfunde. Die Teppiche sind ein traditionelles Erzeugnis. Es baut auf unsere gute Wolle, unsere alten Muster und einfachen Geräte. Chotan war ein Zentrum der Teppichkunst in Sinkiang. Von hier wurden Teppiche nach Rußland und England geschickt. Traditionell haben wir Pflanzenfarben benutzt. Das tun wir immer noch: Blätter, Walnuß-

schalen, Granatapfelschalen und so weiter. Vor der Kulturrevolution machten wir verschiedene Experimente mit synthetischen Farben, aber wir kamen nicht zu den gewünschten Ergebnissen. Sie wurden ungleichmäßig und grell. Nach der Kulturrevolution haben wir nun die technischen Probleme bei synthetischen Farben und Aktivatoren gelöst. Es ist für uns notwendig, die Produktionskapazität zu steigern. Unsere Teppiche sind ein begehrter Exportartikel. Aber die Pflanzenfarben ergeben eine lebendigere und abwechslungsreichere Farbe.
Im Prinzip versuchen wir, das Traditionelle fortzuentwickeln. Wir haben Experimente mit neuen Mustern gemacht. Wir haben Experimente mit dem Knüpfen von Landschaftsbildern gemacht. Unsere Teppiche können nun größer gefertigt werden. Wir haben auch die Wolle veredelt und eine höhere Qualität erreicht; wir können sagen, daß wir nun in der Lage sind, Teppiche zu knüpfen, die haltbarer und geschmeidiger sind, einen stärkeren Glanz und eine weichere und gleichmäßigere Oberfläche haben.
Vor der Befreiung war das Leben des Teppichknüpfers elend. Er konnte 4 m^2 in 45 Tagen knüpfen und für diese Arbeit 50 Jin Mais bekommen. Wenn es in Europa keine Nachfrage nach Teppichen gab, wurden die Teppichknüpfer hier in Chotan in Hunger und Elend hinausgestoßen. Die großen Verdienste steckten die Kaufleute in den Basaren ein. Es gab damals Teppichbasare in Kaschgar und Turfan, aber auch hier in Chotan. Der in Kaschgar war der größte und beherrschte den Markt.
1949 kam die Befreiung. 1950 wurde eine Produktionskooperative gebildet. Anfangs war das nicht viel. 70 Haushalte mit zusammen ungefähr 100 Arbeitern. Dann gingen wir zum kollektiven Eigentum über und entwickelten die Fabrik Schritt für Schritt.
Noch bis 1962 ging unsere Produktion hauptsächlich in die Sowjetunion. Das bedeutete, daß wir Teppiche nach den Mustern knüpften, die uns die sowjetischen Importeure vorlegten. Die Sowjetunion weigerte sich, Teppiche einzuführen, die in unseren traditionellen Musterelementen gearbeitet waren. Seit 1962 produzieren wir vor allem für den Export nach England, Frankreich und Westdeutschland. Wir exportieren jetzt 10000 m^2 Teppiche im Jahr.
Unsere Produktion nimmt zu. Das beruht darauf, daß wir das Teppichknüpfen in immer mehr Produktionsbrigaden verbreiten. Wir haben jetzt 100 Unterlieferanten in den Produktionsbrigaden. Wir haben heute ein Budget von ungefähr einer Million Yüan für die Arbeit der Unterlieferanten. Unsere Techniker hier aus der Fabrik reisen herum und helfen ihnen, Webstühle aufzustellen, und besprechen mit ihnen auch die Qualität und die Muster und Farben.
Natürlich gibt es auf lange Sicht Probleme mit unserer Herstellung. Jetzt befriedigen wir in erster Linie den Bedarf des internationalen

Marktes. Das bedeutet, daß die ausländischen Kaufleute über unsere Teppichexportorganisation Aufträge über soundso viele Teppiche von der oder jener Größe und der oder jener Qualität in diesen oder anderen Mustern erteilen. Wir führen dann diese Aufträge aus. Die Teppiche, die wir verkaufen, sind in unseren traditionellen Mustern geknüpft. Aber sie werden ausgewählt und bis zu einem gewissen Grad auch nach den Wünschen der ausländischen Besteller abgewandelt.

Wenn man die verschiedenen handgeknüpften Teppiche betrachtet, fällt einem auf, daß die persischen am meisten darauf angelegt sind, schön zu sein. Sie haben eine sehr hohe Qualität. Tekke Turkmen sind streng und straff, und sie haben manchmal eine ungewöhnliche Dichte. Die afghanischen Teppiche haben oft sehr große Musterelemente und sind etwas lockerer. Wir haben eine eigene Tradition. Zum einen sind unsere Farben anders. Wir haben oft kräftigere Farben. Zum andern haben wir nicht nur strenge geometrische Figuren, wir haben auch aus Tradition Formelemente, die uns mit dem chinesischen Landesinnern verbinden. Man kann das zum Beispiel in der Wolkenornamentik sehen. Damit will ich nicht sagen, daß Chotan eine Art ›Mischkunst‹ ist. Wir haben hier unsere eigene Tradition, die mit mehreren anderen verwandt ist.

Das Problem für uns ist, daß wir nur eine sehr kleine Anzahl von Teppichen für unseren eigenen Bedarf herstellen. Das ist zur Zeit nicht anders möglich. Wir müssen auf Bestellung arbeiten. Das bedeutet, daß die Käufer in Europa die Richtung unserer Arbeit bestimmen. Deshalb arbeiten wir gleichzeitig daran, unsere eigene Teppichtradition zu erhalten und weiterzuentwickeln. Wir sehen die Teppiche nicht einfach als ein Produkt an, sondern als Kunst. Wir machen also eine Unterscheidung. Hier an den Wänden haben wir Teppiche, die unsere alten Meister entwarfen und die deren Schüler studieren. Diese Teppiche behalten wir. Wir führen die Tradition weiter. Für diese traditionellen Muster, die unsere Meister entwerfen, verwenden wir nur Pflanzenfarben. Sie sind teuer und oft schwer herzustellen, und sie sind in erster Linie diesem Teppichtyp vorbehalten. Die alten Meister denken sich die Muster aus. Wir sind uns der Gefahren bewußt. Wir sahen, wie es beinahe gekommen wäre, als unsere Produktion von den Teppicheinkäufern aus der Sowjetunion bestimmt wurde. Sie legten uns Muster zum Knüpfen vor, die nichts mit unserer Tradition gemeinsam hatten. Eine solche Entwicklung wäre wieder denkbar. Wir müssen diesen Gegensatz gründlich studieren. Denn einerseits ist es nötig, daß wir unsere Produktion ausweiten und der Wirtschaft des Vaterlandes dienen und eine hohe und gleichmäßige Qualität halten, andererseits muß es uns heute auch bewußt sein, daß der Geschmack der Käufer die Richtung unserer Arbeit lenkt und daß wir die Schuldigkeit haben, unsere Traditionen zu wahren, zu entwickeln und dem Volk dienen zu lassen.«

»Die Partei versucht uns zu helfen, der jungen Generation alle Kenntnisse weiterzugeben, die wir haben«, sagt Machmud Tailaki. Er war einer der alten Meister. Sie saßen vor ihren Teetassen und verfolgten aufmerksam die Unterhaltung. Dann fuhr er fort:
»Ich bin 61 Jahre alt. Ich war 13, als ich anfing, Teppiche zu knüpfen. Zu dieser Zeit erzählte man das Muster. Man lernte die Muster während der Arbeit von den Älteren. Damals waren die Kaufleute, für die wir arbeiteten, sehr grausam. Ich wurde mit dem Strick geschlagen, weil sie glaubten, ich arbeitete nicht hart genug. Sie hatten die vollkommene Macht. Es passierte tatsächlich, daß sie einem Lehrling die Finger abschnitten, weil er angeblich untauglich war, Teppiche zu knüpfen. Dann warfen sie ihn hinaus. So etwas kam vor, als ich jung war. 18 Jahre arbeitete ich für sie. Dann nahm ich an der Versammlung teil, auf der sie für ihre Verbrechen an den Menschen Rede und Antwort stehen mußten. Ich sagte ihnen, wes Geistes Kind sie seien. Das waren keine Menschen.
Unter uns alten Meistern hat die Partei jetzt zwei Studienkurse eingerichtet. Wir diskutieren über Politik und gehen alles durch, was wir erlebt haben. Wir versuchen auch, unser Wissen an die Jungen zu vermitteln. Es gibt so viel, was man nicht einfach in Büchern schreiben kann. Es gibt mehrere junge Leute hier, die eine ernste Einstellung und ein echtes Gefühl für Teppiche haben. Nicht alle haben dieses Gefühl, und das kann man ja auch nicht verlangen, aber unsere Jugendlichen sind alle in dem Sinne gut, daß sie Achtung vor den alten Traditionen und vor uns haben. Aber einige unter den Jugendlichen haben auch das Gefühl und Verständnis für die Teppiche, und sie können neue Muster entwerfen.«
Am nächsten Tag führen wir noch einmal ein Gespräch über traditionelle Muster. Nun geht es aber um Seide. Gerade dieses Jahr gehen die Teppiche aus Chotan fast alle in den Export. Was nicht ausgeführt wird, soll öffentliche Räume schmücken. Aber die Seide wird zum größten Teil am Ort verkauft. Nur ein kleiner Teil der Seidenproduktion geht in den Export. Die exportierte Seide hat genau dieselben Muster wie die, welche in Chotan oder draußen in den Oasen an der Straße südlich der Takla-Makan verkauft wird. Sie wird über das Gebirge nach Pakistan exportiert. Von dort werden auch hauchdünne pakistanische Seidensaris importiert. Die Muster sind anders, aber sie ergänzen einander.
Tscho Li-tschun aus dem Industrie- und Verkehrsbüro des Distrikts erläutert die Situation:
»Die alten Seidengewebe, die man in Büchern abgebildet findet, und diejenigen, die man im Original in den Museen in Urumtschi und Peking sehen kann, kamen aus dem Landesinnern. Später haben wir nun diese alten Muster kopiert. Sie sind besonders in Peking und Schanghai und anderen großen Städten beliebt geworden. Aber sie gehören nicht in die

Tradition Chotans. Das waren Webwaren, die durch Chotan transportiert wurden und die hier von der herrschenden Klasse gebraucht wurden.
Hier hat man andere ästhetische Traditionen. Was die Gebrauchsseide angeht, so haben wir ja das gewöhnliche Seidenhandwerk gesehen. Man spannt die Kettfäden auf und färbt sie in breiten querlaufenden Bändern. Wenn man dann den Schußfaden einwebt, erhält man den besonderen Mustereffekt, den die Menschen hier in der Gegend schätzen. Aber man muß sich erinnern, daß diese Muster nicht nur in den verschiedenen Ländern unterschiedlich sind; sie unterscheiden sich auch stark in den verschiedenen Distrikten. In Kaschgar zum Beispiel arbeitet man gern mit einem siebenfarbigen Muster. Hier wird das nicht so häufig benutzt.
Früher war Seide ein Luxusartikel. Sie war der herrschenden Klasse vorbehalten. Heute kann man sagen, daß jede Frau ein Seidenkleid besitzt. Seide ist immer noch Festtagskleidung, aber sie ist jedermanns Eigentum geworden. Wir bemühen uns, den Bedarf des Volkes an Seide zu befriedigen. Der größere Teil der Seide, die wir verwenden, wird nicht als Kunsthandwerk hergestellt, sondern in der Seidenweberei gewebt. Die Frage, welche Muster man weben soll, ist eine Frage, die ernsthafte Überlegungen erfordert. Zuerst stellt die Musterabteilung eine Probe her und hängt sie in der Seidenweberei aus. Dort sprechen die Arbeiter darüber und sagen ihre Meinungen. Man darf nicht vergessen, daß Han und Uiguren einen unterschiedlichen künstlerischen Geschmack haben und verschiedene Forderungen stellen. Es ist wichtig, daß die Mädchen das Muster gründlich erörtern, wenn es als Material zu Kleidern für Uigurenmädchen oder zu Jacken für Han-Mädchen verwendet werden soll. Wenn man angefangen hat, das Muster zu weben, und wenn es verkauft werden soll, sammeln die Handelsangestellten Meinungen und Kritik der Massen. Unsere Handelsangestellten haben die Aufgabe, diese Kritik zu sammeln und zu ordnen und sie an die Weberei weiterzuleiten.
Um ganz sicher zu sein, bevor man mit der Herstellung eines ganz neuen Produktes beginnt, richten wir Produktionsgruppen mit Vertretern von der Weberei und den Handelsangestellten ein, und sie reisen dann von Volkskommune zu Volkskommune und hören sich die Meinung der Massen an. Sie zeigen verschiedene Probestücke und diskutieren sie.
So werden von uns die traditionellen Muster entwickelt und auf eine Weise weitergeführt, die dem Volk dient.«

18

Kerija oder der Puls der Geschichte

Kerija ist eine alte Stadt an der Handelsstraße südlich der Takla-Makan. Sie heißt auch Yütien. Wir waren von der Wüste her auf dem Weg von Chotan im Westen hereingefahren. Es war heiß, und wir saßen im Schatten der Bäume und sprachen mit dem jungen Parteisekretär.
»Ja«, sagte er, »wir haben einige vorgeschichtliche Stätten hier. Aber sie werden immer mehr vernichtet. Wir arbeiten an großen Bewässerungsprojekten. Da verschwinden die vorgeschichtlichen Denkmäler. Hier in der Stadt selbst ist nichts besonders alt. Aber draußen in einer der Volkskommunen 30 Kilometer von hier gibt es ziemlich umfangreiche Reste. Die verschwinden jetzt, wo wir die Bewässerungskanäle bauen und den Boden ausgleichen.«
Das hörte sich schlimm an. Es schien unsere allerschlimmsten Befürchtungen zu bestätigen. Und er sagte das selbst, während er Tee nachgoß und Aprikosen und Rosinen anbot. Die Entwicklung vernichtete ihre eigene Vergangenheit.
»Das ist eine alte Oase«, sagte er. »Der Name findet sich in den historischen Chroniken von der Han-Dynastie an. Die Oase hat wohl ihre Lage während des Jahrhunderts verändert, aber sie war immer hierherum, wo der Kerija-Fluß vom Gebirge herunterkommt und weiter in die Wüste fließt. Weit dort draußen verschwindet er. Er erreicht nie den Tarim. Wir vergrößern jetzt das Anbauareal. 1950 waren es 230000 Mu; jetzt sind es 430000 Mu. Das ist fast eine Verdoppelung. Wir haben zwölf größere Wasserreservoire gebaut, und wir haben jetzt 325 Kilometer gepflasterte und zementierte Kanäle. Wir haben 103 Dämme als Schutz gegen Überschwemmungen und für die Bewässerung angelegt.
Im großen und ganzen können wir sagen, daß wir die Überschwemmungen besiegt haben. Aber wir schützen uns jetzt nur gegen die Überschwemmungen, haben es allerdings noch nicht geschafft, das ganze Wasser, das mit dem Hochwasser nach der Schneeschmelze im Gebirge herunterkommt, auch auszunutzen. Und die Trockenheit ist immer noch unser großer Feind. Wir haben eine Verdunstung von mehr als 2000 Millimeter hier.
Die Bewässerungsarbeit ist eine heikle Arbeit, die viel Erfahrung und Wissen verlangt. Um mit den Schwierigkeiten fertig zu werden, müssen wir die Erfahrungen der alten Kleinbauern nutzen. Die können mit ihrem Land umgehen. Der Grundwasserspiegel kommt stellenweise ziemlich nahe an die Oberfläche. Besonders in der Nähe des Flusses. Das kann schwere Folgen haben. Wenn das Grundwasser an die Oberfläche

gezogen wird und verdunstet, dann kommen die Salze mit an die Oberfläche, aber sie verdunsten nicht, sondern bleiben zurück. Im allgemeinen wird es kritisch, wenn der Grundwasserspiegel zwischen drei und einem Meter unter der Erdoberfläche liegt. Es hängt davon ab, wieviel Salze im Wasser gelöst sind. Aber wenn das Grundwasser bis auf einen Meter an die Erdoberfläche heranreicht, ist das hier immer kritisch. Die Folgen einer unrichtigen Bewässerung können sein, daß das, was bis vor kurzem Wüste war, zum Salzsumpf wird, nachdem es vorübergehend als Ackerland gedient hat.

Wir haben das Anbauareal vergrößert, und wir sind auf der Hut vor der Versalzungsgefahr. Wir haben einige Fortschritte gemacht. Jetzt bauen wir Reis an. Wir haben eigene Reisfelder. Das hatten wir früher nicht. Da war Reis ein Festessen. Heute können die Menschen Brot und Reis essen. Aber unsere Produktion ist nicht besonders groß, und der Lebensstandard ist niedrig. Wir haben die Frage, von Tatschai zu lernen, sehr ernst genommen. In den kommenden vier Jahren müssen wir unseren Teil des Plans durchführen. Wir haben drei Hauptaufgaben: Zuerst werden wir, indem wir von Tatschai lernen, unsere Getreideproduktion auf 150 Millionen Jin im Jahr verdoppeln.

Zweitens werden wir den Widerspruch zwischen der Trockenheit und dem Wasser, das ohne Nutzen abfließt, überwinden, indem wir drei große Reservoire bauen.

Drittens werden wir drei größere Wasserkraftwerke bauen. Jetzt haben unsere zehn Volkskommunen zwölf Wasserkraftwerke. Mit den drei größeren, die wir jetzt bauen, werden wir genug Energie bekommen, um die Mechanisierung der Landwirtschaft voranzutreiben.«

Es war Basartag. Die Menschen aus der ganzen Oase waren ins Zentrum gekommen. Die Straßen waren voller Menschen. Sie kamen, um einzukaufen, aber noch mehr, um sich zu treffen.

»Man muß zwischen Handel im allgemeinen und Basar unterscheiden«, hatte der Parteisekretär nebenbei gesagt, als wir beim Tee saßen. »Wir bekämpfen den privaten Handel. Der schafft immer wieder Kapitalismus. Der verzögert die Entwicklung. Aber der Basar ist eine nationale Sitte. Wir Uiguren kommen nicht nur zum Einkaufen auf den Basar. Hierher kommen die Menschen, um Freunde und Verwandte zu treffen und über Politik zu reden und Neuigkeiten zu hören. Das kann man nicht einfach durch Kaufhäuser ersetzen. Wir bauen sowohl ein Kaufhaus als auch ein Restaurant. Der Handel hier im Basar ist zum großen Teil staatlich oder genossenschaftlich. Man wird sich erinnern, daß der Basar nicht genau das gleiche ist wie der private Markt im Landesinnern. Unsere Tradition ist eine andere. Der Basar bleibt bestehen, aber er verliert ständig an Bedeutung für den Handel. Der Umsatz im eigentlichen Handel hier in Kerija ist gemeinsam mit den wirtschaftlichen

Fortschritten gestiegen: von 110000 Yüan 1950 auf 7600000 dieses Jahr. In einigen Jahren wird der Basar seine Rolle als Einkaufs- und Verkaufsmarkt ausgespielt haben. Aber die Menschen kommen sicher dennoch hierher, um sich zu treffen und zu reden und zu essen. Das ist unsere Tradition. Deshalb haben wir auch das große Restaurant hier am Basar gebaut.«

Die Mittagshitze lag dicht wie eine Wolldecke über Kerija. Wir aßen Pilau, und das Hammelfett tropfte vom Reis. Der Parteisekretär sagte: »Alles kommt von hier. Eigentlich ist Kerija reich. Die Landwirtschaft reicht bis in die ältesten Zeiten zurück, denn hier auf der Grenze zwischen den hohen Bergen und der Wüste fließt der Fluß, und die Erde gibt dem, der sie zu bebauen lernt, reiche Ernte. Wir haben Weizen, wir haben Reis und Gerste und Mais. Wir haben Pfirsiche, Melonen, Trauben. Wir haben Baumwolle, und wir haben 400000 Tiere.«

Die Sauermilch war kühl und erfrischend. Der Parteisekretär schenkte Branntwein ein:

»Den brennen wir selbst. Es ist schade, daß ihr nur zu einem kurzen Besuch hier seid. Aber ein Glas schadet nicht, obwohl es Sommer ist. Als ich hörte, daß ihr kommen würdet, dachte ich erst, ihr würdet vielleicht eine Zeitlang bleiben. Es gibt hier in Kerija viel zu sehen. Gerade jetzt arbeiten wir an der Modernisierung. Es ist immer noch eine arme Oase. Ihr seht wohl, wie die Menschen wohnen? Das ist nicht gut. Aber wir haben gerade die Ziegelei fertigbekommen. In den nächsten zehn Jahren wird jede Familie eine moderne Wohnung bekommen. Sie sollen ordentlich gebaut sein, und die Wände sollen gegen die Winterkälte und gegen die Sommerhitze schützen. Keine Außenwand darf jetzt dünner als anderthalb Steine sein. 30 Zentimeter. Jedes Haus soll einen Garten mit Obstbäumen und einen eigenen Weingarten haben. Im Sommer wohnen wir nämlich draußen. Da soll der Wein Schatten spenden. Der Weingarten ist ein Zimmer im Freien. In zehn Jahren soll also jede Familie eine neue ordentliche Wohnung mit richtigen Ziegelmauern und gutem Verputz bekommen haben. Dann wird Kerija anders aussehen!

Über die Straßen soll nicht mehr der Staub wirbeln. Wir werden sie asphaltieren. Und die große Straße südlich um die Wüste soll hier durchführen. Ihr habt wohl gesehen, wie über alle Rinnen in der Wüste Brücken gebaut werden? Dort fließt das Schmelzwasser ab. Bauen wir keine Brücken, können wir die Straße nicht das ganze Jahr über instand halten. Wir werden noch eine Million Bäume pflanzen. Die geben Schatten und liefern Holz. All das machen wir mit eigener Kraft. Es hat darum große Debatten gegeben. Jetzt führen wir unsere Pläne aus. Das Leben soll hier besser werden.«

Danach gehen Gun und ich über den Basar. Hier haben die staatlichen Handelsorganisationen ihre Stände, aber da werden auch Heimarbeiten und Produkte von den eigenen Parzellen verkauft. Hauptsächlich sind es jedoch Fertigwaren aus den Kaufhäusern. Das Sortiment ist ungefähr das gleiche, und die Preise sind dieselben wie im Kaufhaus weiter unten in der Stadt. Aber der Basar wimmelt von Menschen. Sie sammeln sich um uns. Ausländer sind in dieser Oase nichts Alltägliches. Sie reden über uns.

»Der Mann ist aus Pakistan, das siehst du wohl, aber die Frau ist sicher eine Han. Sie trägt ja blaue Hosen.«

Vor dem Kaufhaus steht Abdulla. Er lacht:

»Es ist ganz ungefährlich, euch herumlaufen zu lassen, wie ihr wollt. Ihr könnt nicht verlorengehen. Man sieht euch schon von weitem. Wie ein großer schwarzer Bienenschwarm von Menschen.«

Wir haben Zimmer im Gästehaus des Kreises bekommen. Es ist sauber und hübsch mit gestampftem Lehmboden, Holzbetten und Gardinen vor den Fenstern. Man hat warmes Wasser hereingetragen, und wir gießen es in die Waschschüssel und waschen den Reisestaub ab.

»Komisch«, sagt Gun »als ich ein Kind war und las, wie die Leute sich vom Reisestaub gesäubert haben, fragte ich mich immer, was das sei. Erst als ich nach Asien kam, verstand ich wirklich, was das bedeutete.«

Als ich auf den Hof gehe, um das Waschwasser ins Gemüsebeet zu schütten, steht der Nachbar vom Zimmer nebenan da und raucht eine letzte Zigarette in der heißen Nacht. Es gibt drei Betten in seinem Zimmer. Es stellt sich heraus, daß er Arzt ist. Er heißt Muhammed Beg und stammt aus Urumtschi, arbeitet aber jetzt hier in Kerija. Er ist gerade von einer Produktionsbrigade draußen in der Wüste in die Stadt gekommen.

»Gewiß gibt es genug Probleme«, sagt er. »Zum Beispiel sind viele Mütter noch zu jung. Es ist auch immer noch so, daß ältere Männer sich mit jungen Mädchen verheiraten wollen. Das ist nicht nur eine medizinische Frage. Aber es ist auch eine medizinische Frage, weil es für junge Mädchen nicht gut ist, Mütter zu werden, wenn sie das Alter erreicht haben, in dem sie nach dem Gesetz heiratsfähig sind. Das Problem ist jedoch in der Hauptsache ein politisches. Es ist eine Frage des Bewußtseins. Die Frauen müssen sich die Befreiung erkämpfen. Das ist kein Kampf gegen die Männer, sondern ein gemeinsamer Kampf der Männer und Frauen gegen Vorurteile aus der alten Gesellschaft. Man kann sagen, daß es sich auch als medizinisches Problem erweist, wenn es einem politisch nicht gelingt, gut für die Liebesehe und für die Gleichheit der Frau zu arbeiten.

Die Geschlechtskrankheiten sind im großen und ganzen verschwunden. Hier war Syphilis sehr verbreitet. Das war nicht nur eine Geschlechtskrankheit. Man kam schon mit Syphilis auf die Welt. Heute ist jedoch die Syphilis wie auch die Tuberkulose praktisch verschwunden.

Ich bin hier, um zu lernen und zu lehren. Es taugt nichts, nur im Krankenhaus in Urumtschi zu arbeiten und ein immer besserer Spezialist zu werden. Ich mußte hinaus und an Orten wie Kerija arbeiten, wo ich sehen kann, wie die Wirklichkeit aussieht. Es ist das gleiche für alle Kader. Aber für uns Ärzte, glaube ich, ist es besonders wichtig, daß wir nicht den Kontakt mit den wirklichen Problemen, die die Menschen haben, verlieren.
Hier in Kerija habe ich jetzt drei Aufgaben. Ich soll in der patriotischen Gesundheitskampagne mitarbeiten; ich soll Patienten behandeln; ich soll Barfußärzte ausbilden und weiterbilden.
Was die patriotische Gesundheitskampagne betrifft, so heißt das, daß man eine Volksbewegung für Hygiene und Gesundheitspflege aufbaut. Wenn wir die grundlegenden hygienischen Probleme aus der Welt schaffen — da geht es um die Behandlung der Latrinen, um Trinkwasser, Wohnungen und Säuglingspflege —, dann werden sich die eigentlichen Probleme der Gesundheitspflege leichter lösen lassen. Das ist die Linie des Vorsitzenden Mao Tse-tung. Wir haben in der Medizin in China viel erreicht und Operationen durchgeführt, die weltberühmt geworden sind. Aber für die Gesundheit des Volkes ist es nicht am wichtigsten, daß wir ein Herz verpflanzen können; am wichtigsten ist vielmehr, dafür zu sorgen, daß die Fliegen nicht von der Latrine auf das Essen für den Säugling fliegen können. Es ist auch so, wie der Vorsitzende Mao gesagt hat, daß wir Ärzte uns mehr für die gewöhnlichen Krankheiten, an denen alle Menschen leiden, interessieren müssen.
Woran die Menschen hier in Kerija leiden? Ruhr im Sommer und Lungenentzündung im Winter. Was ist das? Das ist schlechtes Wasser, schlechte Kleidung, schlechte Wohnung. Was ist das? Das ist Politik! Die Gesundheit ist ein politisches Problem. Was Kleidung und Wohnungen angeht, so wird nun der Plan durchgeführt, in vier Jahren die landwirtschaftliche Produktion zu verdoppeln und in zehn Jahren jede Familie mit einer neuen modernen Wohnung zu versorgen, die alle Forderungen der Gesundheitspflege nach Isolierung und Zugfreiheit und guter Luft und Schutz gegen Sommerhitze und Winterkälte erfüllt. Gegen die Ruhr propagieren wir die patriotische Hygienekampagne. Da geht es um Latrinen und um das Trinkwasser.
Alte Vorstellungen halten sich zäh. In unserer Kultur glaubt man, daß das Wasser sich selbst reinigt. Sieh doch, sagt man, spucke ins Wasser, und nach einer Weile hat es sich wieder sauber gelaufen. Deshalb nimmt man Trinkwasser direkt aus den Bewässerungskanälen. Das ist eine alte Tradition. Wir bekämpfen sie mit Aufklärung. Wir bekämpfen sie in den Schulen. Wir sehen zu, daß die Latrinen sorgfältig gebaut werden, damit sie das Wasser nicht verschmutzen können. Wir achten darauf, daß man mit dem Abfall richtig umgeht und ihn ordentlich kompostiert.

Damit gehe ich nicht einfach herum und empfehle es den Leuten. Es handelt sich dabei um eine große Hygienekampagne für das Volk. Die Massen müssen selbst merken, warum es notwendig ist, diese Kampagne durchzuführen. Dann können wir etwas erreichen. Diese Kampagne führen wir in ganz China durch. Aber die Verhältnisse sind in den verschiedenen Landesteilen unterschiedlich, je nach den örtlichen Bedingungen. Hier bei uns wollen die Menschen kaltes Wasser trinken. Sie meinen, das sei frisch. Sie wollen kein abgekochtes Wasser haben. Unten im Landesinnern sagt man es umgekehrt. Dort will man kein ungekochtes Wasser haben. Bei uns ist es eine alte Sitte, das Wasser ungekocht zu trinken, wie es im Landesinnern eine alte Sitte ist, das Wasser zu kochen. Die Frage ist nicht einzig und allein, ob die Sitte alt ist, sondern ob sie dem Volk dient. Dort ist eben diese Sitte nützlich, und hier ist eben diese Sitte schädlich. Hier müssen wir also erklären, daß nicht abgekochtes Wasser gefährlich ist. Wir müssen ihnen alle Ansteckungsstoffe zeigen, die es in ungekochtem Wasser geben kann. Es ist nicht leicht, alte Traditionen zu brechen. Es ist leichter, junge Mädchen davon zu überzeugen, sich nicht mit alten Männern zu verheiraten, nur weil die Eltern es wollen, als die Menschen davon zu überzeugen, daß kaltes, frisches und erquickendes Wasser gefährlicher als laues abgekochtes Wasser ist.

Das ist eine ernste Schwierigkeit mit den alten irrigen Vorstellungen von der Ungefährlichkeit des Wassers. Du kannst sogar leitende Kader sehen, die ohne weiteres aus den Bewässerungskanälen trinken. Ihnen müssen wir die Frage politisch stellen und sie deshalb kritisieren. Wenn sie Ruhr bekommen, können sie nicht arbeiten. Heißt das, dem Volke dienen, wenn sie ungekochtes Wasser trinken und dann den ganzen Tag auf dem Abtritt hocken müssen? Das ist eine politische Frage. Eine Frage der Linie. Eine Frage des Bewußtseins. Von den Kadern müssen wir in der Frage der Hygienekampagne politisches Bewußtsein verlangen können.

Was die Ausbildung der Barfußärzte betrifft, so haben wir heute Krankenhäuser und Kliniken in den Volkskommunen und ein leidlich ausgebildetes Krankenpflegepersonal in jeder Produktionsbrigade. Dann haben wir Barfußärzte in jeder Produktionsgruppe. Hier im Zentrum haben wir ein Krankenhaus mit 280 Betten. Wir haben 120 Ärzte und Krankenschwestern mit regulärer Ausbildung. Die Barfußärzte kommen zu ständigen Fortbildungskursen. Es geht darum, deren Kenntnisse ständig zu vergrößern. Sie müssen mit einfachem Unterricht über Hygiene und Notverbände anfangen. Dann müssen sie schrittweise ihre Kenntnisse erweitern, während sie gleichzeitig ihre Arbeit in der Produktion fortsetzen. Das läuft recht gut. Wir können jetzt sagen, daß wir die große Hygienekampagne auf der ganzen Linie führen. Sie wird

in jedes Haus und in jede Latrine gelangen. Verletzungen und Unwohlsein werden in den Produktionsgruppen behandelt. Erkrankungen und schwere Unfälle werden innerhalb der Produktionsbrigade und ernste Krankheiten auf Kreisebene behandelt. Wird jemand wirklich schwer krank, gibt es immer die Möglichkeit, den Patienten in das Distriktkrankenhaus nach Chotan oder zur Spezialbehandlung nach Urumtschi oder in einen anderen Ort zu schicken.
So bauen wir die Krankenpflege auf. Noch stehen wir dabei erst am Anfang. Es gibt Lücken. Es fehlt uns auch an Mitteln. Die Transporte sind ein Problem. Es kommt vor, daß wir den Patienten nicht rechtzeitig behandeln können. Wir haben nicht genügend ausgebildete Ärzte. Wir müssen sowohl die vorbeugende Gesundheitspflege als auch die direkte Krankenpflege weiterentwickeln. Aber das Prinzip, das Hauptgewicht auf die Gesundheitspflege zu legen und zu versuchen, der Krankheit vorzubeugen, und das Prinzip, sich um die Gesundheitsprobleme der großen Mehrheit und nicht nur um die Probleme einer Handvoll hoher Beamter zu kümmern, das heißt also, dem Volk zu dienen und den Schwerpunkt auf die Krankenpflege auf dem flachen Land und auf die Krankheiten, die viele Menschen befallen, zu legen, das sind Prinzipien, die der Vorsitzende Mao Tse-tung festgelegt hat. Sie sind völlig richtig und entsprechen den Bedürfnissen unseres Volkes und der Erfahrung jener Ärzte, die ihre Arbeit ernst nehmen.
Wir sind keine Gegner von Organübertragungen oder Spezialbehandlungen für seltene Erkrankungen. Aber wir sind Gegner des Reklamerummels, der in bestimmten Ländern um die Herzverpflanzung und ähnliches veranstaltet wird. Das dient nicht der Gesundheit des Volkes, sondern nur dem Ruhm und Einkommen der Spezialisten.
Ich selbst arbeite als Internist im Krankenhaus in Urumtschi. Wir müssen zehn Jahre Praxis haben, bevor wir anfangen können, uns zu spezialisieren. Das beruht darauf, daß ein Arzt eine sehr große allgemeine Erfahrung haben muß, bevor er sich spezialisieren kann, wenn er nicht unvermeidlich Fehler begehen will. Hier in Kerija habe ich also außer den drei unmittelbaren Aufgaben auch eine vierte. Diese Aufgabe ist, in die Lehre zu gehen und mir Erfahrungen zu verschaffen und mein eigenes Denken und meine eigene Einstellung zu Leben und Arbeit durch den unmittelbaren und täglichen Kontakt mit den Klein- und unteren Mittelbauern, die mir durch ihre Arbeit das Essen für den Tag geben, zu verändern. Ich muß von ihnen und ihrer Einstellung zu den Problemen lernen. Der Vorsitzende Mao meint zu Recht, daß das notwendig ist, wenn die Intellektuellen dem Volk dienen wollen. Die Krankenpflege ist wegen der Massen da und nicht wegen der Ärzte.«
Die Sommernacht ist dunkel und dicht. Die Hitze zittert über Kerija, und die Luft ist stickig. Wir gehen in unser Zimmer. Gun schält Apriko-

sen. Sie sind erfrischend, aber klebrig. Wir trinken Tee und liegen dann in der Dunkelheit und reden von Kerija.
»Er sagte, daß die Altertümer verschwinden«, sagt Gun. »Man könnte antworten, daß einige Reste alter Besiedlung, die jetzt geopfert werden, ein niedriger Preis dafür sind, daß die Menschen in Kerija ein erträgliches Leben bekommen. Soweit ich das sehen konnte, als wir auf dem Basar waren, gab es nicht viele, die Augenentzündungen hatten. Den Kindern hing kein grüner Rotz aus der Nase. Die Männer hatten keine offenen Wunden an den Beinen. Es lagen keine Bettler an der Mauer. Die Menschen waren fröhlich und freundlich, und sie waren nicht ausgehungert. Zu mir sagte der Parteisekretär dann, daß Kerija heute 270 Traktoren und 520 andere Maschinen und bereits eine eigene Reparaturwerkstatt hat. Man könnte fragen, was wichtiger ist.«
»Aber ist das eigentlich die Frage?« sagt sie. »In der ganzen Welt wird das Alte durch den Bau von Neuem vernichtet. Das ist das Gesetz der Entwicklung. Ganz China steht im Begriff, sich zu verwandeln. Es war nicht viel übrig von Chotans Stadtmauer. Bei unseren letzten Besuchen in China habe ich keine einzige Stadt von der alten chinesischen Art gesehen, eine mit Stadtmauer und Toren und allem. Vielleicht war Paoschan unten in Yünnan an der burmesischen Grenze die letzte Stadt von der alten Art, die wir zu sehen bekamen. Das war 1962, und heute sind wohl ihre Mauern verschwunden. Das muß so sein, denn anders können Menschen nicht überleben. Unser Stockholmer Skansen und andere Heimatmuseen und so etwas sind ja ganz schön, und Skansen erfüllt ein Wort des Vorsitzenden Mao, daß man ein Muster erhalten muß. Das soll nicht bedeuten, daß die Leute für immer im Elend leben müssen, nur um zu zeigen, wie das Alte ausgesehen hat. Und von dem, was richtig schlecht ist, braucht man nicht einmal ein Muster aufzuheben. Da reichen Bilder und Beschreibungen. Es gibt kein einziges Mädchen mehr mit verkrüppelten Füßen in China. Das ist gut.«
»Du springst zu schnell von einem Argument zum andern«, meine ich. »Du willst zuviel beweisen. Wenn du nicht aufpaßt, landest du bei den Ultralinken, die auf steinerne Standbilder und Kulturdenkmäler losgingen und dabei glaubten, der Zukunft zu dienen. Die Anführer dieser Gruppen waren Schurken, aber diejenigen, die vom Strom mitgerissen wurden, redeten wie du.«
»Ich meine, daß Skansen gut ist«, sagt Gun.
»Du willst allzuviel beweisen. Wenn du dich nicht vorsiehst, bekommt das Skansen gar nicht gut. Die vorgeschichtlichen Stätten sind kein echtes Problem. Alle großen Denkmäler und Fundorte sind geschützt. Das ist ja an jeder wichtigen Moschee und an jedem Gräberfeld angeschrieben. Sie sind in Sinkiang wie in ganz China geschützt. Es werden keine Bewässerungsgräben quer durch nationale Denkmäler gegraben.«

»Das habe ich eigentlich nicht gemeint«, sagt Gun. »Das weiß ich wohl, daß sie erst Archäologen rufen müssen, wenn eine Produktionsbrigade hier draußen in der Wüste plötzlich auf Mauerreste stößt, und wenn es da Malereien oder sonst so etwas gibt, wird das Gelände gesperrt.«
Wir gießen Tee nach. Es ist heiß, und wir liegen in der Dunkelheit und unterhalten uns über Probleme um Kerija. Denn es gibt Probleme. Und wir nähern uns ihnen über die Altertümer. Zu den verschiedenen Neubauprojekten in Sinkiang kommen auch Archäologen aus dem Museum in Urumtschi, um beim Vermessen und Aufnehmen zu helfen. Auch um zu sichern und zu erhalten, wo das nötig ist. In Sinkiang — wie in ganz China — ist die Kampagne zum Schutz der Altertümer gleichzeitig mit den großen Landschaftsveränderungen, wie sie Terrassierung und Urbarmachung mit sich bringen, durchgeführt worden. Es ist mit der Archäologie wie mit der Krankenpflege; sie kann nur Wirklichkeit werden, wenn sie eine Angelegenheit des ganzen arbeitenden Volkes und nicht nur einiger Spezialisten wird.
Mit den neuen Bewässerungsanlagen dringt Kerija in die Wüste hinaus und nimmt sich Gebiete wieder, die die Wüste einmal erobert hat. Jetzt, wo Kerija wieder begonnen hat, den Boden zu bebauen, der vor mehr als 1000 Jahren schon einmal bebaut wurde, verschwinden auch unumgänglich die Reste der Kultur, die es einmal gegeben hat und die dann verlassen wurden.
»Das ist es, was Sir Aurel Stein von seiner zweiten Reise in diese Gegenden berichtete«, sagt Gun. »Als er zurückkehrt, ist die Wüste zu bebauten Feldern geworden, und er beschreibt genau den gleichen Vorgang, den der Parteisekretär beschrieben hat. Die Altertümer verschwinden mit der Bewässerung. Nur wenn es der Wüste gelänge, über ganz Sinkiang die Herrschaft zu bekommen, könnten alle Altertümer erhalten werden. Auf diese Weise könnte man die ganze Welt erhalten, allerdings nicht zu unserem Nutzen. Man kann nicht bauen, ohne dabei zu zerstören. Darin hat Mao Tse-tung recht. Gerade deshalb ist es gut so, daß die Chinesen bewußt die archäologische Kampagne betreiben, jetzt wo sie bauen.«
Aber Steins Bericht von seiner Reise vor 70 Jahren deckt sich auch mit dem, was andere Berichterstatter zu jener Zeit beschrieben. Nach Jakub Begs Fall und der Errichtung der chinesischen Herrschaft auch über das südliche Kaschgarien war die Neukultivierung so sorgfältig durchgeführt worden, daß das Land blühte, wie es seit der Tang-Dynastie nicht mehr der Fall gewesen war.
Dies ist erwähnenswert, und es erklärt einiges aus Sinkiangs späterer Geschichte. Die chinesischen Beamten gegen Ende der Kaiserzeit waren in vieler Hinsicht schlecht und korrupt. Aber ihre Verwaltung funktionierte besser und mit weniger Gewalt und Übergriffen als die Jakub Begs

(oder die der Russen westlich des Gebirges oder der Briten südlich des Gebirges). Zu dieser friedlichen Verwaltung gehörte, daß das Bewässerungssystem wieder ausgebaut und große Gebiete kultiviert wurden. In Sinkiang war die Zeit vom Ende des 19. Jahrhunderts an eine Periode steigenden Wohlstandes. Das Bild war im chinesischen Landesinnern ganz anders.

Die Truppen, die der chinesischen Verwaltung zur Verfügung standen, waren gering. Sinkiang wurde nicht mit militärischer Macht gehalten. Das Land war mit dem Rest Chinas durch andere Bande verbunden. Selbst als die chinesische Verwaltung im Zentrum zusammenbrach und China jahrzehntelange Kämpfe durchlebte, blieb Sinkiang bei China. Erst als General Ma Tschung-yin durch Sinkiang zog, wurde die Provinz ernsthaft von dem Unheil betroffen, das die Warlords in China angerichtet hatten. Während der 50 Jahre — von Jakub Begs Fall bis zum Einmarsch Ma Tschung-yins — war Sinkiang eine chinesische Provinz mit langsam steigendem Wohlstand. Außerhalb ihrer Grenzen stürzten Reiche zusammen, und in China wuchs der Bürgerkrieg zu einer gewaltigen nationalen Volkserhebung gegen ausländische Unterdrückung und innere Reaktion an; aber hier in Sinkiang blieb alles unverändert. Die Steuern waren verhältnismäßig niedrig, die Beamten verhältnismäßig ehrlich, die Anbaufläche wurde erweitert.

Gewiß war das Land arm, gewiß gab es Unterdrückung, gewiß gab es Ausbeutung und Klassenkampf; dennoch war diese Armut die größte Entwicklung, die Sinkiang in 1000 Jahren gehabt hatte. Das erklärt, warum Sinkiang sich trotz aller Versuche, die während dieser 50 Jahre mit ausländischer Hilfe unternommen wurden, und trotz der inzwischen fast bis zum Nichtvorhandensein schwachen chinesischen Kriegsmacht in Sinkiang nicht von China losriß.

»Aber wenn das, was du sagst, richtig ist«, unterbricht mich Gun, »was geschieht dann mit der orientalischen Despotie? Ich glaube auch, es ist richtig, daß diese 50 Jahre, nachdem Sinkiang eine gewöhnliche Verwaltungseinheit im chinesischen Reich geworden war, eine Zeit des Fortschritts waren. Eigentlich ist es ja das, was alle zeitgenössischen Berichterstatter schreiben, wenn sie von der Armut berichten. Es war armselig, aber es war nicht so elend wie das von den Briten beherrschte Bengalen. Es ging langsam vorwärts, und das bewässerte Areal vergrößerte sich so, wie es sich in 1000 Jahren nicht vergrößert hatte. Die Verwaltung war wohl einigermaßen ehrlich, aber sie war in dieser Zeit keine kraftvolle orientalische Despotie. In dem Augenblick, in dem die Beamten keine örtliche Unterstützung mehr hatten, verschwanden sie. Die Staatsmacht war nicht despotisch. Aber nach den Theorien bedarf es einer despotischen Staatsmacht, um eine Bewässerungslandwirtschaft einzurichten, zu erweitern und aufrechtzuerhalten. Gelehrte Schriftsteller versuchen sogar durch die Hintertür den Beweis zu erbringen, daß es heute in China eine Despotie gibt, indem sie zuerst nachweisen, daß die Bewässerungslandwirtschaft in China erweitert wird wie nie zuvor, und dann auf die bekannte Wahrheit hinweisen, daß Bewässerungslandwirtschaft nur unter einer orientalischen Despotie erweitert werden kann und China folglich eine orientalische Despotie ist. Wie paßt deren Theorie auf Sinkiang?«

»Genauso schlecht, wie sie auf Indien paßt.«

»Aber da kann man das Gegenteil sagen. Die chinesische Verwaltung war zwar schwach und etwas korrupt, aber doch so ehrlich und so funktionierend und so geordnet, daß sie den Grundbesitzern hier in den Oasen und den verschiedenen Gemeinden die Möglichkeit gab, die Bewässerungslandwirtschaft zu entwickeln. Das klingt einleuchtend. Aber dann braucht man keine Theorie vom orientalischen Despotismus und der ›hydraulischen Gesellschaft‹.«

»Die hat man nie gebraucht, um die Wirklichkeit zu erklären; sie ist nur entwickelt worden, um die Unterdrückung zu legitimieren.«

Aber wenn die Theorie von der orientalischen Despotie und der hydraulischen Gesellschaft nicht hält, wenn man untersucht, was in Kerija geschehen ist, wie steht es dann mit der Theorie von der fortschreitenden Austrocknung des Tarimbeckens? Sir Aurel Stein beschrieb, wie man es vor 70 Jahren erreichte, das Land zu kultivieren, das vor 1000 Jahren verlassen worden war. Nun ist die Urbarmachung verstärkt worden. Heute wird Sinkiang urbar gemacht wie nie zuvor. Wie stimmt das mit der Austrocknung überein? Sollte der Puls der Geschichte einen neuen Schlag getan haben? Gibt es mehr Wasser?

Die Antwort ist, daß das Geschehen in Kerija durchaus nicht mit der Theorie von der Austrocknung übereinstimmt. Die große Neukultivierung und Erweiterung des Anbauareals, die jetzt im südlichen Sinkiang vor sich gehen, zeigen, daß die Theorie von dem immer mehr austrocknenden und zwangsläufig immer ärmer werdenden Sinkiang eine von Grund auf falsche Theorie ist.

Das Merkwürdige ist nur, daß diese Theorie sich überhaupt so lange am Leben erhalten konnte.

Mit geologischem Maß gemessen hat es hier eine Austrocknung gegeben. Aber mit geologischem Maß gemessen sind die Berge Meere gewesen und die Kontinente gestiegen und gesunken und haben sich gespalten und vereint. Doch geologische Zeit sagt nicht viel über historische Zeit. Die Austrocknungstheorie, die Theorie von dem Puls der Geschichte, der mit Klimaumschwüngen als treibender Kraft die Völker aus Innerasien getrieben hat, um nach Indien, Europa und China zu wandern, und die Theorie, daß nur Länder mit einem Klima wie dem englischen die Möglichkeit zu geistiger Arbeit geben, haben alle miteinander gemeinsam, daß sie eine außermenschliche Erklärung für den Verlauf der Geschichte geben und daß sie mit allen augenfälligen Sachverhalten auf einmal im Kampf stehen und mit leidenschaftlicher Überzeugtheit von Historikern und Schriftstellern unterschiedlicher Richtung aufgegriffen werden.

»Das ist merkwürdig«, sagt Gun, »es muß etwas mächtig Anziehendes an solchen Theorien sein. Alle, wenigstens fast alle, die sich ernsthaft mit Sinkiang beschäftigt haben, sind sich einig, daß die Austrocknung ein Hirngespinst ist, aber dennoch spricht man weiter davon wie von etwas Selbstverständlichem.«

Im großen und ganzen hat die Landschaft sich hier in den letzten 2000 Jahren nicht verändert. Man kann die chinesischen Chroniken als Wegbeschreibungen lesen. Sie stimmen heute noch. Die Bebauung hat gewechselt, und Orte haben sich bewegt; das ist alles. Die Chroniken der Han-Dynastie setzen die Zahl der Haushalte in den Oasen von Chotan bis Turfan mit 103 000 an. Ungefähr 600 000 Personen. Demnach kann man mit Bestimmtheit sagen, daß die Bevölkerungszahl in den letzten 2 000 Jahren gestiegen ist, und daß sie sich von der Han-Dynastie bis zur Befreiung 1949 verdreifacht hat.

Das Klima ist heute dasselbe wie damals. Die Trockenheit ist dieselbe. Es ist so, wie Stein es beschreibt. In den Häusern, die vor 1 000 Jahren verlassen wurden, ist alles so, wie es zurückgelassen wurde. Was nicht durch mechanische Abnutzung zerstört wurde — der Sand kratzt durch die Zimmer, und der Wind trägt die Dächer fort —, erhält sich so, wie es war, als der letzte wegging, ohne die Tür hinter sich zuzuschlagen.

Später besuchen wir die Toten auf dem Gräberfeld bei Astana in Turfan, und unten in der Grabkammer liegt der Tote eingetrocknet, aber unverwest. Die geschlossenen Augenlider waren nicht mehr offen, seit Karl Martell bei Poitiers siegte, und trotzdem liegt der Alte da, und wenn man ganz still vor ihm steht, ist es, als könnten sich die knochigen Reste jeden Augenblick aus dem Tod erheben.

Es ist trocken. Es ist seit langem trocken gewesen. Lege ein Papier unter einen Stein und komme 50 Jahre später wieder. Das Papier liegt da, wenn man den Stein aufhebt. Noch nach 50 Generationen liegt dasselbe Papier unzerstört da.

Eine Theorie wie die von der Austrocknung Innerasiens in historischer Zeit, die in Widerspruch sowohl zu den schriftlichen Quellen als auch zu den direkt wahrnehmbaren Sachverhalten steht, ist so töricht, daß sie nur mit der sozialen Aufgabe, die sie erfüllt, erklärt werden kann.

Der bekannteste Vertreter der klimatologischen Geschichtstheorie war Ellsworth Huntington. Er war Professor in Yale, er war Präsident sowohl der Amerikanischen Geographischen Gesellschaft als auch der Amerikanischen Ökologischen Gesellschaft und der Amerikanischen

Rassehygienischen Gesellschaft. Er starb 1947 mit 70 Jahren und wurde lange als bahnbrechender Wissenschaftler angesehen. Aber seine Theorien vom Puls der Geschichte stützten sich auf schlechte Fakten. Als es um die Geschichte Palästinas ging, hatte er die Daten durcheinandergeworfen, und als es um Sinkiang ging, wiesen andere Forscher schon von Anfang an darauf hin, daß die Fakten nicht stimmten.
Aber das Interessante an Huntington — wie an den Rassisten, die seine Zeitgenossen waren — ist, daß die wissenschaftliche Argumentation ständig ins Phantastische abschweift. In der Festschrift zum 70. Geburtstag Sven Hedins schreibt Huntington mit tiefem wissenschaftlichem Ernst:
»Es verhält sich zufällig so, daß die Winter mit einer Durchschnittstemperatur gerade über dem Gefrierpunkt für geistige Tätigkeit am geeignetsten sind. Also sind die Klimaverhältnisse, die heute in den Hauptzentren der Zivilisation herrschen, die besten, die es in der heutigen Klimaverteilung gibt... Also befand sich die Verteilung der Zivilisation damals wie heute in Harmonie mit dem Klima: Die höchste Zivilisation war dort angesiedelt, wo das Klima dem Optimum für das kulturelle Niveau, das die Menschheit damals erreicht hatte, am nächsten lag.«
Das war also im Jahr 1933. Huntingtons Klimalehre erweist sich nun im Nachhinein als eine angelsächsische Variante derselben allgemeinen Herrenvolkstheorie, die in Deutschland von Rosenberg propagiert wurde. Keine Wissenschaft folglich, sondern nur Rationalisierungen und schlechte Ideologie. Aber die Klimalehre wie der Rassismus taten ihre Dienste. Diese Theorien brauchte man, um dem Imperialismus einen Schein von historischer Vernunft zu geben.
»Aber noch 1973 schreibt die deutsche Forscherin Annemarie von Gabain über das verschlechterte Klima«, sagt Gun. »Das ist wirklich merkwürdig, wie zäh sich solche Vorstellungen am Leben halten. Es ist, als wagten diese Historiker nicht, den Gedanken auszudenken, daß menschliche Geschichte menschliche Geschichte ist, und daß weder Gott noch das Schicksal oder die Rasse das Geschick leitet, sondern der Mensch, der sich selbst erschafft.«
Aber kann man sich nicht auf alle Fälle denken, daß sich die natürlichen Voraussetzungen verändert haben und daß dies die Besiedlung und die Landwirtschaft beeinflußt hat? Es ist durchaus augenfällig, daß kultivierter Boden verlassen wurde und große besiedelte Gebiete zur unfruchtbaren Wüste wurden. Ist es ganz unsinnig, sich zu denken, daß das andere Erklärungen als eine Art Pulsschlag der Geschichte hat, der vom Klima gesteuert wird?
Möglich ist das natürlich. Bebauung und Besiedlung in Bohuslän an der schwedischen Westküste zum Beispiel wurden im 18. und 19. Jahrhundert von den Perioden des Heringsfangs bestimmt, der wiederum vom

Bestand an Plankton abhängig war. Gewiß können sich die natürlichen Voraussetzungen ändern und diese die Besiedlung verändern, ohne daß man deswegen ein Ideologe wie Huntington wird. Aber hat sich in historischer Zeit etwas in diesem Sinn in Sinkiang verändert?
Sir Aurel Stein glaubte es. Er meinte, daß Huntington in bezug auf das Klima irrte, daß der Wasservorrat in den Flüssen in historischer Zeit wohl aber abnahm, was dazu führte, daß sich die Kulturfläche veränderte und bebautes Land zu unfruchtbarer Wüste wurde.
Die Erklärung, meinte er, könne sein, daß sich das Klima in einem längeren Zeitraum verändert habe. Die Landwirtschaft ist eine Bewässerungslandwirtschaft. Das Wasser kommt von der Schneeschmelze oben im Kunlun-Gebirge. Angenommen nun, daß die jährliche Schneeschmelze die jährliche Niederschlagsmenge oben im Gebirge übersteigt. Dann ist es altes Eis, das schmilzt, und der Wasservorrat nimmt dann allmählich ab.
Wenn der Schnee oben im Kunlun-Gebirge schmilzt, schmelzen die Gletscher ab, die es dort seit der letzten Eiszeit gibt. So würde man eine viel frühere Klimaveränderung — eine auf der geologischen Zeittafel, wo man Klimaveränderungen tatsächlich nachweisen kann — allmählich durch verminderte Wasserzufuhr und damit vermindertes Ackerbauareal und veränderte Besiedlung und allmählich zunehmende Armut merken. Gleichzeitig könnte das Papier unverändert 50 Generationen lang unter dem Stein liegen und davon zeugen, daß das Klima sich nicht geändert hat.
Im Unterschied zu Huntingtons Theorie ist diese Theorie einleuchtend. Sie hat nur einen Fehler. Sie wird nicht gebraucht. In Kaschgar, in Chotan, in Kerija — überall haben wir über den Wasservorrat diskutiert. Überall hat man dasselbe gesagt. Noch ist man weit entfernt von der Möglichkeit, alles Wasser aus dem Gebirge zu nutzen, noch fließt es ungenutzt in die Wüste hinaus. Noch ist die Überschwemmungsgefahr während der Flut nach der Schneeschmelze im Gebirge eine Wirklichkeit. Das Wasser reicht zu einer gewaltigen Steigerung des landwirtschaftlich genutzten Areals, zu einer Vervielfachung des Areals weit über die kühnsten Vorstellungen früherer Generationen hinaus. Dazu kommen die großen Süßwasserseen, die sich unter der Wüste befinden. Doch die gehören nicht zu dieser Erörterung.
Aber Stein kann natürlich in der Frage der Abschmelzung der Gletscher oben im Gebirge recht haben, auch wenn diese noch nicht zu einem verringerten Wasservorrat, der die Landwirtschaft beeinflußt, geführt hat. Das weiß ich nicht. Ich fragte in Chotan und Urumtschi und Peking, ob man mir einige Daten über die Schneeschmelze und den Niederschlag im Gebirge geben könne. Aber man antwortete, die Frage werde noch untersucht.

Die Siedlungen haben jedoch ihre Lage gewechselt, und man kann auch von einer Art periodischer Veränderung des kultivierten Bodens der Oasen reden. Immer wenn friedliche und geordnete Verhältnisse im Tarimbecken herrschten, wuchs das kultivierte Areal. Die Bewässerungslandwirtschaft braucht Fürsorge (nicht Despotie!). In den Jahrzehnten um den Fall des Kaisertums herrschten hier in Sinkiang ruhige Verhältnisse und eine geordnete Verwaltung. Der Druck hielt sich in Grenzen, und die Menschen konnten das bewässerte Gebiet erweitern. Es war so, wie Stein es beschrieb: Was im einen Jahr historisches Denkmal war, wurde im nächsten unter Kultur genommen.
Aber diese Entwicklung hat ihren eigenen Niedergang immer in sich getragen. Owen Lattimore hat das im Hinblick auf die Bewässerungslandwirtschaft in Sinkiang hervorgehoben. Man kann überall dasselbe beobachten; bei einer Bewässerungslandwirtschaft in der Wüste verschlammen die Kanäle immer wieder, und nach einigen Generationen muß man die Siedlung verlegen. Es ist nicht nur der große Lop Nor, der in der Wüste hin und her pendelt; dieses Wandern ist typisch. Im Verlauf einiger Jahrhunderte wird dann eine große Fläche von Ruinen und Erinnerungen an die Besiedlung bedeckt. Und dies, obwohl das kultivierte Areal durch die Zeiten hindurch fast das gleiche geblieben ist.
Jetzt wird dieses Muster durchbrochen. In den Oasen südlich der Wüste haben die Menschen die Grenzen, welche die Natur bisher setzte, mit Hilfe der modernen Technik und Forschung übersprungen. Nun wächst das kultivierte Gebiet weit über das hinaus, was früher erreicht worden war, und es verändert seinen Charakter. In Kerija hat man nicht nur die verlorenen Gebiete wieder in Besitz genommen; man hat neuen Boden gewonnen. Die Geschichte wird nicht von einem Schicksal gesteuert.

19

Mit eigener Kraft

Hinter Kerija pflügt sich die Straße hinaus in die Wüste. Hier im südlichen Sinkiang liegen die Oasen wie Inseln zwischen den roten kahlen Bergen im Süden und den trockenen Weiten nach Norden hin. Wie Inseln im offenen Meer können die Oasen ausgebaut werden. Sie können durch Anlagearbeiten erweitert und größer werden, oder sie können zusammenschrumpfen, wenn die Schutzarbeit aufhört und die Instandhaltung ausbleibt. Aber sie bleiben Inseln. Die Oasen hören jäh auf; das Grün stürzt schroff in die unfruchtbare Wüste.

Die Steinchen spritzen um die Räder, als wir über die langen Wüstenstrecken fahren. Hoch über uns ein stahlblanker Himmel. Weit weg am Horizont vielleicht — oder vielleicht auch nicht — ein Streifen von Fruchtbarkeit. Wir nähern uns ihm, und er löst sich auf und verschwindet, und wir fahren weiter, während die Steinchen um die Räder spritzen und das Auto vorwärtsschaukelt und sich den Neigungen der Straße anpaßt. Hier auf den Weiten unter dem stahlgrauen Himmel fühlen wir uns wie verankert in der Hitze.

Wir überholen eine Karawane. Sie gehen ihre Pfade von Brunnen zu Brunnen. Fern in den Bergen im Süden gibt es Weideplätze, aber hier draußen um die Oasen gibt es keine Steppe, keine Weide. Hier ist Wüste. Die Oasen sind der Wüste ausgesetzt, aber sie sind auch von der Wüste geschützt. Die Oasen haben im südlichen Sinkiang zu den frühen Ackerbaugebieten gehört. Sie sind fruchtbar. Die Erde ist reich. Das Wasser kommt regelmäßig Jahr für Jahr zur gleichen Zeit vom Gebirge herunter. Der Mangel an Regen machte zugleich frei von den Zufälligkeiten des Wetters. Die Bauern in Kerija und den anderen Oasen hier draußen waren wie die Bauern am Nil und im südlichen Turkmenistan nicht wie die skandinavischen Bauern davon abhängig, wie die Witterung von Jahr zu Jahr wechselte. Das Wasser kam, und solange sie die notwendige Bewässerung durchführten, gab die Erde reiche Ernte her. Es war gerade am Wüstenrand, wo der Ackerbau sich entwickeln konnte.

Auch die Isolation der Oasen draußen auf den öden Weiten ist nicht nur negativ. Hier zu den Oasen gingen die Straßen von Brunnen zu Brunnen oder von Rastplatz zu Rastplatz quer über die wasserlose Wüste. Nördlich des Tien Schan oben in der Dsungarei liegt Steppe zwischen den Oasen. Die Steppe bietet Weideland, und das Weideland machte die Oasen ungeschützt. Dort zogen die Reitervölker durch. Aber hier südlich des Tien Schan und südlich der Wüste gibt es nur hoch oben in den

Bergen Weiden. Die Oasen liegen geschützt hinter der Wüste. Hier konnten sich keine Reitervölker ernähren, und hier konnten die Handelskarawanen in relativer Sicherheit reisen.
Nun nimmt das Land einen anderen Charakter an. Der Sand weht von Norden her. Die Straße ist trocken und staubig. Dreißig Meter hoch wandern die Sanddünen aus dem Innern der Wüste nach Süden hin. Die Straße biegt und windet sich, um ihnen auszuweichen. Die Dünen rauchen im Wind. Sandschleier wirbeln über die Straße. Es ist wie stiebender Schnee. Dann streckt sich ein Arm aus gelbem Sand über die Straße, und wir sitzen fest. Der Fahrer sagt:
»Noch vor zehn Tagen war die Fahrt hier frei. Es ist schwer, die Straße offenzuhalten. Der Sand wandert ständig.«
Jetzt hat der Weg die versandete Fahrbahn verlassen. Er windet sich wie tiefe Gleise zwischen den Dünen. Er ist mit großen weißen Betonklötzen markiert.
»Mal sehen, wie es mit der neuen Straße wird, die man baut«, meint der Fahrer. »Aber vielleicht wird man mit dem Sand fertig.«
Dann schmeckt die Luft auf einmal anders im Mund, als wir noch zwischen den Dünen sind, und wir fahren aus ihnen heraus über morastigen Boden auf die Oase zu. Genauso war es auch, als Hüan Tsang hier vor 1300 Jahren vorbeikam. Denn wir sind auf dem Weg nach Nija, und Nija ist eine alte Oase, auch wenn Marco Polo sich nicht die Mühe machte, sie zu erwähnen.
Nija, das auch Minfeng heißt, ist der größte Kreis in China. Er umfaßt 74000 km^2. Aber er hat nur 20500 Einwohner, 5496 Haushalte. Es war vor 1949 eine entlegene und arme Oase. Das Schmelzwasser kam erst nach der Junimitte hierher, und es gab keine reichen Weiden. Damals lebten hier 10000 Personen in 2830 Haushalten. 29 von ihnen waren Grundbesitzer. Sie besaßen 30000 Mu. Die 2801 übrigen Haushalte teilten sich in 2000 Mu. Von den 119000 Tieren besaßen die 2801 Haushalte 9000. Hier gab es Wind und Sand und große Armut. Die Karawanenreise nach Chotan dauerte sieben Tage.
Aber es gab eine Polizeistation, zwei Kräuterärzte und eine Schule mit 154 Schülern und zehn Lehrern.
»Die feudale Ausbeutung war schlimm«, sagte Parteisekretär Mattusun Tschirip. »Es gab zwei richtige Despoten unter den 29 Grundbesitzerfamilien. Sie ließen die Menschen auspeitschen, damit sie härter arbeiteten. Aber die Menschen hungerten. Mais war die einzige Ernte, die möglich war, weil das Wasser so spät kam, und die Ernte reichte nicht das ganze Jahr. Was es hier reichlich gab, waren nur Bettler, Sand und Wind.
Nach der Befreiung erschossen wir Jakub Hadschi. Die Massen verlangten das. Sie versammelten sich und forderten sein Leben. Er war wirk-

lich ein niederträchtiger Mensch, ein Unterdrücker. Die Massen hätten uns nicht verstanden, wenn wir ihn nicht erschossen hätten. Das war eine unbedingte Forderung von ihnen. Der andere Grundbesitzer war auch ein Despot. Aber ihn verschonten die Massen. Er starb an Altersschwäche. Die anderen 27 Grundbesitzerfamilien waren kleine Grundbesitzer, und sie arbeiten jetzt alle in den Volkskommunen.
Der Weg des Sozialismus war der einzige, der uns aus dem Elend führen konnte. Jetzt haben wir genug Getreide für den eigenen Bedarf. Wir können sogar an den Staat verkaufen. Wir haben im vorigen Jahr 800000 Jin Getreide und 12000 Schafe an den Staat verkauft.«
Die Stadt ist klein. Wir gehen durch die Hauptstraße. Die Alphabetisierungskampagne ist in vollem Gang, und alle Mauern sind vollgeschrieben. Es gibt einen Buchladen und ein Kaufhaus. Auch hier draußen in der Wüste ist das Warenangebot groß. Die Preise sind dieselben wir in Kaschgar oder Urumtschi. In der Buchhandlung kaufe ich wieder Plakate.
»Wir haben nun 22 Autos und 55 Traktoren im Kreis«, sagt Mattusun Tschirip. »80% der Familien haben ein Radio. Wir haben Telefonverbindung mit den Produktionsbrigaden in vier Volkskommunen. Wir haben Krankenhäuser, wir haben Mittelschulen. Der Einzelhandel setzte im letzten Jahr 419000 Yüan um. Wir lernen von Tatschai, und alles schaffen wir aus eigener Kraft.«
Am Abend gibt es eine Vorstellung. Jugendliche aus den Produktionsbrigaden in der Nähe sind in die Stadt gekommen, um die Lieder und Tänze, die sie eingeübt haben, vorzuführen.
»Sie sind ein wenig nervös«, sagt Mattusun Tschirip. »Es sind ja gewöhnliche Laien. Sie sind noch nicht einmal in Chotan aufgetreten. Und jetzt sollen sie eine Vorstellung vor Ausländern geben. Ihr seid die ersten ausländischen Gäste, die wir hier in Nija gehabt haben.«
Ein Uigurenmädchen tritt vor. Sie singt mit hoher klarer Stimme: »Ich bin ein Milizmädchen.« Wir klatschen alle Beifall. Sie wird ein wenig rot und singt noch ein Lied: »Unser Parteisekretär besucht die Produktionsgruppe.«
»Besonders die Jugendlichen betreiben solche Laienkunst«, sagt Mattusun Tschirip. »Sie haben in der Schule singen und tanzen gelernt, und wenn sie mit der Schule fertig sind und in die Produktionsgruppen kommen, bleiben sie als Gruppe beieinander und singen und tanzen zusammen. Die Partei fördert das. Wir halten das für eine wichtige Sache. Bei uns hat es immer viel Gesang und Musik und Tanz gegeben. Wir Uiguren haben immer gern gesungen. Hier hatte auch Konfuzius keinen besonders starken Einfluß. Er war es ja, der gepredigt hat, daß es unmoralisch sei, zu tanzen und zu singen und seine Freude zu zeigen.«
Nun singen zwei Han-Mädchen: »Tatschai zeigt den Weg.«

»Jetzt haben wir Konfuzius besiegt, und jetzt singen auch die Han-Mädchen. Sie wissen nicht aus eigener Erfahrung, unter welchem Druck frühere Generationen von Frauen gelebt haben. In den Schulen haben sie alle tanzen und singen und arbeiten gelernt. Und sie haben auch gelernt, die alten nationalen Vorurteile zu überwinden, die benutzt wurden, um Chinas Nationalitäten zu entzweien.«
Ein Uigurenjunge tritt vor. Er trägt ein Instrument, ein Rabab. Er singt eine Ballade: »Wir folgen dem Vorsitzenden Mao.«
»Es gibt 616 Parteimitglieder im Kreis Nija. Davon sind 532 Uiguren. Der Jugendverband hat 1175 Mitglieder; 1035 sind Uiguren. Ich bin Sekretär des Parteikomitees; von den sieben Mitgliedern sind vier Uiguren. Es gibt 647 vom Staat bezahlte Kader, also auf Volkskommunenebene und höher. Von ihnen sind 413 Uiguren. Diese Verteilung zeigt, was wir in diesen Jahren erreicht haben. Aber es bleiben noch viele Probleme. In der Frauenfrage haben wir zum Beispiel noch viel zu tun. Doch von den 647 Kadern sind schon 124 Frauen. Es geht voran.«
Vier Mädchen singen: »Am Strand des Nija-Flusses.« Sie erzählen von der Heimat und vom Aufbau.
»Sie haben das Lied selbst in ihrer Produktionsbrigade geschrieben. Es ist gut, daß sie stolz darauf sind, was wir gemacht haben. Sie haben die Alten erzählen hören, wie das in früheren Zeiten war. Das ist wirklich gut, ihr Lied. Es ist hier schon populär geworden. Die Menschen singen gern von ihrem eigenen Leben und ihrer eigenen Heimat. Aber es bleibt noch so viel zu tun. Wir haben nicht einmal eine ordentliche Asphaltstraße nach Chotan. Die Straße nach Tunhuang ist für gewöhnliche Autos noch nicht richtig befahrbar. Sie muß ausgebaut werden. Wir müssen Eisenbahnanschluß bekommen. Und wir müssen unseren Kreis entwickeln. Es dauert noch lange, bis dieser Kreis den Rest des Landes einholt, und es wird harte Arbeit erfordern, bis China ein starkes und entwickeltes sozialistisches Land mit moderner Industrie, moderner Landwirtschaft, moderner Wissenschaft und moderner Technik ist. Aber wir bauen das Land mit eigener Kraft auf.«
Nun tritt das ganze Ensemble auf, und gemeinsam singen sie die Schlußnummer: »Wir grüßen das Projekt 18. August.« Wir machen die Runde und danken ihnen. Als ich ihnen die Hand gebe, spüre ich, daß sie rauhe Arbeiterhände haben. Sie sind Laien und treffen sich nur abends, um zu singen und zu tanzen.
»Für die Laienarbeit ist der Jugendverband verantwortlich«, sagt das Mädchen, das vom Besuch des Parteisekretärs bei der Produktionsgruppe gesungen hat. »Wir alle, die in die Landwirtschaft zurückgekehrt sind, nachdem wir die höhere Mittelschule abgeschlossen hatten, wohnen und essen zusammen, und abends üben wir auch Lieder und Tänze. Die Alten schätzen es, wenn wir singen und tanzen.«

»Hier in Sinkiang können alle tanzen«, sagt Mattusun Tschirip.
Als wir zum Gästehaus gehen, ist die Nacht um uns schwarz und samtig weich. Auf dem Hof steht der Parteisekretär Li Schu-schan aus Chotan. Er ist mit dem Jeep herausgefahren. Er wirft die Zigarettenkippe weg und tritt sie mit dem Absatz aus:
»Das Projekt 18. August ist wirklich sehenswert. Da haben die Menschen hier in Nija allen Grund, stolz darauf zu sein. Das habe ich euch schon in Chotan gesagt. Morgen früh müssen wir zeitig aufstehen. Wir müssen uns auf den Weg in die Berge machen, wenn es dämmert. Wir müssen die Morgenkühle ausnutzen.«
Um das ›Projekt 18. August‹ zu besuchen, sind wir nach Nija gekommen. In Chotan hatte Li Schu-schan davon gesprochen. Als wir damals darum baten, dorthin fahren zu dürfen, hatte er gesagt:
»Das sind mehr als 300 Kilometer schlechte Straße durch die Wüste. Die neue Straße ist noch nicht fertig. Es wird eine Reise, für die man Zeit braucht. Aber wenn ihr hinfahren wollt, stellen wir das Programm um.«
»Ja«, sagte Gun, »wir möchten gerne nach Nija. Da habe ich schon lange hingewollt.«
»Ich rufe in Urumtschi an und besorge die Erlaubnis«, sagte Li Schuschan.
Und jetzt standen wir auf dem Hof in Nija.
»Ich sollte ohnehin in diesen Tagen herkommen«, sagte er. »Nun hatte ich einen doppelten Grund.«
Als wir hineingehen, um uns schlafen zu legen, sagt Abdulla:
»Er ist in Ordnung. Er sitzt nicht nur hinterm Schreibtisch. Er ist dafür bekannt, wenig zu schlafen, hart zu arbeiten und ständig draußen bei den verschiedenen Produktionsbrigaden zu sein. Er redet mit den Massen und hört ihnen zu. Ich meine, er ist ein guter Parteisekretär, auch wenn es welche gibt, die anders reden.«
Als wir am Morgen durch die Wüste nach Süden fahren, treten allmählich die Berge aus dem Dunst hervor. Wir folgen einem gepflasterten Bewässerungskanal, der die unfruchtbare Erde durchschneidet, dann fahren wir quer über niedrige Hügel und erreichen einen tiefen Cañon direkt unter den Bergen. Sie lodern jetzt trocken und rot vor uns.
»Wie war die Lage?«, sagt Wang Wen-ho. Er ist für die Wasserbauabteilung im Revolutionskomitee des Kreises Nija verantwortlich. »Wie war das? Drei Monate im Jahr hatte Nija Wasser. Von Ende August an herrschte wieder Dürre. Der Jahresniederschlag beträgt nur ein paar Millimeter. Im Februar und im März stand es auch um das Trinkwasser schlecht. Die Herden litten Durst. Es war unmöglich, die Landwirtschaft zu entwickeln.«
»1964 mahnte der Vorsitzende Mao: Lernt von Tatschai!« sagt Emin Tursun. Er arbeitet in der Wasserbauabteilung des Revolutionskomi-

tees. »Wir fragten uns, während wir diese Mahnung studierten: Was bedeutet das für Nija? Die Partei schnitt die Frage vor den Massen an. Die Massen wiesen darauf hin, daß es mit dem Wasser in Nija schlecht stand, daß es aber oben im Gebirge Wasserläufe und Quellen gebe und das ganze Jahr hindurch Wasser. Aber dort war der Boden steinig und völlig unfruchtbar, und es war viele Kilometer entfernt. Dann versickerte das Wasser in der Erde, floß unter den Steinen ab und verdunstete, bevor es jemals zu einem Boden kam, der kultivierbar war. Die Massen sagten, daß Nija nie mehr unter der Dürre leiden müßte, wenn dieses Wasser auf die Felder geholt würde. Aber es war so viele Kilometer Luftlinie entfernt und das Gelände schwierig.
Nach den Diskussionen mit den Massen richteten die Partei und die Regierungsorgane zusammen mit der Volksbefreiungsarmee eine hydrogeologische Untersuchungsgruppe ein. Sie brachten ihr Essen und Wasser mit und führten eine gründliche Vermessung dieses Geländes nach den Anweisungen und Hinweisen der Massen durch. Zwei Monate dauerte die Arbeit. Die Untersuchungsgruppe bestand aus 16 Personen; sie fanden vier richtige Quellflüsse, die genutzt werden konnten. Nun werden die vier ausgenutzt. Dieser und zwei andere werden bereits in Anspruch genommen. Den vierten bauen wir zur Zeit aus. Aber damals, 1964, kam die Untersuchungsgruppe mit allen Daten zurück, und es gab große Diskussionen. Wir begannen auch mit der Arbeit, aber sie wurde durch die Linie Liu Schao-tschis abgebrochen. Vor der Kulturrevolution konnte also nur das Gelände auf Karten eingetragen werden.«
»Das Wasser hat hier einen tiefen Cañon gegraben«, sagt Ma Tschi-min. »Dieses Flußtal windet sich wie eine tiefe Kerbe durch den Berg und die Steinmassen. Aber der Boden ist so beschaffen, daß das ganze Wasser versickert. Es verdunstet und versickert, und nach einer ganz kurzen Strecke ist dieser ganze Wasservorrat verschwunden. Wenn man sagt, daß es die Linie Liu Schao-tschis war, welche die Ausnutzung dieses Wassers verhinderte, so ist das richtig. Das Parteikomitee diskutierte die Angelegenheit, und gewisse führende Genossen stoppten das Projekt. Sie standen unter dem Einfluß der Linie Liu Schao-tschis. Sie sahen nur Schwierigkeiten und nicht die Möglichkeiten. Aber wir müssen verstehen, was für Fehler sie machten. Das Projekt, das die Gruppe ausgearbeitet hatte, sah einen gegrabenen Kanal von mehreren zehn Kilometern vor. Er sollte durch den Berg und mächtige Kieslager gegraben werden. Wir hatten weder Maschinen noch Zement. Schiebt das Ganze auf! sagten sie. Viele gute Genossen schwankten. Aber dann schlossen sie sich der Ansicht an, daß das Unternehmen unmöglich wäre. Wenn wir keine technische Hilfe vom Staat und keine Unterstützung mit Eisen und Zement und Maschinen bekämen, dann wäre es nicht möglich, das Projekt durchzuführen.«

»Auf diese Weise zeigte sich die Linie Liu Schao-tschis«, sagt Mattusun Tschirip. »Denn das Projekt war unmöglich auszuführen. Der Fehler war, daß man nicht mit der ganzen Angelegenheit zu den Massen gegangen war, sondern die Diskussion als eine technische Diskussion geführt hatte. Deshalb hatte man nicht die Möglichkeiten gesehen, die es tatsächlich gab, sondern hatte nur ein Projekt diskutiert, das die Techniker vorschlugen und das allzu große Investitionen und allzu viel Technik erfordert hätte.«

Aber jetzt ist das ›Projekt 18. August‹ als ein 6 400 Meter langer Tunnel, der das Wasser in den Bewässerungkanal leitet, zu Ende geführt worden. Und das Projekt wurde von zwei Volkskommunen ausgeführt, die keine Techniker zur Verfügung hatten. Bis in den Sommer 1966 tobten die Debatten in Nija. Zweimal wurde der Beschluß rückgängig gemacht. Schließlich wurde die Arbeit am 18. August 1966 aufgenommen. Damals empfing Mao Tse-tung die Rotgardisten auf dem Tienanmen-Platz. Deshalb heißt der Tunnel jetzt ›Projekt 18. August‹.

»Im Frühjahr 1966, als die Diskussion wieder in Gang kam, war man von dem Gedanken an einen Kanal zu dem Vorschlag, einen Tunnel zu bauen, übergegangen«, sagte Mao Tschi-min. Er ist jetzt stellvertretender Vorsitzender des Revolutionskomitees. Er gehörte zu jenen Ausgebildeten, die aufs Land gezogen waren und sich dort niedergelassen hatten. Er war Rotgardist während der Kulturrevolution. »Die Massen schnitten die Frage an und stellten sie auf neue Art. Während des Sommers 1966 wurde sie zum Beschluß vorangetrieben.«

Die beiden, denen es schließlich gelang, so sehr zu agitieren, daß sie die Massen auf ihre Seite brachten und das Parteikomitee überzeugen konnten, waren zwei ältere Kleinbauern: Kasem Sutschi und Rusi Challa. Von der Leitung war im Sommer behauptet worden, es sei unmöglich, das Projekt durchzuführen, einen Tunnel zu bauen, da es keine Hilfsmittel gab. Es gab weder Maschinen noch Ingenieure, noch Material für die Arbeit. Es gab nicht einmal Geräte. Damals hatte Kasem Sutschi gesagt:

»Könnten wir nicht mit eigener Kraft einen Tunnel sechs Kilometer durch den Berg treiben, mit dem Gefälle, das wir haben wollen? Sagt ihr, daß wir ihn nicht gerade treiben können? Man braucht doch nur drei Lampen und eine Wasserwaage! Ihr müßt euch auf die Massen verlassen, Genossen!«

Kasem Sutschi und Rusi Challa waren nicht einfach nur Kleinbauern. Sie hatten vor der Befreiung oben im Kunlun-Gebirge als Goldgräber gearbeitet.

»Wir haben die ganze Zeit gemeint, ein offener Kanal sei ein unpraktischer Vorschlag. Der war ohne Kontakt mit der Wirklichkeit ausgeheckt worden«, sagt Kasem Sutschi. »Das sagten wir auch. Ein Tunnel ist das

einzig Vernünftige, wenn es um eine so große Anlage geht. Die Kader sagten damals, man könne zwar eine gerade Linie oben auf dem Boden ziehen, es sei aber eine andere Sache, sie unter der Erde mitten durch den Berg zu ziehen. Aber wir hatten Erfahrung. Wir hatten das ganze Leben im Berg gegraben. Wenn man nach Gold gräbt, geht man zuerst gerade nach unten, und dann treibt man einen Gang hinein. Wenn man sein ganzes Leben damit zu tun hatte, fühlt man, was gerade ist und was nicht. Und dazu kommt, daß wir eine einfache Methode haben, die bei unserer Arbeit immer angewendet wird. Wir finden uns mit drei Lampen zurecht. Das ist so einfach wie nichts. Dann muß man sich nur entscheiden, ob man will, daß der Tunnel steigt oder fällt oder nach der einen oder der anderen Seite geht. Drei Lampen in Linie geben völlige Sicherheit. Dann sagten wir dem Parteikomitee: Wenn eure Techniker die Frage nicht lösen können, dann können wir das. Da akzeptierten die Techniker unsere Methode.«
Kasem Sutschi und Rusi Challa wurden für das Projekt verantwortlich. Ihre Erfahrung leitete schließlich die Arbeit der zwei Volkskommunen am Tunnel.
»Man muß auch die Genossen im Parteikomitee verstehen«, sagt Mattusun Tschirip. »Das Projekt war sehr groß. Die zwei Volkskommunen hatten nur 8000 Einwohner. Und wie immer man es machen wollte, man brauchte auch Zement und Eisen.«
»Die Arbeit dauerte fünf Jahre«, sagt Rusi Challa, der im Parteikomitee für die Bewässerungsarbeiten verantwortlich ist. »Am 18. August 1966 begannen wir zu graben, und im August 1971 wurden die Kanäle eröffnet. Im Februar 1970 war der eigentliche Tunnel fertiggestellt. Die Arbeit wurde so finanziert, daß die Produktionsbrigaden der zwei Volkskommunen mit Arbeitskraft und Geräten dazu beitrugen. Zement und Eisen lieferte der Staat. Die Zahl der Arbeitstage betrug etwa 100000. Die Vergütung, welche die Produktionsbrigaden gaben, betrug 0,7 bis 0,9 Yüan pro Arbeitstag.
Der Tunnel ist ganz zementiert. Wir verlieren also kein Wasser dadurch, daß es ausläuft und versickert. Die Fallhöhe beträgt 120 Meter. Wir haben schon ein erstes Wasserkraftwerk fertiggestellt, das 250 kW liefert, und bereiten eine zweite Stufe vor, die 1000 kW liefern wird. Wir pflanzen Schutzgürtel an den Kanälen. Wir rechnen damit, daß sie bis 1980 hochgewachsen sind. Wir haben die Ernte fast verdreifacht, und wir werden sie noch mehr steigern und bekommen nun einen sicheren Energievorrat durch die Wasserkraft.«
»Die Massen nahmen diese Arbeit sehr ernst«, sagt Rusi Challa. »Eine Genossin arbeitete hier vier Monate, ohne auch nur einmal nach Hause zu gehen und sich um ihren Haushalt zu kümmern. Ich selbst habe ein und ein halbes Jahr an einem Stück unter der Erde gearbeitet. In der Re-

gel sollte man nicht mehr als drei Monate unter der Erde arbeiten. Aber ich war ja daran gewöhnt. Ich hatte das ganze Leben so gearbeitet. Es mußten viele technische Probleme gelöst werden. So ist das bei jeder Arbeit unter der Erde. Gegen Sand und lockeres Gestein mußte man einen ordentlichen Schutz bauen. Aber dabei geht die Arbeit langsam voran. Die Decke stürzt leicht ein, wenn man nicht ordentlich abstützt. Wenn der Tunnel lang wird, gibt es Sauerstoffmangel, und das Atmen fällt schwer. Dann muß man Frischluftschächte graben. Aber alle Probleme können durch Diskussionen gelöst werden.«

»Ein Genosse opferte sein Leben«, sagt Mattusun Tschirip. »Es gab mehrere Unfälle und kritische Situationen, aber keine so ernsten. Die Decke stürzte über ihm ein, und er wurde unter einem Stein festgeklemmt. Einer der Leiter eilte ihm zu Hilfe, blieb aber selbst stecken und wurde verletzt.«

»Es war eine sehr große Arbeit, die die zwei Volkskommunen ausführten«, sagte Wang Wen-ho. »Aber sie hat wirklich Ergebnisse gebracht. Früher hatten sie nur Mais; jetzt bauen sie auch Winterweizen auf 10 000 Mu an. 1970 lag die Getreideproduktion bei 4 bis 5 Millionen Jin. Jetzt sind es 11 Millionen Jin, und wenn wir das ganze Projekt fertiggestellt und alle Kanäle hergerichtet haben, rechnen wir mit 44 Millionen Jin.«

»Zwei Jahre in einem Stück haben wir in drei Schichten unter der Erde gearbeitet«, sagt Kasem Sutschi. »Sieben Mann in jeder Schicht. Wir hatten nur gewöhnliche Geräte. Wir gruben und hackten uns sechs Kilometer unter der Erde voran. Der Tunnel wurde zwei Meter breit und zwei Meter hoch.«

»Vergiß nicht«, sagte Rusi Challa, »daß der Tunnel nicht nur der Bewässerung dient. Er wird uns auch nützen, wenn uns die Sozialimperialisten überfallen.«

»Andere Volkskommunen hier im Kreis Nija bauen die übrigen Wasserläufe aus«, sagt Mattusun Tschirip. »Das Projekt 18. August zeigte, daß wir mit eigener Kraft bauen konnten.«

Wir gehen durch den Tunnel. Wir haben Stiefel und Ölzeug an und waten durch das Wasser. Man leuchtet mit Taschenlampen den Weg um uns ab; die Tunnelwände sind ordentlich gemauert.

»Das heißt, von Tatschai lernen«, sagt Parteisekretär Li Schu-schan aus Chotan, der neben mir geht.

Als wir herauskommen, ist es schon Mittag. Die Sonne brennt, und die Hitze ist drückend. Wir sollen essen und ausruhen, bevor wir nach Nija zurückfahren. Man hat in der Kantine der Kanalbauer Teppiche und Decken auf dem Erdboden ausgebreitet. Wir haben Sauermilch, Brot und Hammelfleisch bekommen. Der Boden ist aus gestampfter Erde, und die Mauern sind aus Stein. Es ist kühl hier drinnen. Abdulla sagt plötzlich:

»Für diese armen Volkskommunen war das eine sehr große Arbeit. Aber hast du auch daran gedacht, was 0,7 Yüan sind? Das sind 70 Fen. Das ist nicht ganz so viel, wie die Zigaretten, die die Ausländer hier in China am liebsten mögen, pro Päckchen kosten. Soviel konnten die Genossen nach einer Nachtschicht unter der Erde bekommen. Es ist für uns notwendig, Tatschais Weg zu gehen, wenn China sich entwickeln soll; aber das ist kein Sonntagsspaziergang.«

20
Die Politik des Sandes

Wir werden vor Tagesanbruch geweckt: »Es regnet im Gebirge. Wir müssen in einer Viertelstunde fahren, wenn wir es an Kerija vorbei bis zur festen Straße schaffen wollen, bevor das Wasser kommt.«
Als die Sonne aufgegangen ist, sind wir auf dem Weg nach Westen. Aber die Luft ist schwer und gelb vom treibenden Sand, und die Sonne ist nicht zu sehen. Im Gebirge regnet es. Es ist heiß, und das Atmen wird einem schwer. Der Sand wirbelt und raucht um die Dünen, und sie wandern weiter über die Straße. Der Sand spritzt um die Räder, als wir schräg durch die neuen Dünen fahren. Der Fahrer sagt:
»So ist das hier. Die neue Straße südlich um die Takla-Makan wird ein Fortschritt, aber richtig sicher wird es erst mit der Eisenbahn.«
Die Flußbetten sind noch trocken. Wir fahren schnell. Die Jeeps sind hart gefedert. Sie stoßen und schütteln. Wenn wir durch die Kurven fahren, kann ich die zwei anderen Jeeps hinter uns flüchtig erkennen. Sie sind alle drei in China gebaut. Ich drehe mich um und sage:
»Ich würde gern mit dem Genossen reden, der die Luftzufuhr entworfen und die Seitenfenster konstruiert hat.«
Man kann sie nicht weiter als bis zur Hälfte öffnen; es ist nicht einmal möglich, den Arm hinauszustrecken.
»Was sagst du?« ruft Abdulla. »Ich höre nichts.«
Das Motorengeräusch ist laut, und der Sand prasselt.
»Ich sage, das Auto hier hat eine Karosserie, die für den Wintergebrauch konstruiert ist«, rufe ich.
»Ja«, antwortet Abdulla. »Das sind ausgezeichnete Autos für den Winterbetrieb. Es ist ja nicht viel anders, ob man durch Sand oder lockeren Schnee fährt. Das ist dieselbe Technik.«
Dann lachen wir. Er holt eine Thermosflasche vor und gießt einen Becher Tee für mich ein. Es ist heiß, und der Sand liegt wie ein Schleier auf der Straße vor uns. Als wir auf die Kuppe eines Hügels kommen, bremst der Fahrer. Dort unten ist das trockene Flußbett schon ein schäumender Bach aus gelbem Wasser. Er wirbelt und dreht sich und schneidet sich in sein Bett.
»Verstehst du, warum man sich beeilen muß, wenn man hört, daß es im Gebirge regnet?« sagt Abdulla.
Das Wasser steigt, aber der Bach ist noch nicht zu einem Fluß angewachsen. Die anderen Autos sind heraufgekommen. Die Fahrer gehen zum Wasser hinunter. Sie suchen eine Furt aus.
»Wir kommen rüber«, sagt der Fahrer, als er wieder zum Jeep hinaufkommt. »Aber so in einer Stunde ist das nicht mehr möglich.«

»Wären wir heute nicht so früh losgekommen, hätten wir vielleicht eine Woche in Nija sitzen müssen«, sagt Abdulla.
»Wir fahren zuerst«, sagt unser Fahrer.
Er schaltet auf Vierradantrieb um und legt den Geländegang ein, bevor wir an der Furt ins Wasser fahren. Es ist noch nicht sehr tief. Nicht einmal dreiviertel Meter. Aber die Strömung ist reißend, und er fährt schrägt dagegen, um nicht abgetrieben zu werden. Es ist nicht leicht, die Böschung hochzukommen; der Sand ist locker, und das Wasser frißt sich hinein und hat eine Stufe gebildet. Aber der Jeep krabbelt hoch durch den lockeren Sand, und als wir auf der anderen Seite hochkommen und auf festem Kiesboden stehen, halten wir. Der andere Jeep fährt ins Wasser. Er kommt durch, aber nicht hinauf. Er fährt sich in den lockeren Sand ein, und die Räder graben sich fest.
»Wer sich über die Austrocknung wundert und glaubt, daß trockene Flußbetten in Wüsten ein Zeichen der Austrocknung sind, aber nicht weiß, daß es manchmal regnet, und daß dann jahrelang trockene Flußbetten plötzlich für ein paar Tage zum Leben erwachen, ist noch nicht viel in solchen Ländern gereist«, sagt Gun.
Der dritte Jeep ist herübergekommen und hat es auf festen Boden geschafft. Nun fährt er vorsichtig rückwärts ein Stück hinunter. Die Abschleppseile werden festgehakt, und sie versuchen, den festgefahrenen Jeep flottzubekommen. Aber er ist zu tief eingesunken.
»Wir müssen graben«, sagt Abdulla.
»Ihr braucht nicht zu helfen«, sagt der Fahrer. »Wir schaffen das schon. Wir müssen nur zusehen, daß die Räder greifen und daß keine tiefen Dünen aus lockerem Sand vor den Rädern liegen.«
Es ist windig, und wir sitzen im Windschatten hinter der hohen Sandbank und sehen in das vorbeistrudelnde Wasser. Die Luft ist gelb, und es sieht so aus, als stiege das Wasser.
»Unterhalten wir uns doch über die Frauen«, sagt Gun.
»Ja, das ist ein wichtiger Punkt«, sagt Atik Kurban. Sie ist stellvertretende Vorsitzende des Revolutionskomitees im Distrikt Chotan und sitzt neben Gun.
»Wir müssen politisch arbeiten und die Vorurteile bekämpfen. Wir müssen das Denken verändern. Am Anfang war es ein religiöses Problem. Es war den Frauen streng verboten, am politischen Leben teilzunehmen. Ja, es war undenkbar. Am Anfang kam es vor, daß Frauen geschlagen wurden, wenn sie sich politisch äußerten. Dann bei der Befreiung schickte die Partei weibliche Kader, die unter den Frauen agitieren sollten, damit sie den Kampf gegen die Religion und gegen unvernünftige Vorurteile aufnähmen. So kam es, daß die Frauen an verschiedenen politischen Bewegungen teilnahmen. Die Frauen wurden aktiv, als es darum ging, die Pachtabgaben einzuschränken. Als wir die örtlichen Despoten

vernichteten, mobilisierte die Partei die Frauen, vorzutreten und die Landbesitzer und religiösen Fanatiker anzuklagen. Es war wichtig, daß die Frauen aufstanden und mit lauter Stimme erzählten, was sie erlebt hatten.
Die Landreform bedeutete, daß die Frauen Besitzrecht am Boden und Stimmrecht bekamen. Es bedeutete Gleichheit. Das war ein wichtiger Schritt. Das neue Ehegesetz war dann ein weiterer Schritt. Zwangsehen wurden verboten, das Heiratsalter wurde erhöht. Gleichzeitig mobilisierte die Partei die Frauen, an der produktiven Arbeit teilzunehmen. Das brachte Einkünfte und gab den Frauen die wirtschaftliche Grundlage für die Gleichheit.
Innerhalb der Verwaltung gibt die Partei weiblichen Kadern den Vorzug, und in der Partei ist es genauso. Es geht darum, weibliche Kader zu schulen und sie auf verantwortliche Stellen zu setzen. Wir streben auch an, die Zahl der Frauen, die eine höhere Schulbildung bekommen und die Arbeiterinnen werden, zu steigern. Alles das sind konkrete Maßnahmen, um die männliche Vorherrschaft zu brechen und richtige Beziehungen zwischen den Geschlechtern zu schaffen. Es gibt drei Kräfte, die diese Entwicklung vorantreiben. Die führende Rolle der Partei ist die erste Kraft. Die andere ist die Unterstützung durch die Kleinbauern und die am meisten Ausgebeuteten, bei denen die Unterdrückung am stärksten war. Sie machen eine mächtige Triebkraft aus. Aber am wichtigsten ist, daß es der Partei gelingt, die Massen der Frauen zu mobilisieren. Das ändert die Lage. So ist es also die Politik der Partei, die diese Angelegenheit entscheidet.«
Als wir noch 114 Kilometer bis Chotan haben, fahren wir nach Tschira hinein. Die Oase liegt hinter 30 Meter hohen Sanddünen. Zwischen ihnen wachsen Dickichte aus Schilf. Tschira liegt draußen in der Wüste. Es sind einige zehn Kilometer bis zur nächsten Oase. Tschira ist 64 km^2 groß; 4500 Familien wohnen dort. Man besitzt nun 33 Traktoren und einen Lastwagen, und man kämpft gegen den Sand. Dieser Kampf ist eine politische Angelegenheit.
»Wenn wir einen einzigen Augenblick mit der Arbeit aufhören, rückt der Sand vor«, sagt Abdur Rachman, Parteisekretär in der siebten Produktionsbrigade. »Hier leben wir in einem ständigen Krieg zwischen dem Menschen und der Wüste.«
»Aber«, sagt er, »es ist nicht nur ein Krieg gegen die Wüste. Es handelt sich auch um einen politischen Kampf zwischen den Klassen. Wir tragen nun die Sanddünen ab, und wir binden den Sand, und wir erweitern das kultivierte Land. Wir leiten mehr Wasser hierher. Wir haben durch einen neuen Kanal, den wir mit Steinen gemauert haben, Wasser aus dem Gebirge hierhergeholt. Wir nehmen auch Grundwasser. Es liegt hier nicht zu tief. Aber es ist schwere Arbeit nötig, um die Dünen abzutragen.

Es gibt dafür keine einfache Methode. Man muß arbeiten. An sich ist das, was wir tun, nicht so bemerkenswert. Wir graben und wir pflanzen. Die Massen haben schon immer gewußt, wie man Schutzgürtel pflanzt und wie man Schritt für Schritt, je nach Wasservorrat, gegen die Wüste vorrückt. Nur war früher das Gesellschaftssystem so beschaffen, daß wir derartige Arbeiten nicht durchführen konnten.
Aber hier in Tschira hat es um diese Fragen einen harten Klassenkampf gegeben, und es gibt ihn heute noch. Früher wurde das Land rund um die Sanddünen bebaut. Der Boden war in Privatbesitz. Zur Zeit der Befreiung gab es hier ungefähr 9000 Personen, die zu 2700 Haushalten gehörten. Es gab ungefähr zehn örtliche Despoten. Die Zahl der Grundbesitzer betrug ungefähr 100. Der Rest waren Kleinbauern, Landproletariat, Bettler. Das Volk hatte zwei Feinde: den Sand und die Unterdrückung.
1964 begannen wir, das zu ändern. Damals mahnte uns der Vorsitzende Mao, von Tatschai zu lernen. Nehmen wir zum Beispiel die siebte Produktionsbrigade. Hier gibt es 478 Haushalte. Die Zahl der Arbeitenden beträgt 600. Seit 1964 haben wir 407700 Bäume gepflanzt. Das sind mehr als 220 Bäume auf jeden unserer 1850 Einwohner. Wir haben 132 Sanddünen abgetragen und ein ganzes Netzwerk von Bewässerungskanälen gebaut. Der Ertrag ist hier in der Brigade von 280 Tonnen Getreide im Jahr 1965 auf heute 670 Tonnen gestiegen. Heute können wir an den Staat verkaufen. Dafür können wir der Partei und dem Vorsitzenden Mao danken. Aber dazu war ein harter Klassenkampf notwendig. Denn die 600 Arbeitenden verwenden ungefähr 8000 Arbeitstage im Jahr auf den Kampf gegen die Wüste. Darum geht der Streit. Und das ist das gleiche in ganz Tschira. Das erfordert viel Arbeit. Jedes Jahr ein paar Arbeitswochen für jeden in der Anlagearbeit. Wir sind hier nicht reich. Wir sind sehr arm. Wir sind immer noch nicht besonders gut gestellt. Heute versorgen wir uns selbst. Aber was können die Kommunenmitglieder pro Arbeitstag bekommen? Das ist nicht viel. Nur 50 bis 60 Fen. Ich bin nördlich des Gebirges gewesen und habe urbar gemachtes Land besucht. Dort haben die Kommunenmitglieder das Siebenfache. Das wissen wir. Aber wir können unsere Lage nur verbessern, indem wir die Produktion erhöhen, und wir können die Produktion nur erhöhen, indem wir gegen die Wüste kämpfen, und dieser Kampf fordert eben einen Einsatz von etwa zwei Arbeitswochen für jeden hier in Tschira.
An diesem Punkt hat nun der Klassenfeind den Kampf gegen uns aufgenommen. Der Klassenfeind sagt: Warum soll der Mensch sich abrackern? Warum soll er ständig damit beschäftigt sein, die Produktion zu steigern? Wir werden auf jeden Fall überleben, auch wenn wir nicht so hart arbeiten. Wir brauchen nicht zu versuchen, die Wüste zu besiegen; wollen wir es damit genug sein lassen, daß wir darauf achten, daß

die Wüste nicht vorrückt. Dann haben wir mehr Zeit für uns selbst. Dann müssen wir uns nicht so sehr abrackern. Dann kann sich jeder besser um seinen eigenen Garten kümmern. So redet der Klassenfeind. Dagegen müssen wir eine gründliche Propaganda führen.
Wir bereiten die Mechanisierung vor. Sie ist notwendig. Sie ist ein Teil des Plans zur Modernisierung Chinas. Deshalb ebnen wir alle unsere Felder. Wir beseitigen alle Sanddünen in unserer Gegend. Wir ziehen die Bewässerungskanäle weiter und pflanzen Schutzgürtel. Wir verwandeln die Natur, und hier greift uns der Klassenfeind an und nimmt Gott zu Hilfe. Der Klassenfeind sagt, es bedeutet Unglück, die Dünen zu entfernen. Gott selbst hat sie geschaffen. Es ist nicht Sache des Menschen, sie abzutragen. Wir sollen tun, was Gott von uns wünscht und wie wir es immer in Tschira getan haben; wir sollen um die Dünen herum anbauen. Aber das sagt der Klassenfeind nicht, weil er an Gott glaubt, sondern weil er glaubt, daß er die Macht zurückbekommt. Die alten Grundbesitzer haben ihre Gesinnung nicht geändert. Sie glauben, daß sie wieder an die Macht kommen. Auch wenn sie uns nicht mit Waffen bekämpfen, so bekämpfen sie uns doch mit Ideen. Deshalb müssen wir sie mit Argumenten bekämpfen.
Wir erklären, warum es notwendig ist, die Dünen abzutragen. Wir zeigen, wie die Produktion steigen kann. Wir zeigen, daß wir das mit eigener Kraft können und legen die Argumente des Klassenfeindes bloß und zeigen, was er meint, wenn er vom Willen Gottes redet. Der Klassenfeind versucht uns daran zu hindern, die Dünen abzutragen und die Felder eben und für den Traktorbetrieb geeignet zu machen, weil damit alle alten Merkmale für sie verschwinden. Lange haben sie über die Felder blicken und sagen können, das gehört mir und das und das. Wenn wir jetzt die Dünen abtragen, gibt es ihre Felder nicht mehr. Dann können sie den Boden nicht mehr zurückfordern. Sie wollen nicht, daß es irgendwelche Veränderungen gibt. Sie glauben, sie können wieder an die Macht kommen, und deshalb soll alles so bleiben wie vorher.
Jetzt bedienen sie sich aller Methoden. Sie versuchen, den Aberglauben der Menschen auszunutzen, und sie nehmen Gott zu Hilfe. Gott will nicht, daß wir unser kultiviertes Areal vergrößern, sagen sie. Sie nehmen alte schlechte Bräuche zu Hilfe; der Mensch ist nicht dazu geschaffen, so hart zu arbeiten, sagen sie. Sie versuchen auch, Einfluß auf gewisse Kader zu gewinnen. Du und ich sind gebildete Menschen, sagen sie. Wir wissen, daß so große Projekte nur unter ordentlicher Leitung durchgeführt werden können. Wir müssen richtige Ingenieure aus Kaschgar oder Urumtschi oder wenigstens aus Chotan hierherbekommen, um das alles durchzuführen. Es geht nicht, daß man alles den Unwissenden überläßt. Jetzt wird aus dem Ganzen nur Schluderarbeit. Es ist besser, abzuwarten, bis es auf die richtige Art gemacht werden kann.«

»Es ist kein leichter Kampf, den wir jetzt in Tschira führen«, sagt Abdur Rachman. »Wir wissen, daß alle ihre verschiedenen Argumente nur Vorwände sind. Wir wissen auch, was wir jetzt brauchen. Wir müssen das ausnutzen, was wir älteren Kleinbauern seit mehreren Generationen wissen. Auf diese Art können wir Tschira aufbauen und gleichzeitig die neue Technik erobern.
Aber damit es uns gelingt, die Produktion zu steigern, müssen die Massen sich einig sein, für viele kommende Jahre fast ihre ganze freie Zeit auf den Kampf gegen die Wüste zu verwenden. Es gibt keine andere Möglichkeit. Das bedeutet höheren Einsatz im Kollektiv, während unser Lebensstandard gleichzeitig niedrig bleibt. Der Klassenfeind tut nun sein Äußerstes dafür, daß die Menschen statt dessen an ihre private Wirtschaft denken sollen. Aber wir überzeugen sie, daß die genossenschaftliche Wirtschaft die Grundlage ist.
1964, als wir diesen Kampf begannen, war die Produktionsbrigade in einer so schlechten Lage, daß wir gezwungen waren, 17000 Yüan bei der Bank aufzunehmen, um zurechtzukommen. Inzwischen haben wir das zurückbezahlt. Jetzt haben wir 100000 Yüan an genossenschaftlichen Mitteln angesammelt. Heute können wir im Jahr 60000 Yüan an die Mitglieder verteilen. Wir haben zwei Traktoren und 13 Wagen mit Gummibereifung anschaffen können. Wir haben zwei Dieselmotoren für Wasserpumpen angeschafft. Es geht vorwärts. Im Kampf gegen den Klassenfeind können wir auf konkrete Ergebnisse hinweisen. Es ist notwendig, daß wir ständig gegen die Wüste kämpfen. Dieser Kampf ist in erster Linie ein politischer Kampf. Wir nehmen die Revolution fest in die Hand und führen den Klassenkampf, um die Produktion zu steigern.«
Als wir in Chotan einfuhren, flatterten die Wandzeitungen im abflauenden Sturm. Gezeichnete Parolen schrien heraus, daß der Parteisekretär Li Schu-schan ein Kapitalistenlakai sei. Er setze die Produktion an die erste Stelle, stand da. Die Phrasen purzelten auf den Wandzeitungen durcheinander. Es werde eine andere Revolution geben, eine, die sich nicht mit dem Graben beschäftige. Die Massenbewegung für Bewässerung und Baumpflanzungen im Geist von Tatschai, die nun rundum in den verschiedenen Kreisen des Distrikts Chotan durchgeführt wurde, sei nicht richtig revolutionär. Parteisekretär Li führe die Massen auf den kapitalistischen Weg.
»Das ist sonderbar«, sagt Gun. »Es ist, als habe der Klassenfeind in Chotan die Schreibsucht bekommen und sei superrevolutionär geworden. Aber in Chotan spricht er nicht von Gott, sondern von der Revolution. Der Inhalt ist jedoch der gleiche.«

21
Die nördliche Straße

Nach Kaschgar kamen einmal die Karawanen mit Seide für Persien und Rom auf zwei Straßen von Osten her. Diese Straßen führten auf beiden Seiten um die Wüste. Die eine Straße verlief südlich um die Wüste und führte über Nija und Chotan westwärts nach Kaschgar:
»Die nördliche Straße verläuft von Turfan unterhalb des Tien schan und am Tarim und Kaschgar-Darja entlang westwärts nach Kaschgar.«
Das ist heute so wahr wie vor fast 2000 Jahren, als Pan Ku im Jahr 90 das geographische Material für die Chronik der älteren Han-Dynastie zusammenstellte. Aber jetzt sind die alten Karawanenwege Autostraßen geworden. Die schweren Transporte werden mit großen Lastwagen bewältigt. Die Straßen sind überlastet, und noch ist die Eisenbahn nicht fertiggestellt. Weit draußen in Sinkiang treffen wir auf Lastwagen, die in Schweden und Japan hergestellt sind. Sie donnern vorbei und wirbeln Wolken aus Staub hinter sich auf.
Aksu ist ein Grenzdistrikt. Die nördliche Straße hat militärische Bedeutung. Über die Berge haben die sowjetischen Machthaber versucht, Kundschafter nach Aksu hineinzuschicken. Das ist traditionelle russische Politik. Hier in Aksu saß im März 1907 der Kavallerieoberst Mannerheim und zeichnete die Straßenkarte ins reine, die er für den russischen Generalstab vermessen hatte. Zwei Jahre lang führte er auf dessen Kosten einen Aufklärungsauftrag in China durch. Als er von Peking nach Rußland heimkehrte, wurde er vom Zaren empfangen. Er berichtete von seiner Reise:
»Als ich Abschied nahm, erkundigte sich Seine Majestät nach meinen Plänen.
›Ich hoffe, bald ein Regiment kommandieren zu dürfen, Euer Majestät; während meiner Abwesenheit bin ich übergangen worden‹, lautete meine Antwort.
Der Kaiser meinte, ich hätte keinen Grund zur Sorge in dieser Sache. Ich würde schon noch zu einem Regimentskommando kommen, aber es sei nicht vielen vergönnt, einen so interessanten Auftrag ausführen zu dürfen.«
Es geschieht nicht ohne Grund, daß die chinesischen Behörden den Verkehr im Grenzgebiet beaufsichtigen.
Mitten in einem Sandsturm, wo die Luft zwischen den Zähnen knirscht und der Himmel vom treibenden Staub dunkel war, kamen wir auf der nördlichen Straße nach Aksu. Es ist eine alte Oase. Hier ist der Boden fruchtbar. *Ak-su*, das weiße Wasser, fließt hier vorbei, um dann zusam-

men mit den periodisch wasserführenden Flußbetten von Kaschgar und Jarkend und Chotan den großen Tarim zu bilden.
Aksu hat eine lange Geschichte. Es ist eine staubige zentralasiatische Stadt mit niedrigen Häusern und breiten baumbestandenen Straßen. Mitten in der Stadt, wo sich die Hauptstraßen kreuzen, steht das neue Haus der Buchhandlung mit großen Schaufenstern, die voller Bücher auf Uigurisch und Han sind. Daneben Geschäfte, Bäder und Gästehäuser.
Hier hatten sich jetzt alle führenden Landwirtschaftskader im südlichen Sinkiang zu politischen Studien und Diskussionen versammelt. Sie diskutierten den Kampf gegen den Sand. Kräftige und ernste Männer mit Gesichtern, die Sonne und Wind gegerbt hatten, und groben Händen, Männer, die sich erhoben, wenn sie das Wort bekamen, und breitbeinig dastanden, wenn sie redeten.
»Das sind also die Söhne des Volkes, das die Missionare untauglich, feige, schwach und sittlich verdorben nannten«, sagte Gun.
»Missionare?« sagte Kasem Imit. »Nein, da kenne ich keine.«
Kasem Imit war stellvertretender Vorsitzender des Revolutionskomitees im Distrikt Aksu. Er war ziemlich jung, noch keine 40. Er war in mancher Hinsicht typisch für die jungen Kader, die jetzt in führende und verantwortungsvolle Posten in Sinkiang aufrücken.
Er war über unsere Ankunft nicht vorinformiert worden. Er brauchte zwei Stunden, um nach Aksu zu kommen. Er war draußen in einer Produktionsbrigade gewesen. Wir saßen dann den ganzen Abend und die halbe Nacht und unterhielten uns. Typisch und kennzeichnend für diese ganze Generation von jungen Kadern war seine Bereitschaft, nicht nur klare und direkte Antworten auf jede Frage zu geben, sondern daß er auch die Antworten und die Zahlen kannte. Er hatte sie alle im Kopf. Seine Zeit verbrachte er zum größten Teil draußen in den Volkskommunen rundum im Distrikt. Seine Hände waren kräftig. Die Nägel kurz. Bauernhände mit Schwielen von der schweren Arbeit. Er beugte sich vor:
»Der Distrikt Aksu besteht aus neun Kreisen. Diese umfassen zusammen 66 Volkskommunen. Die Einwohnerzahl beträgt 1350000. Davon sind 990000 Uiguren. Dies ist ein altes Ackerbaugebiet. Industrie hatten wir vor der Befreiung nicht. Damals bekamen wir sogar unsere Messer aus dem Landesinnern oder aus Kaschgar. Seit 1949 haben wir nun den Wert unserer Produktion vervierfacht. Wir haben auch mit der Industrialisierung begonnen. Unsere Rohstoffvorräte waren an sich seit der Han-Dynastie bekannt und beschrieben. Jetzt nutzen wir sie aus. Wir elektrifizieren. Wir bauen eine chemotechnische Industrie, Zementindustrie und Textilindustrie auf.
Der Lebensstandard hat sich beträchtlich erhöht. Man kann sagen, daß die meisten Familien heute allmählich die vier Großen haben: Nähma-

schine, Fahrrad, Armbanduhr, Radio. Die Ernährung ist erheblich besser als früher. Du siehst selbst, daß die Menschen ordentliche Kleidung haben. Die Zahl der privaten Sparkonten bei der Bank ist kräftig gestiegen.
Hier im Distrikt Aksu haben die Uiguren eine starke Majorität. 77% aller Kader sind Uiguren. Auf der höchsten Ebene, der Distriktsebene, sind 70% Uiguren. Wir haben das Unterrichtswesen von Grund auf aufgebaut. Hier haben wir nicht nur den allgemeinen Besuch der Grundschule eingeführt. Das ist im Prinzip im ganzen Land gelungen. Hier ist es uns gelungen, die allgemeine Mittelschule einzuführen. Nun durchlaufen alle Kinder sowohl die Grundschule als auch die Mittelschule. Jede Produktionsbrigade hat Grundschulen. Jede Volkskommune hat Mittelschulen. Dazu haben wir auch landwirtschaftstechnische Institute in jeder Volkskommune eingerichtet. Wir haben eine eigene Lehrerhochschule hier in Aksu. Jeder Kreis im Distrikt hat ein eigenes Lehrerseminar zur Ausbildung von Grundschullehrern. Auf der Lehrerhochschule im Distrikt bilden wir Mittelschullehrer aus. Etwa 300 Mittelschullehrer bestehen bei uns im Jahr die Abschlußprüfung.
Wenn die Schüler die Mittelschule durchlaufen haben, gehen sie hinaus in die Produktion. Das gilt für alle. Dann sieht man, wer weiterstudieren soll. Es geht nicht nur darum, in der Schule gut zu sein; man muß auch wirklich etwas wissen. Alle müssen nach der Mittelschule in die produktive Arbeit hinaus. Dann sieht man, wer sich zum Weiterstudieren eignet. Aber kein einziger hört auf zu lernen. Alle lernen sie auf irgendeine Art weiter. Wir haben nicht nur die höheren Schulen, wir haben auch verschiedene Fortbildungskurse draußen in den Produktionsbrigaden. Das ist eine der großen Errungenschaften der Kulturrevolution. Wir bauen ein Grundnetz von Unterrichtsmöglichkeiten auf. Es umfaßt sowohl politische Themen und gesellschaftliche Fragen als auch wissenschaftlichen, technischen und allgemeinen kulturellen Stoff. Man kann sagen, daß jeder weiterstudiert, auch wenn nicht alle auf Hochschulen gehen. Auch die Älteren, die in der alten Gesellschaftsordnung geboren sind, nehmen an den unterschiedlichen Formen des Unterrichts teil.
Wir müssen hier neu bauen. Der Zustand der Wohnungen war schlecht. Er ist immer noch nicht gut; es ist nötig, neu zu bauen. Die Menschen müssen hygienische und richtige Wohnungen bekommen. Aber die Frage, wie wir bauen, ist eine politische Angelegenheit. Hier in unserem Klima ist Lehm als Baumaterial nicht schlecht. Hier ist Lehm besser als Ziegelstein. Lehm ist billiger. Lehm isoliert. Häuser aus Lehm sind gesund. Aber nicht wir in der Führung bestimmen darüber. Das tun die Massen. Das ist das politisch Entscheidende.
Was fordern wir von den neuen sozialistischen ländlichen Gebieten? Wir fordern Dörfer einer neuen Art. Die Diskussionen werden in Drei-in-

eins-Kombinationen geführt, wo Kader und Techniker und Klein- und untere Mittelbauern die Fragen und Pläne gemeinsam diskutieren. Die Fragen werden dann den Massen zu umfassender Diskussion vorgelegt und anschließend zu Plänen ausgearbeitet, die wiederum den Massen zu neuen Diskussionen vorgetragen werden. So geht das über mehrere Runden.

Wir brauchen hier Wohnungen, bei denen die Menschen über eine gewisse Zeit im Jahr im Freien schlafen können. Sie sollen ungestört auf dem Dach oder draußen im Garten unter Weinlaub schlafen können. Das ist wichtig. Wir rechnen mit drei Zimmern in jedem Haus. Wir planen den Platz als Einheit. Von der Straße her gesehen kommt zuerst eine Mauer und dahinter ein kleiner Obstgarten und danach Weinstöcke. Der Wein gibt dem Schlafplatz und der Küche im Freien Schatten. Danach das Haus selbst und dahinter ein Hof mit der Toilette und einem Taubenhaus und Platz für Haustiere. Wir achten darauf, daß der Küchenplatz und die Toilette ordentlich voneinander getrennt sind.

Auch Erziehung ist notwendig. Es gibt eine alte Tradition, daß Kinder überall, wo sie wollen, ihre Bedürfnisse verrichten können. Sie machen überall ihr Pipi. Jetzt werden sie erzogen. Das gehört zu der patriotischen Hygienekampagne. Die Ärzte und die Barfußärzte haben die große Aufgabe, die schlechten Sitten auszurotten und darauf zu achten, daß die Toiletten saubergehalten und auf die richtige Art benutzt werden.

Aber auch in dieser Angelegenheit ist das Entscheidende, daß die Massen sich der Probleme bewußt sind und selbst bestimmen können. Es kann nicht die Rede davon sein, daß einer in seinem Büro sitzt und eine Menge Regeln aufschreibt und sagt: Macht das so! Die Frage der Mitbestimmung der Massen war einer der entscheidenden Streitpunkte, als wir und die Sowjetrevisionisten miteinander brachen.

Das war auch eine entscheidende Frage bei der Abrechnung mit der Politik Liu Schao-tschis und Lin Piaos. Es ist möglich, hier in einem Büro in Aksu zu sitzen und Häuser für die Menschen zu zeichnen. So oder so sollen die Menschen bauen. Aber das ist nicht richtig. Das entspricht nicht dem Marxismus-Leninismus. Das ist Revisionismus. In dieser Frage gerieten wir mit den Revisionisten in Konflikt. Die Menschen wollen besser wohnen. Die Menschen sollen besser wohnen. Die Massen hier wissen, wie sie bauen wollen. Die Frage richtiger Toiletten ist nicht einfach eine Frage um die richtigen Regeln, sondern um einen politischen Kampf, der dazu führt, daß die Massen selbst richtige Regeln verlangen, damit die Toiletten den hygienischen Bedürfnissen der Massen dienen. Es versteht sich von selbst, daß man technische Hilfe und Auskünfte in verschiedenen technischen Fragen geben muß, aber es gibt niemanden, der bestimmen kann, wie die Häuser aussehen sollen, als die Massen

selbst. Sie bauen die Häuser. Sie werden darin wohnen. Es ist eine entscheidende politische Frage, ob die Massen selbst beschließen oder ob jemand für die Massen beschließt.
Es hat Personen gegeben, die glaubten, daß die Massen schlecht bauen, wenn man sie nicht überwacht. Das Gegenteil ist wahr. Die Experten sind es, die schlecht bauen, wenn die Massen sie nicht überwachen.
Etwas Ähnliches gilt für die Bewässerung. Dies ist eine sehr alte Oase. Es gibt unter den Menschen hier große und reiche Erfahrungen in der Bewässerungslandwirtschaft. Deshalb muß man sorgfältig und genau jede Maßnahme diskutieren. Die Erfahrung ist die Grundlage aller Wissenschaft. Wir hören viel auf die alten Kleinbauern. Sie wissen, was unmöglich und was möglich ist. Revisionisten verschiedener Richtungen haben gesagt, daß die Massen konservativ und zurückgeblieben sind. Das ist nicht wahr. Wahr ist, daß die alten Kleinbauern vorsichtig sind, weil sie Erfahrung haben. Sie wissen, daß man übereilt handeln kann. Sie wissen, wie leicht es ist, Felder durch Bewässerung zu zerstören. Hier ist die Verdunstung stark. Fehlerhafte Bewässerung kann zur Versalzung der Äcker führen. Wer zuviel bewässert, kann die Wüste in einen Salzsumpf verwandeln. Deshalb meinen wir, daß die jungen Landwirtschaftstechniker bei den alten Kleinbauern in die Lehre gehen müssen. Es geht nicht nur darum, von deren politischen und gesellschaftlichen Erfahrungen zu lernen. Das ist zwar auch notwendig. Die Jungen müssen genau und respektvoll lauschen und hören, was die Älteren davon zu erzählen haben, wie es in Aksu früher war. Aber sie müssen auch von dem Wissen der alten Kleinbauern und deren Einstellung zur Arbeit lernen.
Die Jugendlichen, die auf Hochschulen und Spezialinstitute gegangen sind, neigen leicht dazu, das theoretische Wissen überzubewerten. Das ist eine ernste Frage für uns. Vielleicht kommen sie hierher zurück und sind große Spezialisten. Vielleicht fangen sie an zu glauben, daß die Wissenschaft in Laboratorien entsteht und in Büchern geboren wird. Deshalb müssen sie von den alten Kleinbauern lernen. Sie müssen wirklich einsehen, daß alles Wissen letztlich aus der praktischen Arbeit kommt, und daß es eigentlich genauso ist, wie der Vorsitzende Mao Tse-tung gesagt hat: Diejenigen nämlich, die unwissend genannt werden, sind die wahrhaft Wissenden, und das Volk, nicht die Helden und Genies, ist die treibende Kraft in der Geschichte.
Die Frage, wer bestimmen soll, wie die neuen Häuser aussehen sollen, ist eine wichtige grundsätzliche Frage. Ich meine, daß man mit ihrer Hilfe wirkliche Marxisten-Leninisten von falschen Marxisten-Leninisten unterscheiden kann. Denn wenn man wirklich Marxist-Leninist ist, dann folgt man der Massenlinie, aber wenn man ein falscher Marxist-Leninist ist, dann stellt man sich über die Massen und beginnt, Befehle zu geben.

Hier hatten wir darüber Auseinandersetzungen. Aber die sind nun entschieden. Es ist ganz selbstverständlich, daß wir auf eine geplante Weise bauen. Aber den Plan diskutieren wir vor den Massen, und er wird von ihnen beschlossen.
Bei der Befreiung wurde die erste Division des Produktions- und Aufbaukorps hierher verlegt. Sie bestand aus zwölf Regimentern. In Sinkiang ging die Befreiung friedlich vor sich. Hier verhielten sich die KMT-Truppen patriotisch. Hier wurden sich auch die KMT-Truppen und die Volksbefreiungsarmee einig, und sie verbündeten sich mit den örtlichen Streitkräften. Aber sie wurden nicht demobilisiert. Der Vorsitzende Mao Tse-tung forderte die Volksbefreiungsarmee auf, am Wiederaufbau mitzuarbeiten. Deshalb wurden diese verschmolzenen Armee-Einheiten in das Produktions- und Aufbaukorps umgewandelt. Sie leisteten eine große und nützliche Arbeit. Schritt für Schritt wurde sie in zivile Arbeit umgewandelt. Im vorigen Jahr wurde so das ganze Korps abgeschafft. Es hatte seinen Auftrag erfüllt. Die Soldaten, die vorher zum Produktions- und Aufbaukorps gehörten, waren schon vor mehreren Jahren gewöhnliche Arbeiter und Kommunenmitglieder geworden. Nur gewisse Kommandofunktionen lagen noch beim Korps. Man kann es so ausdrücken, daß sie bis zu einem gewissen Grad in späteren Jahren als koordinierendes Planungskomitee arbeiteten.
Es war jedoch nicht so, daß das Produktions- und Aufbaukorps einen Staat im Staate bildete. Die Führung war immer einheitlich. Aber man konnte im ersten Abschnitt die militärische Organisation nutzen, um große Projekte durchzuführen. Zugleich war es wichtig, daß die alten KMT-Soldaten, Offiziere wie Mannschaften, mit der Volksbefreiungsarmee verschmolzen, sich deren Eigenschaften zu eigen machten und sich durch Arbeit wandelten. Es gab zwischen ihnen keine feindseligen Gegensätze bei der Befreiung hier in Sinkiang, und nur so konnten alle Probleme friedlich und richtig gelöst werden.«
Weiter weg auf der nördlichen Straße, in Toksun, brannte die Sonne unbarmherzig. Von der alten Stadt war nichts übrig. Alles war mit niedrigen Häusern unter schattenspendenden Bäumen neu gebaut. Der Parteisekretär im Kreis Toksun hieß Meliksad. Er war genauso jung wie Kasem Imit und gehörte zu dem gleichen Typ der neuen Kader. Er war bereit, stundenlang von der Produktion und von den Ergebnissen und Zahlen zu sprechen. Er sprach offen und sachlich:
»Wir haben 37 Grundschulen und fünf Mittelschulen. Das bedeutet, daß alle Kinder jetzt fünf Klassen durchlaufen. Aber wir haben noch nicht erreicht, daß alle dann in die Mittelschule gehen. Nach der Kulturrevolution waren wir so weit, daß alle in die Grundschule gingen. Wir verdreifachten die Lehrer- und die Schülerzahl. Nun machen wir die Mittelschule populär. Aber es ist bei uns noch nicht eingeführt, daß alle

Kinder die Mittelschule durchlaufen. Das sollst du wissen. Schreib das. Der Kreis hat 81 000 Einwohner, vier Volkskommunen, einen staatlichen Landwirtschaftsbetrieb, 41 Produktionsbrigaden, 240 Produktionsgruppen. Sieben Produktionsbrigaden pflügen jetzt zu 100% mit dem Traktor. 15 Brigaden sind so weit, daß 70% des Pflügens mit dem Traktor geschieht. Wir haben jetzt 110 große und 120 kleine Traktoren. Wir haben eine Reparaturwerkstatt für Landmaschinen und Traktoren aufgebaut. Dort arbeiten 280 Arbeiter. Wir können schon selbst die wichtigsten großen Ersatzteile herstellen. Das ist der Weg, den wir gehen.
Toksun ist ein Windloch. Unter uns ist die Wüste, und über uns sind die Gebirgspässe. Etwa zehnmal im Jahr haben wir Windstärken von zehn oder elf Grad auf der Beaufortskala. Das sind schwere Stürme. Manchmal steigt die Windstärke auf zwölf Grad. Dann haben wir einen Orkan. Hier stürmt es am schlimmsten in ganz Sinkiang. Es kommt vor, daß die Ernte weggeweht wird. 1961 wurde die ganze Ernte weggeweht. Damals war es, wie wenn ein Hobel über uns weggegangen wäre. Es geschieht oft, daß wir ein zweites Mal säen müssen, weil das Saatgut weggeblasen wird. Wir müssen gegen den Wind und gegen den Sand kämpfen. Das ist unsere wichtigste Aufgabe hier draußen. Aber wir können den Orkan mit unserer Arbeit besiegen. Der Mensch ist stärker als die Natur. Wir pflanzen ordentliche Schutzstreifen. Wir haben 70000 Mu als Schutzstreifen bepflanzt. Heute können wir sagen, daß wir mit dem Orkan fertig werden können, ohne von einer Katastrophe betroffen zu werden.
Wir haben jetzt 220000 Mu unter Kultur. Aber wir können weitere 500000 Mu erobern, die jetzt brachliegen. Die Wasservorräte reichen dazu aus. Dann müssen wir weitere Kanäle und Dammanlagen ausbauen, uns der Tiefbrunnen bedienen und natürlich auch der Kareze.
Das alles erfordert Arbeit und Planung. Wir haben 80 000 Mu, die vom Sand bedroht sind. Dieser Sand muß in sieben Jahren abgetragen werden. Dünger ist ein Problem. Wir haben Mangel an Kunstdünger. Wir müssen darauf achten, daß aller Abfall kompostiert und genutzt wird. Das sind politische Fragen.
Unser größtes Projekt ist zur Zeit das Rückhaltebecken Roter Berg. Es wird in drei Jahren fertig. Das bedeutet, daß wir dann mit einemmal 50000 Mu erobern können. Dazu haben wir Hilfe vom Staat bekommen. 1700000 Yüan. Wir tragen selbst mit unserer ganzen Arbeitskraft dazu bei.
Hier in Toksun haben wir Sinkiangs größte Kohlengrubenbasis. Zwei Gruben mit zusammen 300 Bergleuten. Dazu eine Reihe kleinerer Gruben, die sowohl im Tagebau als auch im Untertagebau abgebaut werden. Sie werden von den Volkskommunen betrieben und decken den Eigenbedarf.«

Wir trinken Tee. Parteisekretär Meliksad sitzt auf der Bettkante in seinem Arbeitszimmer. Es ist ein Eisenbett. An der Wand zwei Bücherregale voll mit Ordnern. Vor dem Fenster ein Schreibtisch. Es ist heiß. Er gießt eine Kanne Wasser auf den Fußboden aus festgestampftem Lehm. Das kühlt die Luft. Er erörtert die Probleme des Kreises:
»Wir müssen mehr Frauen in die führenden Organe bekommen. Die Partei unternimmt große Anstrengungen und achtet darauf, den Frauen größere Verantwortung zu übertragen. Wir gebrauchen die Drei-in-eins-Kombination, um auf diese Art mehr weibliche Kader zu bekommen. Wir haben jetzt auch 57 ausgebildete Hebammen im Kreis. Das ist mehr als eine in jeder Produktionsbrigade. Außerdem haben wir 160 ausgebildete Ärzte und Krankenschwestern. Dazu Barfußärzte. Wir haben 210 Krankenhausplätze im Kreis. Davon 110 im Zentralkrankenhaus hier in Toksun. Die genossenschaftliche Gesundheitspflege umfaßt seit zehn Jahren den ganzen Kreis. Das verändert die Situation von Grund auf, was Hygiene und Gesundheitspflege angeht.«
Toksun brät in der Sommerhitze, und die Straßen sind leer, aber als wir Plakate und Textilien kaufen gehen, ist die Mittagsruhe vorbei, und plötzlich füllen sich die Straßen mit Radfahrern.
»Das ist neu«, sagt Parteisekretär Meliksad. »Wer hatte vor 20 Jahren ein Fahrrad? Heute hat jede Familie eines.«
Kasem Imit und Meliksad sind junge leitende Kader. Sie sind im neuen China aufgewachsen und sprechen mit selbstverständlicher Autorität. Sie sind Uiguren und stolz darauf. Kasem Imit ist leitender Kader in einem Distrikt mit fast eineinhalb Millionen Einwohnern; Meliksad ist Parteisekretär in einem Kreis mit 81 000 Einwohnern. Aber beide nehmen regelmäßig an körperlicher Arbeit draußen auf den Feldern teil. Sie halten das für selbstverständlich, denn gerade diese Arbeit, sagt Kasem Imit, »macht es den Kadern möglich, eine wirklich politisch leitende Arbeit auszuführen. Wie sollte es möglich sein, zu richtigen Beschlüssen zu kommen, würde man nicht selbst die Probleme kennenlernen?«
In der Provinzhauptstadt Urumtschi berichtet man später, daß Kasem Imit einer der jungen Kader ist, auf die man große Hoffnungen setzt. Er hat bereits eine große Verantwortung. Er gehört der jungen Generation an, den Nachfolgern, von denen Mao Tse-tung gesprochen hat, jenen, die während und nach der Kulturrevolution erzogen wurden.

22
Turfan

Die Wüste Gobi ist grau und gewaltig unter den roten Bergen weit im Norden. Wir fahren auf Turfan zu, und die Straße wird zu einer dünnen Linie am Rand eines Tellers von riesigen Ausmaßen. Von der roten Kante der Berge weit im Norden senkt sich die Schale zum Grün hin. Weit weg dort unten taucht das Grün aus dem Dunst auf. Turfan ist eine ausgehöhlte Senke unter dem Gebirge, und ihr niedrigster Punkt — der zentrale See in der Mitte des Tellers — liegt 130 Meter unter dem Meeresspiegel.
Die eigentliche Stadt Turfan hat 20000 Einwohner. In ganz Turfan wohnen etwa 100000 Uiguren, 21000 Han und 11000 Hui. Es ist eine reiche Ackerbaugegend. Hier ist es trocken, heiß und sonnig. Die Sommerhitze dauert 90 Tage. Dann beträgt die Temperatur +40°. Die höchste Sommertemperatur ist +47°. Die Temperatur an der Erdoberfläche steigt bis auf +75°. Der Jahresniederschlag beträgt 16,6 mm, die Verdunstung 3000 mm. Die Sandstürme ziehen dreißigmal im Jahr über Turfan weg. Gelegentlich wachsen sie zum Orkan an. Turfan ist als einer von Chinas Glutöfen bekannt. Es ist ein reiches Ackerbaugebiet mit erlesenen Melonen, Trauben, die auf der Zunge zergehen, langfaseriger Baumwolle, und seit unvordenklichen Zeiten ist es eine der Kornkammern Innerasiens. Der gesamte Ackerbau beruht auf Bewässerung, und das Wasser kommt von den weit entfernten Bergen.
Die Straße bringt uns langsam in das grüne Zentrum des Tellers. Von den Bergen im Norden bis zum Grün in der Mitte ziehen sich lange Reihen von Maulwurfslöchern hin. Aber das ist eine Sinnestäuschung. Die Löcher sind groß und grob wie Brunnen. Es ist ein Karez-Gebiet. Von den Bergen führen die Kareze Wasser zu den bebauten Feldern. Und der Karez ist eine bemerkenswerte Erfindung. Er hat viele Namen. In Persien heißt er ›qanat‹. Manchmal nennt man ihn einen ›unterirdischen Kanal‹. Das ist er nicht, auch wenn das Wasser vor der Verdunstung geschützt wird. Eigentlich ist es ein horizontal gegrabener Brunnen. Die wasserführenden Lager befinden sich sehr tief unter der Erdoberfläche. Anstatt einen Brunnen so tief hinunterzugraben — was technisch nicht durchführbar war, und selbst, wenn es möglich gewesen wäre, so große Förderprobleme gestellt hätte, daß solche Brunnen sich nicht gelohnt hätten — wurde der Brunnen zu den wasserführenden Lagern in den weit entfernten Bergen getrieben.
Weit weg am Fuß der Berge verlor sich das Wasser in der porösen Erde, bis es die undurchlässigen Lehmschichten erreichte. Dort unten konnte

die Ader angezapft und unter dem Boden der Wüste zum bebauten Land geleitet werden. Denn wenn die wasserführenden Schichten auch am Fuß der Berge tief unter der Oberfläche lagen, so befanden sie sich dennoch höher als das kultivierte Land draußen in der Wüste.
Die Lösung hieß also, in gleichmäßigen Abständen vom Quellfluß bis zum kultivierten Land Schächte zu graben und diese mit einem gegrabenen Tunnel zu verbinden. Die Schächte waren notwendig, damit die Grabenden Luft bekamen und um die Erde nach oben zu befördern.
Der Karez ist eine großartige technische Leistung. Ein Karez verlangt viel von den Bauleuten. Sie müssen über eine gründliche Kenntnis der Hydrogeologie des Gebietes verfügen. Sie müssen die reichen wasserführenden Schichten finden können, müssen ohne größere Wasserverluste ihren Tunnel durch wechselnde Bodenschichten führen können, müssen einen Tunnel mit gleichmäßiger Steigung einen, zwei, vier, acht oder mehr Kilometer vorantreiben können. Sie müssen in der Lage sein, lockeren Sand zu vermeiden und den Karez in einer solchen Neigung zu führen, daß er sich soweit wie möglich selbst reinigt und nicht sofort wieder verschlammt.
Sie faszinierten mich schon, als ich sie zum erstenmal 1958 in Iran sah. Ich habe mit Karezbauern in Iran und Afghanistan gesprochen, die zu einem aussterbenden volkstümlichen technischen Korps gehörten. Sie wurden von Ingenieuren verdrängt, die in den USA und in Deutschland ausgebildet waren. In Usbekistan erklärte man 1965, der Karez sei eine veraltete und unnütze Technik. Dort verschlammten die Kareze um Buchara wieder. Aber hier sah ich neue Schächte. Hier bei Turfan wurden Kareze gebaut. Zu den 400 vorhandenen waren 150 neue Kareze gekommen. Natürlich baute man Rückhaltebecken oben in den Bergen und gewöhnliche Kanäle, natürlich bohrte man Brunnen (619 seit der Kulturrevolution), aber die Kareze wurden beibehalten. Die alten Kareze wurden instand gehalten, und neue wurden angelegt.
Die Straße war asphaltiert worden, aber die Wassermassen in der Überschwemmungsperiode hatten den Asphalt aufgerissen. Jetzt war der Boden trocken, und das Auto schwankte und wackelte, als wir über die geborstene Oberfläche vorwärtskrochen:
»Du siehst, daß es noch Wasser zum Ausnutzen gibt«, sagte Rusi Turdi. Er war Vorsitzender des Revolutionskomitees und Ersatzmann im Zentralkomitee der KPCh.
»Die Kareze sind auch noch aus einem anderen Grund wichtig«, fuhr er fort. »Sie liefern Trinkwasser. Wir ziehen ja kaltes Wasser vor. Ich selbst trinke am liebsten frisches Wasser. Das Wasser der Kareze ist sauber. Es ist auch kalt, sogar im heißesten Sommer.«
Aber die Kareze in Turfan stellen ein Problem dar. Ich habe in gelehrten deutschen Büchern gelesen, daß sie uralt sind. Doch dafür gibt es meines

Wissens keinen Beweis. Sir Aurel Stein behauptete ebenso wie Huntington und Pelliot, daß die Kareze in Turfan vor ›einigen Jahrhunderten‹ nach Vorbildern aus Iran eingeführt wurden. Er beschreibt auch, wie der Karezbau in Gang kam, seit die chinesische Verwaltung wieder errichtet worden war, und das bedeutete, daß Land, das früher auf Grund des Wassermangels nur jedes dritte Jahr bestellt werden konnte, jetzt jährliche Ernten einbrachte.
An und für sich klingt das glaubhaft. Ich kenne keine Untersuchungen, die berichten, daß die Kareze in Turfan auf mittelalterliche — um nicht von noch älteren zu reden — Traditionen zurückgehen. Wenn Jørgen Læssøe von der Universität Chicago 1951 mit seiner Lesung von Keilschriftberichten über Sargons achten Feldzug im Jahr 714 vor unserer Zeitrechnung recht hatte, müßte es damals ein gut ausgebautes Karezsystem am Urmia-See im nordwestlichen Iran gegeben haben.
In der Oase Charga westlich des alten Theben weit draußen in der Libyschen Wüste in Ägypten gibt es ein funktionierendes Karezsystem, das unter Darius I. um 500 vor unserer Zeitrechnung gebaut wurde.
Als man mir in Peking sagte, daß das Karezsystem wahrscheinlich unter der Han-Dynastie aus dem Landesinnern nach Turfan gekommen und nach Vorbildern aus Schensi entwickelt worden war, dachte ich zuerst, das sei eher Ausdruck eines kulturellen Han-Chauvinismus. Aber bevor ich dazu kam, Einwände vorzubringen, wies man weiter darauf hin, daß andere Autoritäten behaupteten, die Kareze kämen aus dem Westen.
Die Situation wurde noch komplizierter, als man betonte, daß Ssu Matschien im Jahr 100 vor unserer Zeitrechnung in seinen ›Historischen Aufzeichnungen‹ etwas beschrieben hatte, was ein Karezbau im östlichen Schensi sein mußte.
Als Younghusband im Juli 1887 auf dem Weg von Peking nach Kaschgar und weiter nach Indien hier vorbeikommt, notiert er, man habe ihm erzählt, daß die Brunnensysteme, die er sehe, von der chinesischen Armee gebaut worden seien. Selbst neigt er jedoch zu der Auffassung, daß es Kareze von der gleichen Art wie ›in Persien und Afghanistan‹ sind. Die Diskussion ist nicht neu.
Die erste chinesische Beschreibung von westlichen Karezen stammt aus der Mitte des 13. Jahrhunderts. 1256 hatte Hulagu die Ismailiten in Persien vernichtet. (In Europa sind sie am bekanntesten als Meuchelmörder, Haschischraucher und teuflische Intriganten. Aber das ist eine politische Legende, 1818 geschaffen von dem von Balzac bewunderten Baron von Hammer-Purgstall, als er die Gefahr geheimer Gesellschaften wie Freimaurer und Jesuiten aufzeigen wollte. Die Legende lebt auch heute noch in Büchern, Zeitungen und Nachschlagewerken kräftig weiter. Es ist jedoch möglich, die Ismailiten als eine in mystische Ideologie gehüllte Bauernerhebung zu sehen.) Der chinesische Chronist

Tschang Te notiert, daß es im Land der Ismailiten eine besondere Art buckliger Ochsen gibt, jene, die wir Zebu nennen, und die es heute noch von Indien bis Westasien gibt, und daß die Menschen, ›da es dem Land an Wasser fehlt, auf den Bergspitzen Brunnen graben und das Wasser über mehrere zehn Li hinunter auf die Ebene leiten, um ihre Felder zu bewässern‹.

Der Nachmittag ist heiß, aber im Schatten unter dem Weinlaub ist es kühl. Ich sitze da, esse Melone und trinke Tee und unterhalte mich über die Sache mit den Karezen mit zwei verantwortlichen Karezbauern in Turfan. Kurban ist 78 Jahre alt. Er sagt:

»In unserer Familie haben wir seit mehreren Generationen Kareze gebaut. Um wie viele Generationen es sich handelt, kann ich nicht sagen. Aber die Kunst ist nicht hier in Turfan entstanden. Sie ist hierher gekommen. Ich glaube, sie ist aus dem Landesinnern gekommen. Es ist nämlich so, daß viele der älteren Kareze hier Han-Namen haben. Auch die Namen der Geräte, die wir verwenden, sind Han und nicht uigurisch. So hat zum Beispiel die Winde, mit der wir die Behälter mit der Erde hochziehen, einen Han-Namen. Wenn die Kunst aus dem Westen käme, hätte sie wohl auch eine westliche Bezeichnung. So ist es doch bei anderen Dingen auch.«

In Peking hatte man in dem Gespräch gesagt, daß die strittige Frage nicht entschieden sei. Die Kareze könnten während der Han-Dynastie mit den Soldaten gekommen sein, sie könnten aber auch aus dem Westen eingeführt worden sein. In Kansu werden sie auch ›persische Brunnen‹ genannt.

Ich frage die Historiker am örtlichen Museum in Turfan und später auch die Historiker des Museums in Urumtschi, ob man über Kenntnisse der Geschichte der Kareze in Sinkiang verfüge. Aber auch sie antworten, daß die Frage noch nicht gründlich untersucht worden sei.

Aber der Karezbau in Turfan war, soweit ich es beurteilen konnte, ziemlich genau der gleiche wie der, den ich vor fast 20 Jahren außerhalb Teherans gesehen hatte. Auch die Winde, die hier einen Han-Namen hat, sah so aus wie die in Iran hergestellten. Gleichzeitig schienen die Beschreibungen aus dem Landesinnern eher unterirdische Kanäle von der Art, wie wir sie in Nija gesehen hatten, zu behandeln. Das richtige Karezsystem, wie man es in Turfan und an anderen Orten in Sinkiang und hinunter durch Kansu und weiter östlich in der Inneren Mongolei sehen konnte, wirkte wie eine neue Technik, die sich allmählich ausbreitete. Sie gab — wie Stein hervorhob — die Möglichkeit zu größeren und regelmäßigeren Ernten auf Bewässerungsland.

Die Nacht ist drückend heiß, und das Schlafen fällt schwer. Die Dunkelheit ist trocken und dicht. Wir trinken Tee gegen den Durst und unterhalten uns über Kareze:

»Das ganze Wissen muß sich nicht von einem einzigen Punkt aus verbreitet haben«, sagt Gun. »Wenn die Menschen vor die gleichen Probleme gestellt werden, kommen sie zu den gleichen Lösungen. Der Karez kann sowohl in Iran als auch in China geschaffen worden sein.«
Das ist richtig und möglich, und sie mag recht haben. Aber die alten Systeme, die vor unserer Zeitrechnung geschaffen wurden, scheinen in Iran und China verschieden zu sein. Das spezifische Karezsystem, zu dem ein horizontal vorangetriebener Brunnen gehört — also nicht nur ein unterirdischer Kanal — scheint spezifisch iranisch zu sein.
»Man muß kein Anhänger der Diffusionstheorie werden, um es einleuchtend zu finden, daß Völker voneinander lernen«, sage ich.
»Aber wenn es bis etwa 1780 keine Kareze in Sinkiang gab: wie verbreitete sich dann die Kenntnis von Iran nach China? Flogen die Lehrer über Sinkiang?«
Die Frage ist nicht geklärt; die Archäologen haben nicht alle alten Bewässerungsanlagen untersucht; die Literatur ist wohl noch nicht erschöpfend durchgearbeitet. Aber wenn es sich herausstellen sollte, daß es in Sinkiang tatsächlich bis in späte Zeit kein Karezsystem gegeben hat und der Karezbau wirklich erst während des 18. Jahrhunderts und dann besonders nach der Wiedererrichtung der chinesischen Verwaltung nach Jakub Begs Fall in Gang kam, oder wenn es sich zeigt, daß es zwar einmal — in der Zeit der Han-Dynastie — Karezsysteme gab, diese aber völlig zerfielen und erst nach mehr als anderthalb Jahrtausenden wieder errichtet wurden... wenn sich also herausstellen sollte, daß das Bild, das man jetzt erhält, tatsächlich richtig ist — dann gibt es eine Erklärung, die sich damit deckt.
Gun war eingeschlafen, aber ich weckte sie und sagte:
»Die Kareze erfordern großes Wissen. Es genügt nicht, einen Karez zu sehen und dann nach Hause zu gehen und zu graben. Die Karezgräber waren immer in Gilden und Geschlechtern organisiert und hatten ihre eigene Karezüberlieferung. Das bedeutet, daß die Kunst sich nicht allein ausgebreitet hat. Damit ist es möglich, daß unsere Freunde also doch recht haben und die Kareze in Turfan aus dem Landesinnern kommen und die Geräte chinesische Namen haben, obgleich die Technik iranisch ist. Denn heute werden hier in Turfan nicht Ssu Ma-tschiens unterirdische Kanäle gebaut, sondern Kareze.
Wenn das so ist, müssen chinesische Verwalter bewußt die iranische Technik übernommen und eingeführt haben, um dazu beizutragen, den Ertrag zu erhöhen. Das läge ganz auf der Linie ihrer allgemeinen Politik. Es würde erklären, daß die älteren Kareze wie die Werkzeuge Han-Namen haben.«
»Die Karezbauer waren in der alten Gesellschaft verachtet«, sagt Kurban am nächsten Tag. »Wir befanden uns am weitesten unten in der Ge-

sellschaft. Wir mußten schwer schuften und blieben arm. Mein Vater lernte mich an. Ich habe Kareze in Turfan und Toksun und an vielen anderen Orten gebaut. Früher arbeiteten wir für die Grundbesitzer. Das war schwer. Der Vorsitzende Mao befreite uns aus der Abhängigkeit. Früher wurden wir nicht geachtet. Ich und mein Vater und sein Vater vor ihm bauten Kareze und zogen das Wasser heran, aber wir wurden nicht geachtet.

Es ist eine anstrengende Arbeit. Hier ziehen wir die Kareze 60 bis 70 Meter unter der Erde hoch zum Quellfluß. Jetzt bin ich zu alt, um unter der Erde zu arbeiten. Aber die Kader und die Massen versuchen, mich als technischen Ratgeber zu bekommen, wenn Kareze gebaut werden sollen. Heute zeigen die Kader großen Respekt. Es gibt auch viele gute Jugendliche und junge Kader, die zu mir kommen, um von mir zu lernen. Ich bin alt und krumm vor Schmerzen und kann nicht mehr hinunter in den Schacht steigen, aber ich stehe oben am Rand und gebe gute Ratschläge und untersuche die Erde, die sie hochschicken. Man muß wissen, welche unterschiedlichen Schichten es im Boden gibt und wie der Boden in verschiedenen Tiefen beschaffen ist. Man kommt auch von anderen Brigaden zu mir, um sich Rat zum Brunnenbau zu holen. Ich erzähle ihnen, wie das Wasser fließt, und wo es Wasser gibt, und wie sie es anfangen sollen. Jetzt sind wir alten Kleinbauern und Karezbauer angesehen.«

»Die Kareze brauchen eine gründliche Wartung, damit das Wasser ordentlich fließt«, sagt Uschur Nidschas. Er ist 41 Jahre alt und Karezbauer wie sein Vater vor ihm. »Der Karez verschlammt wieder. Vor 1966 versuchten die Produktionsgruppen, ihre Kareze selbst zu pflegen. Das ging nicht gut. Seitdem haben wir die Instandhaltung und den Karezbau auf andere Art organisiert. Das Parteikomitee diskutierte die Karezfrage eingehend, und wir haben jetzt ein neues System. Einheit Nr. 2 umfaßt 25 Produktionsgruppen mit zusammen 50 Karezen. Sie werden von einer speziellen Karezkolonne mit 150 Mann gepflegt. Ein Teil der Aufgabe ist, darauf zu achten, daß die Kareze instand gehalten werden. Das ist eine gefährliche Arbeit. Aber sie muß ausgeführt werden. Wenn sie vernachlässigt wird, dann wird sie noch gefährlicher. Wir versuchen, die Kareze zu den wasserführenden Schichten hin auszuweiten, um den Wasservorrat zu steigern, und wir reinigen sie vom Schlamm. Wir machen das sehr sorgfältig. Wir beseitigen Ablagerungen, die noch aus der Zeit der alten Gesellschaft stammen. Auf diese Art wird der Wasservorrat erhöht und die landwirtschaftlichen Erträge steigen.

In der alten Gesellschaft wurden keine gründlichen Wartungsarbeiten durchgeführt. Das bedeutete, daß der Wasservorrat sank. Manchmal versiegten die Kareze. Ich selbst arbeite in einer Karezgruppe von sechs Personen mit einem Leiter.

Wenn es darum geht, neu zu bauen oder größere Arbeiten durchzuführen, sind wir 40 bis 50 Personen. Das hier ist eine Spezialarbeit, die Wissen erfordert. Es genügt nicht, nur begeistert zu sein.
Wir arbeiten dann zehn Tage an einem Stück unter der Erde. Es ist eine schwere Arbeit. Mein Vater konnte sich vor der Befreiung keine Stunde ausruhen; immer saß ihm der Grundbesitzer im Nacken und trieb ihn an, weiterzuarbeiten. Er arbeitete sich körperlich ab und wurde krank.«

23

Die neuen Denkmäler

Es regnet nie in Turfan, doch jetzt regnete es. Große schwere Tropfen. Sie rollten im Staub und lagen wie dunkle nasse Flecken auf der Straße. Aber es ist wahr, daß es in Turfan eigentlich nicht regnet, denn hoch über uns rauschte zwar der Regen, und der Himmel war schwarz von treibenden Regenwolken, aber die Hitze war so stark, daß die Tropfen sich verflüchtigten, bevor sie auf den Boden fielen. Ein paar jedoch kamen herunter, und ich empfand eine stolze Freude darüber, daß ich den Regenschirm über uns aufspannen konnte, als wir in der Zeit der Mittagsruhe aus der Stadt gingen.

Alle waren schlafen gegangen. Aber die Luft war viel zu schwül, und das Unwetter lastete schwer auf dem Kopf. Gun und ich hatten uns aufgemacht, um Amin Hodschas Moschee aufzusuchen. Als wir aus der Stadt kamen, erblickten wir sie in der Ferne. Das fast zuckerhutförmige Minarett ragte hinter einigen Kuppelgräbern weit weg jenseits der Felder auf. Jetzt waren wir eine Dreiviertelstunde gegangen und hatten uns einen Weg quer über die Felder gesucht, waren Bewässerungsgräben gefolgt und über Schluchten geklettert, und schließlich waren wir zu dem großen Begräbnisplatz gekommen. Die Kuppelgräber sahen nicht sehr alt aus. Einige Generationen vielleicht. Wir schlängelten uns zwischen den Gräbern durch, um nichts zu zertreten. Hier und da sahen wir in das trockene Grab hinunter. Turfan war muslimisch, und die Muslime sind nach dem Tod anonym, wenn sie nicht Heilige oder große Männer sind. Wir kamen zu Amin Hodschas Moschee, und sie war ein bemerkenswertes Bauwerk. Sie hatte eine gewaltige Form. Sie war aus sonnengetrockneten Ziegeln gebaut, und auch der ganze Schmuck war aus Ziegeln. Das Mauerwerk selbst war Dekor.

»Es ist, als stände sie in Chiwa«, sagte Gun. »Aber ohne Kacheln und Glasur und mit strengerem Schmuck. Also auch wieder nicht Chiwa.«

Wir gingen um das Denkmal herum. Große Schilder mit Texten auf Uigurisch und Han teilten mit, daß dies ein geschütztes Denkmal der autonomen Provinz war. Jede Beschädigung war verboten.

»Aber Besucher waren hier und haben ihre Namen eingeritzt, und das erst vor einem Monat«, sagte Gun und zeigte auf die Wand voller Namen und Daten. »In 2000 Jahren sind das wertvolle Graffiti aus der Revolutionszeit, aber ich meine, Turfan könnte das Denkmal besser schützen.«

Wir hatten am Nachmittag eine Diskussion über Barfußärzte vor uns und mußten nach einem Besuch von einer knappen Stunde in der Moschee wieder zurückkehren. Der Rückweg führte von der Moschee durch

das alte Turfan. Die Häuser hatten hübsch geschnitzte Portale. Vor den Türen saßen Frauen und unterhielten sich, während die Kinder spielten. Sie starrten uns an, als wir vorbeigingen.
»Sie werden sich an Besucher gewöhnen müssen«, sagte Gun. »Abdulla sagte, man wolle Turfan bald öffnen. Zuerst für Diplomatenreisen und Journalisten und allmählich, wenn neue Hotels gebaut sind, auch für Touristengruppen mit archäologischen Interessen.«
Am nächsten Tag gehen wir wieder zu Amin Hodschas Moschee, diesmal mit Rusi Turdi, dem Vorsitzenden des Revolutionskomitees, und Mehmed Jusup, dem Parteisekretär des Kreises Turfan.
»Natürlich ist das Denkmal geschützt«, sagt Mehmed Jusup. »Wir versuchen auch, die Menschen zu erziehen, es nicht zu beschädigen. Sie schaden ihm auch nicht absichtlich, aber sie meinen, es macht nichts, wenn sie ihre Namen einritzen. Das ist eine schlechte Tradition. Früher kratzten die chinesischen Kaiser und die hohen Beamten ihre Namen ein, sooft sie zu einem Denkmal kamen. Das müßt ihr in Sian und Lojang und an anderen Orten gesehen haben. Jetzt machen es alle. Das ist eine schlechte Gewohnheit. Wir bekämpfen sie, aber wie ihr seht, ist es uns noch nicht ganz geglückt. Wir könnten ja eine Wache hier draußen haben, aber das wäre auch unangenehm. Obwohl es richtig ist, wie ihr sagt, daß wir das ernster nehmen müssen. Das sieht hier nicht schön aus.«
»Aber wenn sie ihre Namen sogar auf die Schilder schreiben, auf denen steht, daß jede Beschädigung verboten ist, dann können sie nicht sagen, sie hätten nicht gewußt, daß das falsch ist«, sagt Gun.
Es ist bedeutende Architektur, aber es ist auch ein wichtiges historisches Monument. Suleiman Hodscha ließ die Moschee für seinen Vater Amin Hodscha errichten, als dieser 83 Jahre alt im 42. Regierungsjahr Kaiser Tschien Lungs starb. Das war im Jahr 1777 nach unserer Zeitrechnung. Amin Hodscha hatte sich früh mit der chinesischen Verwaltung verbunden. 1732, in Kaiser Jung Tschens neuntem Regierungsjahr, hatte er den Titel Graf bekommen, 1756, in Kaiser Tschien Lungs 20. Regierungsjahr, bekam er den Titel Herzog, und zwei Jahre später wurde er zum Prinzen und Ratgeber des Vizekönigs befördert. Amin Hodschas Karriere in der Hierarchie der Tsching-Dynastie ist typisch für die Art, in der diese Dynastie die Lehensbeziehungen ausnutzte, um mehr oder weniger selbständige Herren, die eigene, auf Landbesitz und religiösen Einfluß gegründete Macht besaßen, in Vasallen zu verwandeln und dann in eine chinesische Verwaltung zu integrieren.
Das Minarett ist 44 Meter hoch. Die Aussicht ist großartig. Aber es gibt Risse in der Mauer.
»1957 erklärten wir das Bauwerk zum Denkmal auf Provinzebene, und 1958 führten wir die notwendigen Befestigungsarbeiten aus. Da seht ihr

die Eisenbänder um das Minarett und die Krampen, die die Mauern zusammenhalten. Wir werden eine weitere Restaurierung durchführen, sowie wir dafür einen Posten im Budget bekommen. Aber es besteht keine unmittelbare Gefahr. Wir haben, was die Archäologie hier in Turfan betrifft, sehr viel zu tun, und wir beginnen mit dem unbedingt Notwendigen. Das andere muß dann warten.«

Wir fahren auf Kara-choda zu, das bis ins 15. Jahrhundert die Hauptstadt der Uiguren war.

»Wir Uiguren wurden spät bekehrt«, sagt Rusi Turdi. »Deshalb sitzen auch die religiösen Vorurteile nicht so tief.»

Als wir durch die alte Ruinenstadt gehen, lastet die Hitze wie ein Bleigewicht auf uns. Gun fotografiert.

»Halte die Kamerataschen im Schatten«, sagt sie. Aber ich finde keinen Schatten.

»Dann mach selbst den Schatten!«

Rusi Turdi spricht von den Archäologen. »Die ersten kamen um die Jahrhundertwende, und dann versuchten sie über mehrere Jahrzehnte hierherzukommen. Engländer und Franzosen und Deutsche und Russen und Japaner und Ungarn und alle möglichen Leute. Aber was waren das eigentlich für Menschen?«

Rusi Turdi antwortet selbst: »Diebe! Diebe und Spione! Wie anders kann man Leute wie Aurel Stein und Alfred von Le Coq und euren Sven Hedin nennen? Sie reisten und forschten und gruben, und man nannte sie Wissenschaftler, und sie wurden geadelt und bekamen Orden und Belohnungen.

Aber der richtige Name für so einen wie Aurel Stein ist Militärkundschafter und Dieb. Was war Le Coq anders als ein Dieb!

Sie reisten hier und vermaßen Marschrouten und zeichneten Militärkarten. Aurel Stein konnte nicht einmal selbst zeichnen. Er hatte zwei indische Diener bei sich, die für ihn arbeiten mußten! Und sie waren wahrhaftig Entdeckungsreisende! Aber man kann keine Länder und Straßen und Städte entdecken, die seit 2000 Jahren beschrieben sind! Die Städte, die sie beschrieben und besuchten, hatten doch schon Handel mit Europa, lange bevor man an Berlin und Stockholm und St. Petersburg überhaupt nur dachte. Hier gab es Städte, als es dort nur Wald und Morast und Wildnis gab. Und dann kommen die hierher und entdecken! Spione! Schau dir diese Wand an! Siehst du die Nischen? Siehst du die Malereien? Da gab es Skulpturen. Du kannst sehen, wo sie standen. Dann kamen diese Forscher und entdeckten sie. Le Coq und Aurel Stein. Jetzt sind die Skulpturen weg. Sie haben sie mitgenommen. Wie nennst du das? Wir nennen das Diebstahl.

Und was sie alles zerstörten! Unsere Archäologen weinen vor Wut, wenn sie an Orte kommen, wo diese Herren gegraben haben. Nur rau-

ben und stehlen und zerstören. Sie waren schlimmer als Grabräuber. Sie haben uns unersetzliche Werte zerstört. Und ständig waren sie daneben noch damit beschäftigt, Militärkarten zu zeichnen.
Was sie stahlen, war nur ein Bruchteil dessen, was sie zerstörten, und von dem, was sie mitnahmen, ist vieles weggekommen oder im Zweiten Weltkrieg zerbombt worden. Diese sogenannten Wissenschaftler zerstörten in einigen Jahrzehnten mehr Kulturdenkmäler, als alle Kriege und alles barbarische Elend in 2000 Jahren zerstört haben. Solche Leute dürfen nie mehr hierherkommen!«
Ich bin Menschen begegnet, die glauben, was Rusi Turdi sagte, sei ein Ausbruch von Fremdenhaß gewesen. Aber angenommen, verschiedene Gruppen von Chinesen reisten statt dessen herum und entdeckten Europa. Angenommen, sie hätten in Schweden aus Versehen die Södra Råda-Kirche abgebrannt, als sie die Gemälde von der Nordwand mitnehmen wollten, oder in Norwegen mit Meißel und Hammer Skulpturen von der Domkirche in Trondheim losgehackt, und dann wäre ihnen eine halbe Decksladung von geschnitzten Holzstücken, die sie in der Stabkirche von Urnäs gefunden hatten, von ihrer Dschunke gespült worden... Dann würden wir in ihnen kein Kulturvolk sehen.
Haben die Menschen in Sinkiang irgendeinen Grund, Aurel Stein und Albert von Le Coq und alle anderen anders zu sehen? Und welchen Grund dann?
Schon lange vor 1949 versuchten patriotische Kräfte in Sinkiang, den Plünderungen ein Ende zu bereiten. Allmählich wurde es für ausländische Schatzsucher praktisch unmöglich, in Sinkiang zu graben. Der letzte, der es meines Wissens offiziell versuchte, war der Deutsche Trinkler. Er und seine Begleiter wurden im April 1928 ausgewiesen, nachdem patriotische chinesische Beamte sie dabei ertappt hatten, nahe Chotan zu wandalisieren und zu zerstören und unersetzliche Skulpturen zu stehlen. Als Sven Hedin seine letzte Reise nach Sinkiang machte, reiste er auf Kosten der damaligen chinesischen Zentralregierung, und er hatte sich verpflichten müssen, nicht irgendwelche Ausgrabungen vorzunehmen. Dennoch grub er. Seit 1949 hat, soviel ich weiß, nur ein einzelner ausländischer Archäologe eine schnelle Rundreise durch Sinkiang machen dürfen.
Das bedeutet nicht, daß Sinkiang der Forschung verschlossen wäre. Verschlossen ist Sinkiang der Plünderung. Es ist durchaus möglich, daß in der Zukunft ausländische Forscher an Ausgrabungen teilnehmen dürfen, dann jedoch im Rahmen einer gegenseitigen wissenschaftlichen Austauschtätigkeit auf einer Grundlage völliger Gleichheit und gegenseitigen Respekts. China ist nicht fremdenfeindlich. Aber noch kann der Weg lang sein. Denn noch wollen ›abendländische‹ Forscher in Sir Aurel Stein und Albert von Le Coq und den andern wissenschaftliche

Forscher und Entdecker sehen. So lange bei ihnen diese Ansicht herrscht, haben sie kaum eine Möglichkeit, mit ihren chinesischen Kollegen bei irgendeiner Feldarbeit zusammenzuarbeiten.
Auf dem Gräberfeld von Astana steigen wir in die Grabkammern mit wunderbaren Malereien aus der späteren Zeit der Tang-Dynastie hinunter. Die Grabkammern sind kühl in der Hitze. Sie sind wie die unterirdischen Zimmer, die die Menschen sich in Turfan wie in Iran und Indien gebaut haben, um der Sonnenhitze zu entgehen.
»Diese Gräber wurden 1972 untersucht«, sagt Rusi Turdi. »Sie waren schon lange vorher geplündert worden. Schon während der Tang-Dynastie vermutlich. Aber es gab dennoch eine ganze Menge Funde. Etwas haben wir hier im Museum von Turfan, aber die meisten Funde sind im Provinzmuseum in Urumtschi.
Als die Sozialimperialisten vor einigen Jahren ihre Propaganda, daß wir nicht zu China gehörten, am schlimmsten betrieben und Gegensätze zu schaffen versuchten, und als deren Rundfunksender rund um die Uhr arbeiteten, da veranstalteten wir große Massenversammlungen in Astana und an anderen Orten. Zehntausende kamen damals. Wir zeigten ihnen an Ort und Stelle, wie sich die Verbindung zwischen Turfan und dem Landesinnern entwickelt hatte. Wir verbreiteten das Wissen vom Verlauf der Seidenstraße. Wir führten die Massen hinunter in diese Grabkammern, damit sie selbst die Wandmalereien studierten. Das Volk muß seine Geschichte erobern.«
Als wir von Astana wegfahren wollen, sehe ich, daß man dabei ist, neue Reihen niedriger Häuser mit Tonnengewölbe in einem Dorf in der Produktionsbrigade zu bauen. Es sind große Häuser. Ich gehe hin. Am Abend soll eine Aufführung stattfinden, aber ich schlage vor, daß wir statt dessen bleiben und die Bauarbeiten ansehen.
Sie bauen mit sonnengetrockneten Ziegeln. Man hat den Meister geholt. Es ist ein alter Mann mit scharfem Blick. Er heißt Ismail.
»Ich bin der Bauverantwortliche in der zweiten Produktionsbrigade der Volkskommune Brennender Berg«, sagt er. »Der Bau wird im großen und ganzen von der Produktionsbrigade geplant. Die Grundstücke werden von den Produktionsgruppen verteilt. Ich lernte das Bauen von meinem Vater, der es von seinem Vater gelernt hat. Wir gebrauchen dieselbe Konstruktion, die unsere Vorfahren in den Ruinenstädten hier in der Gegend benutzt haben. Das paßt zum Klima und zu uns. Wir bauen Häuser, die gegen die Hitze schützen.
Aber wir verändern die Technik. Mein Vater zum Beispiel verwendete große Ziegel in der Wölbung, ungefähr 80 mal 20 Zentimeter, und mußte dann eine Verschalung als Stützgerüst verwenden, wenn er das Gewölbe mauerte. Ich verwende kleinere Ziegel und kann das Gewölbe ohne ein Gerüst bauen.

Praktisch geht das so vor sich, daß die Familie, die ein neues Haus bekommt, sonnengetrocknete Ziegel in der Freizeit herstellt. Es ist nicht besonders schwer, solche Ziegel zu machen, wenn man es als Kind gelernt hat. Dann arbeitet ein Meister mit fünf Mann beim Hausbau. Das geschieht mit gegenseitiger Hilfe. Man hilft einander. Der Meister und seine Lehrlinge werden direkt von der Produktionsgruppe bezahlt. Das sind die Kosten, für die die Familie aufkommen muß. Sie können sie in zwei oder drei Jahren an die Produktionsgruppe zurückzahlen. Auf diese Art wird das Bauen ziemlich billig, und alle können neue Wohnungen bekommen. Die Hauptsache ist, daß das geplant geschieht, und daß man die gegenseitige Hilfe nutzt.
Im Prinzip bauen wir so, daß wir ein großes Tonnengewölbe vom Vorgarten zum Innenhof konstruieren. Das ist zehn Meter lang und vier Meter breit. Die Höhe der Wände beträgt zwei Meter, die größte Höhe drei Meter sechzig. Die Außenwände aus gestampfter Erde werden in der Mitte 90 Zentimeter dick, die Innenwände 70 Zentimeter. Das Dach wird 24 Zentimeter stark.
An dieses Hauptzimmer bauen wir dann nach Bedarf Nebenräume an. In diesem Haus haben wir auf der einen Seite zwei Tonnengewölberäume zu sechs mal vier Metern und einen Vorratsraum von denselben Maßen, aber mit flachem Dach. Auf der anderen Seite haben wir einen offenen Raum von drei mal vier Metern und dahinter einen ebenso großen Abort und einen Vorratsraum von vier mal zwölf Metern mit flachem Dach, das in der Mitte gestützt wird. Die Gesamtfläche dieses Hauses beträgt also 180 m^2, den Garten nicht gerechnet. Die Familie besteht aus sieben Personen, und die Totalkosten betragen 400 Yüan. Wenn wir alle Vorratsräume und ähnliche Räume abziehen, bekommen sie mehr als zehn Quadratmeter pro Person an Wohnfläche, und damit haben sie genügend Platz.
Das ist wie gesagt ein traditioneller Haustyp hier bei uns. Aber es lohnt sich, daran zu erinnern, daß wir die eigentliche Bautechnik geändert haben. Unsere Vorfahren und auch noch mein Vater verwendeten viel Holz, um während der Arbeit Gerüste zu bauen. Darauf haben wir verzichten können, indem wir zu kleineren Ziegeln übergegangen sind und also auf andere Art mauern können. Unsere Pläne sind, sämtliche Familien mit neuen Wohnungen zu versehen. Hier haben wir nun 240 neue Häuser gebaut. Einige haben sieben Räume wie dieses. Die meisten haben allerdings fünf Räume. Mehr braucht man nicht, wenn die Familie nicht sehr groß ist. Rechnet man jeden Raum als ein Zimmer, Wohnraum wie Vorratsraum, kann man als allgemeine Regel sagen, daß eine Fünfpersonenfamilie fünf Zimmer braucht und eine Siebenpersonenfamilie sieben Zimmer.«
Auf dem Rückweg sagt Rusi Turdi:

»Wir haben einiges in Turfan erreicht. Hier gibt es reiches Ackerland. Der Umsatz im Verbrauchsgüterhandel ist von 8 870 000 Yüan 1962 auf 15 700 000 Yüan 1975 gestiegen. Das bedeutet eine Verdoppelung. Jede Familie soll jetzt die ›Vier Großen‹ haben: Nähmaschine, Transistorradio, Uhr und Fahrrad. Wenn es in jedem Haus ein Radio gibt, ist die Isolation durchbrochen. Das bedeutet viel.
Auf diese Weise wenden wir das Denken des Marxismus-Leninismus und Mao Tse-tungs an.«
Nach einer Weile fügt er hinzu: »So dienen wir in Turfan der Partei und dem Vorsitzenden Mao.«

24
Vier Gespräche am Ili-Fluß

»Ili ist eine Kornkammer«, sagte Eljaschar. »Hier regnet es zwischen 300 und 600 mm im Jahr. 600 000 Tonnen Getreide im Jahr. Wir haben große Obstanlagen. Unsere Weiden sind die besten, und unsere Rassepferde sind berühmt. Hier gibt es Kohle und Öl, Kupfer, Eisen und Asbest. Das ist ein reiches Land.«
Der Sprecher war ein hochgewachsener kräftiger Kasache in den Sechzigern. Er war breit wie ein Scheunentor und hatte Hände wie Schaufeln. Er war einer der Veteranen aus der demokratischen Bewegung in den 40er Jahren und jetzt stellvertretender Vorsitzender des Revolutionskomitees im Ili-Distrikt.
Wir waren fast eine Woche in Ili gewesen. Wir waren dorthin geflogen. Danach wollten wir weiter über das Gebirge und quer durch die Dsungarei hinunter nach Urumtschi fahren. Ili war wirklich anders gewesen. Hier gab es Grün und überall Wachstum. Hier gab es Wiesen. Wir hatten Produktionsbrigaden und Fabriken und Schulen besucht. Wir waren draußen an der Grenze gewesen, wo die Menschen auf den Feldern Waffen bei sich hatten, um bereit zu sein, wenn die Soldaten auf der anderen Seite der Grenze eine Provokation versuchen sollten. Wir waren in Tschaptaschal gewesen, dem autonomen Kreis des Sibo-Volkes. Dort waren sie vor 200 Jahren angesiedelt worden, um eine Grenzwache gegen die Russen zu bilden, und dort wohnten sie immer noch.
Noch bis vor ganz kurzer Zeit war Ining der Hauptort des Kasachischen Autonomen Kreises Ili gewesen. Hier waren die Regierungsgebäude und Büros. Aber jetzt war die Hauptstadt von der Grenze weg weiter ins Land verlegt worden. Ili lag nach der Sowjetunion hin offen; hier konnten motorisierte Verbände eindringen. Der Krieg ist eine Möglichkeit, mit der man rechnen muß.
Es war eine Stadt, die viele Schlachten und viel Völkermord gesehen hatte. Noch 1946 wurde hier eine Treibjagd gegen die Han-Bevölkerung veranstaltet. Auch in den 50er Jahren waren die Gegensätze noch groß, und in den 60er Jahren hatten die Sowjetbehörden mit der Furcht gespielt, die Han-Bevölkerung würde die Gemetzel von 1946 rächen. Aber hinter den Gemetzeln von 1946 lagen Jahrhunderte, in denen so etwas immer wieder vorgekommen war. Das wußten wir, aber wir merkten nichts davon, wenn wir durch die Stadt gingen. Morgens und abends, bevor das Programm anfing, und in den Mittagspausen, wenn alle ruhten, spazierten Gun und ich durch Ining. Die Menschen waren freundlich und neugierig, aber keiner behinderte uns, und keiner versuchte,

uns aufzuhalten. Es war eine Stadt, die vor kurzem noch Hauptstadt gewesen war und jetzt plötzlich ein allzu großes Kleid von offiziellen Gebäuden, in das sie noch hineinwachsen mußte, bekommen hatte. Die Russen nennen die Stadt Kuldscha. Im Kreml meint man, daß sie ihnen gehört.

»Ja, das ist ein reiches Land«, sagt Eljaschar. »Eines der fruchtbarsten Gebiete in Sinkiang. Hier wohnen 13 Nationalitäten. Wir haben jetzt eine Bevölkerung von 1,2 Millionen. Kasachen, Uiguren, Han, Mongolen, Usbeken und so weiter. Wir haben auch eine kleine Minderheit Russen. Sie haben dieselben Rechte wie alle anderen Chinesen. Sie haben ihre nationalen Traditionen, gehen in ihrer Nationaltracht und haben ihre Sprache. Wir Kasachen sind 260 000, die Uiguren sind 300 000, und zusammen sind wir mehr als die Han. Die Han-Bevölkerung beträgt 400 000. Die andern sind nicht so viele.

Wir haben 33 000 Kader. Das sind solche, die Vorsitzende oder stellvertretende Vorsitzende in Volkskommunen und dann weiter aufwärts sind. Von diesen Kadern sind nun 37% keine Han. 24% sind Frauen. Das sehen wir als große Fortschritte an.

Wir haben 4 200 Arbeiter in der Gesundheitspflege und 1 124 Barfußärzte. In allen Brigaden haben wir nun die genossenschaftliche Krankenversicherung eingeführt; einige Brigaden haben schon völlig freie Krankenpflege ohne Eigenbeteiligung erreicht.

Aber wir sind ein Grenzgebiet. Die Zaren wollten Ili immer an sich reißen. Zehn Jahre lang hielten die alten Zaren Ili auch besetzt. Das war 1871, als die Russen einmarschierten. Aber sie mußten sich wieder zurückziehen. In Stalins Zeit sahen wir zur Sowjetunion auf. Sie waren wie ältere Brüder da drüben. Und sie halfen uns, als wir in der demokratischen Bewegung für ein demokratisches Sinkiang kämpften. Nach 1949, als China befreit wurde, hatten wir gute Verbindungen mit den Russen. Dann wurde es anders. Und jetzt führen die Russen dieselbe Politik uns gegenüber wie die Zaren. Sie wollen uns erobern.

Besonders nach 1959 wurde es schwierig. Sie hatten ja ihr Konsulat hier und damit ihre Organisation. Sie schickten mehr als 100 000 Briefe an verschiedene Personen. Vom Konsulat aus spannen die Russen ein Spinnennetz über das Land. Mit den Briefen kamen Geschenke, und in den Briefen wurde beschrieben, wie wunderbar alles in der Sowjetunion und wie elend alles in China sei, und dann lagen Pässe bei den Briefen. Die Pässe kamen, ohne daß die Menschen darum gebeten hatten. Du bist Sowjetbürger! So stand es in den Briefen. Hier ist dein Paß.

Wir hatten früher nicht daran gedacht. Aber damals in den 40er Jahren, als die Sowjetunion uns im Kampf für die Demokratie gegen die reaktionären Kräfte in Sinkiang half, hatten viele Personen die sowjetische Staatsangehörigkeit bekommen. Man sagte damals von russischer Seite,

das sei ein Vorteil. Wenn die reaktionären Truppen uns gefangennahmen, konnten wir uns an den Konsul der Sowjetunion wenden und so der Verfolgung entgehen. Damals sahen wir darin eine Hilfe der Sowjetunion. Es sei nur eine Formalität, sagte man. Die Sowjetunion könne keinen territorialen Anspruch erheben. Die Russen wollten nur unsere Brüder sein.
Erst nach Stalins Tod wurde es schwierig. Es waren nicht nur ein paar Personen, die die sowjetische Staatsangehörigkeit bekommen hatten. Es waren auch nicht ein paar Tausend. Es waren 100000 und mehr. Es war ein ganzes Volk. Und überall gab es nun Sowjetbürger. Unsere Regierungsmitglieder. Überall saßen sie. Und nun sagte der Konsul nicht mehr, daß es nur eine Formalität sei, die sowjetische Staatsangehörigkeit zu haben. Jetzt forderte die Sowjetunion, daß alle Sowjetbürger dem Vaterland dienen sollten. Wer dem Kreml nicht gehorchte, war ein Verräter.
Gleichzeitig gab es hier in China große Schwierigkeiten. Die Beamten vom Konsulat fuhren überall herum und agitierten und verlangten Gehorsam. Sie behandelten Ili schon, als hätten sie uns erobert.
Hinterher kann man sagen, daß wir es uns hätten überlegen sollen und daß wir treuherzig gewesen waren, wenn wir geglaubt hatten, das mit der sowjetischen Staatsangehörigkeit sei nur eine Formalität und in Wirklichkeit Hilfsbereitschaft.
1962 hatten wir große wirtschaftliche Schwierigkeiten und auch unter politischen Fehlern zu leiden. Liu Schao-tschis Linie hatte dazu geführt, daß wir damals gezwungen wurden, unsere Industrien hier in Ili zu schließen und die Arbeiter aufs Land zu schicken. Damals versuchten die sowjetischen Beamten im Konsulat, ihre Pläne durchzuführen. Sie hatten sie schon lange vorbereitet. Sie wollten totale Verwirrung schaffen und uns dann an sich reißen.
Sie nutzten die Kader aus, die die sowjetische Staatsangehörigkeit hatten. Am 29. Mai 1962 entstanden richtige Kämpfe hier in der Stadt. Dann wurden Zehntausende dazu gebracht zu fliehen. Sie schüchterten sie ein. Ihr sollt totgeschlagen werden, sagten sie. Aber das große Vaterland schützt euch. Gleichzeitig dröhnte ihre ganze Propagandamaschine gegen uns. Sinkiang ist heute eine Kolonie unter dem Han-Volk, sagten sie. Befreit euch! Kommt zu uns!
Es glückte ihnen nicht ganz. Aber sie schafften es, viele zu verwirren. 61000 Personen mit 230000 Tieren und 1782 Wagen gingen über die Grenze. Das war ein schwerer Schlag. 480000 Mu Ackerland wurden aufgegeben. Aber sie hatten nicht mit allen ihren Plänen Erfolg. Jetzt warfen wir ihre Konsulatsbeamten hinaus. Da gab es zum Beispiel einen Vizekonsul, der Iltow hieß. Er führte seine Leute bei den Kämpfen hier in der Stadt an. Wir lösten ihre Organisation auf. Wir stellten jeden vor

die Wahl: entweder sowjetische Staatsangehörigkeit oder chinesische! China erkennt keine doppelte Staatsangehörigkeit an. Wir erkennen nicht an, daß die Auslandschinesen in Singapur sowohl Staatsangehörige Singapurs als auch Chinas sind. Sie müssen wählen. Das gleiche gilt hier. Wer die sowjetische Staatsangehörigkeit haben wollte, mußte seine chinesische Staatsangehörigkeit aufgeben. Das bedeutete natürlich auch, daß sie das Recht aufgeben mußten, auf einen Vertrauensposten gewählt zu werden, oder das Recht, Waffen zu tragen, oder das Recht, leitende Stellen in Staat oder Armee innezuhaben. Wer seine chinesische Staatsangehörigkeit behalten wollte, mußte seinen Anspruch aufgeben, gleichzeitig sowjetischer Staatsbürger zu sein. Wer bleiben wollte, durfte bleiben, auch wenn er sich entschieden hatte, Sowjetbürger zu sein, aber wer das Land verlassen wollte, durfte es verlassen. Allerdings sollte das auf geordnete Weise geschehen. Einige machten sich auf den Weg, als wir das sagten. Wir wissen, daß viele von denen, die verwirrt wurden und 1962 einfach wegliefen, heute gern zurückkommen möchten. Aber sie haben es nicht so leicht. Die Sowjetunion ist kein Land, wo sie ihre Meinung ganz offen sagen können. Die Sowjetbehörden haben sich schon von Anfang an geweigert, ihnen von uns helfen zu lassen, damit sie wieder nach Hause können.

Jetzt hat die Sowjetunion zwei starke Rundfunksender, die nur Hetze gegen uns senden. Es gibt ständig Konflikte entlang der Grenze. Ihre KGB-Leute sind sehr aktiv und versuchen fortwährend, einen Keil hier zwischen die Völker zu treiben.

Ihr Bestreben ist, zu teilen und zu herrschen. Wenn sie es schaffen können, Konflikte zwischen Kasachen und Uiguren und Han und Hui und anderen anzuzetteln, dann haben sie die Möglichkeit, uns unter dem Vorwand zu erobern, die Ordnung wiederherzustellen oder zur Selbständigkeit zu verhelfen. Sie haben ja ihre sogenannte Selbständigkeitsbewegung, und ihre Sender sagen, Sinkiang sei ›Mittelasiens Bangladesh‹. Deshalb sind wir hier an der Grenze wachsam. Und jetzt wissen die Menschen, worauf die sowjetische Propaganda aus ist. Es gab welche, denen es gelang, in ihre Häuser zurückzukehren, bevor die Sowjetunion die ganze Grenze nach dem Zwischenfall von 1962 sperrte. Sie konnten berichten, was sie durchgemacht hatten. Die Sowjetunion war wahrhaftig kein Paradies für arbeitende Menschen.

Wir sind fest entschlossen, Ili aufzubauen und zu verteidigen. Aber wenn sie einen Blitzüberfall auf uns machen, können sie vielleicht sogar die Stadt Ining nehmen. Ein Panzerkeil könnte hier eindringen, bevor wir den gesamten Widerstand organisiert haben. Deshalb haben wir den Hauptort des Kasachischen Autonomen Distrikts Ili nach Kueitun auf der anderen Seite des Gebirges verlegt. Es schadet nicht, auf das Schlimmste vorbereitet zu sein.«

Nach dem Gespräch mit Eljaschar schrieb ich an diesem Abend an ›Expressen‹ in Stockholm und bat die Zeitung, ausfindig zu machen, wie die Sowjetunion heute die Frage der Staatsangehörigkeit und aller Personen, die in Sinkiang die sowjetische Staatsangehörigkeit erhielten, darstellt. Als wir nach Lantschou kamen, wartete dort die Antwort aus Stockholm auf mich. So schrieb die Nachrichtenagentur Nowosti über die Frage der Staatsangehörigkeit:

»Betroffen waren auch große Gruppen, die ursprünglich aus Rußland gekommen waren — Kasachen, Uiguren, Kirgisen, Russen. Durch Verordnung des Präsidiums des Obersten Sowjet der UdSSR vom 10. November 1945 und 20. Januar 1946 erhielten 120000 von ihnen die sowjetische Staatsangehörigkeit und die Erlaubnis, sich außer Landes niederzulassen. Aus verschiedenen Ursachen (China befand sich im Bürgerkrieg) erhielt die Mehrzahl von diesen ihre Ausweise nicht, aber nach sowjetischem Gesetz verloren sie dennoch nicht ihre sowjetische Staatsangehörigkeit.«

Als ich das gelesen hatte, bat ich über Schweden, man möge untersuchen, wo und ob und wie diese Verordnungen des Präsidiums des Obersten Sowjet der UdSSR, die 120000 in China ansässigen Menschen ohne ihr Wissen die sowjetische Staatsangehörigkeit verliehen hatte, veröffentlicht worden waren.

Von der Lenin-Bibliothek in Moskau kam dann irgendwann die schwer zu deutende Antwort:

»Wir haben die Zeitungen ›Iswestija‹ und ›Prawda‹ für die genannte Periode durchgesehen (indessen erschien die ›Prawda‹ am 10. November 1945 nicht). Leider ist es uns nicht gelungen, irgendwelche Aufschlüsse zu dem Sie interessierenden Problem zu entdecken.«

Ich fragte auch das chinesische Außenministerium, ob die Zahl — 120000 — den chinesischen Behörden offiziell bekanntgegeben wurde und wo der Beschluß in China zum betreffenden Zeitpunkt veröffentlicht wurde. Nach einer Weile erhielt ich den mündlichen Bescheid, daß man nicht wisse, ob die damalige KMT-Regierung in der Sache informiert worden sei.

Daß einzelne führende Persönlichkeiten in der demokratischen Bewegung in Sinkiang während der 40er Jahre die sowjetische Staatsangehörigkeit erhalten hatten, war bekannt. Aber ich kann immer noch nicht berichten, wem 1946 bekannt war, daß das Präsidium des Obersten Sowjet der UdSSR 120000 Personen in China die sowjetische Staatsangehörigkeit verliehen hatte, ohne daß diese Personen es selbst wußten.

Da gibt es eine unangenehme Frage, die auf der Hand liegt: Erhielten auch andere Völker die sowjetische Staatsangehörigkeit, ohne daß sie davon wußten? Sind zum Beispiel die Lappen in Finnland, Schweden und Norwegen auf Grund einer uns allen unbekannten Verordnung des

Präsidiums des Obersten Sowjet der UdSSR von 1947 nach sowjetischem Gesetz sowjetische Staatsangehörige?
Tschepisem gehörte zur ersten Produktionsgruppe in der Produktionsbrigade Marka, Volkskommune Oktober im Kreis Korga. Sie erzählte:
»Sie verleiteten uns zu fliehen. Das war im Mai 1962. In unserer Produktionsgruppe gab es einen, der Ablis Chader hieß. Er redete immer von der Sowjetunion. Dort war es so gut. Dort gab es keine Rationierung. Dort konnte man ein Auto kaufen. Dort war das Leben so leicht. Er sagte, daß alle fliehen müßten. Nun würden die Han unser ganzes Land nehmen. Es würde hier nur noch Platz für das Han-Volk geben. Chader würde selbst mit seiner Frau fliehen. Zuerst wollte mein Mann nicht in die Sowjetunion fliehen. Aber dann erzählte ihm Chader, wie schön alles auf der anderen Seite der Grenze sei und wie gefährlich es sei, hierzubleiben. Dann flüchteten mein Mann und ich und mein Bruder, der zwölf Jahre alt war.
Es war um die Mittagszeit, als wir an die Grenze kamen. Der Stacheldraht war weggeschnitten. Ein Sowjetsoldat winkte uns und rief: Beeilt euch! Beeilt euch! Wir waren mehr als 200, die nun zusammen rannten, während der Soldat winkte und rief. Dann kamen wir in verschiedene Sammellager. Wir bereuten es allmählich. Das Brot war so schwarz und sauer dazu, und mein Bruder sagte, er wolle weißes Brot wie zu Hause haben. Die Sowjetunion war ganz und gar nicht so, wie man uns erzählt hatte. Es gab überall Wachen, und man kommandierte uns hin und her. Die Kinder weinten, und wir Erwachsenen waren niedergeschlagen. Jetzt werdet ihr arbeiten, sagte man.
Es wurde eine schwere Zeit für uns. Wir begriffen, daß wir hereingelegt worden waren. Man behandelte uns wie Verbrecher. Die Menschen lebten schlecht in der Sowjetunion. Wir hatten Sehnsucht nach zu Hause. An den Abenden kamen wir zu mehreren zusammen und redeten davon, wie es zu Hause war. Wir weinten. Wir fühlten uns so unglücklich. Am Ende beschlossen wir zurückzufliehen. Wir waren acht Personen, die nach Hause flohen. Wir gingen in den Nächten nach Osten und lagen an den Tagen in Verstecken, damit die Soldaten uns nicht fingen. Nach sieben Nächten kamen wir zur Grenze. Zwei Männer hielten den Stacheldraht auseinander, und wir krochen durch. Da entdeckten uns die sowjetischen Soldaten. Sie begannen zu schießen. Wir waren so erschöpft, daß wir kaum weglaufen konnten. Das war am 5. Oktober 1962. Wir hatten vier Monate in der Sowjetunion zugebracht.«
Mechmedulli gehörte zur zweiten Produktionsgruppe in der Produktionsbrigade Parkali, Volkskommune Oktober im Kreis Korga. Er berichtete von 1962:
»Ja, ich flüchtete. Wir waren viele tausend, die glaubten, was man ihnen gesagt hatte. Hier würden uns die Han erschlagen, und drüben sei das

reine Paradies. Aber das war ja überhaupt nicht wahr. Das Leben war hart in der Sowjetunion. Ich traf Personen, die in Stalins Zeit Helden gewesen und Veteranen aus dem Zweiten Weltkrieg waren, aber inzwischen hatte man sie dazu gebracht, Bettler und Diebe zu werden. Sie konnten es nicht anders schaffen. Das Leben war zu hart. Es war nicht leicht, wieder nach Hause zu kommen. Die Sowjetunion war wie eine Falle. Als wir hinein sollten, winkten sie uns, aber als wir wieder hinaus wollten, da schossen sie auf uns. Aber am 24. Oktober gelang es mir, wieder über die Grenze zu kommen.
Es gab hier für mich keine unangenehmen Folgen. Ich schämte mich, daß ich mich hatte hereinlegen lassen. Ich hatte an die Gerüchte geglaubt. Jetzt bin ich bei der Volksmiliz. Jetzt habe ich ein Gewehr, und ich habe gesehen, wie es wirklich in der Sowjetunion ist, ich weiß also, wogegen wir uns verteidigen müssen.«
Kaderbeg war Hirt. Er arbeitete in der vierten Produktionsbrigade, Volkskommune Altun-bulak im Autonomen Kreis der Sibo Tschaptschal. Er war Schwadronführer bei der Volksmiliz und hatte einen russischen Spion gefangen. Davon erzählte er:
»Es war am 20. Oktober 1973. Ich hörte Schüsse. Als ich aus der Jurte sprang, sah ich zwei Reiter. Der erste war auf dem Weg zur Grenze; der zweite verfolgte ihn. Ich erkannte den zweiten. Es war ein Hirt mit Namen Kurban-dschan. Er war verletzt und blutete. Er rief: Halte ihn auf! Er hat mein Pferd gestohlen! Nimm dein Gewehr!
Ich wollte ihm einen Verband anlegen, aber er sagte: Du bist jung. Kümmere dich nicht um mich. Das ist nur eine Schramme. Halte den Dieb auf! Er ist ein Spion! Halte den Dieb und Spion auf! Aber ich sagte, ich sei bei der Volksmiliz und müsse erst nach seiner Wunde sehen. Das sei meine Pflicht als Schwadronführer. Als ich das getan hatte, nahm ich das Gewehr und ritt eine Abkürzung, um den Spion einzuholen. Ich kenne ja die Pfade. Ich lag da und wartete auf ihn, als er kam. Aus 50 Meter Entfernung gab ich zwei Schüsse ab, um ihn dazu zu bringen, sich zu ergeben. Er tat so, als gäbe er auf, aber aus einem Abstand von 30 Metern schoß er plötzlich auf mich und traf mein Pferd. Dann versuchte er zu fliehen. Er war feige und wagte nicht, in meine Nähe zu kommen. Er wollte zur Grenze. Aber er konnte nicht entkommen. Aus den Jurten waren Männer herbeigeritten, als sie die Schüsse hörten. Wir waren jetzt 15 Mann von der Volksmiliz. Alle hatten Gewehre. Der Agent war gefangen. Wirf das Gewehr weg und ergib dich, rief ich, oder wir schießen dich zusammen. Da gab er auf. So fingen wir den Russen.«

25
Stalins gespaltener Schatten

Stalin steht als Statue unter den Pappeln im Hof vor der Mittelschule Nr. 7 in Ining. Als Gun die Lehrer fotografieren will, stellen sie sich im Halbkreis unter Stalins Augen auf. Die Sonne leuchtet auf seine linke Gesichtshälfte, aber die rechte, die dem Schulgebäude zugewandt ist, liegt im Dunkel. Jetzt werden die Fensterscheiben oben in den Klassensälen schwarz von Schülern, die uns anstarren. Dann werden die Fenster aufgestoßen, die Reflexe huschen über uns und funkeln uns an, als wir dastehen und die Lehrer ansehen, die sich unter der Büste Stalins zum Fotografieren aufstellen. Die Schüler hängen wie Trauben aus den Fenstern. Jetzt wird ein Fenster im Erdgeschoß direkt über Stalin geöffnet. Plötzlich leuchtet Stalins rechte Gesichtshälfte auf, und er badet in einem himmlischen Licht unter den Bäumen, um sich herum die aufgeputzten Lehrer. Er ist schön wie von John Everett Millais gemalt: ›Der heilige Josef segnet die Gralssucher‹. Aber hinter Stalin ist sein Schatten gespalten, wo er sich unter den Bäumen ausdehnt. Gegabelt verliert er sich im Dunkel. Es ist ein merkwürdiger Anblick. Dann verschwindet er so schnell, wie er entstanden ist. Das Fenster wurde ganz weit aufgestoßen, und der Reflex huschte weiter. Eine neue Traube von Schulkindern drängte heraus. Stalins rechte Seite liegt wieder im Dunkel, und nun steigen Gelächter und Geplapper in das Laub auf, während Gun die Lehrer fotografiert.

Aber gewiß hat Stalin einen gespaltenen Schatten in Sinkiang. In Sinkiang wie in ganz China und überall auf der Welt. Diese Schule trug einst seinen Namen. Es war die russische Schule in Ining, ›Stalin-Mittelschule‹. Sie unterstand direkt dem russischen Konsulat, und man benutzte nur russische Lehrbücher. Hier herrschte russische Ordnung. Von hier wurde der Auszug am 29. Mai 1962 organisiert. Mit den Lehrern an der Spitze wurden die Kinder unter dem Befehl des sowjetischen Konsulatspersonals in Reih und Glied aufgestellt, und so ging es auf zur Grenze. Diese Kinder sind noch nicht zurückgekommen. Die halbe Schule zog weg. Jetzt ist der sowjetische Einfluß verschwunden. Die Schule ist in das gewöhnliche Schulsystem integriert worden. Sie hat den Namen gewechselt. Sie heißt heute einfach ›Mittelschule Nr. 7‹. Aber Stalin steht immer noch da, und er wird geachtet und geehrt, und an den Gedenktagen bekommt er Blumen.

Auch in Urumtschi steht Stalins Statue. Und auf dem Tienanmen-Platz in Peking schaut Stalin neben Marx, Engels und Lenin zum Tor des Himmlischen Friedens hinüber. Er ist einer der Großen. Man liest seine Schriften. Aber man liest nicht unkritisch, und man sieht den gespaltenen Schatten hinter seinem Werk. Positives und Negatives in seinem Werk verteilen sich wie 70 zu 30, meint man. Und 30 ist ein Drittel, und das ist nicht so wenig.

Diese Beurteilung stammt von Mao Tse-tung, und sie war für die chinesischen Kommunisten von der Mitte der 30er Jahre an richtungsweisend. Das bedeutet, daß man Stalins historische Verdienste für größer hält als seine Irrtümer und Fehler. Vielen fällt es schwer, das auf diese Weise zu sehen. Sie sind so erzogen, daß ja ja und nein nein ist. Wenn Stalin nicht die Lichtgestalt ist, wie er von Chruschtschow bis zu seinem Tod 1953 ausgegeben wurde, dann ist er der verrückte Schurke, wie Chruschtschow ihn 1956 darstellte, als Stalin richtig tot war. Für jene ist es anscheinend unmöglich, Stalin als Gestalt in ihrer Zeit zu sehen.

Mao Tse-tung sah ihn so. Deshalb konnte er Stalin zu dessen Lebzeiten wegen seiner großen Anstrengungen huldigen und die allgemeine Analyse für richtig halten, während er es zugleich in der Praxis vermied, sämtlichen schlechten Ratschlägen und falschen Beschlüssen zu folgen, die Stalin und die stalinistische Komintern ausgaben. Chinas Kommunisten waren den Grundzügen in der Politik und Analyse der Komintern treu, soweit sie diese für richtig hielten; aber sie folgten deren Vorschlägen nicht, wenn sie auf Unkenntnis beruhten und ungeeignet waren, und sie ließen es nicht zu, daß ihre Repräsentanten Chinas Volk nach 1935 in die Niederlage führten. Sie fanden zeitig zu der Auffassung, die bei der Auflösung der Komintern — zumindest verbal — auch von den sowjetischen Führern anerkannt wurde; in einer Lage, in der die Kommunisten zur Massenpartei angewachsen waren, die an der Spitze des Befreiungskampfes ihres Volkes stand, hatte eine Komintern als organisatorische Struktur sich selbst überlebt.

Die totale Verachtung, mit der Tschou En-lai und andere Veteranen des Langen Marsches und der Jenan-Zeit von dem erfolglosen und untauglichen ›militärischen Ratgeber‹ der Komintern, Otto Braun (›Li Teh‹), und seinen preußischen Offiziersmanieren reden konnten, stand ihrem aufrichtigen Respekt für Stalins allgemeine Analyse und historische Bedeutung gegenüber.

Chinas Kommunisten hätten niemals eine breite nationale Einheit im Kampf gegen die japanischen Angreifer errichten und auch niemals 1949 siegen und den Aufbau des neuen China beginnen können, wenn nicht Mao Tse-tung und Tschou En-lai und die anderen kommunistischen Führer aus Sorge um die chinesische Revolution auf der Tsuni-Konferenz im Januar 1935 Moskaus Möglichkeit ausgeschaltet hätten, direkt in die chinesischen Angelegenheiten einzugreifen. Sie taten das, weil sie meinten, die allgemeine Linie der Komintern sei ebenso richtig, wie deren praktischer Rat katastrophal sei.

Schon 1936 war das ganz offenkundig. In Sian war Tschiang Kai-schek am 12. Dezember von Tschang Hsüeh-liang, der die Nordostarmee der Kuomintang führte, und von Jang Hu-tscheng, der die 17. Routearmee der Kuomintang führte, gefangengenommen worden. Sie verlangten von ihm, China gegen Japan zu verteidigen. Mao Tse-tung schickte Tschou En-lai als Vertreter der Kommunistischen Partei Chinas nach Sian, um eine Lösung auszuhandeln. Tschiang Kai-schek wurde gezwungen, die Einheit im Widerstand gegen Japan anzuerkennen, und wurde freigelassen. Er kehrte nach Nanking zurück und gab dort eine schwache und zweideutige Erklärung ab. Darin behauptete er unter anderem, von ›Reaktionären‹ gefangengenommen worden zu sein. In einem Kommuniqué vom 28. Dezember betonte Mao Tse-tung, daß das ganz unsinnig sei. Er griff die Frage im Detail auf und zeigte, daß der ›Sian-Zwischenfall‹ von der Sorge um den Bestand der Nation veranlaßt worden sei. Drei Tage darauf, am 31. Dezember, kommt dann die Komintern mit ihrer Verurteilung: Der ›Sian-Zwischenfall‹ war nicht nur reaktionär; es war das erste Ergebnis des deutsch-japanischen Antikominternpaktes in China.
Das war eine ebenso unsinnige Beurteilung der Situation in China wie die Beurteilung der Lage im von den Deutschen besetzten Westeuropa, die dazu führte, daß die Komintern Ende Juni 1940 die kommunistischen Parteien anwies, Kontakt mit den deutschen Besetzern aufzunehmen und sie zu ersuchen, zu rechtmäßigen Parteien erklärt zu werden und die deutsche Erlaubnis zur Herausgabe ihrer Zeitungen unter dem Schutz der Besatzungsmacht zu erhalten. Im Unterschied zu den chinesischen Kommunisten nahmen die westeuropäischen Kommunisten Rücksicht auf solche Befehle aus Moskau und gehorchten ihnen. Deshalb vermochten sie auch nicht, Parteien zu werden, welche die Bedürfnisse des eigenen Volkes ausdrückten. In Frankreich war es denn auch Charles de Gaulle und nicht Maurice Thorez, der mit historischer Berechtigung den nationalen Krieg gegen die Besetzer ausrief.
Man kann sagen, daß eine Beurteilung, wie sie die Komintern am 31. Dezember 1936 zum ›Sian-Zwischenfall‹ abgab, eine falsche Beurteilung war und daß der Befehl, den die Komintern im Juni 1940 an die kommunistischen Parteien im besetzten Europa telegrafierte, ein Irrtum war. Die Frage ist, wann sich der Irrtum zum schweren Fehler auswächst. Ich möchte ein Beispiel wählen, das den Vorteil hat, völlig umstritten zu sein: den Pakt zwischen der Sowjetunion und Deutschland im August 1939. Ich meine, daß in der herrschenden Situation und mit Rücksicht auf die von England und Frankreich betriebene Politik dieser Pakt eine geeignete und vernünftige Maßnahme war. Das ist kein unbestrittener Gesichtspunkt. Ich brauche jedoch nicht alle Argumente zu wiederholen, die dafür sprechen. Sie sind gut bekannt.

Das geheime Zusatzabkommen, nach dem Polen im Falle einer territorialen und politischen Neuordnung geteilt werden sollte, kann zwar verteidigt werden; ein Diplomat muß Ereignisse voraussehen und sich gegen verschiedene denkbare Entwicklungen schützen können. Aber es war eine Fehlbeurteilung der allgemeinpolitischen Lage. Man könnte sagen, es sei notwendig gewesen, um die deutschen Armeen davon abzuhalten, ganz Polen zu erobern, und die Sowjetunion habe deshalb einen möglichst großen Teil Polens vor den deutschen Eroberern zu schützen versucht. Aber auch dann bleibt das geheime Zusatzabkommen ein Irrtum von ähnlicher Art wie der Befehl an die westeuropäischen kommunistischen Parteien, Parteien von deutscher Gnade zu werden.
Der sowjetische Einmarsch in Polen am 17. September 1939 bekam jedoch einen ganz anderen Charakter durch den Beschluß des Obersten Sowjet der Sowjetunion vom 1. November 1939, nach dem die Westukraine in die Sowjetunion einverleibt wurde, und dem Beschluß vom 2. November 1939, nach dem das westliche Weißrußland annektiert wurde. Diese Beschlüsse waren keine unrichtigen Beurteilungen oder Irrtümer oder Abweichungen mehr; sie waren Fehler.
In diesen Beschlüssen — und später bei einer Reihe ähnlicher, die die baltischen Staaten, das Grenzgebiet Finnlands, die östlichen Provinzen Rumäniens, den östlichsten Teil der Tschechoslowakei, die japanischen Kurilen und Tannu Tuwa betrafen — handelte die von Stalin geführte Sowjetunion in der Nachfolge der russischen Zaren und nicht wie ein sozialistischer Staat mit leninistischer Politik.
Als Mao Tse-tung darauf hinwies, daß die Sowjetunion die japanischen Kurilen unrechtmäßig besetzt hielt, und als Tschou En-lai sagte, daß er nicht wisse, was denn Kaliningrad sei, daß er aber die Stadt Königsberg kenne, beide aber gleichzeitig behaupteten, Stalin sei ein großer Marxist und hervorragender politischer Führer, da hoben sie hervor, daß die begangenen Fehler sehr groß waren, die Hauptsache jedoch positiv war. Die Fehler, für die Stalin die politische Verantwortung trug und zu denen diese zaristische territoriale russische Expansion gehört, waren so groß, daß sie in Mao Tse-tungs Beurteilung ein Drittel des politischen Tuns Stalins umfassen. Aber die Fehler dürfen nicht die großen Verdienste, die Stalin hatte, verdunkeln. Und die chinesischen Führer, die nicht vor Stalin krochen, als er lebte, verurteilen ihn auch nicht, seit er tot ist. Es gibt viele Fragen, die Stalin und seine Politik betreffen, die man in China nicht diskutiert. Bei einem Teil der Fälle wird eine interne Diskussion geführt. Die Fragen um Stalin betreffen nicht nur China, sondern auch andere Länder. Zumindest seit 1964, als die albanischen Führer in Peking darüber klagten, daß Mao Tse-tung Stalins Politik im Hinblick auf die territoriale Expansion kritisiert habe, ist es offenkundig gewesen, daß es zwischen der Kommunistischen Partei Chinas und der alba-

nischen Partei der Arbeit geteilte Meinungen gab, soweit es um die Beurteilung Stalins geht. Auch wenn es sich um andere Fragen und andere Bruderparteien und andere sozialistische Länder handelt, kann es unterschiedliche Auffassungen geben. In solchen Fällen hat China nicht ohne zwingende Gründe eine Diskussion aufgenommen, die spaltend wirken könnte. Das bedeutet, daß es eine ganze Reihe konkreter historischer Fragen gibt, bei denen Stalin eine Rolle gespielt hat, die in China stillschweigend übergangen oder nur intern in der Partei diskutiert werden. Aber das bedeutet weder, daß die Dokumente zu den betreffenden Fragen vernichtet sind, noch daß die grundlegende Bedeutung der Fragen geleugnet wird.

Die Dokumente werden aufbewahrt, aber die konkrete Diskussion muß warten. Man kann das eine traditionelle chinesische Verhaltensweise nennen. Aber die prinzipielle Stellungnahme wartet nicht. Die Frage, ob Städte und Berge nach verschiedenen Führern benannt werden sollen; die Frage, wie und wann die Todesstrafe angewendet werden soll; die Frage, wie man die Gegensätze und verschiedenen Linien in der Partei betrachten soll; die Frage, wie die Wirtschaftsplanung durchgeführt werden soll und viele andere Fragen, die mit dem ganzen Komplex ›Stalin-Fragen‹ zu tun haben, werden grundsätzlich diskutiert, ohne daß man Stalin dabei erwähnt.

Andere Fragen sind schwer zu diskutieren, da viele der Betroffenen noch am Leben sind und noch nicht alle Papiere zugänglich gemacht werden können. So verhält es sich bei mehreren Fragen, die Sinkiang in den 30er, 40er und 50er Jahren betreffen.

»Du kannst nicht damit rechnen, ausführliche Antworten über Stalin zu bekommen, wenn du in Sinkiang fragst«, sagte einer meiner chinesischen Freunde in Peking zu mir, als wir gerade nach Urumtschi fliegen wollten.

Ein anderer Freund lieh mir ›Sinkiang Pawn or Pivot?‹ von Allan S. Whiting und General Scheng Schih-tsai, als wir eben nach Sinkiang aufbrechen wollten.

»Lies das während der Reise«, sagte er. »Es enthält viele eigenartige Angaben. Aber gebrauche deinen Verstand, wenn du es liest. Es ist eine CIA-Schrift, und was General Scheng angeht, so ist es eine Rechtfertigungsschrift. Du kannst in Urumtschi nicht viel bestätigt bekommen. Ich werde mich auch auf keine Diskussion über Einzelheiten mit dir einlassen. Du mußt deinen eigenen Verstand benutzen.«

»Du hast ziemlich viel über Stalin gesprochen während dieser Reise«, sagte ein sehr hoher chinesischer Kader ein halbes Jahr später bei einem privaten Gespräch, bevor ich Peking verließ.

»Du mußt verstehen, daß es bei den Auseinandersetzungen in Sinkiang nicht um Stalin geht. Wir wollen ihn nicht in den Konflikt ziehen. Wir haben großen Respekt vor ihm. Wir hängten nach Chruschtschows schwarzer, sogenannter geheimer Rede die Stalinbilder nicht ab. Im allgemeinen kann man sagen, daß Stalin ein großer Marxist war. Wir haben auch unsere Kritik an ihm. Wir haben zwei große Artikel zu dieser Sache veröffentlicht. ›Die historische Erfahrung der Diktatur des Proletariats‹ und ›Mehr über die historische Erfahrung der Diktatur des Proletariats‹.

Nach unserer Ansicht zeigt eine Analyse der Arbeit Stalins, daß Fehler und Irrtümer vorkamen und sogar sehr ernste Fehler. Aber der größte Teil seiner Arbeit war richtig.

Wenn wir diese Fragen durchgehen, geben wir Stalin keine Schuld. Wir hoffen, daß du beachtet hast, was wir hervorgehoben haben. Denn zu Stalins Zeit kam es zu keinen ernsten Gegensätzen, auch nicht, wenn es um solche Fragen wie die der doppelten Staatsangehörigkeit ging. Solange wir dieselben Interessen hatten, waren unsere Verbindungen gut. Später konnte sich die Chruschtschow-Clique dieser und anderer Punkte bedienen.«

Es ist richtig, daß die Chinesen das Problem Stalin nicht aufgegriffen haben, soweit es um Sinkiang geht. Einer der Gründe ist, daß Stalin Sinkiang tatsächlich nicht übernehmen ließ. Er hatte das möglicherweise vorgehabt; er hatte eine Reihe Maßnahmen durchführen lassen, die das möglich gemacht hätten. Aber er tat es nicht, und wie sein Handeln auch immer beurteilt und gewertet werden kann, bleibt der Sachverhalt bestehen, daß er Chinas Souveränität nicht in Frage stellte. Deshalb steht er noch auf dem Hof der ›Mittelschule Nr. 7‹ in Ining, und deshalb wird er für seine Verdienste geehrt. Dennoch ist der Schatten hinter ihm zweigeteilt, und das Problem muß diskutiert werden, wenn man über Sinkiang schreibt. Er steht für eine Epoche zwischen der Leninschen Revolution und jenen, welche die neuen russischen Zaren geworden sind, indem sie in chinesischer Sicht der russischen zaristischen Außenpolitik folgten. In dieser Perspektive rückt er unvermeidlich in das Bild von der Geschichte Sinkiangs.

Kein Staat ist über einen so langen Zeitraum und so methodisch gewachsen wie die Despotie, die zuerst in Form von zaristischen Steuereintreibern und der von den Tataren eingesetzten Ordnungsmacht in Moskau in Erscheinung trat und die dann mit List und Gewalt zu Rußland und zur Weltmacht wuchs. Allenfalls könnte man die englischen Kolonien an der Ostküste Nordamerikas, die sich zusammenschlossen und zu den Vereinigten Staaten heranwuchsen, damit vergleichen. Aber ihre Geschichte ist kürzer, und ihre Entwicklung ist ungleichmäßiger und weniger hartnäckig. Typisch für die beiden heutigen Supermächte ist jedoch, daß sie einen völlig anderen historischen Hintergrund als andere Staaten haben.

Der Politiker und Historiker, der während des 19. Jahrhunderts am beharrlichsten vor der Gefahr warnte, die dieses russische Staatsgebilde von eigentümlich despotischer Art für die Welt bedeutete, war Karl Marx. Es war nicht nur reaktionär im allgemeinen, ein Gendarm Europas, bereit, gegen jede Freiheitsbewegung einzugreifen. Es war auch ein weitsichtiger und bewußt planender Anwärter auf die Weltherrschaft. Seine Geschichte vom Ursprung als tatarischer Aufseher bis zur Stellung als zaristische Weltmacht war eine ununterbrochene Kette von Schändlichkeiten, und wer die Erklärung zum Handeln Rußlands im 19. Jahrhundert sucht, könnte sie bei Iwan Kalita im 14. Jahrhundert finden; es wurde geprägt von derselben bauernschlau listigen, servil kriechenden, grausam despotischen und beharrlich vordringenden Machtausübung.

Was ich jetzt schreibe, klingt nicht sympathisch. Es steht in Widerspruch zu dem Rußlandbild aller europäischen Liberalen des 19. Jahrhunderts. Das geschieht bewußt. Denn Marx meinte, daß gerade diese liberale Russophilie eine tödliche Bedrohung für Europa darstellte. Er wies auch darauf hin, daß es dieses verborgene Zusammenwirken zwischen dem englischen Liberalismus und der russischen Despotie war, an der die europäische Freiheit strandete. Wenn ich dazu sage, daß Marx eine Auffassung vom Großen Nordischen Krieg und Karl XII. hatte, die völlig anders war als die des traditionellen schwedischen Liberalismus und der Bernadotteschen Politik, so tue ich das nicht, um herauszufordern, sondern um zu zeigen, wie gründlich die Marxsche Tradition verdreht worden ist, in einer Zeit, in der große Gruppen unter den europäischen Studenten offiziell Marxisten gewesen sind.

Die Verdrehung ist auch nicht zufällig. Sie ist bewußt von sowjetischer Seite gesteuert worden. Schriften wurden unterdrückt. Hinweise wurden tief drinnen unter Textmassen versteckt. Die Marxschen Gesichtspunkte zur Geschichte, zur Geschichte Rußlands, zur Rolle Rußlands wurden in ›Un-Marxismus‹ verwandelt, und gleichzeitig ist die sowjetische Geschichtsschreibung — besonders seit 1936 — mehr und mehr apologetisch geworden. Stalin trug zu dieser Entwicklung bei. Es ist sogar möglich, daß er sie in einer Lage für dienlich hielt, als ein großer Krieg gegen Hitlerdeutschland, ein Krieg, der enorme Forderungen an das russische Volk stellen würde, immer unvermeidlicher wurde. Aber die Entwicklung ging nach seinem Tod weiter, und die Verdrehung der russischen Rolle in der Geschichte ist nun selbst für die Politik eines Honecker in der DDR die Legitimation geworden. Die ›Entstalinisierung‹ bedeutete nicht die Rückkehr zu Marx, sondern die endgültige Tilgung des Marxschen Gedankengutes aus der Sowjetideologie.

Marx hob hervor, daß diese moskowitische Despotie bewußt und auf lange Sicht, Jahrhundert auf Jahrhundert, nach einer Herrschaft strebte, die sich zur Weltherrschaft ausweiten würde. Er betonte auch, daß

Rußland die sonderbare Gewohnheit hatte, Gebiete und Länder, die für die Einverleibung in Rußland vorbereitet werden sollten, zuerst für selbständig zu erklären. Scheinbar uneigennützig kämpfte Rußland für die Unabhängigkeit der Krim, Polens und anderer... um sie dann zu schlucken. Engels beschrieb die russische Diplomatie wie einen Jesuitenorden, eine geschlossene Gesellschaft, die trotz der inneren Korruptheit und des Verfalls des Reiches die ganze Zeit über die russische Macht geschickt in die Richtung ausdehnte, wo die Verteidigungsmauer im Augenblick am schwächsten war.

Dieses düstere Bild von Rußland und der russischen Macht hatten Marx, Engels, aber auch die großen russischen Marxisten. Auf unterschiedliche Art sahen auch Plechanow und Lenin (›Rußland als Volksgefängnis‹) Rußland und seine Geschichte auf diese Weise und erlebten die Zerschlagung der russischen Macht als eine allgemeine und allgemein notwendige Befreiung. Auch das steckte hinter Lenins Ansicht vom Recht der Völker. Dieses Bild von den alten Zaren muß man im Gedächtnis haben, wenn man in China heute von den ›neuen Zaren‹ spricht.

Es ist notwendig, auch Stalins dunkle Seiten zu beleuchten, wenn man den gespaltenen Schatten, den er über Sinkiang warf, verstehen will.

26

Das russische Spiel

Die Straße von Ining in die Dsungarei und ins Landesinnere geht zuerst in nördlicher Richtung nach Houtscheng und Tschingschuhesi. Dort trifft sie auf die Straße von Alma Ata und der Grenze her. Der Verkehr ist lebhaft an der Busstation. Hier verläuft die Route für die Fernlaster. Dann wendet sich die Straße nach Westen und schneidet sich durch die Takli-Schlucht. Sie windet und schlängelt sich über Brücken und durch Tunnel auf die Paßhöhe zu. Die Straße ist in Sinkiang so berühmt, daß ich sie zum erstenmal auf einem Modell in der Provinzausstellung in Urumtschi sah. Dort kletterten Modellastwagen zwischen Modellbäumen in perspektivisch sinnreichem Maßstab einen Modellweg hinauf. Hier fuhren wir nun in der Wirklichkeit, und hier durch die Schlucht ging der gesamte schwere Verkehr zwischen dem Landesinneren und dem Ili-Tal.

Es ist ein alter Weg, auch wenn die Straße neu gebaut ist. Hier verlief die chinesische Poststraße, und sie soll von Dschingis Chans zweitem Sohn Dschagatai 1219 angelegt worden sein. Im Herbst 1221, als der taoistische Mönch Tschang Tschun mit seinen Schülern auf der Reise an den Hof Dschingis Chans auf dieser Straße reist, gibt es hier 48 Brücken über den Takli.

»Sie sind aus Holz gebaut, das man von den Berghängen geholt hat, und sie sind so breit, daß man sich nebeneinander auf ihnen begegnen kann«, schreibt sein Schüler Li Tschi-tschang in dem Reisebericht, den er 1228 herausgab.

Als wir über den Paß kommen, öffnet sich der Horizont, und vor uns in dem weiten Tal liegt der unglaublich blaue Sajramsee. Es ist Tschang Tschuns ›Himmlischer See‹, und der Anblick ist bemerkenswert. Mitten in einer Landschaft der großen Linien und hohen weißen Berge gegen einen dunklen Himmel liegt in heller Stille ein großer und anscheinend kreisrunder See klar und ungeheuer blau. Es ist so schön, daß man kaum atmen kann. Wir sind aus den Autos gestiegen, stehen am Straßenrand hart über dem Steilhang und blicken nur über das Tal. Der Wachposten auf dem Paß kommt auf uns zu. Er trägt einen dicken wattierten langen Mantel gegen den Wind und hat den Pelzkragen des grünen Mantels hochgestellt. Er deutet hinunter auf die Jurten auf der Wiese oberhalb des weißen Strandes in der Ferne. Dort ist das Lager. Dorthin sollen wir fahren.

Durch den Paß pfeift ein eisiger Wind, aber die Luft ist klar. Die Konturen der Landschaft sind wie mit dem Messer geschnitten. Die Farben liegen in deutlich unterschiedenen Feldern zueinander, und es ist eine Landschaft von so reiner Schönheit, daß es in der Brust und hinter den Augen schmerzt, wenn man nur hinsieht. Jetzt stehen Menschen dort unten bei den Jurten. Mehrere Personen. Sie sind herausgekommen und stehen in einer kleinen Gruppe zusammen. Aus einer der Jurten steigt in einer dünnen Linie blauer Rauch. Man kann deutlich sehen, wie der Rauch hochsteigt, bevor er abweicht und vom Wind verweht wird. Die Jurten dort unten müssen im Windschatten liegen. Man hat uns gesehen; einer von ihnen winkt. Ich kann nicht erkennen, ob es ein Mann oder eine Frau ist. Der Posten bedeutet mir, daß man uns winkt. Sie warten auf uns.

Zehn Jahre lang standen die Kosaken des russischen Zaren hier auf dem Paß Wache. 1871 hatten die russischen Truppen die Gelegenheit genutzt, das Ili-Tal zu erobern. Um es zu schützen, wie sie sagten. 1881 war der erste russische Reiseberichterstatter hierhergekommen. Sechzig Jahre später war das Gebiet besetzt, und da wurde auch der Sajramsee ausgemessen und aufgenommen. Durch diesen Paß wanderten russische Landmesser und Geologen weiter in die Dsungarei.

Die Besetzung des Ili-Tals gehörte zu dem allgemeinen russischen Vorrücken. Russen hatte es in China schon seit der Yüan-Dynastie gegeben. Sie waren Vasallen der Mongolen, und russische Truppen gehörten zu der kaiserlichen Leibwache in Peking. Auch 1544 noch hatte der Gesandte des Chans von Kasan beim Kaiser Tschia Tsching aus der chinesischen Ming-Dynastie Russen in seiner Leibwache. Aber 1552 wurde Kasan von Iwan dem Schrecklichen erobert; der Weg nach Osten wurde geöffnet. Astrachan fiel 1556. Die russische Handelskompanie um die Familie Stroganow expandierte nach Osten über den Ural, und in ihrem Dienst eroberte der General der Gesellschaft, Jermak Timofejewitsch, Sibiriens Hauptstadt im Jahr 1581. Der Zar übernahm, was die Kaufleute erobert hatten, und das russische Vordringen nach Osten ging weiter. Tomsk 1604, Jenissejsk 1619, Krasnojarsk 1628 und Jakutsk 1632. Die Russen befanden sich nun weit östlich des Flusses, der eine Zeitlang die Reichsgrenze gebildet hatte, des Jenissejs, und sie drängten weiter zum Stillen Ozean hin. Aber als die Kosaken allmählich in die reichen Länder am Amur kamen, waren sie in Gebiete gelangt, wo die Menschen ihre Steuern traditionell an China bezahlten.

Der unvermeidliche Konflikt wurde durch russische Grausamkeiten verschärft. Als die Kosaken unter Pojarkow während ihrer Expedition zur Amurmündung aus Mangel an anderem Essen die getöteten Gegner verspeisten, verbreitete sich Entsetzen unter den Menschen um den Amur. Die russischen Übergriffe waren — auch mit dem Maß der Zeit gemessen — ungeheuerlich. Sie konnten ohne weiteres mit denen der Spanier in Südamerika und der Engländer in Nordamerika verglichen werden.

Es gab dennoch einen wesentlichen Unterschied. Den Spaniern war es gelungen, die Indianerreiche, die versucht hatten, einen Widerstand zu organisieren, zu zerstören, und die Engländer brauchten nicht zu fürchten, daß es hinter den Indianern, die sie ermordeten, skalpierten und ausplünderten, ein indianisches Reich gab, das bereit war, sich zu verteidigen. Aber an den Hof in Peking kam nun ein Bericht nach dem andern über barbarische Raubzüge gegen die Völker im Nordosten und über blutige Überfälle auf friedliche und schutzlose Bauerndörfer.

Nach einer Periode von Kämpfen und Verhandlungen wurde dann mit dem Vertrag von Nertschinsk 1689 die Grenze zwischen Rußland und China gezogen. Rußland mußte seinen Anspruch aufgeben, das Land am Amur zu erobern. Diese Grenze war Reichsgrenze, bis Rußland fast 200 Jahre später die Schwäche des chinesischen Kaiserhofes und den britisch-französischen Krieg gegen China ausnutzen konnte, um mit List das chinesische Land bis zur Amurmündung und dann das ganze Küstengebiet bis zum Japanischen Meer zu erobern, was es seit den ersten Expeditionen in den 1640er Jahren angestrebt hatte.

Der Vertrag von Nertschinsk zog die Grenze zwischen Rußland und China, wo die beiden Reiche sich damals trafen. Aber westlich des Argun befand sich Rußland damals noch weit im Norden. Dort gab es keine gemeinsame Grenze. Dennoch setzte Rußland sein Vordringen fort. Planmäßig wurden Festungen nach Süden am Irtysch entlang gegen das Land der Kasachen errichtet. Omsk 1716, Semipalatinsk 1718, Ust-Kamenogorsk 1719. Das russische Vorrücken war durch Gerüchte von großen Goldfunden in Turkestan ausgelöst worden. Am 22. Mai 1714 hatte Peter den Vormarsch befohlen. Er hatte den Befehl gegeben, daß gefangengenommene schwedische Grubentechniker und Ingenieure gesammelt werden sollten, um die Truppen zu begleiten. Peter war zu einem Bündnis mit den Oiroten bereit, die sich im Aufstand gegen das chinesische Reich befanden. Diese Bereitschaft zeigte er immer wieder, während seine Truppen gegen die Oiroten kämpften und ein befestigtes Lager nach dem andern südlich der russischen Grenze einrichteten. Am 31. Dezember 1721 gab Zar Peter dem Kapitän Iwan Unkowskij den Auftrag, die Unterwerfung der Oiroten durch einen Freundschaftsvertrag und gegenseitigen Beistandspakt zwischen Rußland und den Oiroten zu sichern. Die Oiroten sollten Rußlands Oberhoheit anerkennen und Rußland das Recht auf ihre Goldlagerstätten geben; als Gegenleistung wollte Rußland die Oiroten gegen Peking schützen.

Kapitän Unkowskij hatte Geschenke bei sich, die dazu dienen sollten, bei den führenden Oiroten für eine freundliche Stimmung zu sorgen. Grubenexperten folgten der Delegation. Zar Peter wünschte, daß Unkowskij betonte, die russische Nutzung der Naturreichtümer der Oiroten diene deren eigenen Interessen. Oiroten und Russen hätten gemeinsame Interessen; die Herrscher der Oiroten sollten Prozente von den russischen Verdiensten bekommen, während das oirotische Volk gleichzeitig lohnende Beschäftigungen als Grubenarbeiter bekommen würde. Durch eine neue Reihe befestigter Heerlager sollten die Gruben in direkter Verbindung mit Rußland stehen.

Dieser Vorschlag hat einen merkwürdig modernen Klang. Man kann sagen, daß Zar Peter die taktischen Züge des entwickelten Imperialismus ankündigte. Aber er hatte keinen Erfolg. Denn im November 1722, als Kapitän Unkowskij zu den Oiroten kam, hatte sich die Situation verändert. Die Oiroten waren nicht willens, sich Rußland zu unterwerfen. China verlangte von den Russen Zurückhaltung. Im Verlauf von Verhandlungen in Peking wies China darauf hin, daß es keine russische Ansiedlung in Urjanchaj (Tannu Tuwa) akzeptieren konnte, daß die russischen Festungen entlang dem Irtysch China zwingen würden, den Irtysch seinerseits zu befestigen, und daß russische Zurückhaltung der Preis für einen russischen Handelsverkehr mit China sei. Rußland, das gerade das schwedische Reich geschlagen hatte, war es nicht möglich, ausreichende Streitkräfte für einen Krieg gegen das damals mächtige China abzuzweigen. Rußland hatte im Frieden von Nystad am 30. August 1721 Livland, Estland, Ingermanland, Dagö, Ösel, Mön und Teile der Provinzen Wiborg und Kexholm erhalten und war damit beschäftigt, seine Truppen für ein weiteres Vorrücken nach Westen zu sammeln und — wie Marx gesagt hat — Zar Peters am Rande gelegene Hauptstadt zum Zentrum eines neuen europäischen Reiches zu machen.

1727 wurde ein neuer Grenzvertrag zwischen Rußland und China unterzeichnet. Er stellte die Grenze von dem Punkt an fest, wo die Grenze des Jahres 1689 endete. Diese Grenze ist immer noch eine internationale Grenze. In ihrem größeren Teil verläuft sie heute zwischen der Sowjetunion und der Mongolischen Volksrepublik. Nur im äußersten Westen ist es keine internationale Grenze mehr. Dort ist sie jetzt eine Verwaltungsgrenze innerhalb der Russischen Föderativen Sozialistischen Räterepublik; denn 1944 verleibte sich die Sowjetunion Tannu Tuwas 171300 km^2 ein und verwandelte das früher chinesische Land in das Tuwinische Autonome Gebiet. Damit vollendete Stalin die Politik, die Zar Nikolaus II. eingeleitet hatte, indem er Tannu Tuwa 1912 ›autonom‹ von China gemacht und 1914 unter russischen ›Schutz‹ gestellt hatte. Das ist eine der Handlungen, die nach chinesischer Ansicht zu Stalins schlechtem Drittel gehören.

Der Diplomat, der die Verhandlungen auf russischer Seite leitete, war einer der fremden Fachmänner, die Engels beschreibt. Sawa Lukitsch Wladislawitsch kam ursprünglich aus Bosnien. Nach einiger Zeit arbeitete er als italienischer Kaufmann in Konstantinopel. In der damaligen Hauptstadt des Türkischen Reiches, dem Ziel der russischen Eroberungspläne, arbeitete er als Geheimagent für Rußland. Allmählich rückte er zum Diplomaten auf und leitete die russische Gesandtschaft nach China. Als er nach Ende der Gesandtschaft nach St. Petersburg zurückgekehrt war, wurde er Berater der russischen Regierung für Fragen des Fernen Ostens.

1731 überreichte er eine Denkschrift in zwei Teilen, die Fragen des Krieges oder Friedens mit China behandelte. Die Grundgedanken in dieser Denkschrift wurden dann wegweisend für die Planung der russischen Außenpolitik:

Örtliche Kriege am Amur würden große Anstrengungen erfordern und nur zu begrenzten Ergebnissen führen. Nur um den Amur Krieg zu führen, war nicht der Mühe wert. Da war es besser, an den geltenden Abmachungen festzuhalten. Ein richtiger Eroberungskrieg gegen China war jedoch eine andere Frage. Unter der Voraussetzung, daß Rußland in Europa eine längere Friedensperiode erlebte und die Kriegskasse auffüllen könnte, wäre die Eroberung Chinas eine wirkliche Möglichkeit. China war das reichste Land Asiens, der Staat mit den größten Mitteln unter allen Staaten Asiens und Europas. Dazu kam, daß die Chinesen, fleißig und zahlreich, sich eigentlich gerüstet hielten, dennoch aber kein kriegerisches Volk waren. Da die herrschenden Mandschu nicht mehr als vier Millionen zählten und das beherrschte Han-Volk 200 Millionen ausmachte, wäre es für Rußland möglich, das Han-Volk anzuspornen, sich gegen die Dynastie zu erheben. Das würde in einer Vielzahl von Provinzen Bürgerkrieg bedeuten. Rußland könnte dann von Norden her in China einrücken. Die Streitkräfte, über die Peking verfügen konnte, würden dann dreigeteilt; ein Teil, um die Garnisonen im ganzen Land zu halten; ein Teil, um die Rebellen zu bekämpfen, und ein Teil, um den Kampf gegen die vorrückenden russischen Truppen aufzunehmen. Unter diesen Verhältnissen wäre es möglich, China eine Niederlage zu bereiten und das Land zu erobern.

Dieser Denkschrift fehlt es nicht an aktuellem Interesse. In dem Spiel, das von der Mitte der 50er Jahre an von sowjetischer Seite in China betrieben wurde, ist die Möglichkeit, einen Bürgerkrieg zu schüren, der China sprengen und einen Einmarsch möglich machen würde, nie vergessen worden. Lin Piaos desperater Gedanke, eine eigene Basis in Südchina mit Sitz in Kanton zu errichten und China wie unter der Sung-Dynastie zu spalten, hätte eine solche Situation geschaffen, wie Wladislawitsch sie als Voraussetzung für einen erfolgreichen russischen Versuch zur Eroberung Chinas gesehen hatte; Bürgerkrieg in vielen Provinzen und die Dreiteilung der chinesischen Kriegsmacht. Aber falls Wladislawitschs Denkschrift zu der traditionell expansiven russischen strategischen Planung gehört, so ist sie auch in Peking nicht unbekannt geblieben.

Ebenso wie meine chinesischen Freunde in Peking darauf hinwiesen, daß die Führer im Kreml heute der alten zaristischen russischen Politik folgen, einen Versuch zur Einverleibung eines Gebietes mit feierlichen Deklarationen und der Forderung nach Freiheit und Autonomie einzuleiten, und damit auf Marx und seine Beschreibung eines Vorgangs verweisen, der sich ebensogut auf Tannu Tuwa wie auf die Krim beziehen könnte — um nicht von Angola zu sprechen —, so waren sie sich auch sehr wohl bewußt, welche fremde Macht aus dem Versuch der ›Viererbande‹, einen Teil der militärischen Kräfte in ihre Gewalt zu bekommen und das Land fast an den Rand eines Bürgerkriegs zu bringen, Nutzen ziehen könnte. Sawa Lukitsch Wladislawitsch ist seit 1738 tot, und die Dynastie, der er diente, ist verschwunden, aber für ein Rußland, das expansiv ist — wieder ein Rußland —, behält seine Denkschrift ihre Gültigkeit. Man nimmt das ernst in Peking — heute wie früher.
Im 19. Jahrhundert setzen die Russen ihr Vordringen nach Turkestan fort. Die Chinesen werden dorthin zurückgetrieben, wo die Grenze noch offensteht; sie werden gezwungen, Landgebiete aufzugeben und in Grenzveränderungen einzuwilligen, wo immer die Russen Schwierigkeiten Pekings ausnutzen können, um ihre Positionen vorzuschieben. Als China 1871 anscheinend im Begriff ist, die Macht über Innerasien zu verlieren, rücken die russischen Truppen in Ili ein. Anfangs läßt die russische Regierung, wie bei solchen Vorstößen üblich, die örtlichen Befehlshaber die Verantwortung übernehmen. Aber das Vorrücken hat seine bestimmten Gründe. Nun dreht es sich nicht mehr um Gold; nun stehen größere Interessen auf dem Spiel. Das Ili-Tal ist das fruchtbarste Gebiet in ganz Turkestan, und sein Hauptort ist ein Handelszentrum. 1891, als Sven Hedin noch prorussisch eingestellt war, 20 Jahre nach dem russischen Einmarsch und zehn Jahre nach dem teilweisen Rückzug, beschrieb er die Lage so:
»Kuldscha ist eine chinesische Stadt, in der Rußland auf Grund des 1852 mit China geschlossenen Vertrages ein Konsulat und eine Faktorei besitzt. Seine geographische Lage als Mittelpunkt für Rußlands Handel mit China, Tibet und den Städten der Kleinen Bucharei wie auch die zahllosen Straßen, die aus allen Himmelsrichtungen dorthin führen, geben diesem Ort eine besonders große politisch-ökonomische Bedeutung. Er ist die Hauptstadt der chinesischen Grenzprovinz Ili, 5 500 Werst von Peking und 5 000 Werst von St. Petersburg, und die Stadt zählt 80 000 Einwohner.
1876 unterwarfen die Chinesen die Dunganen, die sie 13 Jahre lang aus ihren Gebieten nördlich des Tien Schan vertrieben hatten. 1887 eroberten die Chinesen, begünstigt durch Jakub Begs Tod, Kaschgarien oder Ostturkestan zurück, das seitdem unter ihrer Herrschaft steht. So blieb nur die Provinz Ili oder das Kuldscha-Gebiet, 1871 von den Russen mit

Zustimmung der chinesischen Regierung besetzt, in fremden Händen. Mehrjährige Verhandlungen führten zu dem Ergebnis, daß der größere Teil des Kuldscha-Gebietes an China zurückgegeben und am 19. August 1881 in St. Petersburg der russisch-chinesische Grenzvertrag abgeschlossen wurde. Es war eine höchst eigenartige und mißglückte Politik, welche die Russen veranlaßte, auf ihre Rechte zu verzichten und den Chinesen nachzugeben, die hierdurch eine übergebührlich hohe Meinung von ihrer Macht bekamen.«

Das Interessante an Hedins Beschreibung ist nicht die unrichtige Angabe, daß die Russen Ili ›mit der Zustimmung der chinesischen Regierung‹ besetzten, sondern die echte Entrüstung, die er darüber zeigt, daß die Russen den größeren Teil des Gebietes zurückgeben mußten, das sie ohne das geringste Recht eingenommen und besetzt gehalten hatten. Sven Hedin gibt hier ziemlich gut das Denken offizieller russischer Kreise wieder. Ebenso selbstverständlich, wie ihnen die ständige russische Expansion Jahrhundert über Jahrhundert erschien, so unnatürlich fanden sie jeden Rückzug. Der Boden, den Kosaken betreten hatten, wurde ipso facto russisch, und Ili war so vom Jahr 1881 an eine russische Irredenta.

Der russische Rückzug hing jedoch mit einer allgemeinen Verlagerung der russischen Expansionsrichtung zusammen. Chiwa, Buchara und Kokand waren unterworfen, das Vordringen nach Kaschgar ruhte vorübergehend, und nun ging es um Turkmenistan und den Weg nach Merw und Herat. Gleichzeitig mit diesem Vordringen mußte England neutralisiert werden und die Möglichkeit erhalten, sich aus Afghanistan zurückzuziehen. Zur gleichen Zeit, als die Truppen Ili verlassen und sich aus Kuldscha (Ining) zurückziehen, rückt Kokands Eroberer, General Skobelew, vom Kaspischen Meer nach Osten vor. Er läßt die Eisenbahn Kilometer auf Kilometer nach Osten bauen, beteuert, Rußland habe keine Interessen östlich von Aschchabad, und schickt seine Kundschafter vor sich her nach Merw. Der russische Außenminister Gortschakow war alt und müde, aber der Mann seiner Nichte — ihm am nächsten stehend —, der schwedisch-deutsche Adlige Nikolai von Giers, stand sich gut mit den englischen Liberalen und erklärte, daß die russischen Truppen ganz und gar nicht nach Merw vorrückten, sondern nur Räuber straften. Der Rückzug aus Ili bestätigte die friedliebende russische Politik, und Gladstone, der die Truppen Afghanistan verlassen ließ, war ein Mann des Friedens und der Russenfreundlichkeit.

Giers führte eine vorsichtige Politik, als er Außenminister wurde. Er kannte die elende innere Schwäche Rußlands. Aber er ersetzte fehlende Stärke durch List, und in seiner Zeit setzte Rußland seine Expansion in Zentralasien und seine Infiltration in Chinesisch-Turkestan fort. Rußland und England spielten das große Spiel um Asien, aber die Spieler

waren nicht ebenbürtig. Wenn England das mächtigste Handelsimperium seiner Zeit mit anscheinend unerschöpflichen Hilfsmitteln war und Rußland eine korrupte und schwache Despotie, so war dennoch die russische Diplomatie — wie Engels hervorhob — der englischen auf allen Gebieten weit überlegen und vermochte auf lange Sicht zu arbeiten. Im selben Jahr, als die russischen Truppen aus Ili abgezogen waren und Gladstone erst ganz kurz an der Macht war, wurden durch einen Ukas alle englischen Waren aus Russisch-Zentralasien ausgeschlossen. Als Kapitän Younghusband später in Giers Amtszeit oben in den zentralasiatischen Bergen russische Offiziere traf, spürte er, wie die beiden Nationen sich miteinander verstanden; sie spielten um Asien. Dabei merkte er nicht einmal, als die russischen Offiziere ihm verboten, chinesischen Boden zu betreten und den Paß für ihn sperrten, daß er eigentlich nur ein Amateur und reisender Gentleman war, der Profis getroffen hatte. Die Russen waren fest davon überzeugt, daß sie für immer gekommen waren, die Engländer aber nur ein Gastspiel in Asien gaben.
In den Jahren vor dem Ersten Weltkrieg versuchten die Russen, ihre Stellungen vorzuschieben. Sogar die militärische Niederlage gegen Japan gab den russischen Diplomaten neue Möglichkeiten. Aus der Niederlage machten sie ein heimliches russisch-japanisches Bündnis. Rußland schien seine Politik zu ändern. In Wirklichkeit blieben die Ziele unverändert. Denn dieses heimliche Bündnis hatte den Plan zur Teilung der Mandschurei zum Inhalt und legte die Demarkationslinie zwischen Rußland und Japan in Nordostchina fest. Gleichzeitig verstärkte die russische Regierung die Durchdringung der Mongolei. Wissenschaftliche und vermessungstechnische Forschungsgruppen wurden hingeschickt, um Vermessungsarbeiten durchzuführen, die russischen politischen Agenten suchten Kontakt mit den mongolischen Prinzen, und die russische Presse erhob die Forderung nach Autonomie für die Mongolei.

Der Sturz der Tsching-Dynastie wurde von Rußland genutzt, um die Äußere Mongolei und Tannu Tuwa für selbständig zu erklären. Am 28. Dezember 1911 riefen die zusammengerufenen mongolischen Prinzen die Selbständigkeit der Äußeren Mongolei aus. Gegen einen Kredit von 2 Millionen Rubel an den neuen Staat erhielt Rußland Rechte zur Ausbeutung von Mineralien in der Mongolei; die mongolische Staatsbank wurde von russischen Geschäftsleuten eingerichtet und hatte als Sicherheit die Bodenschätze der Mongolei als Pfand erhalten; russische Fachleute saßen in allen beschließenden Stellen in der neuen Verwaltung; russische Offiziere begannen, die Aufstellung einer mongolischen Streitmacht vorzubereiten.

Die chinesische Regierung erkannte diese Selbständigkeit nicht an. Erst im Herbst 1945 verzichtete eine chinesische Regierung auf die Äußere

Mongolei. Damals verhandelte der Außenminister der KMT, T. V. Soong in Moskau mit Stalin. China gab die Oberhoheit über die Äußere Mongolei gegen das Versprechen der Sowjetunion auf, ›die politische Selbständigkeit und territoriale Integrität der Mongolischen Volksrepublik zu respektieren‹. Am 11. Oktober des Vorjahres war das formell selbständige Tannu Tuwa von der Sowjetunion annektiert worden, sowjetische Truppen hielten das nordöstliche China, und Stalin betonte, daß China, wenn es wegen der Äußeren Mongolei Schwierigkeiten machen würde, möglicherweise auch die Innere Mongolei verlieren könnte. In derselben Verhandlungsrunde erhielt die Sowjetunion die Flottenbasis auf chinesischem Territorium in Port Arthur, aus der die Russen 1905 von den Japanern vertrieben worden waren. In Jalta hatten die Westmächte Stalin das versprochen; jetzt mußte China bezahlen.
Die heimliche Allianz zwischen den beiden raubgierigen Mächten, zu der der Krieg von 1905 geführt hatte, wurde 1912 durch neue Zusatzabkommen gestärkt. Nun wurde die Grenzlinie weiter durch die Innere Mongolei gezogen. Rußland und Japan verbanden sich, um nicht nur für die eigenen Interessen auf ihrer Seite der Demarkationslinie zu wirken, sondern auch für die Interessen der anderen Partei auf der anderen Seite der Demarkationslinie. Das Bündnis wurde geheimgehalten, aber England war informiert worden, denn Rußland erklärte sich bereit, England Tibet zu überlassen, wenn Rußland als Gegenleistung freie Hand in der Westmandschurei, der Mongolei und Sinkiang mit Ausnahme von Kaschgar, das offengehalten werden sollte, bekäme.
Die strategische Bahnlinie gegen China reichte 1914 von Nowosibirsk an der Transsibirischen Eisenbahn bis Semipalatinsk. Gleichzeitig erklärten die russischen Militärs, China bedeute eine ständige Gefahr für Europa, und Rußland müsse die Aufgabe auf sich nehmen, die Öffnung zu schließen, durch die einst die Horden Dschingis Chans vorgedrungen waren. Für Europas Sicherheit mußte Rußland Ili besetzen. Solange die Chinesen Ili hielten, bedrohten sie Europa.
Rußland stationierte nun fünf Divisionen im Grenzgebiet zu Sinkiang und wartete eine passende Gelegenheit ab, um zuzuschlagen. Da brach der Weltkrieg in Europa aus, und wie unter Zar Peter vor 200 Jahren wurden die russischen Streitkräfte in dem europäischen Krieg eingesetzt. Rußland bekam von den Alliierten das Versprechen, als Lohn für seine Kriegsmühe Konstantinopel, den Bosporus, die Dardanellen, Erzerum, Trabzon und Türkisch-Kurdistan zu erhalten. Ferner sagten die Westmächte zu, völliges Stillschweigen über Polens Schicksal zu wahren, und vieles andere bis zu Frankreichs Unterstützung einer russischen Befestigung der Ålandinseln. Es war schließlich ein großer Krieg, den die Westmächte für Demokratie und Freiheit und das Selbstbestimmungsrecht der Nationen führten.

Aber wenn Rußland deshalb den Einmarsch in Sinkiang 1914 nicht in die Tat umsetzen konnte, so bedeutete dies nicht, daß die Pläne aufgegeben wurden. Sie waren bloß auf später verschoben worden. Und wenn Rußlands Hauptinteresse sich nun auch auf den Krieg in Europa konzentrierte, stützte es doch — gemäß der heimlichen Allianz — die japanischen Forderungen an China vom Jahr 1915. Diese ›21 Forderungen‹, die der japanische Botschafter in der Nacht des 18. Januar 1915 Yüan Schi-kai übergab, bedeuteten, daß Japan die Umwandlung Chinas in einen japanischen Vasallenstaat verlangte. Sogar die Polizeibezirke in den wichtigsten chinesischen Städten sollten ›unter gemeinsamer japanischer und chinesischer Verwaltung‹ stehen. Aber Japan hatte doch genug Skrupel bei der Erfüllung seiner geheimen Absprache mit Rußland, und was es in der Mandschurei und der Inneren Mongolei forderte, betraf ausdrücklich nur die *südliche* Mandschurei und die *östliche* Innere Mongolei. China sollte aufgeteilt werden.
Im Sommer 1916 unterzeichneten Rußland und Japan dann das Dokument, das aus ihrem Einvernehmen über die Teilung Chinas ein Militärbündnis machte, gerichtet gegen die ›dritte Partei‹, welche die russischen und japanischen Interessen in China stören könnte und selbst versuchen würde, politischen Einfluß in China zu gewinnen.
Dieses geheime Militärbündnis wurde mitten in dem Krieg eingegangen, der mit allen Kriegen Schluß machen sollte, und es sah einen kommenden Krieg gegen eine in dem Dokument nicht genannte ›dritte Partei‹ voraus. Baron Motono, der dieses geheime Militärbündnis für Japan unterzeichnet hatte, machte den russischen Minister in Tokio darauf aufmerksam, daß es zwar mit den Vereinigten Staaten Schwierigkeiten wegen dieses russisch-japanischen Abkommens geben könnte, daß aber Japan zu diesem Zeitpunkt größere Möglichkeiten als die Vereinigten Staaten habe, seine Auslegung zu verwirklichen. Rußland und Japan waren in Wirklichkeit einen Pakt für einen kommenden Krieg gegen die Vereinigten Staaten um die Aufteilung Chinas und die Macht im Stillen Ozean eingegangen. Hinter einem kommenden Krieg zeichnete sich bereits der nächste Krieg um die Beute ab. Die russischen Truppen waren nur vorübergehend von Sinkiangs Grenzen abgezogen worden. China schien dazu verurteilt, das Opfer zu werden.
Da warf die Oktoberrevolution das ganze schmutzige imperialistische Spiel über den Haufen. Lenin ließ alle die schändlichen Dokumente aus dem Geheimarchiv des russischen Außenministeriums veröffentlichen. Lenins Sowjetregierung erklärte, daß das revolutionäre Rußland auf immer alle Versuche einer chauvinistischen Außenpolitik aufgegeben habe, daß der Arbeiter- und Bauernstaat die zaristische Politik gegenüber China verurteile und daß die Menschen, die in Gebieten lebten, welche das zaristische Rußland China entrissen habe, selbst entscheiden sollten, in

welchem Staat sie leben wollten. Aus Moskau verkündete die Sowjetregierung, daß die Arbeiter- und Bauernmacht die chinesische Nation als Schwester im Kampf für die Freiheit ansah. Denn am 4. Mai 1919 hatten die Studenten in Peking unter den Parolen ›Verteidigt unsere Souveränität! Straft die Verräter!‹ demonstriert. Die antiimperialistische Bewegung einigte Chinas Volk, und im Juni 1919 hatte die chinesische Arbeiterklasse ihren ersten politischen Streik ausgerufen und die Führung im Kampf gegen den Imperialismus übernommen.

Die Oktoberrevolution hatte das Signal gegeben. Der Wachposten oben auf dem Takli-Paß trägt einen leuchtend roten Stern an der Pelzmütze. Als wir dann gebeten werden, in eine der hergerichteten Jurten zu treten, und uns der Gastgeber, der alte Kasache Nebi, empfängt, sehe ich Lenins Bild neben dem Mao Tse-tungs.

27
Die Heimwehr in der Dsungarei

60 Jahre sind vergangen, seit die Oktoberrevolution das zaristische russische Spiel über den Haufen warf, und es sind fast 30 Jahre vergangen, seit die Vertreter der Volksbefreiungsarmee die Sowjetgrenze erreicht hatten und die Rotarmisten die älteren Brüder umarmten. Hier sollten Frieden und Freundschaft herrschen, aber San Li-fa, stellvertretender Parteisekretär in der Volkskommune Ula Usu im Kreis Sawan in Nord-Sinkiang sagt: »Wir werden nie als erste schießen. Wir werden nie angreifen. Aber wenn wir angegriffen werden, kämpfen wir, bis der endgültige Sieg errungen ist, ganz gleich, wie viele Jahre oder Jahrzehnte das dauert. Kein Angreifer wird auf die Dauer davonkommen, und wir geben niemals auf.

Wir haben hier ein Bataillon der Volksmiliz. Es besteht aus 2000 Personen, Männern und Frauen. Davon bilden 300 die Kerntruppe, die bewaffnete Volksmiliz. 70% sind Männer, 30% sind Frauen. Von 18 Jahren an kann man der Volksmiliz angehören. Mit 22 Jahren sollen die Mannschaften in die gewöhnliche Volksmiliz übergehen, mit 25 Jahren die Kader der Volksmiliz in die gewöhnliche Volksmiliz.

In der Schule bekommen die Schüler eine erste Ausbildung. Zu den Aufgaben der Grundschule gehört auch, den Schülern eine solche Ausbildung zu geben, daß sie imstande sind, mit der Waffe das Vaterland zu verteidigen. Es erfordert Kenntnisse, mit der Waffe umzugehen und die Angreifer zurückzuschlagen. Um dann bei der bewaffneten Volksmiliz angenommen zu werden, verlangt man drei Dinge: Man muß aus der Arbeiterklasse oder der Klasse der Klein- und unteren Mittelbauern kommen, man muß politisches Bewußtsein haben, und man muß über eine gute Gesundheit verfügen.

Die Aufgabe der bewaffneten Volksmiliz hier in der Dsungarei ist nicht nur die der Heimwehr. Man kann sagen, daß die Volksmiliz als Ganzes als Heimwehr dienen soll. Die bewaffnete Volksmiliz hier in der Grenzprovinz soll darüber hinaus imstande sein, bei Bedarf an der Front eingesetzt zu werden. Sie soll als reguläre Truppe verwendet werden können.

Die bewaffnete Volksmiliz hat ihre Waffen hier am Ort und hält eine relativ hohe Bereitschaft. Wir sind nicht allzu weit von den sowjetischen Stellungen entfernt, und 20 Kilometer von hier liegt einer der wichtigsten Dämme in unserem Bewässerungssystem nördlich des Tien Schan. Dort gibt es Wachtruppen. Aber angenommen, die Sowjetführer lösen einer Blitzangriff gegen uns aus, angenommen, daß in eben diesem Au-

genblick sowjetische Truppen am Damm landen. Unsere Bereitschaft sieht so aus, daß innerhalb von 90 Minuten das Bataillon, also die bewaffnete Volksmiliz, hier aus der Volkskommune Ula Usu im Einsatz gegen die sozialimperialistischen Angreifer ist. In 90 Minuten sind diese Mitglieder der bewaffneten Volksmiliz wie reguläre Reservetruppen neben den Einheiten der Volksbefreiungsarmee im Kampf eingesetzt.
Die Volksmiliz hat ihre Waffen am Ort, aber sie handelt nicht auf sich gestellt oder autonom. Sie gehört in das ganze Verteidigungssystem und hat keine selbständige Aufgabe. Die Befehlsstruktur ist einheitlich, und letzten Endes ist es auch hier die Partei, die die Gewehre beherrscht. Niemals umgekehrt.
Natürlich ist die Volksbefreiungsarmee für die militärische Ausbildung verantwortlich. Es gibt Personen hier in unserer Volkskommune, die ihre Dienstzeit in der Volksbefreiungsarmee abgeschlossen haben und ins Zivilleben zurückgekehrt sind. Sie sind natürlich bei der Volksmiliz. Sie haben militärische Erfahrung. Aber sie sind gewöhnlich zu alt, um zur bewaffneten Volksmiliz zu gehen.
Die Volksmiliz ist ein wichtiger Teil der Gesamtverteidigung. Wir folgen der Linie des Vorsitzenden Mao Tse-tung beim Aufbau der Miliz. Kein Angreifer soll lebend aus China herauskommen, wenn er einmal angegriffen hat. Wir sind bereit, Jahrzehnte und Jahrhunderte zu kämpfen, wenn es nötig ist. Aber daß wir die Volksmiliz aufbauen, bedeutet nicht, daß wir meinen, Waffen können durch Begeisterung ersetzt werden.
Der Mensch entscheidet, und zuerst ist es der Kampf des Volkes, der für den Ausgang ausschlaggebend ist. Aber wir sind nicht naiv. Dort auf der anderen Seite der Grenze hat die Sowjetunion ihre Basen. Ihre Streitkräfte sind gut gerüstet. Ihre Flugzeuge sind modern. Sie fegen über die Grenze hinweg. Ihre Raketenbatterien stehen bereit. Sie haben Kernwaffen und Panzer und eine entwickelte Militärtechnik. Es schadet nicht, daß auch wir Panzer und eine entwickelte Militärtechnik haben. Wir gehen auf zwei Beinen.
Es ist vorgekommen, daß Jugendliche glaubten, mit einigen Zitaten des Vorsitzenden Mao Tse-tung und großer revolutionärer Begeisterung sei es schon getan. Aber wir, die wir den Krieg erlebt haben, wissen, daß die Linie des Vorsitzenden Mao Tse-tung richtig ist und daß es nicht zwischen einem bewaffneten Volk und militärischer Technik zu wählen gilt, sondern daß wir einem raubgierigen Feind gegenüber ein mit militärischer Technik bewaffnetes Volk haben müssen.
Die Volksmiliz hat auch andere Aufgaben als militärische. Man kann sagen, daß sie auch im zivilen Bereich ein Stoßtrupp ist, der in den härtesten Kampagnen an der Produktionsfront eingesetzt werden kann. Wir haben hier große Arbeitsaufgaben auf wirtschaftlichem Gebiet. Eine Menge Fortschritte haben wir auch schon erreicht.

Wenn man uns angreift, werden wir kämpfen. Letzten Endes ist es das Volk, das entscheidet. Wenn es Krieg gibt, verteidigen wir uns.«
Sinkiang ist ein Grenzland, und die Grenze ist keine friedliche. Überall wird von Zusammenstößen und Zwischenfällen berichtet. In Urumtschi reden wir mit einem hohen verantwortlichen Kader.
»Wir glaubten, wir wären Brüder. Es gab Probleme, aber die gibt es in allen Familien. Wir kennen ja die Geschichte. Ihr wißt, wie der Zarismus war. Unsere Beziehungen änderten sich. Aber zu Stalins Zeiten blieben sie brüderlich. Es gab in seiner Politik unterschiedliche Züge. Einige waren schlecht. Aber in der Hauptsache war er gut. Jetzt ist es seit 20 Jahren so, wie es vor 100 Jahren in der Zarenzeit war. Stalin hatte gewisse chauvinistische Züge, aber die Hauptsache war gut. Er war jedoch kaum tot, da stellten seine Nachfolger die Politik um. Chruschtschow und Breschnew vertreten eine durch und durch chauvinistische Politik. Sie fingen schon 1955 an. Sie mischten sich in Chinas innere Angelegenheiten ein und versuchten, uns zu manipulieren. Dann ging es Schritt für Schritt. Die Geschichte ist wohlbekannt. Chruschtschows Machtübernahme in der Sowjetunion, der Staatsstreich, durch den er und seine Gefährten die Regierung der Sowjetunion übernahmen, die Art, wie sie den 20. Parteikongreß durchführten und die konterrevolutionäre Politik, die er und seine Gefährten auf dem Kongreß durchsetzten, hatten verheerende Folgen für die kommunistische Bewegung und den Kampf der Völker in der ganzen Welt. Aber schon 1955 leiteten Chruschtschow und seine Gefährten die feindliche Politik gegen China ein.
1955 der erste staatliche Konflikt. Dann Maßnahme auf Maßnahme. Der Versuch, unsere Flotte 1958 unter sowjetisches Kommando zu stellen, Aufkündigung der Zusammenarbeit auf dem Gebiet der Verteidigungsforschung 1959, die offene Attacke gegen China während des rumänischen Parteikongresses in Bukarest 1960, der Rückruf aller sowjetischen Experten und die Sabotagen gegen unsere Wirtschaft im selben Jahr, der Versuch, eine Zusammenarbeit mit Japan gegen China zu erreichen 1961, am 29. Mai 1962 der Zwischenfall in Ili, die hinterlistigen Versuche, Indien gegen China zu hetzen und einen bewaffneten Konflikt zwischen Indien und China anzuzetteln, das falsche Kernwaffenversuchsstoppabkommen zwischen der Sowjetunion, den Vereinigten Staaten und Großbritannien 1963, der Abbruch der Grenzdiskussionen in Peking 1964, der provokative Vorschlag 1965, Truppen durch China nach Vietnam zu schicken und von sowjetischem Militär bewachte Flugplätze auf chinesischem Territorium zu errichten, die Aufkündigung des Abkommens über die zivile Luftfahrt zwischen Peking und Moskau 1966, die Aufkündigung des Handelsabkommens 1967, die bewaffneten Provokationen am Ussuri im März 1969 und der blutigste Zwischenfall, der im Tiehlekti-Gebiet in Sinkiang im August 1969.«

Er hatte ein schwaches Herz, und er regte sich so auf, daß er Hilfe brauchte.
»Der Genosse wurde so von seinen Erinnerungen überwältigt«, sagte jemand, »er hatte selbst einen Angehörigen, der damals von den Sozialimperialisten getötet wurde.«
Nach einer Weile, als er sich wieder erholt hatte, fuhr er fort:
»Wir verhandeln und verhandeln und verhandeln, und alle, von Premierminister Tschou En-lai bis zum einfachsten Kader an der Grenze, der irgendwie mit diesen Verhandlungen zu tun hat, haben ständig versucht, mit ihnen etwas auszuhandeln und sie zu einem Übereinkommen zu bringen. China ist nicht bereit, auf die großen Prinzipien wie Gleichberechtigung und Ebenbürtigkeit und Respekt vor Versprechen und eingegangenen Abkommen zu verzichten, aber wir streben an, feste Verträge über die Grenzen zu erreichen. So ist es uns gelungen, mit den meisten unserer Nachbarn für alle Seiten akzeptable Lösungen zu erreichen, aber die sowjetischen Unterhändler sind völlig unvernünftig. Sie lügen. Wir haben jetzt fünf, sechs Jahre lang am Verhandlungstisch gesessen, ohne jedoch zu irgendwelchen Ergebnissen zu kommen. Die ganze Zeit über zetteln die Sozialimperialisten neue Provokationen an der Grenze an. 1973 waren es 93 Vorfälle, 1974 waren es 169, und 1975 zählten wir 233.
Die ideologischen Gegensätze sind die eine Sache. Aber das sind keine ideologischen Gegensätze, das sind politische Gegensätze. Wir wollen normale staatliche Beziehungen auch zu Staaten mit einer anderen Ideologie und einem anderen Gesellschaftssystem. Wir halten an den fünf Grundsätzen der friedlichen Koexistenz fest, die Premierminister Tschou En-Lai in Bandung 1955 vorgelegt hat: Gegenseitige Respektierung der territorialen Integrität und nationalen Souveränität. Gegenseitige Nicht-Aggression. Nichteinmischung in innere Angelegenheiten anderer. Gleichheit und gegenseitiger Nutzen. Friedliches Zusammenleben. Aber die Sowjetunion weigert sich, das zu akzeptieren.
Wir leisten Widerstand, wenn sie uns provozieren. 1969 testeten sie unsere militärische Bereitschaft. Wir trieben sie zurück, aber wir gingen nicht weiter. Wir wollen die Lage trotz ihrer Provokationen nicht verschlechtern. Aber das ist nicht leicht, und sie haben entlang der Grenze ständig Truppen in Bewegung. Sie nutzen Militärmanöver und militärische Verlegungen als psychologische Kriegführung gegen uns. Aber wir lassen uns nicht provozieren, halten jedoch gleichzeitig unsere Bereitschaft hoch.«
Ja, die Grenze zwischen China und der Sowjetunion hier in Sinkiang ist keine friedliche Grenze. Aber wie ist das so gekommen, und was ist in den 60 vergangenen Jahren geschehen, seit die Oktoberrevolution dem Jahrhundert das Signal zum Vormarsch gegeben hat?

In Kueitun diskutieren Gun und ich fast die ganze Nacht über Stalin. Denn bei der Post, die auf uns wartete, als wir ankamen, war auch ein Bündel Zeitungsausschnitte, und plötzlich rümpfte Gun die Nase: »Hier ist wieder so ein Schafskopf aus den 50er Jahren, der in China gewesen ist und gesehen hat, daß das Land arm ist und die Probleme groß sind, und der hölzerne Kader getroffen hat, die wie Leitartikel aus der Volkszeitung reden, und jetzt meint er, diejenigen, die den Aufbau in China schildern, würden genauso angeführt wie die westlichen Intellektuellen, die in den 30er Jahren in Stalins Sowjetunion reisten und voller Begeisterung über den Aufbau zurückkamen.«

So fing unser Gespräch an. Denn wir gehören ja zu der Generation, die während des Krieges gegen Hitler zu Stalins 30er Jahren Stellung nahm. Daß die Reisenden der 30er Jahre mit Recht begeistert waren, ist für mich immer eine Selbstverständlichkeit gewesen. Denn solche Männer wie Julius Fucik oder Nordahl Grieg und alle die andern, die schilderten, wie die Fünfjahrpläne das verlauste und elende Rußland in eine Sowjetunion verwandelten, die stark genug war, Hitler zu widerstehen, hatten recht. Das zeigte die Geschichte. Stalin hatte gesagt, es sei notwendig, in zehn Jahren das zurückgebliebene Rußland in eine moderne Industrienation zu verwandeln. Das wurde durchgeführt, und er hatte die politische Führung in dieser Zeit. Das ist seine Größe, wie auch immer man ihn sieht, so wie es die Größe Churchills war, daß er ein von den Münchenpolitikern geschlagenes England zu einem nationalen Krieg gegen Hitlers Deutschland zu sammeln vermochte.

Ich kann nicht verstehen, wie deren Zeitgenossen ihre historische Bedeutung verneinen können. Jene, die die Sowjetunion der Fünfjahrpläne oder das isolierte Inselreich schilderten, hatten auch in ihrer Begeisterung recht.

»Und die Hinrichtungen«, sagte ich, »und die Deportationen und das Mißtrauen; gewiß stimme ich mit Mao Tse-tung überein, daß das Fehler waren. Es wurden allzu viele getötet. Es wurden allzu viele eingesperrt. Es wurde kein Unterschied gemacht zwischen Freund und Feind und wirklichem Feind und solchen, die nur eine andere Meinung hatten. Aber ich erinnere mich, wie ich die Sache 1942 sah. Und das ist auch eine Wahrheit, an die man sich erinnern muß. Damals gab ich Nordahl Grieg recht, daß die spanische Volksfront einen Fehler machte, als sie die Generäle nicht an die Wand stellte, sobald sie an der Macht war. Die humanitäre Weichheit mußte das spanische Volk mit entsetzlichem Leid bezahlen. Ich sagte damals, 1942, als ganz Europa und Asien sich im Krieg befanden und Millionen Menschen geopfert wurden, daß es ein geringer Preis für Frieden und Zukunft des spanischen Volkes gewesen wäre, wenn in einem solchen Fall zufällig ein unschuldiger General erschossen worden wäre, und wenn Stalin den Befehl gegeben hatte, in

Zweifelsfällen eher zu verurteilen als freizusprechen, und wenn deshalb unschuldige Generäle und Parteifunktionäre in der Sowjetunion hingerichtet wurden, so war das ein geringer Preis, denn die Sowjetarmee hielt Hitler nun in Stalingrad stand. Das kam nicht daher, daß ich als Junge besonders grausam war. Aber rundum im besetzten Europa war die fünfte Kolonne vorgedrungen, und aus alten Kommunisten wie Doriot und Flyg waren Verräter geworden. In der Sowjetunion gab es nur einen Wlassow. Die anderen waren schon erschossen. So sah ich das. So sahen wir das in unserer Generation.
Viele liefen damals zu den Faschisten über. Wang Tsching-wei und Subas Chandra Bose waren einmal große Helden der Linken; dann wurden sie Männer der Japaner. In Europa gab es eine ganze Menge von derselben Sorte. Bucharin hatte tatsächlich die Notwendigkeit individuellen Terrors gegen Stalins Politik behauptet, und Radeks Broschüre über Stalin (offiziell kriecherisch, in Wirklichkeit hinterhältig) von 1934 war offensichtlich verräterisch, und die Frage, ob Rußland zu einer Sowjetunion aufgebaut werden könne — mit der Kraft, dem kommenden Angriff zu widerstehen —, war nicht entschieden. Es war Stalins Pflicht, sie unschädlich zu machen, bevor sie die Rolle eines Doriot, eines Bose, eines Wang Tsching-wei spielen konnten. Jeder, der unserer Generation angehört und der Antifaschist war, erinnert sich, daß wir das Problem so sahen in jenen Jahren, als Millionen und aber Millionen in einem Krieg getötet wurden, den Stalin vorausgesehen und vor dem er gewarnt hatte, es aber nicht vermocht hatte, das Bewußtsein der europäischen Politiker zu wecken.
Sag es anders, wenn du willst, aber wenn man nicht taktisch sein will, sondern politischen Klartext spricht — welche Alternative hatte Stalin 1936? Der feige und korrupte französische Generalstab vermochte nicht einmal, sich einig zu werden und der Regierung zu empfehlen zurückzuschlagen, als Hitlers Truppen im Rheinland einmarschierten. Stalin nahm die Verantwortung auf sich. 1939 wies er darauf hin, daß die Säuberungen zu groß waren; es waren ernste Übergriffe begangen worden. Aber 1942 zögerten wir nicht zu sagen, daß sie richtig gewesen waren. Es ist leicht für die Späteren, Stalingegner zu sein. Sie leben in einem Leben, das seine Siege ihnen ermöglichte. Sie wurden von all den Millionen, die sich opfern mußten, ins Leben getragen. Ich huldigte Stalin nicht, solange er lebte, aber ich weigere mich, die Erfahrungen meiner Generation zu leugnen.«
»Du brauchst dich nicht so zu ereifern«, sagte Gun.
»Ich versuche nur etwas«, sagte ich, »ich frage mich, wie ich Stalin in seiner Zeit für die Leser soviel später in einer anderen Zeit und anderen Welt sichtbar machen kann. Vieles in China wird erst begreiflich, wenn man sieht, wie Mao Tse-tung bewußt die Fehler Stalins zu vermeiden

suchte. Sinkiang zu beschreiben, ist unmöglich, ohne Stalins Chauvinismus zu diskutieren und ohne die falsche Politik zu beschreiben, die er gegenüber Sinkiang betrieb. Aber um diese Fehler zu sehen und zu verstehen, wie sie später nach seinem Tod zu dieser überwältigenden neuen russischen Wirklichkeit wuchsen, wird es notwendig, sie im Verhältnis zu seiner wahren historischen Größe zu sehen.«

Die Chinesen machen in Übereinstimmung mit Mao Tse-tung geltend, daß Stalins Verdienste seine Fehler und Mängel entschieden aufwiegen. Ich bin darin mit ihnen einer Meinung. Es war auch nicht so, daß seine Persönlichkeit ungenügend war. Sicher hatte er Mängel und persönlich schlechte Seiten. Wer hat das nicht? Aber seine wirklichen Fehler waren politische und führten zu einem verheerenden Ergebnis.

Zum Teil waren die Fehler, die er machte, unvermeidlich. Keiner kann einen Sprung aus seiner eigenen Zeit machen. Zum Teil waren es Fehler, die man hätte vermeiden können. Zu ihnen gehörte die Art, wie die Säuberungen um 1937 und später, auch in den Volksdemokratien, wo die stalinistischen Polizeimethoden sich einbürgerten, durchgeführt wurden. Aber ich habe meine Gefühle des Jahres 1942 so kräftig gezeichnet, um klarzumachen, wie man zu diesen Gefühlen gebracht werden kann. Mao Tse-tung hat in China versucht, Lehren aus den negativen Erfahrungen der Sowjetunion zu ziehen. Abgeschlagene Köpfe wachsen nicht wieder an. Man muß vermeiden zu töten, und man darf nur so wenige wie möglich ins Gefängnis stecken. In westlichen und an Moskau orientierten Massenmedien hat man nie sein Staunen überwunden, daß politische Persönlichkeiten in China ›auferstehen‹ können, und daß man sie nicht alle immer auch hinrichtet, wenn sie kritisiert und gestürzt werden. Es ist, als gingen sie davon aus, daß die Verhältnisse am Hof Iwans des Schrecklichen das Modell für eine kommunistische Staatsauffassung sein sollten, und als hielten Kommunisten es für gesund und normal, daß Eisenstein in der Sowjetunion auf den Gedanken kommen konnte, in Form einer dramatischen Schilderung der Taten Iwans des Schrecklichen einen Huldigungsfilm für Stalin zu drehen. Die Revolution ist gewiß kein Kaffeekränzchen, und gewiß sind Menschen während der harten Klassenkämpfe in China getötet worden — nicht nur die über 30 Millionen, die im Krieg fielen und in den Hungersnöten bis zur Befreiung geopfert wurden, sondern auch örtliche Despoten und Kriegsverbrecher, die nach der Befreiung hingerichtet wurden. Gewiß kamen Mißhandlungen und Totschlag vor, als die Kulturrevolution an verschiedenen Orten zu dem ausartete, was Mao Tse-tung den totalen Bürgerkrieg nannte, und gewiß gibt es im chinesischen Staat noch die Todesstrafe, aber wegen falschen politischen Denkens und politischen Handelns soll nicht getötet werden. Das ist ein wichtiges Prinzip. Verschiedene Gruppen haben versucht, damit zu brechen, aber Mao Tse-tung und Tschou

En-lai hielten eisern daran fest. Denn anders würde die Revolution entarten.
Deshalb hört man in China trotz aller Auseinandersetzungen nichts von dem eisernen Besen der Revolution, der die Partei von Feinden sauber fegt, oder von ähnlichen poetischen Beschreibungen für Methoden, politische Probleme zu lösen, indem man den Gegnern Genickschüsse verpaßt.
»In Peking«, sagte Gun, »lebt Liu Tschen-tsching als Pensionär. Früher arbeitete er bei der Presse. Aber er war einer der Parteigründer, er war an ihrer ersten zentralen Führung beteiligt, er organisierte die Opposition gegen die Partei 1927, und er wurde als aktiver Parteifeind ausgeschlossen. Dennoch lebt er. Es ist wohl richtig, daß wir 1942 im Winter von Stalingrad Stalins Säuberungen verstanden und meinten, es sei besser, wenn man einige unschuldige Generäle erschösse, als wenn das ganze Volk unterginge, aber jetzt nachträglich müssen wir sehen können, daß es auch andere Wege gibt. Liu Tschen-tsching wurde nicht erschossen. Wenn man fragt, wie es mit ihm gegangen ist, antworten die Kader, daß man zwischen politischen Feinden und Verbrechern unterscheiden muß. Das konnte Stalin nicht.«
China geht im wirtschaftlichen Aufbau nicht Stalins Weg. Hier geht man auf zwei Beinen. Hier werden auch die Landwirtschaft und die Leichtindustrie entwickelt. Hier sollen die Kader nicht in eine technische Elite, in rote Direktoren umgeformt werden. Mao Tse-tung lernte von Stalin und aus Erfahrungen mit Stalins Fünfjahrplänen. Er zog Lehren aus der Entwicklung der Sowjetunion und wertete diese kritisch. Er konnte sowohl die ungeheuren Fortschritte als auch die Irrtümer, die Fehler sehen.
Stalin hatte recht, als er sagte, daß Rußland untergehen würde, wenn es nicht innerhalb von zehn Jahren modernisiert und zum Industrieland würde. Der gewaltige Aufbau war notwendig. Die Fünfjahrpläne waren richtig. Diejenigen, die in den 30er Jahren über sie berichteten, hatten recht. Sie retteten die Sowjetunion, und sie retteten die Völker Europas. Aber Irrtümer während des Aufbaus führten zu Fehlern mit schweren Folgen. Allmählich wurde es durch sie möglich, daß die roten Direktoren die ganze Macht im Staat an sich rissen und die Sowjetunion von einem Freund zum Feind des chinesischen Volkes machten. Von einem Sozialismus mit Fehlern zu einem Faschismus.
In China gilt Stalin als eine große historische Gestalt und zugleich als ein politischer Führer mit Mängeln. Stalins Schriften werden gelesen. Aber sie werden kritisch gelesen. Sein Porträt steht neben dem Lenins am Tor des Himmlischen Friedens in Peking, denn das ist sein Platz in der Geschichte. In einer schweren Zeit trug er die politische Verantwortung, aber gleichzeitig war sein Tun zu einem Drittel schlecht, und wenn die

Größe historisch gültig ist, so hat auch das Drittel gewaltiges Format. »Also studiert die Volksmiliz in der Dsungarei Stalin«, sagte Gun, »und übt sich militärisch, um das Volk und die Revolution und die Zukunft und ihre Häuser gegen die Militärmaschinerie des raubgierigen Staates, die Stalin schließlich aufbaute und sich entwickeln ließ, zu verteidigen. Es ist nicht immer so leicht, beide Seiten im Gedächtnis zu behalten.«

Gerade hier in Sinkiang ist es notwendig, aber auch besonders schwierig, Stalins Politik zu diskutieren und klarzustellen, was nach chinesischer Ansicht Stalins positive 70% und was die negativen 30% waren. Hier drehte es sich nicht um seine Politik im allgemeinen, um Ratschläge und Beschlüsse in der Komintern. Hier (wie unter anderen Verhältnissen im Nordosten) handelt es sich um sein direktes Eingreifen. Sinkiang war während des größten Teils der 30er Jahre fast eine Art Mongolei, ein Teil des alten China, wo aber die Entwicklung über Autonomie und Selbständigkeit zu einem Abhängigkeitsverhältnis von Moskau und — vielleicht — allmählich zur Einverleibung in die Sowjetunion zu führen schien. Und später, bei Kriegsende, als Tannu Tuwa bereits annektiert und die Mongolische Volksrepublik formell von allen Bindungen an die chinesische Regierung gelöst und offen ein sowjetischer Vasallenstaat war, schien die Frage zu lauten, ob die ›Ostturkestanische Republik‹, die unter sowjetischem Schutz im Westen Sinkiangs gebildet worden war, wie Tannu Tuwa in die Sowjetunion einverleibt werden oder formell selbständig wie die Mongolische Volksrepublik werden sollte.

Jedoch war Sinkiang in den 30er Jahren sowohl eine blutige chinesische Warlordprovinz als auch eine chinesische Provinz mit einer starken und ausgesprochen antiimperialistischen Bewegung. Und die demokratische Bewegung, welche die Ostturkestanische Republik ins Leben rief, war demokratisch und wurde von Mao Tse-tung als Teil des demokratischen und revolutionären Kampfes des chinesischen Volkes betrachtet. Die Ostturkestanische Republik schloß sich der Revolution an, und noch heute sitzen mehrere ihrer Führer in der politischen Führung von Partei und Staat.

Die Fragen sind verwickelt, und die Antworten fallen nicht leicht. Viele Konflikte von heute haben ihre Wurzeln in den 30er Jahren. In Urumtschi antwortet man:

»1933 kam Scheng Schi-tsai an die Macht. Tschin Schu-dschen, der nach dem Mord an Gouverneur Jang Tseng-hsin die Macht in der Provinz an sich gerissen hatte, war während der damaligen Unruhen geflohen. Auf Scheng Schi-tsais Ersuchen schickte die Sowjetunion damals sechs Regimenter über die Grenze, um Scheng Schi-tsai gegen den Warlord Ma Tschung-jin zu schützen. 1936 lud Scheng Schi-tsai ein weiteres Regiment aus der Sowjetunion ein und 1937 noch einmal eines; das wurde in Kaschgar stationiert.

Man muß sagen, daß die Politik der Sowjetunion gegenüber Sinkiang auch in Stalins Zeit schlecht war. Scheng Schi-tsai kontrollierte Sinkiang zwischen 1933 und 1944. Während des größten Teils dieser Zeit versuchte die Sowjetunion, durch Scheng Schi-tsai die Oberhoheit über Sinkiang zu erlangen und zu behalten. Der Charakter des Regimes war mehr prorussisch und antibritisch als antiimperialistisch im eigentlichen Sinn. Die Sowjetunion gebrauchte Scheng Schi-tsai gegen die KMT und die zentrale Regierung, aber sie tat das zu ihrem eigenen Nutzen, um sich wirtschaftliche Vorteile zu sichern. Der Handel war ungleich. In den 30er Jahren stand Sinkiang in einem Abhängigkeitsverhältnis zur Sowjetunion, und die Sowjetunion nutzte das aus, um wirtschaftliche Vorteile zu gewinnen. Nach und nach ging Scheng Schi-tsai auch Abkommen von einer Art ein, die der Sowjetunion extraterritoriale Rechte gab, wo es um Sinkiangs Mineralreichtümer ging. Gegen solche Abkommen kämpften alle chinesischen Patrioten. Gerade von solchen Absprachen hatte Lenin erklärt, die russische Arbeiter- und Bauernmacht habe sie in den Beziehungen Rußlands zu China für immer abgeschafft. Während der 30er Jahre zeigte sich, daß die Politik der Sowjetunion in Sinkiang eine Fortsetzung der hundertjährigen Absichten Rußlands war. Durch ungleichen Handel und militärische Infiltration sollte Sinkiang entweder direkt annektiert oder in einen Vasallenstaat Moskaus verwandelt werden. Man muß sagen, daß Stalins Politik in Sinkiang nicht nur das Land gegen den japanischen und britischen Imperialismus schützen und die Seidenstraße offenhalten wollte, damit China materielle Hilfe für den Krieg gegen Japan erhalten konnte, sondern daß sie auch einen eigenen chauvinistischen Charakter hatte.«

Drei Fragen zu dieser Zeit wollte man nicht diskutieren: den genauen Text der Abkommen, die der Sowjetunion die Oberhoheit über Sinkiangs Mineralreichtümer gaben; wieweit es tatsächlich wahr ist, das Scheng Schi-tsai von Stalin persönlich zum Mitglied der Kommunistischen Partei der Sowjetunion gemacht und unter deren Parteidisziplin gestellt wurde; die Rolle der Sowjetunion in der großen ›Trotzkistensäuberung‹ in Sinkiang 1937 und dem Aufbau von Scheng Schi-tsais Geheimpolizei, die dann benutzt wurde, um alle Kommunisten und Progressiven in Sinkiang aufzuspüren und zu vernichten.

Aber das Abkommen, mit dem die Sowjetunion sich das ›ausschließliche Recht‹ sicherte, in Sinkiang Zinn und zugehörige Mineralien zu gewinnen, das sogenannte ›Sin-tin-Abkommen‹ vom 26. November 1940, hat einen so extremen Charakter, daß es Zar Peters Vorschläge übertrifft und so ein Modellabkomen für imperialistische Ausbeutung wird. Die Sowjetunion erhält alle Befugnisse, einschließlich dem Recht, Kraftwerke und Eisenbahnen zu bauen, alle denkbaren Kommunikationsmittel auszunutzen, Rundfunksender und Telefonlinien einzurichten und frei zu importieren, was dafür gebraucht wird. Steuerfreiheit und Freiheit von jeder Abgabe während des ersten Jahrzehnts. Das Recht, Ausrüstung und Material zoll- und abgabenfrei wieder auszuführen. Das Recht, Arbeitskräfte aus Sinkiang und Techniker, Ingenieure und Arbeiter aus der Sowjetunion zu beschäftigen, die alle ungehindert einreisen können und Aufenthaltserlaubnis für ganz Sinkiang bekommen. Das Recht, Nahrungsmittel ohne Zoll oder Steuer oder Abgabe einzuführen und zu verteilen. Das Recht, ohne Zoll oder irgendeine Abgabe Rohmaterial oder Fertigprodukte aus den Produktionszentren, welche die Sowjetunion in Sinkiang bauen läßt, auszuführen. Sinkiangs Regierung ist verpflichtet, die Bevölkerung aus den Gebieten, welche die Sowjetunion ausbeuten will, zu evakuieren. Und so weiter. Dafür wird die Sowjetunion der Regierung Sinkiangs 5% des durchschnittlichen Mineralwertes für Zinn und zugehörige Mineralien, welche die Sowjetunion in Sinkiang abbaut, bezahlen. Nach fünf Jahren soll dieser Betrag auf 6% steigen. Die Bezahlung wird mit Waren beglichen. Dazu wird die Sowjetunion als Ausgleich für die völlige Zoll- und Steuerfreiheit 2% des Exportwertes an die Regierung Sinkiangs bezahlen. Die Regierung Sinkiangs verzichtet in dem Abkommen auf jedes Recht, irgend etwas, das die Produktion, die Finanzen oder den Handel gemäß dem Abkommen berührt, zu inspizieren, zu überwachen, zu untersuchen oder zu revidieren. Daß alle betroffenen Grundstücke extraterritorialen Status bekommen, daß Eigentum von Sowjetbürgern nicht beschlagnahmt werden kann und daß die Sowjetunion das Recht erhält, bewaffnete Streitkräfte zum Schutz ihres Eigentums in Sinkiang zu stationieren, geht ebenfalls aus diesem Abkommen hervor, das die Sowjetunion mit Scheng Schi-tsai einging. Der Text wurde von der KMT auf Taiwan 1950 und von Allan S. Whiting und Scheng Schi-tsai 1958 veröffentlicht.

»Ja, auch wir haben Bücher gelesen, in denen der Text des Abkommens wiedergegeben wird«, antwortete man.

»Das sogenannte Sin-tin-Abkommen, das Scheng Schi-tsai abschloß, gehört in die Zeit vor der Befreiung, als die Partei keine Kontrolle über das Land hatte. Aber überhaupt waren wir von Gesellschaften in gemeinsamem Besitz, also solchen, bei denen die Sowjetunion einen Teil und China einen Teil hatte, nie begeistert. Das war eine der Konfliktursachen.

Anfangs hatten wir nicht genug Erfahrung. Nach der Oktoberrevolution hatte Lenin Kapitalisten ausgenutzt. Das darf man tun. Wir waren aber ganz neu auf diesem Gebiet. So kam es zu diesem Abkommen mit der Sowjetunion von 1950 über gemeinsame Gesellschaften.

Gleich nach der Befreiung hatte jedoch der Vorsitzende Mao Tse-tung eine andere Ansicht von diesen gemeinsamen Gesellschaften als die Sowjetunion. Solche Gesellschaften standen in Widerspruch zu unserem

grundlegenden Prinzip, uns auf unsere eigenen Kräfte zu verlassen. Gemäß dieser grundlegenden Linie, die vom Vorsitzenden Mao Tse-tung vertreten wurde, waren wir fest entschlossen, nicht nachzugeben. Wir wollten keine gemeinsamen Gesellschaften mehr mit der Sowjetunion akzeptieren. Sie wurden 1955 abgeschafft.
Wichtig ist jedoch, sich zu erinnern, daß wir diese Angelegenheit zu diesem Zeitpunkt nicht als ein Problem der sowjetischen Ausbeutung sahen, sondern als eine Frage der politischen Linie. Es ging um die Linie Mao Tse-tungs, wie der Sozialismus aufgebaut werden sollte. Wir forderten Gleichheit in unseren Beziehungen mit der Sowjetunion.
Wir wollten gern von den Erfahrungen der Sowjetunion lernen. Dafür nahmen wir Experten an. Die Sowjetunion gab uns Kredite. Dann zeigte sich, wie die Sowjetunion dies ausnutzte, als sie alle Experten zurückzogen. Wir haben alle Anleihen zurückgezahlt. Wir sind gegen Gesellschaften in gemeinsamem Besitz.«
Nach dem Sian-Zwischenfall, als die Einheitsfront zwischen der KMT und der KPCh in dem nationalen Verteidigungskrieg gegen Japan errichtet wurde, kamen mehrere Kommunisten nach Sinkiang, arbeiteten dort für die Modernisierung und Demokratisierung der Verwaltung und versuchten, Reformen durchzuführen. In dieser Situation, als Scheng Schi-tsai engeren Kontakt zu China bekam, habe er sich um die Mitgliedschaft in der Kommunistischen Partei Chinas beworben, behauptet er selbst. Während der Verhandlungen, die er wegen Sinkiang 1938 in Moskau führte, soll Stalin ihm damals verboten haben, Mitglied der Kommunistischen Partei Chinas zu werden; statt dessen soll er ihm die Mitgliedsnummer 1859118 in der Kommunistischen Partei der Sowjetunion gegeben und ihn so unter sowjetische Parteidisziplin gestellt haben. Scheng Schi-tsai hat behauptet, daß die sowjetischen Verhandlungsführer ihn 1940 mit der Parteidisziplin gezwungen hätten, das ›Sintin‹-Abkommen zu unterschreiben.
Eine Bestätigung dieser Mitgliedschaft habe ich nicht finden können. Aber daß Scheng Schi-tsai in diesen Jahren kein progressiver chinesischer Politiker war, der Freundschaft mit der Sowjetunion hielt und eine antiimperialistische und patriotische Einheitsfrontpolitik betrieb, sondern ein chinesischer Warlord unter direkter sowjetischer Kontrolle, geht aus seinen Handlungen und Äußerungen hervor. Ob er auch formell durch ein als Parteimitgliedschaft maskiertes Vasallenverhältnis in einem direkten Gehorsamsverhältnis zu Stalin persönlich stand, weiß ich nicht. Aber er behauptet es selbst in seiner Autobiographie, die Allan S. Whiting herausgab.
Scheng Schi-tsais Sinkiang wurde in den 30er Jahren ein merkwürdig verzerrtes Spiegelbild der Sowjetunion. Auch in Sinkiang wurden große Verschwörungen aufgedeckt und umfassende Säuberungen durchge-

führt. Der Trotzkismus soll, angeführt vom Generalkonsul der Sowjetunion, die ganze Provinz durchdrungen und Schlüsselmänner in der Verwaltung gewonnen haben — mit dem Ziel, Sinkiang in eine deutsch-japanische Basis gegen die Sowjetunion zu verwandeln. Sowjetische Vertreter sollen — Scheng Schi-tsai zufolge — nach Sinkiang gekommen sein, um diese von ihm aufgedeckten Verschwörungen zu untersuchen. Viele wurden eingekerkert, gefoltert, hingerichtet oder verschwanden. Daß er auf Warlordmanier eine grausame Geheimpolizei aufbaute, ist wohlbekannt und allgemein bezeugt. Keiner wollte sich jedoch äußern, welche Rolle Stalin oder sowjetische Behörden bei dieser Entwicklung in den 30er Jahren gespielt haben.

»Vergiß nicht«, sagte Gun, »warum Stalin diese Politik betrieb. Er glaubte nicht, daß das chinesische Volk Japan Widerstand leisten könne. Er verließ sich nicht auf die Massen. Nicht in China und nicht in Europa. Da ging es ihm darum, mit der sowjetischen Staatsmacht dem Übel zu widerstehen und mit Intrigen und Geheimdiplomatie das zu gewinnen, was er politisch für verloren hielt. War das so seltsam? Die chinesische Revolution hatte 1927 eine Niederlage erlitten. Alle Organisationen der deutschen Arbeiterklasse waren vor Hitler in sich zusammengefallen wie ein Luftballon, in den man sticht. Die französische Volksfront beschäftigte sich mit Urlaubsregelungen für die Arbeiterklasse, anstatt die Nation gegenüber der Bedrohung ihrer Existenz zu einen. Wohin er auch blickte, war es das gleiche Bild. Und die Intellektuellen, die eben noch nach der Weltrevolution gerufen hatten, redeten jetzt vom Traumleben und der poetischen Revolte und der sexuellen Befreiung. Und er hatte exakte Daten und ausführliche Untersuchungen vor sich, die zeigten, daß Deutschland und Japan bewußt nach Krieg und Weltherrschaft strebten. Wenn man das nicht sieht, kann man nichts von dem, was er tat, verstehen. Das war es, was ihn dazu brachte, Scheng Schi-tsai als Marionette zu benutzen, Sinkiang mit Truppen und Polizei zu halten, aus Sinkiang herauszuholen, was herauszuholen war, und die Einverleibung Sinkiangs in die Sowjetunion zu planen. Man kann seine Fehler nicht sehen, ohne seine Motive zu verstehen.«

Diese Jahre, in denen der Warlord Scheng Schi-tsai in Wirklichkeit als sowjetischer Vasall fungierte und die Verbindungen mit dem eigentlichen China fast abgebrochen waren, wurden von verschiedenen patriotischen und progressiven Kräften genutzt, um das Schulwesen zu verbessern und Wissen zu verbreiten. Scheng Schi-tsais Antiimperialismus war falsch, eine Maske, die er angelegt hatte, um es Moskau recht zu machen. Aber er konnte von aufrichtigen Patrioten und Antiimperialisten ausgenutzt werden. Doch Scheng Schi-tsais politische Polizei (die nach seiner Aussage sowjetische Ratgeber hatte) wachte darüber, daß keine Kommunisten nach Sinkiang kamen. Die Progressiven mußten unter

großen Schwierigkeiten arbeiten. Allen donnernden antiimperialistischen Reden Scheng Schi-tsais zum Trotz.
Die Einheitsfront gegen Japan machte es der Kommunistischen Partei Chinas möglich, Vertreter nach Sinkiang zu schicken. Da es auch im Interesse der Sowjetunion lag, daß Chinas Volk sich einigte und die japanischen Angreifer fernhielt, wurde die alte Seidenstraße durch Sinkiang — jetzt von der sowjetischen Grenze über Urumtschi hinunter durch Kansu — zum Versorgungsweg für das kämpfende China. Chinas Kommunisten waren Mao Tse-tungs Politik gefolgt; sie hatten eigene Analysen erstellt und sich nicht von Moskau steuern lassen, und damit war ihnen gelungen, was Stalin ihnen nicht zugetraut hatte. Sie hatten die Niederlage in einen Sieg verwandeln können, und als sie nach dem Langen Marsch nach Schensi kamen, schufen sie sich eine sichere Basis. In den Massen wurde patriotisches Bewußtsein geweckt und die KMT zu einer nationalen Einheit im antijapanischen Verteidigungskampf gezwungen. Stalin war noch etwa ein Jahr vorher bereit gewesen, mit antiimperialistischer Motivation die ›Ostchinesische Eisenbahn‹ der ›tatsächlichen Macht, die auf dem Territorium der Mandschurei errichtet wird‹, zu überlassen, und hatte so de facto das ›Kaiserreich Mandschukuo‹ anerkannt. Als China den Kampf gegen Japan aufgenommen hatte, setzte er jedoch durch, daß die Sowjetunion von allen ausländischen Staaten die größte und uneigennützigste Hilfe leistete. Um Stalin zu beurteilen, muß man an diese beiden Seiten denken.
Im Mai 1937 konnte also die Achte Routearmee ihr Verbindungsbüro in Urumtschi eröffnen. Nach und nach wurden 150 Parteiarbeiter nach Sinkiang geschickt, um für eine patriotische chinesische Einheitsfront zu arbeiten. Scheng Schi-tsai befand sich in einer heiklen Lage, und die nationale Einheitsfront gab die formalen Möglichkeiten, während das Interesse der Sowjetunion daran, daß China den Verteidigungskampf gegen Japan fortsetzte, die tatsächlichen gab.
»Die Genossen machten nur eine kleine Gruppe aus, aber sie verrichteten eine wichtige Arbeit für das Volk hier in Sinkiang. Ihre Aufgabe war, die antijapanische Einheitsfront aufzubauen. Sie publizierten sowohl Propagandamaterial als auch die Klassiker des Marxismus-Leninismus und die grundlegenden Schriften Mao Tse-tungs. Sie setzten sich dafür ein, solche Schriften wie Mao Tse-tungs ›Über den langwierigen Krieg‹ und ›Über neue Demokratie‹ zu verbreiten. Sie leiteten Zeitungen und Zeitschriften.
Als Lehrer bauten sie Schulen auf. Sie organisierten Grund- und Mittelschulen. Die Mittelschulen hatten 3000 Schüler. Sie arbeiteten in ganz Sinkiang mit diesen Schulen. Eine wichtige Aufgabe war, bei den Schülern politisches Bewußtsein zu schaffen und die Arbeit für die antijapanische Einheitsfront in den Schulen und draußen bei den Massen zu ent-

wickeln. Wichtig war auch, daß von diesen elf Mittelschulen, die die Partei leitete, patriotische und progressive Jugendliche verschiedener Nationalitäten zu weiteren Studien nach Jenan geschickt werden konnten. Diese kamen dann zurück und arbeiteten unter den Massen. Während dieser Arbeit schlug die Partei tiefe ideologische Wurzeln.
Die Genossen übernahmen auch die Verantwortung, Handel und Banken zu betreiben. Sie reorganisierten Verwaltung und Währung. Sie errichteten eine besondere Schule für Finanz- und Verwaltungsfachleute. Sie begannen auch, die Gesundheitspflege zu reorganisieren und Krankenhäuser einzurichten.
Es war eine schwierige und sehr heikle Arbeit für die Einheitsfront. Die Partei hatte auch erfahrene und zuverlässige Genossen geschickt, um diese zu leiten. Als Hitler die Sowjetunion angriff, wurde die Situation schwer. Der Vertreter des Zentralkomitees in Sinkiang war damals Tschen Tai-tschu. Er war Mitglied des Zentralkomitees der Partei und einer der Parteigründer, und er war mit der Situation gut vertraut. Mao Tse-min arbeitete als führender Verwaltungsmann der Provinz; er war ein jüngerer Bruder des Vorsitzenden Mao Tse-tung, und auch er hatte große Erfahrung mit der revolutionären Arbeit in schwierigen Situationen.
Während des Herbstes 1941 bekam die Sowjetunion immer größere Schwierigkeiten, Material nach Sinkiang zu schicken. Jetzt wurde es allmählich deutlich, daß Scheng Schi-tsai bereit war, den Herrn zu wechseln. Er glaubte, die Sowjetunion würde Hitler nicht standhalten, und sie könne dann nicht mehr soviel liefern wie früher. Von den ersten Tagen des Jahres 1942 an sah die Partei ein, daß Scheng Schi-tsai in jedem Augenblick Verrat üben könne. Es erwies sich aber als unmöglich, einen der Genossen auf normale Art zurückzuziehen. Die Partei gab in dieser Situation den Befehl, daß alle auf ihren Posten bleiben müßten. Keiner durfte fliehen. Sie wollten Zeit gewinnen. Jeder Augenblick war wertvoll. Es ging darum, unter den Massen zu arbeiten und die Situation klarzumachen, so daß sich Scheng Schi-tsai gründlich entlarven würde, wenn er die Seite wechselte. Es ging darum, den Boden für den Kampf zu bereiten, der im nächsten Abschnitt geführt werden sollte. Alle Genossen wußten, daß Scheng Schi-tsai sie angreifen würde. Aber sie hielten bis zum letzten Augenblick durch und gaben durch ihre Standhaftigkeit gute Vorbilder ab, wie sie es auch durch ihre einfache Lebensweise und ihr bescheidenes Auftreten getan hatten. Im Frühjahr 1942 schlug Scheng Schi-tsai dann zu. In diesem Jahr wurden alle Parteigenossen in Sinkiang verhaftet. Sogar Kinder kamen ins Gefängnis.
Der Grund war, daß Scheng Schi-tsai ein Warlord war, der einen neuen Herrn suchte, weil er glaubte, Moskau sei verloren, und die Deutschen würden die Sowjetunion besiegen. Aber die KMT verließ sich nicht auf

ihn. Er steckte die Kommunisten ins Gefängnis, um sich bei der KMT lieb Kind zu machen. Schließlich ließ er Tschen Tai-tschu und Mao Tse-min und Lin Tschi-lu erschießen. Er hatte sie schwer gefoltert. Als er Tschiang Kai-schek deren Tod meldete, glaubte dieser ihm nicht. Erst als Scheng Schi-tsai Fotografien schickte, die zeigten, wie Tschen Tai-tschu, Mao Tse-min und Lin Tschi-lu hingerichtet worden und tatsächlich tot waren, glaubte ihm Tschiang Kai-schek. Jetzt übernahm die KMT ganz Sinkiang; als Gegenleistung durfte Scheng Schi-tsai überleben. Als er Sinkiang verloren hatte, war Scheng Schi-tsai verzweifelt. Da begriff er, daß Tschiang Kai-schek schlauer war. Später floh er mit Tschiang Kai-schek nach Taiwan und von dort nach Hongkong, und jetzt ist er tot. 131 Personen überlebten die Gefangenschaft, davon 22 Kinder. Drei Personen wurden hingerichtet, weitere 20 starben an den Folterungen.«
Zu dem, was man uns in Urumtschi sagte, gibt es einige Einzelheiten von anderer Seite, die darauf hinweisen, daß Scheng Schi-tsais Spiel vielleicht noch dunkler war. Daß er davon überzeugt war, Hitler werde über die Sowjetunion siegen, als er zuschlug, steht fest. Scheng Schi-tsais Folterknechte waren dazu ausgebildet, aus den Opfern geeignete Geständnisse herauszuholen. Er berichtete selbst, daß die erste Garnitur von Geständnissen, die seine Leiter der Verhöre beschafften, besagten, daß Wang Tsching-wei — er war Japans Marionettenpolitiker — hinter der Verschwörung gegen ihn stand. Diese erpreßten Geständnisse hatten Parallelen zu denen von 1937 während der großen Trotzkistensäuberung in Sinkiang und konnten die Tür nach Moskau einen Spalt offenhalten. Aber als Moskau sich nun weigerte, diese Verfahren gelten zu lassen und gegen die Verhaftungen protestierte, und als Hitler gleichzeitig bei Stalingrad unterlag, wurde es für Scheng Schi-tsai unbedingt notwendig, von Tschiang Kai-schek in Gnaden aufgenommen zu werden. Die zweite Garnitur von Geständnissen besagte nun also, daß Tschou En-lai die Verschwörung anführe.
Im Oktober 1943 waren die sowjetischen Streitkräfte aus Sinkiang abgezogen worden. Auch die sowjetischen Techniker waren weg. Scheng Schi-tsai hatte Tschiang Kai-schek mit Fotografien überzeugt, daß er Tschen Tai-tschu, Mao Tse-min und Lin Tschi-lu wirklich hatte hinrichten lassen. Die KMT schickte nun ihre Truppen, um Sinkiang zu übernehmen. Aber gleichzeitig, als die KMT die Macht in Sinkiang übernahm — wo Scheng Schi-tsai immer noch formal die Macht innehatte —, war es deutlich, daß die Sowjetunion Hitler besiegen würde. Jedoch rückten die Japaner in China vor, und die Regierung der KMT war schwach. Scheng Schi-tsai begann jetzt, KMT-Personal zu verhaften. Im August 1944 verhängte er den Belagerungszustand. Er hatte eine neue Verschwörung aufgedeckt. Gleichzeitig soll er sich an das sowjetische Generalkonsulat gewandt und um einen sowjetischen Einmarsch

gebeten haben, um die Ordnung in Sinkiang aufrechtzuerhalten. Nun bot er Stalin an, Sinkiang in die Sojwetunion einzugliedern. Aber jetzt hörte Stalin nicht mehr auf Scheng Schi-tsai, der Sinkiang aufgeben und einwilligen mußte, als ›Forst- und Landwirtschaftsminister‹ nach Tschungking umzuziehen, um sein Leben zu retten.
Doch zu diesem Zeitpunkt befanden sich bereits die drei Distrikte Altai, Tarbagatai und Ili in Aufruhr. Am 12. November 1944 wurde in Ining ein zentraler Militärstab gebildet, am 15. November 1944 die ›Ostturkestanische Republik‹ ausgerufen. Im Winter 1944/45 führten deren Truppen militärische Operationen durch, die ihre Macht längs der ganzen sowjetischen Grenze von Taschkurgan bis zum Altai festigte. Am 5. Januar 1945 fertigte die Regierung der Ostturkestanischen Republik eine Erklärung aus, nach welcher ihre Aufgabe unter anderem sei, freundschaftliche Beziehungen zu allen demokratischen Ländern — besonders jedoch zur Sowjetunion — herzustellen.
Im August 1945 schwor Molotow im Namen der Sowjetunion allen Einmischungen in die Angelegenheiten Sinkiangs ab. Aber die Sowjetunion war natürlich daran interessiert, was an ihren Grenzen geschah, und ›fordert, daß die chinesische Regierung diskriminierende Maßnahmen gegen Sowjetbürger verhindert‹. Wenn man daran denkt, daß die Sowjetunion einige Monate danach in aller Stille 120 000 Personen in Sinkiang zu Sowjetbürgern machte, wird Molotows Äußerung allerdings ein wenig zweideutig. In dem folgenden Spiel behielten die Unterhändler der Sowjetunion diesen Joker im Ärmel versteckt. Denn Moskau nahm nun direkt an den Diskussionen über Sinkiangs Zukunft teil. Als die KMT mit einem Eingreifen der Vereinigten Staaten in die Angelegenheiten Sinkiangs drohte und die Vereinigten Staaten gesteigertes Interesse an Sinkiang zeigten, ließ Moskau der KMT-Regierung in Tschungking mitteilen, die demokratische Bewegung der ›Ostturkestanischen Republik‹ sei bereit zu verhandeln. Es sah so aus, als habe die Sowjetunion eingegriffen, um einen Kompromiß zu ermöglichen. Die ›Ostturkestanische Republik‹ wurde zu den ›Drei Distrikten Ili, Tarbagatai, Altai‹, und Sinkiang sollte regionale Autonomie bekommen.
Die Entwicklung in den nun folgenden Jahren ist kompliziert. Sowohl die Sowjetunion als auch die Vereinigten Staaten versuchten, ihre Position in Sinkiang vorzuschieben und verschiedene Kontakte zu knüpfen. Zugleich unterstützte die Sowjetunion die demokratische Bewegung in Sinkiang kräftig und suchte dadurch auch Einfluß und Kontrolle über sie zu gewinnen, führte aber auch direkte militärische Operationen in Sinkiang durch. 1947 begannen sowjetische Truppen zusammen mit sowjetisch geführten militärischen Verbänden aus der Mongolischen Volksrepublik Kämpfe bei Peitaischan, um die Grenze auf chinesisches Territorium vorzuschieben.

Die Verhandlungen und Kämpfe und politischen Verschiebungen, die in dieser Zeit in China stattfanden, sind sehr schwer zu überblicken. Aber auch wenn die Sowjetunion die demokratische Bewegung in Sinkiang inspirierte und unterstützte — und zu infiltrieren suchte (und insgeheim 120 000 Personen ohne deren Wissen in Sowjetbürger verwandelte) —, so blieb doch der wichtigste Zug dieser Bewegung der einer demokratischen Volksbewegung in Sinkiang, die nicht danach strebte, sich vom restlichen China loszulösen. Eine staatliche Selbständigkeit für die ›Ostturkestanische Republik‹ wurde nicht proklamiert und auch nicht angestrebt, und die ›Drei Distrikte Ili, Tarbagatai, Altai‹ bildeten eine befreite demokratische Basis im chinesischen Befreiungskrieg. Jedoch eine Basis, in der die Sowjetunion sich große Vorrechte verschafft hatte, wenn es ihr auch nicht gelungen war, die Souveränität oder die Souzeränität zu erringen. Die Bodenschätze schienen dennoch unter ihre Kontrolle zu kommen.
Die Entwicklung, die zur friedlichen Befreiung Sinkiangs führte, ging einen gewundenen Weg. Aber die Verhandlungen und Überlegungen, die im Verlauf des Jahres 1949 stattfanden, bedeuteten, daß die überwältigende Mehrheit der früher führenden militärischen und politischen Persönlichkeiten in Sinkiang den Schritt zum neuen China vollziehen konnte. Die langwierigen und geduldig geführten Verhandlungen machten es möglich, in Sinkiang eine Einheit zu erreichen. Die extrem reaktionären Gruppen wurden isoliert, und sie waren unfähig, mehr als nur sporadischen Widerstand zu leisten. Diese Politik machte durch die Pläne, welche die Vereinigten Staaten auszuführen versuchten, nämlich die Gruppen der äußersten Rechten zum bewaffneten Kampf gegen das neue China zu sammeln, einen dicken Strich.
Im Juli 1949 war die Volksbefreiungsarmee bis Lantschou in Kansu gelangt. Sie hatte nun die Möglichkeit, militärisch in Sinkiang einzurücken und die Truppen der KMT zu besiegen. Aber statt dessen folgte eine Reihe von Begegnungen und Diskussionen. Tschang Tschi-tschung, der Gouverneur von Sinkiang gewesen war und Verhandlungen der KMT mit den ›Drei Distrikten Ili, Tarbagatai, Altai‹ geführt und der die Delegation der KMT bei den Friedensverhandlungen in Peking im Frühjahr 1949 geleitet hatte, bezog damals Stellung für das neue China und strebte an, die Übergangsschwierigkeiten in Sinkiang ohne Blutvergießen und Gewalt zu lösen.
Als der Vorsitzende Mao Tse-tung am 21. September 1949 die ›Politische beratende Konferenz des chinesischen Volkes‹ eröffnete, nahmen auch Vertreter der verschiedenen Gruppen in Sinkiang teil, sowohl von den ›Drei Distrikten Ili, Tarbagatai, Altai‹, als auch von der KMT in Urumtschi und der Bevölkerung in verschiedenen Teilen Sinkiangs. Am 25. September brachen das Militärkommando und die Provinzregierung

in Sinkiang offiziell mit den Resten des KMT-Regimes. Sie wünschten eine friedliche Befreiung Sinkiangs und eine Verschmelzung ihrer Truppen mit der Volksbefreiungsarmee. Der Vorsitzende Mao Tse-tung antwortete auf ihr Telegramm. Seine Antwort wurde am 28. September 1949 in Sinkiang veröffentlicht. Er betonte, daß dieser Beschluß ›den Wünschen des ganzen chinesischen Volkes entsprach‹. Als Mao Tsetung am 1. Oktober 1949 auf dem Tienanmen-Platz in Peking die Chinesische Volksrepublik ausrief, gehörte bereits ganz Sinkiang zum neuen China.

Am 30. Oktober 1949 kamen Einheiten der Volksbefreiungsarmee in Urumtschi an. Da hatten die örtlichen Behörden bereits auf eigene Faust den Versuch zunichte gemacht, mit Hilfe der Vereinigten Staaten eine bewaffnete konterrevolutionäre Basis in Sinkiang zu errichten. Die tatsächlichen Reaktionäre waren als kleines Häuflein ohne Macht isoliert worden und befanden sich auf der Flucht. Nach fortgesetzten Verhandlungen wurden am 18. Dezember 1949 eine einheitliche Provinzregierung und ein einheitliches Militärkommando für Sinkiang errichtet. Am 10. Januar 1950 gingen dann die Einheiten der ›Nationalen demokratischen Armee‹ der ›Drei Distrikte Ili, Tarbagatai, Altai‹ in der Volksbefreiungsarmee auf.

Diese friedliche Befreiung, die gleichzeitig lange und blutige innere Streitigkeiten zwischen verschiedenen Volksgruppen in Sinkiang beendete, war ein großer Sieg für die Politik Mao Tse-tungs. Sie machte es möglich, den Aufbau fortzusetzen und sogar die Bildung des Autonomen Uigurischen Gebietes Sinkiang im September 1955 zu erreichen. Hinter der geschickten Diplomatie und der weitsichtigen Politik, mit denen die Verhandlungen um Sinkiang geführt wurden, ist es nicht schwer, Tschou En-lais Scharfblick zu erkennen.

Es ist nicht ganz klar, wie die sowjetischen Behörden in Sinkiang 1949 reagierten. Nach gewissen Quellen soll die KMT im Frühjahr 1949 den Vorschlag Scheng Schi-tsais an Stalin, Sinkiang zu übernehmen, wiederholt haben. Sie sollen der Sowjetunion Sinkiang als eine Barriere gegen die chinesischen Kommunisten angeboten haben. So heißt es unter anderem in einem langen Zeitungstelegramm an die New York Times vom 1. Februar 1949 von Henry R. Lieberman in Nanking. Danach beabsichtigte man, ›ein prosowjetisches Grenzgebiet auf dem ganzen Weg von Zentralasien bis zum Japanischen Meer durch Sinkiang, die Äußere Mongolei, die Mandschurei und Nordkorea‹ zu errichten. Nach einem Telegramm an die New York Times vom 30. März 1949 von Walter Sullivan in Urumtschi war Sinkiang im Begriff, zur Sowjetunion überzugehen, und ›es ist zweifelhaft, ob die chinesischen Kommunisten jemals mehr als eine nominelle Kontrolle hier erreichen können‹. Nach einer dritten Quelle, nämlich nach Allen S. Whiting, soll der sowjetische Generalkonsul in Urumtschi mit General Tao Schi-yüeh, der damals noch zu den Truppen der KMT gehörte, Kontakt aufgenommen haben. Die Volksbefreiungsarmee war in Kansu eingerückt und näherte sich Sinkiang. Der sowjetische Generalkonsul soll General Tao Schi-yüeh vorgeschlagen haben, Sinkiang wie die Mongolische Volksrepublik für selbständig zu erklären. Es soll innerhalb der zentralen Führung der KMT in Kanton Kreise gegeben haben, die wünschten, daß General Tao Schi-yüeh den Anweisungen des sowjetischen Generalkonsuls folgte. Sie meinten, nur so sei der Volksbefreiungsarmee der Weg zu versperren. General Tao Schi-yüeh erklärte jedoch niemals so etwas wie eine sowjetische Selbständigkeit für Sinkiang. Er brach im September mit der KMT, ging zum neuen China über und trat in die Volksbefreiungsarmee ein.

Die verschiedenen Gerüchte decken sich. Sie gehen anscheinend auf irgendeine tatsächliche sowjetische Intrige in Sinkiang im Jahr 1949 zurück. Aber sie stammen alle aus den Vereinigten Staaten, und was wirklich hinter den Berichten steckt, weiß ich nicht. Doch wird deutlich, welch großes diplomatisches Geschick es erforderte, daß Sinkiang sich auf friedlichem Weg und ohne blutige Auseinandersetzungen zwischen den verschiedenen nationalen Gruppen, ungeteilt, ohne daß eine fremde Macht Extraterritorialrechte beanspruchte, und aus eigener Initiative dem neuen China für zugehörig erklärte, bevor die Chinesische Volksrepublik ausgerufen wurde.

Aber man darf auch nicht vergessen, daß Stalin sich während dieses ganzen Zeitabschnittes zurückhielt. Welche Pläne er auch ausgearbeitet haben mochte, so ließ er jedoch nie die ›Ostturkestanische Republik‹ annektieren, wie er Tannu Tuwa annektieren ließ. Er setzte auch nicht irgendeine Form von Selbständigkeit für Sinkiang durch, wie er es mit der Mongolischen Volksrepublik getan hatte. Die Joker, die er im Ärmel hatte, ließ er nicht auf dem Tisch ausspielen. Als Mao Tse-tung seine Politik zum Sieg geführt und die Volksbefreiungsarmee die innerasiatische Grenze der Sowjetunion erreicht hatte — da akzeptierte Stalin diese Tatsache und änderte seine Politik.

Während der zwei Monate bis Mitte Februar 1950, die Mao Tse-tung mit harten Verhandlungen in Moskau verbrachte, gab Stalin vor den chinesischen Vertretern zu, daß er im Verhältnis zu China Fehler begangen hatte. Als er in ziviler Kleidung als Gast zum Empfang des chinesischen Botschafters anläßlich des sowjetisch-chinesischen Vertrages ins Hotel Metropol in Moskau kam und Mao Tse-tung um Entschuldigung für die Fehler und Irrtümer bat, die er im Verhältnis zu China — und unter anderem in Sinkiang — begangen hatte, da schien ein Schlußstrich unter die 200jährige russische Politik gegen das sogenannte ›Chinesisch-Turkestan‹ gezogen zu sein.

Vielleicht hatte Stalin das auch getan. Denn in China sagt man, daß Stalin ein äußerst harter Unterhändler war, aber daß er zu seinem Wort stand, wenn er es einmal gegeben hatte. Man sagte in Urumtschi:
»Eine Gesamtbeurteilung des Genossen Stalin zeigt, daß er ein großer Marxist-Leninist und ein großer Politiker und Staatsmann war. Seine Verdienste wiegen seine Fehler auf. Aber da seine Verdienste sehr groß waren, wurden auch seine Fehler groß.
Im allgemeinen hatte Genosse Stalin eine richtige Einstellung zu der Revolution in China, aber er beging eine Menge Fehler. Diese Fehler müssen in ihrem Verhältnis zum Ganzen gesehen werden. Sie trugen chauvinistische Züge. Zum Teil erfüllte er die Politik der Zaren.
Nach seinem Tod wurde das, was der kleinere Teil gewesen war, zum größeren. Die Sowjetunion wechselte die Farbe. Jetzt betreibt die Sowjetunion nicht mehr ausnahmsweise eine zaristische Politik, sondern jetzt betreibt sie nur noch zaristische Politik.
Wir waren gegenüber dieser Veränderung nicht aufmerksam genug. Liu Schao-tschis Linie bewirkte, daß wir uns darauf verließen, daß die Solidarität trotz allem entscheidend war. Deshalb waren wir nicht vorbereitet, als sie 1962 ihre erste Kampagne einleiteten. Wir wußten, daß einige von denen, die in dem demokratischen Kampf gegen die KMT in den ›Drei Distrikten Ili, Tarbagatai, Altai‹ verantwortlich gewesen waren, sowjetische Pässe besaßen. Sie waren chinesische Staatsbürger gewesen, hatten aber zu Beginn der 40er Jahre in der Sowjetunion gewohnt. 1944 gingen sie über die Grenze und nahmen an der Volkserhebung teil. Sie waren während des demokratischen Kampfes zuverlässig. Viele von ihnen leisteten gute Einsätze. Sie hatten eine Basis in der Sowjetunion. Sie erhielten Unterstützung von dort. Bei der Befreiung vereinigten sich ihre Truppen mit der Volksbefreiungsarmee. Sie wurden die 5. Armeegruppe der Volksbefreiungsarmee.
Von 1949 an war unsere Sicherheitsarbeit mangelhaft. Zu Stalins Zeit gab es keine ernsthaften Konflikte. Wir glaubten auch, daß die vorhandenen Probleme, die wir von der Geschichte geerbt hatten, jetzt Schritt für Schritt zwischen der Sowjetunion und China gelöst werden könnten. Wir beachteten nicht genügend, was zumindest von 1955 an in Sinkiang hätte offenbar sein müssen. Die sowjetischen Konsulate dienten als Zentralen für den organisierten Ausbau eines eigenen politischen Netzes. Als uns offenbar wurde, was sich da abspielte, war der Schaden schon groß, und die sowjetischen Behörden konnten den Zwischenfall vom 29. Mai 1962 veranstalten.
Es wurde ein böses Erwachen! Jetzt zeigte sich auch, daß die Sowjetunion bis in unsere zentrale Militärverwaltung Personen hatte, die nicht nur sowjetische Staatsangehörigkeit besaßen, sondern auch als sowjetische Vertreter auftraten. Wir stellten sie nun alle vor die Wahl, sich ein

für allemal für eine Seite zu entscheiden. Die meisten waren natürlich ehrenhaft. Sie hatten sich aus patriotischen Gründen an der demokratischen Revolution beteiligt. Aber einige waren mehr an die Sowjetunion als an ihr eigenes Volk gebunden. Wir ließen sie damals in die Sowjetunion reisen. Sie durften auch gehen, wenn sie Generalsrang hatten.

Zu denen, die sich auf den Weg in die Sowjetunion begaben, gehörte auch der Generalstabschef der Volksbefreiungsarmee in Sinkiang, Sulungtaiew; Leskin, der Befehlshaber bei den Kämpfen bei Ili 1944 gewesen und Befehlshaber einer Armeegruppe der Volksbefreiungsarmee in Sinkiang geworden war; Markow, der eine hohe Stellung in der Volksbefreiungsarmee innehatte.

Offen gesagt war das ein Schock für viele unter den Genossen hier in Sinkiang. Aber wir ließen jeden gehen, ungeachtet wie hoch sein Posten und wie verantwortlich seine Stellung war. Als Sulungtaiew 1963 ein Ausreisevisum beantragte und seinen sowjetischen Paß vorlegte, bekam er ein Ausreisevisum, obwohl er Generalstabschef war, und obwohl wir wußten, daß er in die Sowjetunion reiste, um gegen uns zu kämpfen. Heute lebt er in Alma-Ata. Er leitet, was er eine ›Befreiungsbewegung‹ nennt. Er hat starke Rundfunksender zu seiner Verfügung, und sie senden ununterbrochen ihre Artikel und Aufrufe nach Sinkiang. Die Sowjetunion benutzt Störsender gegen unseren inneren Funkverkehr. Sie sind in solchen Dingen geschickt. Aber wir überwinden diese Schwierigkeiten. Sie strahlen auch Sendungen nach Sinkiang aus. Eine Hauptrichtung ihrer Propaganda ist es, Zweifel und Mißmut auszusäen. Zu diesem Zweck greifen sie die verschiedensten Gerüchte auf und verbreiten sie. Sie versuchen auch die Nationalitäten in Sinkiang gegeneinander aufzuhetzen.

Sinkiang hat eine blutige Geschichte. Es hat grausame Kämpfe zwischen verschiedenen Volksgruppen gegeben. Es gibt immer noch Reste von Unruhe und Möglichkeiten zu Mißverständnissen. Die sowjetischen Propagandisten versuchen, diese nationalen Gegensätze hochzuspielen. So haben es alle Reaktionäre gemacht, die Sinkiang beherrschen wollten.

Wir haben viele tausend Kilometer gemeinsame Grenze. Diese Grenze geht auch über hohe Berge und ist schwer zu bewachen. Unsere Grenzposten reichen nicht aus, die Kontrolle überall zu sichern. Es ist immer möglich, zwischen ihnen in das Land zu schlüpfen. Aber wir verlassen uns auf die Richtlinien des Vorsitzenden Mao Tse-tung für eine einheitliche Verteidigungsarbeit. Die Grenzwachen, das Volk und die Volksbefreiungsarmee arbeiten zusammen, um das Vaterland zu verteidigen. Das Volk im Grenzgebiet ist mobilisiert worden, und darauf setzen wir unser Vertrauen, wenn es um diese Sicherheitsfragen geht.

Wir wissen, daß sie eine ganze Menge Agenten mit der Aufgabe hereinschicken, militärische und wirtschaftliche Informationen zu sammeln

und verschiedene Aufträge durchzuführen. Wir wissen auch ziemlich genau, wie viele sie hereinschicken. Die Mehrzahl von ihnen ergreifen wir. Die meisten, nicht alle. Sie müssen durch die Grenzzone hereinkommen, und es ist bedeutend leichter hereinzukommen, als dann zurückzukehren. Die Volksmiliz ist aufmerksam. Wir haben Agenten aufgegriffen, denen es gelungen war, bis nach Urumtschi zu gelangen. Sie haben Unterstützung und Hilfe vom Klassenfeind bekommen. Ich sage nicht, daß das ein großes Problem ist; wir haben die Grenzbewachung jetzt so organisiert, daß nur ganz wenige Agenten wieder zurückgelangen.
Wir sind bereit, wenn sie angreifen. Wenn sie angreifen, werden wir sie vernichten. China ist nicht mehr das China von 1949. Auch wenn wir immer noch ein Land sind, das einen langen Weg vor sich hat, um ein modernes und entwickeltes Industrieland zu werden, haben wir den Willen und auch die Fähigkeit, uns zu verteidigen. Wenn sie angreifen, wird es ein langwieriger Krieg, aber er wird mit der totalen Vernichtung der Angreifer enden. Sie kommen wohl über die Grenze herein, aber sie kommen nie mehr lebend nach Hause.«
Fast die ganze Nacht haben wir über Stalin diskutiert und durchgesprochen, was sich in Sinkiang in der letzten Generation ereignet hat, und was man uns erzählt hat. Es ist heiß, und wir trinken Tee in der Dunkelheit. Dann sagt Gun:
»Du wirst es nicht so beschreiben können, daß europäische und amerikanische Liberale begreifen, daß ja nicht ja ist und nein nicht nein, sondern daß gerade das wirklich ist, was darüber hinausgeht. Sie vermögen Stalin nicht als eine Gestalt in der Geschichte zu sehen. Sie wollen einen Deus ex machina oder den Teufel aus der Falltür haben. Sie glauben mit Paulus, daß es Wankelmut ist, einen politischen Führer von großem Format wie Stalin als gut *und* schlecht — sehr gut *und* sehr schlecht — in seinem historischen Zusammenhang sehen zu können. Deshalb glauben sie auch, daß die Chinesen mit dem Mund zaubern, wenn sie sagen, daß Stalin zu siebzig Teilen gut und zu dreißig Teilen schlecht war.«
Am Morgen besuchen wir die unterirdischen Anlagen. Tunnel, die Schutzräume und Räumungswege und Verteidigungsanlagen sind. Wir kommen immer tiefer und tiefer hinunter und passieren Gassperren und Luken, und ganz tief unten bekommen wir in einer Kantine Tee angeboten. Der verantwortliche Vertreter für die Verteidigungsarbeit sagt:
»Es ist, wie der Vorsitzende Mao Tse-tung gesagt hat. Wir werden nie angreifen. Aber wenn die Sozialimperialisten zum Angriff übergehen und über unsere Grenze eindringen, werden wir kämpfen bis zum Sieg.«

28

Das Produktions- und Aufbaukorps

Wir fahren auf der großen Straße durch die Dsungarei nach Osten. Nach Norden liegt das Ölfeld bei Karamai. Von dort geht jetzt eine Ölleitung bis nach Urumtschi.

»Diese Leitung bedeutet eine gewaltige Ersparnis für uns«, sagt Tschen Juang-tschang. Er arbeitet in Ining, soll aber nach Urumtschi zu einer Sitzung fahren und kommt im Jeep mit. Er ist 34 Jahre alt. Seine Frau ist Ärztin. Sie haben zwei Kinder.

»Du solltest mit dem Rauchen aufhören«, sagt Gun.

»Das ist schwer«, antwortet er.

»Nichts ist schwer, wenn man will«, sagt Gun. Dann lachen sie, denn Tschen Juang-tschang ist Kettenraucher. Er ist ein Kader, der 18 bis 20 Stunden am Tag arbeitet, und sein rechter Zeigefinger ist gelb von Nikotin.

»Bald komme ich auf die Kaderschule«, sagt er, »in zwei Monaten soll ich hinkommen.«

»Schön für dich«, sagt Gun.

»Die Ölleitung wird es möglich machen, die Straße instand zu halten«, sagt Tschen Juang-tschang. »Bis jetzt haben wir eine ganze Flotte von schweren Tankwagen für den Öltransport gebraucht. Es war nicht möglich, die Straße in Ordnung zu halten. Die haben sie so schnell kaputt gefahren, wie sie repariert wurde. Wenn das Öl durch die Leitung gepumpt wird, dann wird die Transportsituation besser. Das wird eine Erleichterung für ganz Sinkiang. Das bedeutet, daß wir diese Autos für Transporte an anderen Stellen verwenden können.«

Auf langen Strecken fahren wir neben einem fertigen Bahndamm. Über die Schluchten schwingen sich Brückenbögen aus Beton. Aber es gibt keine Bahn. Dieser Eisenbahnbau wurde abgebrochen. Eigentlich sollte die Bahnlinie von Urumtschi weiter zur sowjetischen Grenze geführt werden. Dort sollte sie durch die Bahn, die von Aktogai an der Turksib-Bahn hinunter zur Grenze an der Dsungarischen Pforte gebaut wurde, mit dem sowjetischen Eisenbahnnetz verbunden werden. Aber China brach den Bau ab, als deutlich wurde, daß die Politik der Sowjetunion gegenüber Sinkiang zur zaristischen Politik zurückgekehrt war.

»Wir dürfen nicht unvorsichtig sein!«

Der Eisenbahnbau in Sinkiang wird fortgesetzt, auch nördlich des Tien Schan. Aber nun werden Linien gebaut, die im Falle eines plötzlichen, überraschenden Angriffs der Sowjetunion auf China nicht von der Sowjetunion ausgenutzt werden können. Das ist dieselbe sicherheitsbe-

wußte Politik, die dazu führte, daß der Verwaltungssitz des autonomen Kasachendistrikts von Ining nahe der Grenze ins Landesinnere nach Kueitun verlegt wurde.
Hier in der Dsungarei nördlich des Tien Schan hat China einige seiner größten Urbarmachungsprojekte durchgeführt. Hierher sind auch die meisten Einwanderer aus dem eigentlichen China gekommen. Nach den großen Menschenausrottungen im 18. Jahrhundert in der Dsungarei lagen die Landwirtschaftsgebiete hier brach. Der kasachische Zuzug konnte sie nicht bevölkern. Unruhen und Kriege und Bürgerkriege und Kämpfe zwischen verschiedenen Volksgruppen bewirkten, daß es hier zur Zeit der Befreiung große ungenutzte Gebiete gab. Das Wasser kam von den Bergen herunter und bildete Sumpfgebiete am Wüstenrand.
Die Arbeit wurde vom Produktions- und Aufbaukorps der Volksbefreiungsarmee durchgeführt. Aus reinem Ödland haben sie aus eigener Kraft eines der reichsten Ackerbaugebiete im nordwestlichen China gemacht. Zur Landwirtschaft hat das Korps auch mit eigener Kraft eine Industrie aufgebaut, die jetzt den Schritt von der Verbrauchsgüterindustrie zur Maschinenindustrie macht und eine umfassende Modernisierung der Dsungarei bewirkt. Hier zählen die Einkommen der Kommunenmitglieder zu den höchsten in China. Jetzt ist das Korps aufgelöst worden, und die gewöhnliche Zivilverwaltung hat es übernommen, aber der Aufbau in der Dsungarei ist ein Denkmal für den Arbeitsstil, das Organisationsvermögen und die Disziplin, die die Volksbefreiungsarmee prägen. Dennoch kamen die meisten, die diese Arbeit leisteten, aus den Truppen der KMT. Denn es waren deren Streitkräfte, die zur Volksbefreiungsarmee übergingen und dann den Auftrag bekamen, die Sümpfe und Wüsten zu verwandeln.
Um richtig zu verstehen, was das ›Produktions- und Aufbaukorps‹ in Sinkiang war, muß man sich vergegenwärtigen, daß es über 2000 Jahre lang traditionelle chinesische Politik war, daß die Armee Land kultivierte, sich selbst versorgte und nicht nur von anderen zehrte. Gerade hier in Sinkiang richtete Kaiser Wu Ti im ersten Jahrhundert vor unserer Zeitrechnung die ersten militärischen Kultivierungsgruppen ein. Diese Politik wurde unter den folgenden Dynastien fortgesetzt.
Jene Politik, daß die Kriegsmacht anbauen und produzieren sollte, verfolgte mehrere Zwecke. Erstens sollten die Grenzen gesichert werden, indem man Truppen weit nach draußen ins Grenzgebiet verlegte und auf diese Art die Grenze sperrte. Zweitens sollten die Streitkräfte die Möglichkeit haben, sich selbst zu versorgen und eine Verteidigungsbereitschaft aufrechtzuerhalten, die nicht allzu drückend für das Volk war. Drittens sollte einfach verlassenes Land kultiviert werden. Nach den verheerenden Kriegen, die ganze Provinzen in China verwüsteten und entvölkerten, wurden unter verschiedenen Dynastien militärische Kultivie-

rungsgruppen eingerichtet, die den Auftrag hatten, den Ackerbau wieder in Gang zu bringen.
Der Grundgedanke, wie er während der Han-Dynastie im ersten Jahrhundert vor unserer Zeitrechnung in verschiedenen Denkschriften formuliert wurde, war, daß in erster Linie nicht kostspielige Truppen, sondern wirkliche Kultivierungsarbeiten die Grenzen sichern. Diese kann nicht von deportierten Verbrechern und einem bunt zusammengewürfelten Haufen von Menschen ausgeführt werden, sondern nur von bewußt arbeitenden, ordentlichen, seßhaften Menschen, die gleichzeitig bereit sind, sich und das Reich zu verteidigen. Auf diese Weise — schrieben die damaligen Politiker — wird das Reich nicht von Truppen entblößt, man vermeidet die zeitweiligen Expeditionen, die nur das Heer erschöpfen und schwere Verluste ohne dauerhafte Erfolge verursachen; statt dessen gibt es an Ort und Stelle eine große Zahl von Menschen, welche die militärische Disziplin beibehalten, zugleich Land bebauen und verteidigen; damit kann das Reich seine Reserven für unvorhergesehene Ereignisse bewahren und gleichzeitig Neuland gewinnen.
Mao Tse-tung erfüllte diese 2000jährige Politik. Die Verhältnisse sind jetzt anders als zur Zeit der Han-Dynastie. Aber Mao Tse-tung war immer bereit, zu lernen und das Vergangene der Neuzeit dienstbar zu machen, und das Gute an dieser Tradition aus der Han-Dynastie war schon lange von der revolutionären Bewegung genutzt worden, deren bewaffnete Kräfte die befreiten Gebiete in China seit Jahrzehnten aufgebaut hatten. Mao Tse-tung hatte diese Politik dort gestaltet. Als die Volksbefreiungsarmee dem völligen Sieg entgegenging, telegrafierte er die Anweisung vom 8. Februar 1949: »Die Zeit ist jetzt da für uns, die Armee zu einer arbeitenden Kraft zu machen.« In der Direktive vom 5. Dezember desselben Jahres wurden die Aufgaben präzisiert. Diese Erfüllung der Traditionen von Jenan und dem frühen chinesischen Sowjetgebiet bedeutete auch ein Anknüpfen an das Beste in Chinas Tradition.
Besonders in Sinkiang gewann diese Politik große Bedeutung. Im großen und ganzen war es möglich gewesen, Kämpfe und Gewaltanwendung bei der Befreiung zu vermeiden. Die großen KMT-Streitkräfte schlossen sich — unbesiegt und ohne erniedrigende Bedingungen — gemeinsam mit der nationalen Armee der ›Drei Distrikte Ili, Tarbagatai, Altai‹ der Volksbefreiungsarmee an. Sie bildeten eine einzige Streitmacht.
Diese Streitmacht wurde nicht demobilisiert. Die KMT-Soldaten aus Honan und anderen Provinzen im Landesinnern wurden nicht nach Hause geschickt. Auch die Soldaten der Volksbefreiungsarmee wurden nicht demobilisiert. In der einheitlichen Streitmacht arbeiteten Kader und Mannschaften von der Volksbefreiungsarmee neben Offizieren und Gemeinen von den KMT-Truppen. Eine der Aufgaben war, diese ganze

Streitmacht in eine Einheit zu verwandeln, die von den Traditionen der Volksbefreiungsarmee geprägt wurde und deren Zielsetzung erfüllte.
Diese neue einheitliche Kraft wurde zum ›Produktions- und Aufbaukorps‹ und erhielt den Auftrag, ganz mit eigenen Hilfsmitteln und ohne Hilfe des Staates, aber mit Hilfe ihrer Organisation, ihrer Disziplin und ihrem Wissen das verlassene und seit langem unbewohnte Land nördlich des Tien Schan zu kultivieren, ferner die Wüste bei Aksu und an anderen Stellen zu kultivieren und umzuwandeln. Damit hatten sie Erfolg. Schritt für Schritt wurden so die militärischen Kräfte zur zivilen Verwaltung umgewandelt. Bis in jüngste Zeit arbeiteten die Stäbe als wirtschaftlich-administratives Organ; jetzt sind auch sie zu gewöhnlichen zivilen Organen geworden. Das Korps ist eine Erinnerung. Aber besonders in der Dsungarei hat sein Arbeitsstil allmählich das Dasein geprägt, und immer noch spricht man von den verschiedenen Regimentern und ihren Kultivierungsgebieten und Industriebetrieben.
Zu diesem ›Produktions- und Aufbaukorps‹ kamen auch viele junge Menschen von der Küste und aus dem Landesinnern. Die Umstellung wurde für viele schwer und anstrengend. Es gab verschiedene politische Kräfte, die diesen Strom von Jugendlichen, die sich in die Kultivierungsgebiete begaben, zu bremsen versuchten. Aber Tschou En-lai sah es als eine große Aufgabe an, daß die Jugendlichen aus Schanghai und dem Landesinnern der Aufforderung Mao Tse-tungs folgten, in die Grenzgebiete hinauszugehen und dort ihren Einsatz zu leisten. Er mußte sich in dieser Sache gegen schwere Widerstände durchsetzen. Viele unter den jungen Leuten, die nun in der Dsungarei seßhaft geworden sind, erzählen auch von Tschou En-lais Besuch im ›Produktions- und Aufbaukorps‹. Die Arbeit in der Dsungarei erwies sich als schwer und ungewohnt und hart für die jungen Leute, die früher Studenten in Schanghai gewesen waren und nun die Verantwortung auf sich nehmen mußten, tief in Innerasien in den Sumpfgebieten am Wüstenrand Land urbar zu machen. Aber das hat auch einen Pioniergeist entstehen lassen.
Jang Jung-tschen, 34 Jahre, war stellvertretende Produktionsgruppenführerin in der ehemaligen, das heißt vor dem Übergang zur zivilen Verwaltung, neunten Kompanie des 145. Regiments. Sie sagte:
»Es war im Juli 1964, als ich hierherkam. Ich kam, um meinen Beitrag für das Vaterland zu leisten. Ich war damals Studentin an der technischen Hochschule in Schanghai. Ich wollte Rundfunkingenieur werden. Aber dann bekam ich Tuberkulose und mußte mein Studium abbrechen. Ich beschloß, alle Schwierigkeiten zu überwinden und an die Grenze zu gehen und dort zu arbeiten. Der Vorsitzende Mao Tse-tung hatte uns junge Leute aufgefordert, in die Arbeit hinauszugehen.
Mein Vater versuchte, mich daran zu hindern. Er ist Auslandschinese und wohnt in Hongkong. Er schrieb an den Jugendverband und drohte

ihm. Wenn sie mich nach Sinkiang fahren ließen, würde er sie bei der Kontrollkommission im Zentralkomitee der Partei anzeigen. Mein Vater wollte, daß ich statt dessen nach Hongkong käme. Er versprach mir, daß ich dort weiterstudieren könnte. Ich dürfe eine Reise um die Welt machen und Halbleitertechnik studieren.
›Du mußt deine Familienangelegenheiten selbst in Ordnung bringen‹, sagte man mir beim Jugendverband. ›Wir haben jetzt drei Briefe von deinem Vater bekommen.‹ Da schrieb ich meinem Vater, er müsse verstehen, daß es auch für ihn als Auslandschinesen wichtig sei, daß das Vaterland entwickelt würde. Ich wollte mein Leben auf die richtige Weise nutzen. Ich wollte keine hohe Fachkraft im Ausland werden und an der Universität in Hongkong studieren. Ich wollte hinaus an die Grenze. Er hatte kein Recht, mich daran zu hindern.
Das Klima in Hongkong sei für mich genauso schlecht wie in Schanghai, schrieb ich auch. In Sinkiang am Rande der Wüste Gobi würden meine Lungen gesund werden. Da gab er nach. Ich hatte auch die Großmutter auf meine Seite bekommen.
Das Leben hier ist gut. Ich habe viel gelernt. Aber es ist natürlich nicht immer so leicht. Nicht alle halten es aus, hier zu arbeiten. Ich heiratete 1968. Mein Mann stammt aus Honan. Wir hatten einen Briefwechsel begonnen, und dann heirateten wir, als er aus der Volksbefreiungsarmee entlassen wurde. Ich überzeugte ihn, zu mir herauszukommen. Aber es fiel ihm schwer. 1972 ging er weg ins Landesinnere. Jetzt arbeitet er wieder in einer Kugellagerfabrik in Honan.
Er versuchte, mich mitzunehmen. Er schreibt, daß es nicht richtig sei von mir, ihm nicht zu folgen, da wir verheiratet sind. Er will auch die Kinder nehmen. Er schreibt mir, daß es zwar richtig ist zu arbeiten. ›Wenn du jung bist, wirst du mit dem Leben am Wüstenrand fertig‹, schreibt er. ›Da ist das ehrenvoll. Aber wie wird es, wenn du alt bist? Dann bereust du es.‹ Er hat auch meinen Bruder veranlaßt zu schreiben. ›Zersplittre nicht die Familie!‹ schrieb mein Bruder.
Ich habe hier in der Kultivierungsarbeit zwölf Jahre gearbeitet. Ich bin zum stellvertretenden Gruppenleiter gewählt worden. Ich bin Parteimitglied. Es ist nicht leicht, eine Frau und führender Kader mit Verantwortung zu sein und kleine Kinder und keinen Mann im Hause zu haben. An und für sich habe ich auch Sehnsucht nach ihm. Deshalb habe ich mich ja mit ihm verheiratet. Ich habe nächtelang wach gelegen und darüber nachgedacht. Es ist ein schwerer Kampf gewesen. Mir wird es so trocken im Hals, daß ich kaum schlucken kann, wenn ich daran denke, daß er von hier weggefahren ist. Aber ich will nicht aufgeben. Das wäre so, als folgte ich Vaters Rat aus Hongkong und ginge den bequemen Weg. Hier habe ich den Aufbau miterlebt, und hier habe ich Land gerodet, und hier gehöre ich jetzt hin.

Es gab sogar Genossen hier, die meinten, ich solle meinem Mann folgen. Wir sind ja verheiratet, und ich bin eine Frau. Aber ich bin Parteimitglied. Ich habe Verantwortung. Wir haben die Sache gründlich diskutiert, und jetzt sind alle Genossen auf meiner Seite. Jetzt haben wir an die Parteiorganisation in der Fabrik, in der mein Mann arbeitet, geschrieben, daß sie ein richtiges vertrauliches Gespräch mit ihm führen sollen. Ich habe ihm auch selbst geschrieben. Ich habe ihn gebeten, Marx zu lesen und daran zu denken, was es bedeutet, Kommunist zu sein. Man darf sich nicht vor seiner Aufgabe im Leben drücken, schrieb ich. Das sei nicht recht.
Jetzt schreibt er mir wieder und meint, er überlege nun doch, wieder hierherzukommen. Ich hoffe es. Er ist nicht schlecht. Nur ein bißchen schwach.«

29
Die Revolution zieht sich Nylonstrümpfe an

Als Mao Tse-tung 1963 seine Instruktionen für die Arbeit in Sinkiang erließ, faßte er sie in sechs Punkten zusammen:
Der *zweite Punkt* betraf unter anderem die Notwendigkeit, der Politik die Führung zu überlassen. Das Material, das den Revisionismus behandelte, mußte in die verschiedenen Sprachen übersetzt werden. Die Han-Kader, die nach Sinkiang kamen, um zu arbeiten, waren verpflichtet, Sprachen zu lernen und sich strikt an die Parteilinie zum Verhältnis zwischen Chinas verschiedenen Nationalitäten zu halten.
Der *dritte Punkt* betraf die Art der Hilfe, die man denen, die sich im Neuland niederließen, geben sollte.
Der *vierte Punkt* betraf die Aufsicht über die Grenze.
Der *fünfte Punkt* betraf die erhöhte Bereitschaft des Volkes gegen Subversion und militärische Angriffe aus der Sowjetunion.
Der *sechste Punkt* betraf die Einigkeit.
Aber die *erste Forderung* Mao Tse-tungs war, daß der Kampf gegen den Revisionismus bedeuten muß, die Produktion fest im Griff zu haben. Die Lebensbedingungen des Volkes mußten von Jahr zu Jahr verbessert werden. Sinkiang mußte die revisionistische Sowjetunion überholen und in der Praxis zeigen, welcher Weg der richtige war.
Deshalb hatte es in Sinkiang 1975 Streit um die Nylonstrümpfe der Frauen gegeben, und deshalb kann es wichtiger sein, von Nylonstrümpfen zu reden als von Ölfeldern.
Sinkiang hat Bergwerke und Ölfelder, Schwerindustrie und eine entwickelte elektronische und feinmechanische Industrie. In Sinkiang werden große Eisenbahnbauprojekte durchgeführt, und kleine Werkstätten, die vor kurzem noch Fahrräder reparierten, sind zu Landmaschinenfabriken gewachsen und streben den Lastwagenbau an. Sinkiang stellt seine eigenen Traktoren her, und der Vorsitzende Mao Tse-tung hat gesagt, daß jede Provinz ihre Autofabrik haben sollte.
In Schihesi besuchen wir die große Dieselmotorenfabrik, die das ›Produktions- und Aufbaukorps‹ 1952 in Betrieb nahm.
»Wir waren zehn Arbeiter«, sagt Chefingeneur Wang Schiao-i. »Wir hatten zwei Drehbänke, die aus der Zeit unserer Vorfahren stammten. Eigentlich waren sie Museumsstücke. Wir hatten den Auftrag, Geräte für die Urbarmachung herzustellen. Hier machten wir Spaten und Wollscheren und reparierten, was wir konnten. Wir sind mit eigener Kraft gewachsen. Wir haben produziert und investiert und den Staat keinen Fen gekostet. Jetzt haben wir sieben Werkstätten. Wir sind 1000 Arbeiter.

Bis 1974 bauten wir die Produktion Schritt für Schritt aus. Wir gingen vom Kleinen zum Großen, vom Reparieren zum Produzieren. Wir bauten Mähmaschinen und stellten unsere eigenen Werkzeugmaschinen her, als wir die Fabrik weiterentwickelten.
1974 faßten wir den Beschluß, dazu überzugehen, Dieselmotoren herzustellen. Das Modell heißt 195 und hat 12 Pferdestärken. Das ist das Richtige für uns hier. Wir faßten diesen Beschluß, weil wir in unserer Entwicklung den Punkt erreicht hatten, an dem es möglich war, einen großen Schritt nach vorn zu tun. Wir folgten den Weisungen des Vorsitzenden Mao Tse-tung, daß der Weg für Chinas Landwirtschaft die Mechanisierung ist.
Mehr als die Hälfte der Maschinen, die wir verwenden, haben wir selbst gebaut. 1974 und 1975 schufen wir sechs Produktionsrichtungen. Wir arbeiten in zwei Schichten. Nach einer Anlaufzeit, in der wir die Maschinen erprobten und 200 Motoren bauten, die von den Kommunenmitgliedern in der praktischen Arbeit getestet und kritisiert wurden, konnten wir mit der Produktion beginnen. Da waren sich die Massen einig, daß die Motoren gut waren und die technischen Anforderungen erfüllten. Gleichzeitig setzten wir unsere gewöhnliche Produktion von Wagen und Mähmaschinen fort.
Wichtig ist, daß wir gleichzeitig mit der Herstellung von Motoren Ersatzteile anfertigen. Es darf nicht vorkommen, daß Motoren unbrauchbar werden, weil Ersatzteile fehlen. Das ist schlechte Planung. Wir kommen jetzt auf eine Jahresproduktion von 1500 Motoren. 1978 erreichen wir 3000. Wir haben eine Jahresproduktion von 10000 geplant.
Die technischen Probleme bei dieser Umstellung sind sehr groß. Wir haben Schwierigkeiten überwinden müssen. Wir sind den Richtlinien des Stahlwerks Anschan gefolgt. Die Kader nehmen an der produktiven Arbeit und die Arbeiter an der Verwaltung teil. Die Techniker und Arbeiter und Kader arbeiten zusammen, und auf diese Weise haben wir mehr als 100 technische Neuerungen in weniger als drei Monaten durchführen können. Während dieser Umstellung ist es außerordentlich wichtig, daß die große Erfahrung der Massen tatsächlich in der Praxis zum Ausdruck kommt.
Der Vorsitzende Mao Tse-tung hat uns geraten, die Richtlinien des Stahlwerks Anschan zu studieren. Sie brechen mit dem schlechten Einfluß, den die sowjetischen Richtlinien für das Stahlkombinat Magnitogorsk gehabt haben. Dort ist es der Direktor, der die ganze Verantwortung trägt und alle Entscheidungen trifft. Wir haben gesehen, wohin das führt. Das führt auch zu technologischer Stagnation. Die Richtlinien für das Stahlwerk Anschan bedeuten, daß die Kader nicht isoliert werden und daß die Macht der Arbeiterklasse sich sowohl in der politischen als auch in der technischen Arbeit ausdrückt.

Die Politik muß die Führung haben. Hier haben die Diskussionen, die wir im gegenwärtigen Kampf zwischen den zwei Linien hatten, dazu geführt, daß wir beschlossen, die Produktion von Ersatzteilen zu verdoppeln. Die Produktion ist eine politische Angelegenheit.«
Aber worauf zielt diese Produktion? Darum geht es in Mao Tse-tungs erstem Punkt in der Direktive von 1963 für die Arbeit in Sinkiang, und darum ging es bei dem Kampf um die Nylonstrümpfe 1975 in Kueitun.
Im Sommer 1975 wurde die Konfektionsfabrik in Kueitun endgültig in die zivile Verwaltung übergeleitet. Sie war von der siebten Division aufgebaut worden. Anfangs war sie sehr klein. Jetzt war sie durch eigene Arbeit zu einer Konfektionsindustrie mit 673 Angestellen — davon 362 Frauen — angewachsen. Das Rohmaterial war Baumwolle aus den großen Baumwollpflanzungen um Kueitun, von Boden, den das ›Produktions- und Aufbaukorps‹ urbar gemacht und dräniert hatte.
Aber im Sommer 1975 hatte das ›Produktions- und Aufbaukorps‹ der Volksbefreiungsarmee seinen Auftrag erfüllt und war demobilisiert worden. Da ergriffen die Arbeiter die Initiative zu einer Massenkritik, um die Richtung der Produktion zu verändern.
Es war zwar gut, daß die Fabrik Unterwäsche herstellte. Gewiß braucht das Volk Unterhosen. Das Volk braucht lange Unterhosen und Unterhemden und Halstücher, und die Millionen Unterhosen, die die Fabrik herstellt, hatten einen guten Absatz. Jeder vierte Einwohner Sinkiangs trägt Unterhosen aus der Konfektionsfabrik Kueitun. Aber jetzt, sagten die Arbeiter, forderte die Revolution und der Kampf gegen den Revisionismus Nylonstrümpfe!
Es ging nicht um die Wirtschaftlichkeit. Die Produktion soll nicht von der Wirtschaftlichkeit, sondern von den Bedürfnissen des Volkes gesteuert werden. Der Forderung der Wirtschaftlichkeit zu folgen, das war die Linie Liu Schao-tschis. Da ginge es wie in der Sowjetunion. Der Profit würde dann bestimmend. Aber wir, sagten die Arbeiter in Kueitun, wir müssen die Politik zuerst kommen lassen. Es geht darum, dem Volk zu dienen.
Nach umfassenden Diskussionen wurde die Produktion umgestellt. Die Pläne wurden umgearbeitet.
»Es war nicht nur eine Frage der Strümpfe, es war eine Frage des bitteren Kampfes gegen den Sowjetrevisionismus«, sagt Parteisekretär Schang Li-schen von der Konfektionsfabrik in Kueitun. »Die Massen erhoben die Frage, und die Partei nahm sich der Sache ernsthaft an. Das Revolutionskomitee fragte uns, ob wir auch Nylonstrümpfe produzieren könnten. Wir hatten Massendiskussionen darüber. Die Arbeiter meinten, wir müßten das schaffen können. Also machten wir es.«
Im September 1975 begann die Konfektionsfabrik in Kueitun, Damenstrümpfe herzustellen. Baumwollstrümpfe und Nylonstrümpfe. Da die

eigene Industrie in Sinkiang noch einige Jahre lang nicht in der Lage ist, das benötigte Nylongarn zu produzieren, verwendet man Garn aus Schanghai und sogar aus Japan. Im ersten Jahr wurden 4800000 Paar Damenstrümpfe produziert.

Aber warum Nylonstrümpfe? Ist das Politik? Folgt man damit Mao Tse-tung? Trägt die Revolution Nylonstrümpfe?

Die meisten Frauen in China tragen lange Hosen. Aber nicht alle tun das. Uigurische und kasachische Frauen tragen Röcke. Früher trugen sie lange Hosen unter dem Rock. Heute tragen sie einen kurzen Rock mit Strümpfen. Der Rock darf kurz sein; aber mit nackten Beinen geht man nicht.

Es gab nicht viele Baumwollstrümpfe in den Geschäften. Aber es gab Baumwollstrümpfe. Doch Seidenkleider bleiben an Baumwollstrümpfen haften. Die Frauen müssen ständig am Rock zupfen, damit er hübsch aussieht. Außerdem ziehen Baumwollstrümpfe Wasser. Das tut Nylon nicht. Die Frauen in Sinkiang zogen Nylon vor. Wenn es aber mit Baumwollstrümpfen schon schlecht aussah, so war es fast hoffnungslos, Nylonstrümpfe zu finden. Von Schanghai kam ein wenig herein, aber bei weitem nicht so viel, daß es gereicht hätte.

Da leitete die Sowjetunion eine Propagandaoffensive ein. Von dort wurden Geschenkpakete mit Nylonstrümpfen nach Sinkiang geschickt. Damit wurde für den Luxus und den Wohlstand in der Sowjetunion, wo jede Frau die feinsten Nylonstrümpfe trug und auch die Arbeiter es sich leisten konnten, ein Auto zu kaufen, Propaganda gemacht.

Es entstand ziemlich rasch ein Schwarzmarkt für Nylonstrümpfe in Sinkiang. Der Preis stieg auf 15 bis 20 Yüan für ein Paar. Ein Drittel des Monatlohns eines gewöhnlichen Arbeiters oder Kaders. An sich war dieser Handel verboten. Aber es war keine Angelegenheit für die Polizei, es war eine politische. So stellten die Arbeiter das Problem, als sie im Juli 1975 die Kritikbewegung begannen und die Umstellung des Produktionsplans forderten.

Jetzt stellt die Konfektionsfabrik in Kueitun Strümpfe für Sinkiangs Frauen her, und es gibt keinen Schwarzmarktpreis mehr für Nylonstrümpfe.

»Der Verkaufspreis«, sagt Parteisekretär Schang Li-scheng, »beträgt jetzt 1,40 pro Paar für Baumwollstrümpfe, 2,70 für Reyonstrümpfe und 4,70 für Nylonstrümpfe. Baumwollstoff ist rationiert, neun Meter im Jahr für Erwachsene, aber Baumwollstrümpfe sind nicht rationiert, und andere Stoffe als Baumwolle sind auch frei.

Als wir beschlossen, Strümpfe zu produzieren, hatten wir keine Erfahrung. Wir schickten Personal nach Schanghai, um Ausrüstung zu besorgen und zu lernen. Wir konnten auch einige erfahrene Arbeiter aus meiner Heimatprovinz bekommen; ich stamme eigentlich aus Schantung.

Aber wenn wir sagen, daß wir jetzt genügend Strümpfe herstellen, so bedeutet das nicht, daß wir zufrieden sein können. Die Qualität ist nicht hoch genug. Sieh selbst! Vergleiche unsere Nylonstrümpfe mit denen, die man in Schanghai bekommen kann. Die Massen kritisieren uns zu Recht. Aber wir haben Schwierigkeiten. Unsere Räumlichkeiten sind unzureichend und zum Teil veraltet und nicht zweckmäßig. Wir haben eine ganze Menge Maschinen, die alt und technisch rückständig sind. Wir haben die Herstellung nicht so mechanisiert, wie es nötig ist. Das sind Probleme, mit denen wir uns auseinandersetzen müssen. Wir haben diese Fabrik aus eigener Kraft aufgebaut, und jetzt haben wir eine Jahresproduktion in einem Wert von 15 Millionen Yüan. Jetzt produzieren wir 0,6% mehr, als der Plan vorsieht. Wir müssen unsere Investitionen planen und eine Massenkampagne für technische Neuerungen durchführen.
Andere Schwierigkeiten sind, daß die Qualität unserer Produkte niedriger ist als die, welche die besten Industrien im Landesinneren halten können. Es gibt auch berechtigte Kritik daran, daß unser Sortiment zu klein und nicht genug durchdacht ist. Es gibt auch Schwierigkeiten in unserer Verwaltungsarbeit. Diese Fragen stehen zur Diskussion an, und ein wichtiger Schritt nach vorn ist, eine breite Diskussion darüber durchzuführen.
Aber«, sagt Parteisekretär Schang Li-scheng und hält ein Paar Nylonstrümpfe hoch, »daß wir jetzt in Sinkiang Nylonstrümpfe produzieren, ist schon ein großer Sieg für die revolutionäre Linie.«
Die Nylonstrümpfe, die in Kueitun hergestellt werden, sind kräftig und unverwüstlich. Sie sind wie die Nylonstrümpfe, die nach Kriegsende nach Europa kamen, und sie haben den gleichen matten Glanz.
Man kann sagen, daß das neue Sinkiang, das aufgebaut wird, auch allmählich aussieht wie das Beste im Europa der 50er Jahre. In Urumtschi sind die Häuser vier Stockwerke hoch. Sie liegen Reihe auf Reihe in den neuen Wohngebieten inmitten von Bäumen, und auf den Straßen gibt es Obusse, Lastwagen und Fahrräder. Alles ist wie Anfang der 50er Jahre. In ganz Sinkiang wird abgerissen. Die alten Hüttenstädte sollen verschwinden. Der Wirrwarr soll verschwinden. Die gewundenen Gassen sollen verschwinden. In Urumtschi gräbt man das neue Kanalisationssystem. Die Straßen sind aufgerissen, und der Verkehr wird um den Stadtkern herumgeleitet.
Man kann sagen, daß die Romantik verschwindet. Die lehmgelben Hütten mit den blauen Holzteilen werden von vierstöckigen Backsteinhäusern ersetzt. Sinkiang wird wie eine schwedische oder deutsche oder französische oder norwegische Provinz in den 50er Jahren. Aber das, was verschwindet, ist eben das, was das Volk als Elend und enges Zusammenwohnen und schlechte Hygiene und üblen Geruch erlebt hat.

Die Romantik, die keine Wasserleitungen und Abwassernetze und asphaltierte Straßen und Obusse und neue Wohnungen duldet, ist auf jeden Fall für die Menschen, die darin wohnen, nicht romantisch.
Sinkiang wird schnell modernisiert. Aber sicher wird diese Modernisierung auch Probleme mit sich bringen. Verkehrsprobleme lassen sich vielleicht vermeiden; bewußt werden die neuen städtebaulichen Maßnahmen für Kollektivverkehr geplant. Aber ich weiß, wie es mit dem Verkehrsproblem in Schanghai und Peking aussieht und wie ganz Schantung von Lastwagen und Radfahrern verstopft ist, wenn am Nachmittag der Verkehr auf die Hauptstraßen hinausquillt. Auch Sinkiang wird noch seine Verkehrsprobleme und Verkehrsstockungen bekommen.
Und wie wird es für die Alten, die vier Stockwerke hoch ohne Aufzug wohnen sollen? Und was macht man mit den Invaliden? Und wie wird es mit den Kindern auf den Treppen?
Noch werden diese Fragen in Sinkiang nicht diskutiert. Noch geht es nur darum, aus den Gassen und Lehmhütten herauszukommen. Aber es wird in den nächsten Jahren sicher nicht an Anlässen zu Debatten in Sinkiang fehlen.

30
Mit Sven Hedin im Gepäck

Als wir Sinkiang verlassen wollen, nehmen wir den Nachmittagszug von Urumtschi nach Osten in Richtung Landesinnere. Wenn wir am Abend durch Turfan und in der Nacht durch Hami fahren, werden wir zeitig am Morgen in Tatschuan jenseits der Provinzgrenze in Kansu sein. Dort wollen wir aussteigen und auf der Autostraße nach Tunhuang weiterreisen. Der Zug fährt aber weiter. Es ist ein Fernzug nach Schanghai über Lantschou. Wir gewinnen ein paar Tage, wenn wir den Zug auf dieser Strecke nehmen. Aber das war nicht das Entscheidende. Die Sinkiang-Bahn ist eine der großen neuen Bahnlinien, und aus demselben Grund, aus dem wir südlich um die Takla-Makan gefahren sind, die alte dsungarische Poststraße von Ili nach Urumtschi benutzt haben und hinunter durch den Kansu-Korridor fahren werden, wollten wir auch den Zug — und keinen beliebigen Zug, sondern den Schanghai-Expreß — von Urumtschi ins Landesinnere an einem Sommernachmittag in den 70er Jahren ausprobiert haben.
Als der Zug die Station verlassen hatte und wir nach Süden durch die Vorstädte fuhren, verstauten wir das Gepäck im Abteil. Wir hatten ein Abteil für uns in der gepolsterten Klasse in einem Wagen nach Lantschou.
»Legt euer Gepäck auf die oberen Betten; ihr bleibt allein im Abteil. Die anderen Passagiere steigen nicht vor Tatschuan ein, wenn ihr aussteigt.«
Der Wagenschaffner zeigte uns, wo die Thermosflaschen mit heißem Wasser für den Tee standen, stellte den Ventilator an der Decke an, schaltete den Lautsprecher ab und zog die Tür zu.
Der Zug fuhr nicht schnell. Er ruckte an den Nahtstellen der Schienen, und der Ventilator surrte. Es war warm, und wir lagen auf weißen Baumwollaken, wiegten uns im Takt des Zuges und lasen Sven Hedin. Durch ganz Sinkiang hatten wir Sven Hedin gelesen. Von Urumtschi hatten wir eine Versandkiste an die Küste geschickt. Kleidung, die wir nicht mehr brauchten; ausgelesene Bücher; alles, was wir mitgeschleppt hatten. Die Holzkiste stand vielleicht in dem Gepäckwagen vor uns. Aber in Urumtschi hatten neue Büchersendungen auf uns gewartet. Pakete mit Büchern über Sinkiang und Kansu von Paragon in New York, von Otto Harrassowitz in Wiesbaden und von Pinkus in Zürich.
»Wenn du stirbst«, hatte Gun gesagt, als sie die Pakete im Zimmer sah, »dann wird es nicht heißen, daß die Freunde ein Denkmal errichteten, sondern daß die Buchhändler ihre Rechnungen mit einem Trauerrand versahen.«

In Kaschgar hatte ich meinem Sohn nach Stockholm geschrieben und ihn gebeten, Sven Hedins ›Schweden und der große Osten‹ und seine ›Antwort auf die Rede‹ zu schicken. Sven Hedin war während der Reise durch Sinkiang immer mehr zu einem Problem geworden. Obwohl ich ›Die Flucht des Großen Pferdes‹ und ›Asien, tausend Meilen auf unbekannten Pfaden‹ und anderes weggepackt und mit dem anderen Gepäck von Urumtschi weggeschickt hatte, war immer noch eine ganze Reisetasche mit Büchern von Sven Hedin gefüllt. Die Sonne war im Begriff, hinter uns unterzugehen. Wir waren auf dem Weg nach Osten, und in der Kurve sahen wir den Rauch wie einen Federbusch über der Lokomotive stehen.
»Und wie wirst du Sven Hedin erklären?« fragte Gun.
Sie hatte ›Antwort auf die Rede‹ zu Ende gelesen und war dabei, Tee zuzubereiten. Sie goß Wasser aus der Thermosflasche auf. Es dampfte. Dann legte sie den Deckel über den Becher, um den Tee ziehen zu lassen.
»Es ist natürlich einfacher, gar nichts über Sven Hedin zu schreiben«, sagte sie. »Hitlerbewunderer war er. Deutscher Propagandist in Schweden in zwei Weltkriegen. Gefährlich und heimtückisch und hinterlistig. Seine ersten Bücher sind auch ausgesprochen widerlich. Der Bericht, wie er seine Männer in der Wüste sterben läßt, ist abgeschmackt. Er ist ein Wichtigtuer.«
Es dämmerte. Wir waren schon über Turfan hinaus, und es wurde Nacht. Wir hatten das Licht im Abteil angemacht, und ich hatte Sven Hedins ›Seidenstraße‹ auf die Seite gelegt. Wir tranken Tee und aßen Zwieback. Gun hatte eine Tüte mit Rosinen vorgeholt, die sie von Turfan aufgehoben hatte.
»Erinnerst du dich, wie erstaunt wir 1959 in Bombay waren, als wir entdeckten, daß ›Overland to India‹ mehr als 200 Rupien kostete? Der Sven Hedin, mit dem man damals in Schweden für ein paar Zehnkronenscheine Schubkarren füllen konnte, war in Bombay und London und New York selten und wertvoll.«
Die Scheibe war ein schwarzer Spiegel. Draußen war Wüste, aber im Glas sahen wir nur uns selbst in unserem Abteil. Erst als ich mich vorbeugte und die Nase ans Glas drückte, sah ich einen Streifen Bahndamm da unten, den der Zug erleuchtete. Aber alles andere war dunkel, und es gab auch nichts zu sehen, als ich mir mit den Händen Schatten machte. Die Luft war schwer und dicht vom Staub, und nicht einmal die Sterne waren zu sehen.
»Er wurde geadelt, saß in der Schwedischen Akademie und war weltberühmt, aber er hat nicht einmal eine Biographie bekommen, weil er ein Nazifreund und schlimmer als ein Reaktionär war«, sagte Gun. »Wir sind ja gewiß daran gewöhnt, daß du Schelte bekommst, aber wie, meinst du, wird es gehen, wenn du sagst, daß Sven Hedin mit Ostturke-

stan recht hatte und August Strindberg unrecht? Denn das mußt du sagen, wenn du überhaupt etwas über Hedin schreiben willst. Du hast ja selbst Strindbergs Artikel gegen Hedin herausgegeben und geglaubt, daß sie richtig sind. Nun mußt du sagen, daß du dich geirrt hast und daß Hedin in der Sache recht hatte.«
»Laß sie schimpfen«, sagte ich. »Das tun sie sowieso. Man muß nur weitergehen. Die Hunde und die Karawane, weißt du. Schlimmer ist, daß ich selbst nicht weiß, was ich von ihm halte. Obgleich Sven Hedin sicher in der Sache gegen August Strindberg recht hatte, was die Erforschung Ostturkestans anging. Das werde ich sagen.«
Und nun habe ich es gesagt. (Als ich nach Schweden zurückkam, sah ich auch in Lychnos 1975-76, daß Staffan Rune die Frage um Hedin/Strindberg/Ostturkestan geklärt hatte: ›Strindbergs asiatischer Horizont‹. Er hat das auf eine vorzügliche Weise getan.) Aber das macht das Problem nicht kleiner.
Zwei Generationen von schwedischen jungen Menschen — jene, die zwischen 1885 und 1935 geboren sind — wuchsen mit seinen Reisebüchern auf. Was war ›Texas Jack‹ gegenüber ›Die Flucht des Großen Pferdes‹? Einer der Gründe dafür, daß wir jetzt in diesem Nachtzug nach Osten auf der Sinkiang-Bahn saßen, war ja auch, daß ich als Kind in meinem Zimmer auf Kvicksta auf dem Bauch gelegen und ›Der wandernde See‹ gelesen hatte. Es war wie ›Die geheimnisvolle Insel‹, nur größer und richtiger und ganz atemberaubend alltäglich. Es gab keinen Kapitän Nemo, es gab auch seine Grotte nicht. Doch den Lop Nor gab es auch in der echten Wirklichkeit.
Seine Deutschtümelei war unangenehm. Ich frage mich, ob ich nicht etwas Falsches geschrieben habe, als ich meinte, daß wir, die zwischen 1885 und 1935 geboren wurden, mit seinen Reisebüchern aufwuchsen. 1930 ist wohl richtiger als 1935. 1944 waren es nur Zehnjährige in deutschfreundlichen Familien, die auf dem Bauch lagen und Sven Hedin anstatt Jules Verne lasen. Und das können so spät im Krieg nicht viele gewesen sein. Die Deutschtümelei machte Hedin unlesbar.
Gewiß war er auch während des Ersten Weltkrieges deutschfreundlich gewesen. Ein Dunkelmann. Strindberg wies auf diesen Zug bei ihm hin. Martin Koch, K. G. Ossiannilsson und andere hatten ihn verspottet: anmaßend, reaktionär, Deutschenfreund. Aber zumindest für uns, die 1942 15 Jahre alt waren, gab es einen Unterschied zwischen den Deutschenfreunden von 1915 und den Hitlerfreunden von 1942. Aber Hedin war beides.
Wenn Hitler gesiegt hätte, wäre Hedin unter den Herren des Neuen Europa gewesen. Maurice Bardèche, Robert Brasillach, Céline, Pierre Drieu La Rochelle, Knut Hamsun, Sven Hedin und viele andere. Hitler und Goebbels hätten wohl eine europäische Akademie stiften können!

Wer glaubt, daß Kunst und Wissenschaft der Nazis und Faschisten schlecht war, nur weil sie schlecht war, ist gefährlich naiv. Naiv, weil er nicht gelesen und studiert haben kann, worüber er spricht; gefährlich, weil er in dem Augenblick, in dem er später entdeckt, daß es große faschistische Kunst und Wissenschaft gibt, womöglich falsche Schlüsse zum Faschismus zieht.
Wem es schwerfällt zu verstehen, daß das Böse hohe Qualität haben kann, mag Mao Tse-tungs Erörterung dieses Themas im Schlußwort zu einem ›Forum in Jenan über Literatur und Kunst‹ im Mai 1942 lesen... Dort faßt er zusammen: »Alle Klassen in allen Klassengesellschaften stellen unwandelbar die politische Norm in das erste Zimmer und die künstlerische Norm in das zweite Zimmer.« Es geschah zu Recht, daß wir Sven Hedin (und Bardèche und Céline) für uns 1942 als unlesbar erklärten. Aber kein Urteil bleibt bestehen. Je nachdem, wie die Zeit vergeht und das Geschehen sich verändert, wird es notwendig, die Arbeit der nun toten Feinde aufzugreifen, zu prüfen, kritisch zu diskutieren und kritisch zu übernehmen. Bei Hedin wie bei Hamsun und Céline (nicht aber bei Pierre Drieu La Rochelle) gibt es vieles, was man kritisch übernehmen kann.
Jetzt sind wir mit Sven Hedin im Gepäck durch Sinkiang gereist, und er wird uns dann hinunter durch Kansu begleiten. Wir sind zusammen im Pamir geritten, haben zusammen bei dem russischen Konsul in Kaschgar gewohnt und sind zusammen südlich um die Takla-Makan gereist. Wir sind mit ihm durch die Dsungarei gefahren. Und das Bemerkenswerte ist, daß es das Sinkiang, das er beschreibt, gibt und auch wieder nicht gibt.
Wir bewegen uns nebeneinander in derselben Landschaft; nur ein wenig Zeit trennt uns. Doch ist es, als reiste er mitten im Alltag in Kapitän Nemos Grotte. Anfangs merken wir es nicht. Da kümmern wir uns darum, wie sich seine Sprache verändert. Noch 1899 schreibt er vom Pamir:
»Während der zehn Tage, die wir am Strand des Kara-kul verbrachten, flogen vom Morgen bis zum Abend die vollbefiederten Südstürme mit gelösten Schwingen über den See und hatten es schrecklich eilig nach Burun-kul. Aber wir hatten keine Angst. Ich hatte vorher die Wogen gischten gehört und zog es vor, dem munteren Äolus zu trotzen, anstatt auf die Eisbildung zu warten.« (›Durch Asiens Wüsten‹)
Aber 1937 ist er zu einer einfachen und wirkungsvollen Sprache gelangt, die dem Reisen gerecht wird:
»Das Tal, dem wir folgen, wird schmäler und schließlich so eng, daß die Autos gerade noch vorwärtskommen. Es führt zu einer Paßschwelle mit einem Steinhaufen (1800 m). Das hinunterführende Tal windet sich zwischen niedrigen Hügeln, die allmählich höher werden, abgerundete Formen haben und Delphinrücken ähneln.

Es hat leicht geschneit, aber am Nachmittag kommt ein tüchtiger Schneesturm von Westen herangebraust. An einer Stelle, wo Tamarisken wachsen, wird Brennholz für den Abend gesammelt. Der Schnee stiebt gegen die Windschutzscheibe des Autos, das ganze Land wird weiß, wir sind vom vollständigen Winter umgeben.« (›Der wandernde See‹)

Sven Hedin erobert sich seine Sprache unter Schwierigkeiten. Als er sie erobert hatte, war er der Mann, der die Landschaft Sinkiangs bis heute am besten zu schildern vermochte. Das Bemerkenswerte an seiner Landschaft ist, daß sie sich allmählich mit Menschen füllt, ohne daß jedoch irgendeine Gegend bewohnt wird.

Er hat seine Sprache geschliffen. Aber die Leere in seiner äußeren Landschaft, wo alle Menschen sich wie Gespenster um ihn bewegen, auch wenn sie ihm nahe kommen, war nicht zufällig. Als er noch seine eigene schwülstige Sprache schrieb, formulierte er die unerquicklichste Todesschilderung, die ich in der schwedischen Literatur kenne. Es ist die Stelle, als er beschreibt, wie er auf dem Weg durch die Wüste im Frühjahr 1895 seine Kameraden sterbend zurückläßt (›Eine Reise durch Asien‹, 1898):

»Sein Blick war trübe und schwach, und sein Schlummer ging allmählich in den Todesschlaf über, und dann würde er in tausendjähriger Ruhe schlafen, umgeben von der großen Stille, wo nur die Dünen ihre rätselhafte Wanderung auf unbekannte Ziele zu fortsetzten. Mit blutendem Herzen und von Selbstvorwürfen zerfleischt, dieses Leben auf dem Gewissen zu haben, verließ ich den Sterbenden... Eine tragikomische Szene boten die sechs letzten Hühner, die so munter wie immer leise gackerten und unter sichtlichem Vergnügen von dem geschlachteten Schaf schmausten. Sie hatten den Hahn wahrscheinlich noch nicht vermißt, aber sie würden ihn schon noch vermissen... Auf dem ersten Dünenkamm drehte ich mich um und sandte einen Abschiedsblick zum Todeslager, wo zwei unserer Kameraden ihre letzten Züge atmeten. Das Zelt zeichnete seinen scharfen Umriß wie ein schwarzes Dreieck gegen den helleren Himmel im Westen ab, und dann verschwand es aus unserem Blick. Ich verspürte Erleichterung, als ich wußte, daß es von den Dünen verdeckt war, und ich wandte mich nicht mehr um.

Vor uns breiteten sich die dunkle Nacht und das trügerische Sandmeer aus. Aber nun empfand ich ein Übermaß an Lebensfreude und Lebenslust...«

Die Stimmung in dem langen Abschnitt, in dem Hedin das Sterben der anderen beschreibt, ist ganz und gar falsch. Falsch wie Pornographie, die ein Eunuch geschrieben hat. Kein Wunder, daß August Strindberg von Widerwillen gepackt wurde und Sven Hedin bis in seine zukünftige Bewunderung für Hitler zu sehen vermochte.

Für die Chinesen war die Sache einfacher. Sie sahen ihn als imperialistischen Kundschafter, zuerst für die Russen, dann für die Deutschen. Sie sahen ihn als Plünderer.
»Scheng Schi-tsai und der sowjetische Konsul intrigierten, um ihm zu helfen, die von ihm ausgegrabenen Funde hinauszuschmuggeln, obgleich er der damaligen chinesischen Regierung versprochen hatte, keine Ausgrabungen in Sinkiang vorzunehmen und nicht zu versuchen, etwas hinauszuschmuggeln. Das wissen wir. Das hat Hedin selbst geschrieben. Hat er da nicht wie ein Dieb gehandelt?«
Der junge Sven Hedin hatte ein einziges großes Gefühlserlebnis in Sinkiang. Als Student kommt er von Westen her über den Paß zum erstenmal nach Kaschgar, und dort trifft er Petrowskij, Rußlands Konsul. Dieser nimmt sich seiner an und zeigt ihm alle Herrlichkeiten Innerasiens.
Dann wird Sinkiang eine Landschaft, wo sich hier und da ein Mittagstisch mit Konsuln und Generälen über der kaum bevölkerten Gegend erhebt. Als Sven Hedin älter wird, versinkt auch der Mittagstisch. Er lernt, seine Reiseroute immer einfacher zu beschreiben. Deutlich treten die Ansichten der Landschaft Sinkiangs im Scheinwerferlicht der Autos hervor. Petrowskij ist damals schon lange tot, und dann ist Sven Hedin länger als eine Generation mehr deutsch als russisch.
»Aber was löst du damit?« sagte Gun. »Daß die Chinesen ihn als Kundschafter, als Wortbrüchigen und Dieb ansahen, ist nicht neu. Das wissen wir. Sie haben nicht einmal seine harte Kritik an der Politik der Briten gegenüber Tibet zitiert. Was du von seiner inneren Leere, seiner falschen Todesschilderung, seiner übermäßigen Liebe zu feinen Leuten und seinen seltsamen Gefühlen für Petrowskij sagst, haben andere vor dir gesagt. Aber was gibt es außer den Landschaftsbeschreibungen an ihm, das es wert ist, aufgehoben zu werden? Ist eigentlich der einzige Grund, daß er nicht brennen soll, der, daß du ihn als Elfjähriger gelesen hast und begeistert warst?«
»Nein, wenn man reden will wie die Chinesen von Stalin, dann muß man Sven Hedin heute wohl in einem Verhältnis 70 zu 30 sehen. Aber 70 Teile schlecht und 30 Teile gut. Und ein Drittel ist viel, wenn es um einen großen Mann geht. Denn groß war er.
Das Drittel sind nicht nur Landschaftsbeschreibungen. Es schließt eine zuverlässige geographische wissenschaftliche Arbeit ein. Wenn es um die sachliche Frage der Erforschung Ostturkestans geht, dann hat Sven Hedin recht und August Strindberg unrecht. Das gehört zu Sven Hedins gutem Drittel. Aber dahin gehört auch etwas anderes. Bei allen Phrasen und trotz aller inneren Leere hat er auch ein wirkliches historisches Bewußtsein. Mit Kipling sieht er die Imperien, die er bewundert, denen er dient, als Vergängliches vergehen. Er glaubt an den Bestand der alten Straßen und den Untergang der großen Reiche.«

»Das ist so poetisch«, sagte Gun, »daß man fast fürchtet, du fängst an, von der Erde und von den Toten zu reden. Und das ist Sven Hedin im Guten wie im Schlechten. Du kannst nicht jede dritte Seite heraustrennen und als brauchbar und gut auf die Seite legen. Man muß den ganzen Sven Hedin genauso nehmen, wie er ist. Aber einen kühlen Kopf bewahren und sich keine Illusionen machen, er sei ein anderer als genau der, welcher seine sterbenden Kameraden verläßt, Mittagessen mit Generalkonsuln liebt, einen Staatsstreich in Schweden zu bewerkstelligen versucht, Hitler huldigt. Obwohl man von ihm sagen kann, daß er 70 Teile schlecht und 30 gut war, wie die Chinesen in solchen Fällen sagen.«

31
Kansu

Die Provinz liegt wie ein großes und knifflig geformtes Puzzlestück auf Chinas Karte. Sie ist eine der klassischen Provinzen Chinas, die seit den ältesten Zeiten einen Teil des chinesischen Staatsgebietes ausgemacht hat. Lange wurde sie zusammen mit Schensi verwaltet, und bis 1882 umfaßte sie sogar das heutige Sinkiang.
Der Name Kansu wurde aus den alten Namen zweier wichtiger Handelsstädte an der klassischen Straße nach Westen gebildet: der Seidenstraße, wie sie heute heißt, der Kaiserstraße, wie sie damals hieß, —*Kan*tschou, heute Tschangjeh, und *Su*tschou, heute Tschiutschuan. Hier in Kansu liefen die Straßen aus Westasien und Innerchina, von der Wüste Gobi im Norden und der tibetischen Hochebene im Süden zusammen. Draußen nahe der heutigen Provinzgrenze mit Sinkiang verlief die Große Mauer der Han-Dynastie, und dort befand sich auch ihr Jade-Tor; bei Tschiayükuan läuft die Große Mauer der Ming-Dynastie heute quer über die Straße, und dort liegt deren westliches Tor.
Kansu ist ein Erdbebengebiet. Bei dem großen Erdbeben 1920 kamen 264000 Menschen um, obwohl das Land damals nach den großen Bauernkriegen am Ende des 19. Jahrhunderts entvölkert und verlassen war.
Seit 1949 sind die Verwaltungsgrenzen zwischen Chinas Provinzen im Nordwesten mehrmals berichtigt worden. Heute ist Kansu etwas größer als Schweden, ca. 530000 km², und hat ungefähr 18 Millionen Einwohner. Es hat eine Auslandsgrenze; im Norden stößt es an die Mongolische Volksrepublik. Im übrigen grenzt Kansu im Nordwesten an Sinkiang, im Westen an die Provinz Tschinghai, im Süden an Szetschuan, im Osten an Schensi und im Nordosten an das Autonome Gebiet Ninghsia-Hui.
Kansu ist eine Verwaltungseinheit, in gewissem Maße auch eine historische Einheit, aber eine geographische Einheit ist die Provinz nicht. Das östliche Kansu hat Anteil an den Lößböden Nordschensis. Das südliche Kansu um Tienschui ist von fast südchinesischer Üppigkeit. Vom Lantschou-Gebiet auf die Berge zu jenseits von Linhsia liegen gute Ackerbaugebiete. Dort schneidet der Huangho, der Gelbe Fluß, quer durch Kansu, und ›Hohsi‹, das Land westlich des Flusses, hat einen anderen Charakter. Der 3000 Meter hohe Paß über das Wutschiao-Gebirge — Wutschiaoling — bildet die Wasserscheide zwischen Ostasien und Innerasien. Hier verläuft der 1200 Kilometer lange Kansu-Korridor. Eine Perlenkette von Oasen längs der alten Handelsstraße zwischen dem Tschilien-Gebirge im Südwesten und den Wüstenbergen auf die Alaschan-Wüste und die große Gobi im Nordosten hin.

Die Mehrzahl der Bevölkerung bilden die Han. Aber es gibt auch große Gruppen von Hui, Mongolen, Tibetern, Kasachen und anderen Völkern. In Kansu gibt es zwei autonome Distrikte: den Autonomen Distrikt Linhsia-Hui und den tibetischen Autonomen Distrikt Süd-Kansu. Von den 74 Kreisen sind acht autonom. Im großen und ganzen entspricht diese Bevölkerungsverteilung dem traditionellen Bild. Aber sie ist auch Ausdruck der entsetzlichen Menschenausrottung, die nach den großen Bauernerhebungen während des ›Muslimkrieges‹ im vorigen Jahrhundert durchgeführt wurde.

Kansu ist eine von Natur reiche, aber unterbevölkerte und arme Provinz, die jetzt zu einem der neuen industriellen Basisgebiete Chinas entwickelt wird. Es liegt ganz dicht bei Chinas innerstem Verteidigungsgebiet mit den Provinzen Szetschuan und Tschinghai. Früher vergessene und entlegene Orte wie Linhsia sind Zentren der höchstentwickelten modernen Industrie geworden. Ganz Kansu befindet sich in Umgestaltung, und von Tienschui im Osten bis Anhsi im Westen werden die Städte industrialisiert und verändert, und auch aus Einöden werden neue Städte geschaffen, so die Stahlstadt bei Tschiayükuan — dem Westtor der Großen Mauer —, die der Außenwelt bis vor kurzem noch völlig unbekannt war.

Kansu war wegen seines alten Handelsweges durch den Korridor westlich des Flusses bekannt. Dort gab es große buddhistische Denkmäler, dort gab es alte Kulturstädte. Heute wird in Kansu die Nutzung seines Öls und seiner Kohle, seines Eisenerzes und Kupfers, seiner Bodenschätze aller Art vorangetrieben. Die Provinzhauptstadt Lantschou, die früher ein Knotenpunkt des Handels auf den großen Straßen war, wird jetzt zu einer der wichtigen Millionenstädte Chinas ausgebaut, zu einer industriellen wissenschaftlichen Basis für Chinas großen Sprung in die Modernisierung.

32
Der Mondsichelsee

Es war der siebte Tag in Tunhuang. Am Abend zuvor hatten wir unsere Arbeit an den Grotten der Tausend Buddhas in Tunhuang beendet. Oder — um es wahrheitsgemäßer auszudrücken — wir hatten so lange dort gearbeitet, wie unsere Erlaubnis galt. Als die Sonne unterging, war die Woche vorbei und die Erlaubnis abgelaufen, und das meiste war ungetan. Als es dunkel wurde und Gun nicht mehr fotografieren konnte, verließen wir die Grotte Nr. 220. Gun hatte weiche Knie vor Müdigkeit, als sie die Treppe hinunterging. In diesen kurzen Tagen, in denen uns die Möglichkeit offengestanden hatte, hatten wir von Sonnenaufgang bis Sonnenuntergang gearbeitet, ohne uns Essenspausen oder Ruhe zu gönnen. Gewiß kann man Fotos auch ohne Tageslicht aufnehmen. Es gibt Lampen, und es gibt Blitzlicht. Aber die Künstler, die einmal vor mehr als 1000 Jahren hier arbeiteten, hatten weder das eine noch das andere. Das Blitzlicht kehrt die Lichtperspektive um, und keine Lampe, die ich kenne, könnte das lichtgesättigte Dunkel in den Grotten, von Gängen und Galerien vor dem harten Wüstenlicht des Tales verborgen, wieder erstehen lassen. Unsere Erlaubnis, uns bei den Grotten der Tausend Buddhas aufzuhalten, war zeitlich begrenzt. Deshalb hatte Gun jede Minute Tageslicht ausnützen müssen. Als wir zum Gästehaus gingen, war Gun von der pausenlosen Arbeit so erschöpft, daß sie sich vor Müdigkeit am Wegrand übergeben mußte.

Am Morgen hatten wir das Gästehaus draußen bei den Grotten der Tausend Buddhas verlassen. Jetzt war es Vormittag und schon heiß, und wir rasteten am Mondsichelsee auf der anderen Seite der Tunhuang-Oase. Es ist ein merkwürdiger kleiner See. Ein Quellsee draußen zwischen den Sanddünen der Wüste. Ein klarblauer mondsichelförmiger See, eingerahmt von hohen Dünen. Im Wind weht der Sand von den Dünen, die sich hoch und bedrohlich über dem See erheben und vorzurücken scheinen, um sich hineinzuwälzen und ihn zu ersticken. Aber der Sand füllt ihn nie. Der Mondsichelsee verändert nicht einmal seine Gestalt durch die wehenden Dünen. Er bleibt. Man könnte ihn einen Süßwasserstern mitten in der Wüste nennen.

Man sieht den See erst, wenn man ganz dicht vor ihm ist. Man stapft durch den Sand. Man läßt die äußeren Ausläufer der Oase hinter sich. Alle Autos und Jeeps haben sich festgefahren. Der Sand ist wie Neuschnee. Die Wüste völlig unfruchtbar. Die Hitze zittert in der Luft. Dann plötzlich liegt der Mondsichelsee klar, still und tiefblau dort unten unter den Dünen fünf Kilometer südlich von Tunhuang.

Wir schlittern die hohe Sanddüne hinab zum See, und nun beginnt die ganze Wüste unter uns zu singen. Mächtige Saiten werden angeschlagen, und die Töne steigen zum Himmel. Wegen dieser Musik ist der Mondsichelsee seit der Han-Dynastie berühmt. Hier singt und dröhnt die Wüste unter dem Wanderer, der sich dem See nähert, den der Sand nie auffüllen kann. Menschen schufen die Grotten der Tausend Buddhas, aber Götter schufen den Mondsichelsee, heißt es.

Wir sitzen im Schatten eines Baumes und trinken Tee. Wir sitzen auf einem schönen abgenutzten Chotan-Teppich. Er hat ein großblumiges Muster und eine Mäanderborte und ist eigenartig rosa getönt. Wir sehen auf das blaue Wasser hinaus und hinüber auf die perlmuttern schimmernden Dünen. Das Wasser kräuselt sich im Wind, und dicht am Ufersaum zieht ein Schwarm kleiner Fische vorbei. Es ist sehr schön und sehr ruhig, und diese Schönheit gehört zu den Dingen, auf die Tunhuang stolz ist.

Hinter uns sollten eigentlich Tempel und Lusthäuser stehen. Die Gebäude selbst waren nicht berühmt. Aber sie waren auf altem Boden errichtet. Hier waren Tempel und Lusthäuser in der Han-Dynastie erbaut worden. Damals war Tunhuang das große Truppenquartier, das am weitesten in die Wüste vorgeschoben war. Hier sammelten sich die Truppen, und hier ruhten sie aus, bevor sie durch die wasserlose Wüste in die westlichen Gegenden und die großen Oasen marschierten. Aber die Lusthäuser jener Zeit sind seit langem verschwunden.

In der Stadt Tunhuang hing im Empfangsraum des Revolutionskomitees ein Ölgemälde, das den Mondsichelsee darstellt. Han Schu, stellvertretender Vorsitzender des Revolutionskomitees des Kreises Tunhuang, hatte voller Stolz darauf gezeigt. Da konnte man die Tempel und Pavillons sehen. Das Bild hatte ein junger Künstler aus dem Ort gemalt.

»Er fing nach der Kulturrevolution zu malen an.«

Aber die Tempel auf dem Gemälde waren nicht sehr alt. Sie sahen nicht besonders bemerkenswert aus. Sie stammten aus der letzten Dynastie.

Als wir uns umdrehen und über die Schulter blicken, gibt es jedoch keine Tempel hinter uns. Es gibt keine Lusthäuser. Es gibt überhaupt keine Gebäude. Nur eine Hirtenhütte und dann jenseits der Anbaugrenze Wüste mit unfruchtbarem Sand. Der Mondsichelsee ist verwüstet worden.

»Das geschah nicht während der Kulturrevolution«, sagte Tschao Ju-jeh von Kansus Kulturabteilung. »Es gab schlechte Elemente unter den Rotgardisten. Sie versuchten, den Kampf gegen alte schlechte Bräuche in einen Kampf gegen alte Denkmäler zu verdrehen. Auch Kansu mußte darunter leiden. Eine ganze Menge in der Provinz wurde zerstört. Um dem entgegenzuwirken, leitete die Partei die große Volksbewegung ein, die Denkmäler zu pflegen und die Archäologie zu erobern. Die Kulturrevolution wurde die größte archäologische Kampagne in unserer Ge-

schichte. Die Archäologie wurde eine Volksbewegung. Aber davor gelang es gewissen schlechten Elementen und Provokateuren, einen Teil der Denkmäler des Volkes zu zerstören. Es waren jedoch nicht diese Elemente, die den Mondsichelsee zerstörten.«
»Das geschah ein paar Jahre später«, sagte Han Schu. »Die Tempel und die Anlage hier wurden von einem Mann gepflegt, der früher Mönch gewesen war. Wir glaubten, er habe sich gewandelt. Wir wußten jedenfalls nicht, daß er so war, wie er war.«
»Was machte er denn?« fragte Gun.
»Er brannte eines Nachts alles nieder. Er brannte auch den Tempel dort auf der anderen Seite der Dünen bei der Produktionsbrigade Sandberg nieder.«
»Wie kam es denn dazu, daß er das machte?« fragten wir.
»Es gab keinen bestimmten Grund. Er erwies sich nur im Innersten als Konterrevolutionär, und eines Nachts brannte er dann alles nieder, wofür er verantwortlich war. Keiner hatte mit so etwas gerechnet. Alle hatten geglaubt, er habe sich seit langem geändert. Er hatte die Verantwortung für die Tempel hier 20 Jahre lang nach der Befreiung gehabt. Dann legte er eines Nachts Feuer an alles.
Aber«, fügte Han Schu hinzu, »das Revolutionskomitee des Kreises wird alles wieder aufbauen lassen. Vielleicht nicht alles und bestimmt nicht den Tempel auf der anderen Seite der Dünen. Der war nicht besonders interessant. Aber wir werden das meiste aufbauen und das Ganze wiederherstellen. Das haben wir beschlossen. Wir haben die Pläne schon fertiggestellt. Alle hier in Tunhuang lieben den Mondsichelsee. Wenn ihr das nächstemal kommt, müßt ihr dasein, wenn die Trauben reif sind. Dann werdet ihr im Pavillon sitzen und Trauben essen, und alles wird so schön sein wie auf dem Gemälde im Empfangszimmer des Revolutionskomitees.«
Man versuchte, Wasser aus dem Mondsichelsee zu pumpen und es in einem Kanal zu der Produktionsbrigade Sandberg zu leiten. Aber die Schwierigkeit war, daß der Kanal wieder versandete. Die Dünen wanderten, und der Kanal konnte nicht offengehalten werden.
»Wenn man über die ganze Strecke Rohre verlegt, wird es genauso einfach und weniger kostspielig, wie wenn wir Brunnen bohren. Pumpen müssen wir in jedem Fall«, sagte Han Schu.
Die Produktionsbrigade Sandberg war berühmt. In zehn Jahren hatten sie 90 Sanddünen abgetragen und 40 Hektar zurückgewonnen. In den kommenden 10 Jahren wollen sie weitere 70 Hektar dazugewinnen. Der Ertrag pro Hektar war seit 1966 vervierfacht worden.
Oben vom Kamm der Düne konnte man sehen, wie sich die Produktionsbrigade Sandberg im planmäßigen Vorrücken auf den Mondsichelsee zu befand. Das Grün marschierte in disziplinierten Vierecken. Am weite-

sten vor reichten die vordersten Laufgräben des Bewässerungssystems. Durch sie schickten nun 80 Meter tief gebohrte Brunnen ihr Wasser.
»Dieses Jahr bohren wir sechs zusätzliche Brunnen.«
Dort um die äußersten Bewässerungskanäle gruppierten sich Baumpflanzungen. Sie brachen den Wind und bildeten eine Sperre gegen die Wüstenweiten. Hinter ihnen konnte die Wüste in Quadrate eingeteilt und der Flugsand gebunden werden. Spatenstich für Spatenstich wurden die Dünen abgetragen. Wenn das Schmelzwasser aus dem Gebirge die äußersten Verzweigungen des Bewässerungssystems erreichte und für ganz kurze Zeit genügend Wasser vorhanden war, wurde es abgeleitet, um sich um die Dünen einzugraben. Die so gebundenen Dünen wurden unterhöhlt und stürzten zusammen, und die Äcker wurden eben. Nun sollten die Traktoren über dieses Schachbrett fahren, das wie ein Teppich über die Wüste ausgerollt wurde. Aber noch gab es nur 118 Traktoren in ganz Tunhuang.
»Wir bereiten uns vor! 1980 soll die gesamte Landwirtschaft mechanisiert sein.«
Aber es war nicht nur die Produktionsbrigade Sandberg, die gegen die Wüste vorrückte. Die ganze Oase Tunhuang befand sich in Bewegung. Sie hatte bereits vor mehreren Jahren die Grenzen vorgeschichtlicher Bebauung überschritten und eroberte nun Boden von der Wüste.
»Es ist nun so«, sagte Han Schu, »daß von den 41 000 km^2 des Kreises 35 000 km^2 reine Wüste sind, unfruchtbarer Sand oder Steinwüste, Gobi. Aber das bebaute Areal ist klein. Ungefähr 15 000 Hektar. Wir rechnen jedoch damit, daß es nicht unmöglich ist, ungefähr 33 000 bis 34 000 Hektar zu kultivieren. Wir gehen den Weg von Tatschai. Wir werden ein Kreis vom Tatschai-Typ werden.«
Von Tatschai zu lernen, ist eine der großen politischen Fragen in China. Die Produktionsbrigade Tatschai in der Provinz Schansi ist das Vorbild. Auf eine bewußte und organisierte Weise hat sie sich mit eigener Kraft aus Rückständigkeit und Armut und niedriger Produktion emporgearbeitet und große Naturkatastrophen überwunden. Bewußte Führung der Partei; eigene Kraft; allseitige Entwicklung.
Es war 1964, als Mao Tse-tung mahnte: »Lernt von Tatschai in der Landwirtschaft!« Seitdem ist Tatschai ein Beispiel gewesen, aber auch der eigentliche Brennpunkt großer politischer Auseinandersetzungen. Die Frage, ob dies der richtige Weg für Chinas Landwirtschaft sei oder nicht, und ob es überhaupt möglich sei, auf diese Art das Land mit eigenen Mitteln zu entwickeln, stand direkt im Mittelpunkt des politischen Kampfes während der Kulturrevolution. Liu Schao-tschi und seine Anhänger verneinten das.
China ist ein großes Land. China ist ein altes Kulturland. China hat hervorragende Wissenschaftler und eine entwickelte Industrie. Aber Chinas

Armut und Rückständigkeit waren enorm. Chinas Armut ist immer noch groß. Das, was Liu Schao-tschi und seine Gesinnungsgenossen fehlleitete, war das überwältigende Erlebnis der Hoffnungslosigkeit gegenüber Chinas schwerer Armut. Sie vermochten nicht wie Mao Tse-tung die Möglichkeit zu sehen, daß alle diese Hunderte von Millionen mit eigener Kraft in der Lage sein würden, sich in gemeinsamer Entwicklung zu erheben. Für Mao Tse-tung war die Fabel von dem törichten alten Mann, der den Berg wegschaufelte, nicht einfach eine Fabel; sie war die reine Wahrheit. Sie zeigte den einzigen Weg auf, den Chinas Volk gehen konnte. Aber um China auf diesen Weg zu führen, bedurfte es eines felsenfesten Vertrauens auf die schaffende Kraft des Volkes und wirkliche Größe des Menschen. Man kann sagen, daß Mao Tse-tung diesen Glauben auch unter den schwersten Verhältnissen hatte, daß aber Liu Schao-tschi kleingläubig war. Er vermochte sein Vertrauen nicht auf die Massen zu setzen. Er glaubte nicht.

Bis in die Jahre nach der Kulturrevolution blieb der Streit um den Weg Tatschais der zentrale Streit in China. Im Herbst 1975 war er so weit entschieden, daß es möglich war, die große nationale Konferenz über die Lehren von Tatschai abzuhalten. Hier war es auch, wo Hua Kuo-feng als nationaler Führer hervortrat. Er hielt den Schlußbericht der monatelangen Konferenz und stellte das Ergebnis fest. Indem man von Tatschai lernte, sollte es möglich werden, die Mechanisierung der Landwirtschaft, die der vierte Volkskongreß beschlossen hatte, bis 1980 durchzuführen. Es sollte möglich werden, die Landwirtschaft zu modernisieren und damit eine Entwicklung zu garantieren, welche die Modernisierung von Industrie, Verteidigung, Wissenschaft und Technik bedeutete. China sollte bis zur Jahrhundertwende zu einem der entwickeltsten Länder der Welt werden.

Aber die Sache blieb umstritten. Von Tatschai zu lernen bedeutet, in der praktischen Arbeit die Probleme in Angriff zu nehmen, die die Produktion berührten. Die Zielsetzungen, die Tschou En-lai auf dem vierten Volkskongreß aufgestellt hatte und die dann von Hua Kuo-feng auf dieser großen nationalen Konferenz im Herbst desselben Jahres — Oktober/November 1975 — konkretisiert worden waren, wurden immer deutlicher und immer verzweifelter während des politischen Kampfes im Frühjahr und Sommer 1976 in China angegriffen. Damals verschwand Tatschai allmählich aus dem Bild der Massenmedien. Hua Kuo-fengs Rede wurde immer mehr überdeckt. Gleichzeitig richteten sich immer mehr offene Angriffe gegen jene Modernisierung, von der Tschou En-lai und Hua Kuo-feng in ihren — im Einvernehmen mit Mao Tse-tung formulierten — Berichten gesprochen hatten. Sie wurden nicht beim Namen genannt. Teng Hsiao-ping war der einzige, den man beim Namen nannte. Und das, was ihre Politik ausmachte, wurde allmählich als

kapitalistisch und unrevolutionär — um nicht zu sagen konterrevolutionär — beschrieben.
Wer jedoch wie Gun und ich im Sommer 1975 und im Frühjahr, Sommer und Herbst 1976 durch China gereist ist und mit Parteisekretären und Verantwortlichen in den Brigaden und Menschen draußen in der praktischen Arbeit geredet hat, merkte sehr wenig von dieser Meinung der Massenmedien von den Universitäten in Peking und Schanghai. Die Kräfteverhältnisse erwiesen sich dann auch so, daß jene, die ›die Viererbande‹ genannt wurden, nur Macht in den Massenmedien und angrenzenden Bereichen hatten. Ihre Worte erfüllten eine Zeitlang die Luft. Aber sie waren bloß taube Samenkörner, die der Wind verwehte.
Die verantwortlichen Parteikader auf den verschiedenen Ebenen, mit denen wir während dieser Zeit in Sinkiang und Kansu sprachen, benahmen sich, als ginge sie diese ganze Debatte, die die Luft erfüllte und auf Plakaten und in Zeitungen erschien, nichts an. In Sinkiang wies man darauf hin, daß Mao Tse-tungs erster Punkt in den Weisungen von 1963 gewesen war, die wirtschaftliche Arbeit so fest in den Griff zu bekommen, daß der Lebensstandard des Volkes den im sowjetischen Zentralasien überholen sollte. Der revolutionäre Weg mußte seine Überlegenheit in der Praxis beweisen. In Kansu sprach man vom vierten Volkskongreß und den Forderungen nach Modernisierung genau zur selben Zeit, wie die Massenmedien die Modernisierung als Revisionismus bezeichneten.
Es gab Gebiete, Orte und sogar Provinzen, wo die ›Viererbande‹ Einfluß hatte. Nach deren Fall besuchte ich einige davon. Aber gerade in diesem Sommer, als sie sich am mächtigsten fühlten, reiste ich durch Provinzen, wo man das Gefühl hatte, ihre Worte seien nichts als Luft. Das verdient, gesagt zu werden. Denn viele Leser glauben, daß China im Herbst 1976 eine große Veränderung durchmachte. Hier und da mochte das so sein. Aber im allgemeinen war es nicht an dem. Denn man arbeitete weiter nach den Richtlinien, die der vierte Volkskongreß festgelegt hatte, ungeachtet des Versuchs, diese Zielsetzung für revisionistisch und kapitalistisch zu erklären.
Für Han Schu in Tunhuang wie für die anderen Lokalpolitiker und Vertrauensmänner, mit denen wir in Brigaden, Kommunen, Kreisen und Distrikten in Sinkiang und Kansu sprachen, war und blieb die alles überragende Aufgabe, die Beschlüsse zur Modernisierung Chinas zu verwirklichen. Politik ist — in China wie in jedem anderen Land — eine Sache der wirklichen Probleme der wirklichen Menschen.
»Früher«, sagte Han Schu, »nutzten wir nur 30% des Wassers des Tangflusses aus. Jetzt nutzen wir 57% aus. Wir haben drei Reservoire mit einem Fassungsvermögen von 16 Millionen m^3 gebaut. Wir haben also Spielraum, um die Nutzung des Wassers des Tangflusses zu erhöhen. Im

Prinzip haben wir den Kreis elektrifiziert. Mit sechs örtlichen Kraftwerken bekommen wir 3200 Kilowatt. Das Netz erreicht jetzt 55 der 77 Produktionsbrigaden in unseren elf Volkskommunen. Vor 15 Jahren hat unser Kreis die Selbstversorgung mit Landwirtschaftsprodukten erreicht, und wir haben begonnen, Industriebetriebe aufzubauen. 1965 hat der Wert unserer Industrieproduktion im Kreis 1,8 Millionen Yüan erreicht. Jetzt, zehn Jahre später, hat der Wert 11 Millionen Yüan jährlich überschritten. Über die Hälfte des kultivierten Landes ist bereits für den Traktorbetrieb vorbereitet worden.

Aber«, sagte Han Schu, »der Mechanisierungsgrad ist immer noch niedrig. Wir haben noch keinen ordentlichen Schutz gegen Sandstürme. Und wenn wir auch stolz sind, daß das Durchschnittseinkommen 226 Yüan pro Person erreicht hat — davon 105 in Bargeld — und wir ordentliche Getreidevorräte über den Verbrauch hinaus gelagert haben, so ist das nicht besonders viel. Wenn wir es damit vergleichen, wie wir es früher hatten, ist es natürlich viel besser, und wir können mit Recht von großen Fortschritten sprechen. Aber wenn wir die wirklichen Bedürfnisse des Volkes sehen, dann haben wir nicht viel, worauf wir stolz sein können. Deshalb ist die Kampagne, von Tatschai zu lernen, so wichtig für uns. Wir müssen diesen Kreis mit eigener Kraft aufbauen. Die Hilfe, die wir vom Staat bekommen, ist sehr groß. Das ist eine allgemeine Hilfe. Sie besteht darin, daß der Preis für die Industrieprodukte, die wir kaufen, 20 Jahre und länger stabil gehalten wurde, während das Warenangebot gleichzeitig gestiegen ist. Die Steuern auf der landwirtschaftlichen Produktion sind in Wirklichkeit ständig gesenkt worden, während gleichzeitig der staatliche Einkaufspreis für unsere Landwirtschaftsprodukte von Jahr zu Jahr gestiegen ist. Das bedeutet eine sehr große Hilfe und einen gewaltigen Anreiz. Wir bekommen auf diese Weise die Möglichkeit, diesen Kreis — wie andere Kreise im Land — aus eigener Kraft zu entwickeln.

Wenn wir die Produktion nehmen, so haben wir klare Planziffern für unseren Kreis bis 1980. Wir werden 439 km Bewässerungskanäle bauen, drei Reservoire für zusammen 40 Millionen m^3 anlegen, 1000 neue Brunnen bohren, drei neue Wasserkraftwerke errichten, welche die Stromzufuhr um 3000 Kilowatt steigern und die Energie für unsere neuen Industrien sichern; wir werden 2000 Hektar Salzboden zurückgewinnen; wir werden weitere 7000 Hektar für den Traktorbetrieb herrichten; wir werden im großen und ganzen mit den Sandstürmen fertig werden, indem wir 50 Kilometer Schutzgürtel mit 20 Millionen Bäumen pflanzen. Wir werden den durchschnittlichen Getreideertrag von jetzt 6,3 Tonnen pro Hektar auf 7,5 Tonnen pro Hektar erhöhen und das durchschnittliche Bareinkommen um 50% pro Person steigern. Das ist die Richtung, die wir jetzt eingeschlagen haben. Wenn es uns gelingt, das bis 1980 durchzuführen, haben wir den allerersten Anfang dessen geschaffen, was ein sozialistisches Gemeinwesen werden kann. Um die Produktion auf diese Weise zu erhöhen, ist es wahrhaftig erforderlich, daß wir die Revolution fest in die Hand nehmen.«

Es war schwelend heiß, als wir vom Mondsichelsee nach Tunhuang zurückkehrten. Tunhuang ist eine Wüstenstadt mit einem ausgeprägten Kontinentalklima. Im Januar wird es – 28 °C kalt, und im Juli steigt die Temperatur auf über 43°. Die jährliche Verdunstung beträgt 2 484 mm, aber der Niederschlag nur 29,5 mm. Doch jetzt, gerade als wir ankamen, war es, als hätten sich alle Schleusen geöffnet, und der Regen rauschte auf die Stadt herab.

Es rauschte und schäumte in allen Bewässerungskanälen. Wir sprangen in das Gästehaus, um ein Dach über den Kopf zu bekommen. Aber die Häuser in Tunhuang sind nicht für den Regen gebaut. Nach ganz kurzer Zeit begann das Dach, schwere Tropfen fallen zu lassen, und die Wände wurden dunkel vor Nässe. Wir breiteten die Regenmäntel über Kameraausrüstung, Scheibmaschine und Notizbücher, und als wir durch das Fenster in den Regen hinausschauten, konnten wir auf allen Dächern Männer sehen, die versuchten, den Lehm festzustampfen und so die Dächer abzudichten.

Am Morgen regnete es immer noch. Der Hof war eine dicke gelbe Schmiere aus Lehm. Bis wir das Auto auf die Straße bekamen, waren wir bis über die Knie mit Lehm beschmiert. Der dicke gelbe Lehm saugte sich unter den Füßen fest, und das Auto rutschte herum, bis die Räder faßten und es auf die Fahrbahn kam. Aber Han Schu stand naß bis auf die Haut mitten im Regen und lachte hinauf zu den Wolken:

»So hat es seit Jahren nicht geregnet«, sagte er. »Ich habe die ganze Nacht nicht schlafen können. Ich bin immer wieder hinausgelaufen, um den Regen richtig fühlen zu können. Dieser Regen bedeutet eine Million Jin Getreide dieses Jahr. 500 Tonnen Getreide sind in dieser Nacht über Tunhuang vom Himmel geregnet. Das ist wahrhaftig ein Glückstag.«

Der Weg durch die Wüste war matschig vom Regen. Jetzt rieselte es auf eine steinige Wüste herab. Wir waren auf dem Weg nach Anhsi. Da standen große graue Wachtürme draußen im Regen.

»Sie stammen aus der Han-Dynastie«, sagte Han Schu.

Wir hatten das Gebirge auf der rechten Seite, und die Wüste lag offen nach Sinkiang hin links von uns; wir wandten uns bei Anhsi nach rechts, und begannen unsere Fahrt auf der Seidenstraße nach Osten durch den Kansu-Korridor in das Land des Gelben Flusses.

33
Es regnet im Korridor

»Frauen«, sagte Tschang Ju-lan, eine Frau von 35 Jahren, »Frauen müssen lernen, auf Versammlungen aufzustehen und zu reden.«
Sie war Parteisekretärin der Produktionsbrigade Tschaujang in der Volkskommune Santakuo genau an der Grenze zwischen den Kreisen Anhsi und Jumen im Kansu-Korridor. Wir saßen bei ihr zu Hause und aßen *mien*, Nudeln, mit einer kräftigen Soße. Sie hatte die Nudeln selbst in der Nacht gebacken, weil sie uns erwartete. Sie hatte von der Produktion und von Produktionsergebnissen und den Plänen bis 1980 gesprochen, und jetzt sagte sie:
»Es ist wichtig, daß die Frauen verstehen lernen, daß auch eine Frau alles kann, was ein Mann kann. Mein Mann und ich sind immer aktiv gewesen. Wir haben auch in der politischen Arbeit zueinander gefunden und geheiratet. Wir nahmen an den großen Debatten teil. Wir kritisierten gewisse Kader. Wir hielten deren Arbeitsstil für falsch. Sie versteckten sich hinter ihren Schreibtischen, hatten sich in ihren Büros verschanzt und sahen nie das Tageslicht. Ich stand auf und sprach auf den Versammlungen. Als ich das tat, sagte man, ich sollte selbst zum Kader gewählt werden. So kam ich dazu. Keiner sagte direkt, ein weiblicher Parteisekretär sei nicht das Richtige, aber es gab wohl den einen oder anderen, der das dachte.
Hier in der Brigade sind wir 1301 Personen. Davon 67 ausgebildete junge Leute, die aufs Land gezogen und geblieben sind. Wir sind 50 Personen mit Vertrauensaufträgen verschiedener Art, also Kader. Keiner von uns wird vom Staat bezahlt. Wir arbeiten alle auf den Feldern. Wir haben Mangel an Arbeitskräften, und jetzt haben wir keine Kader mehr, die nur hinter einem Schreibtisch in ihrem Büro sitzen.
Mein Mann wurde in die Führung der Arbeitsbrigade gewählt. Man sagte, er leiste gute Arbeit, und darauf wurde er in das Revolutionskomitee des Kreises drüben in Anhsi gewählt. Wir treffen uns, wenn immer es uns möglich ist. Ich und unser Sohn wohnen hier. Unser Sohn ist jetzt fünf Jahre alt. Als mein Mann anfing, im Revolutionskomitee des Kreises zu arbeiten, wurde ich zur Sekretärin der Parteiorganisation in der Produktionsbrigade gewählt.«
Die Straße hinauf zum Jumen-Paß geht schnurgerade durch steinige Buschsteppe in einer langgezogenen Steigung bergauf. Weit da unten liegen die Landwirtschaftsbetriebe des Ölfeldes.
»Dort arbeiten die Familienmitglieder«, sagt Fu Wai-tschen, Vorsitzender des Revolutionskomitees in Jumen. »Wir gehen den Weg von

Tatsching. Die Ölfelder bei Jumen versorgen sich nicht nur selbst mit Landwirtschaftsprodukten, wir sind auch wichtige Lieferanten an den Staat geworden. Wir haben gerade jetzt neues Land in einer Oase 50 Kilometer von hier unter den Pflug genommen. Jährlich produzieren wir genug Getreide, Speiseöl und Fleisch, um unsere ganze Bevölkerung 20 Monate zu versorgen. Wir gehen den Weg von Tatsching. Wir zehren nicht von den Mitteln des Landes.
Wie können wir China aufbauen? Wir haben unsere eigenen Kräfte. Das ist alles. Darauf müssen wir uns also verlassen. Wir müssen jeden Tropfen Öl ausnutzen. Wir müssen uns nach der Decke strecken.«
Die endlos lange Steigung führt hinauf zu den Ölfeldern. Der Motor brummt im zweiten Gang, als der Fahrer den Versuch aufgeben muß, die Drehzahl zu halten, indem er das Gaspedal durchtritt. Die ebene Steppe ist ganz grau, aber nun treten die Berge allmählich immer röter durch die staubige Luft hervor.
Jumen ist kein Beispiel; es ist ein Pionier, aber Tatsching ist das Beispiel. Tatsching ist ein Vorbild für die Industrie, wie Tatschai ein Vorbild für die Landwirtschaft ist. Dort auf den Steppen im nordöstlichen China erschlossen die Arbeiter Chinas erstes wirklich großes Erdölfeld in drei harten Arbeitsjahren Anfang der 60er Jahre. Es waren die Jahre, als die Führer im Kreml China durch wirtschaftliche Kriegführung in die Knie zwingen wollten. Die Busse in Peking quälten sich damals mit großen, mit Methangas gefüllten Ballons auf dem Dach vorwärts. Die Fabriken standen still im Land. Alle sowjetischen Techniker waren abgezogen worden. Sie hatten Skizzen und Ersatzteile mitgenommen, als sie sich davonmachten.
Rundherum in den Botschaften redeten junge Kulturattachés aufgeregt mit uns.
»China befindet sich in der Krise«, sagten sie.
Im Herbst 1962 waren wir zu einem Trinkgelage bei den russischen Korrespondenten in Peking. Sie wollten Neuigkeiten aus Nord-Schensi, wo wir in der Produktionsbrigade Liu Lin lebten, aus uns herausholen. Aber sie erzählten auch, sie hätten sichere Informationen erhalten, daß die Menschen in Südchina nun verhungerten.
Es war gerade zu dieser Zeit, daß der ›Eisenmann‹ Wang Tschin-schi und seine Arbeitskameraden alle Schwierigkeiten überwanden und China zum Selbstversorger mit Erdöl machten, als es ihnen gelang, das Ölfeld bei Tatsching in Nordostchina zu öffnen. Dort wurden die Führer im Kreml besiegt. Dort wurden auch die sowjetischen Vorstellungen, wie die Industrie gelenkt werden sollte, besiegt. Keine Einmannherrschaft des Direktors! Kollektive Führung! Die Kader sollen an der körperlichen Arbeit teilnehmen und die körperlich Arbeitenden an der Verwaltung. Arbeiter, Kader, Techniker in einheitlichen Gruppen, um die Tech-

nik zu entwickeln und die Initiative der Massen freizusetzen. In dem bitteren Kampf, den China führen mußte, nach den schweren Jahren fehlgeschlagener Pläne und Naturkatastrophen, welche die Sowjetunion ausnutzte, um zu versuchen, die Wirtschaft zu sabotieren und damit einen politischen Erdrutsch zu erzwingen, der zu einem Regierungswechsel führen konnte, bei dem sowjettreue Elemente die Macht bekämen und die Sowjetunion ihre Stützpunkte in China erhalten und die Oberhoheit im Land erreichen könnte — in diesem bitteren Kampf, so voller Enttäuschungen, in dem viele frühere Freunde einen im Stich ließen, als die Not sie prüfte, da wirkte der Sieg der Ölarbeiter in Tatsching begeisternd. Und in den 60er und 70er Jahren, als der politische Kampf in China weiter tobte, wurde Tatsching zu einem Vorbild in dem neuen großen Aufschwung.

Aber wenn Tatsching das Vorbild ist, dann ist Jumen also der Vater des Vorbildes.

»Hier war es, wo Wang Tschin-schi Erfahrungen als Ölarbeiter sammelte«, sagt Fu Wai-tschen. »In der KMT-Zeit arbeitete er hier von Anfang an. Bis zur Befreiung hatte seine Plackerei ihm nicht einmal die Möglichkeit gegeben, sich ein Paar ganze Hosen zu kaufen. Das Leben der Arbeiterklasse war hart. Aber es war hier in Jumen, wo die Ölarbeiter Chinas großgezogen wurden. Von hier schickten wir die Arbeiter zu den neuen Ölfeldern, und von hier schickten wir Kader zu wichtigen Aufträgen in Partei und Staat.

1939 fingen wir an. Das war in der KMT-Zeit und während des Krieges gegen Japan. Es waren bittere harte Jahre. Zur Zeit der Befreiung waren wir hier 4000 Personen. Wir kamen nicht über 60000 bis 70000 Tonnen im Jahr hinaus. Nach der Befreiung übernahm die Arbeiterklasse die Führung. Damals bauten wir Jumen aus. 1958 hatten wir den höchsten Stand. Damals arbeiteten 46000 Personen hier. Wir hatten die Stadt hier aufgebaut. Schulen und Krankenhäuser und alles.

1960 stellte die Partei die Forderung, daß wir Kader für den Kampf um Chinas Selbstversorgung mit Öl schicken sollten. Wir sollten Arbeiter in die Steppen im Nordosten schicken. Dort hatte man Öl gefunden. Die Imperialisten hatten gesagt, China habe kein Öl, aber unsere Wissenschaftler hatten bewiesen, daß das falsch war. China verfügte über große Ölreserven. Man mußte die Felder nur erschließen. Das war keine leichte Aufgabe. Die Partei sagte, daß dort, wohin die Arbeiter gehen sollten, die Lebensbedingungen schwer waren. Es gab keine Häuser und keine Straßen. Es würde an Essen fehlen. Das Klima war hart. Die sich auf den Weg machten, um den Kampf ums Öl aufzunehmen, mußten auf schwere Entbehrungen gefaßt und bereit sein, die Verantwortung für den Aufbau wie für die eigene Existenz zu übernehmen. Es waren gerade die Jahre, in denen Chinas Mittel am gespanntesten waren und

viele Kader allen Glauben an die Zukunft verloren und Liu Schao-tschis Weg gingen.
Aber die Arbeiterklasse in Jumen trat an. Die Arbeiterveteranen, die die Schwierigkeiten in den alten Zeiten erlebt hatten, waren die ersten, die darum baten, in die Steppen im Nordosten reisen zu dürfen. Wir konnten damals auf einmal 18 000 Ölarbeiter mit den Veteranen an der Spitze auf den Weg schicken. Damals reiste Wang Tschin-schi. Er wurde oben in Tatsching als der ›Eisenmann‹ bekannt. Er starb 1970 an Magenkrebs. Wir vergessen sein Andenken niemals.
Wir haben viele Genossen hier aus Jumen zu verschiedenen Aufgaben weggeschickt. Zum Beispiel Kan Schi-en, Chinas Ölminister. Er arbeitete so schwer, daß er jetzt, 1976, ganz jung starb. Sung Tschen-min und zwei andere stellvertretende Minister für die Ölindustrie; Tschan Tschi-min, der für Öl und Kohle und chemische Technologie in Kansu verantwortlich ist; Tschen Li-min, stellvertretender Vorsitzender für das Takang-Feld bei Tientsin, und Tsiao Wei-han, stellvertretender Vorsitzender für das Schengli-(›Sieg-‹) Ölfeld in Schantung. Arbeiterveteranen aus Jumen haben in dem siegreichen Kampf, der China in ein Land verwandelt hat, das nicht nur Selbstversorger mit Öl ist, sondern sogar Ölexporteur geworden ist, in der Führung gestanden! Von 1960 bis jetzt haben wir 64 000 Ölarbeiter aus Jumen zur Arbeit auf andere Ölfelder in China geschickt. Jumen ist eine große Ausbildungsstätte für Chinas Arbeiterklasse gewesen.
Jetzt arbeiten 19 000 Personen hier in der Ölindustrie und den verschiedenen Serviceeinrichtungen in Jumen. Davon sind 3 700 Frauen. Dazu kommen 22 000 arbeitsfähige Familienmitglieder. Sie bauen unsere Landwirtschaft auf und haben es möglich gemacht, daß wir Selbstversorger wurden. Das ist die Linie von Tatsching. Eine allseitige Entwicklung.
Vor ungefähr zehn Jahren gab es welche, die sagten, Jumen sei als Ölfeld am Ende. Die Lagerstätten seien erschöpft. Man könne das Ganze nur aufgeben. Aber diese führenden Genossen hatten nicht recht. Während der Kulturrevolution unternahmen wir neue Anstrengungen, um die Lager bei Jumen zu untersuchen, und jetzt halten wir eine regelmäßige Jahresproduktion von 600 000 Tonnen. Die Frage, ob wir die Produktion entwickeln können oder nicht, ist eine politische Frage. Wir haben gelernt, tiefer zu bohren. Wir haben neue ölführende Schichten erreicht.
Die Massen müssen mobilisiert werden. Indem wir diesen Weg verfolgen, haben wir 50% an unserer Ausrüstung seit 1960 sparen können. Man muß sich ständig fragen, ob man das, was man tut, nicht auf eine bessere, einfachere, billigere Weise tun kann. Wer eine Maschine zu betreuen hat, muß sich fragen: Was kann ich tun, damit diese Maschine

besser arbeitet und länger hält? Initiative, Erfindungsreichtum, Vorsicht, Sorgfalt, Sparsamkeit; wenn die Politik führend ist und alle wissen, daß die Arbeit zum Besten des ganzen Landes und des Sozialismus geschieht und nicht nur für das private Wohlergehen und die eigene Fabrik, dann wird die Schaffenskraft der Massen sehr groß. Auf diese Weise haben wir einen Jahresplan in sechs Monaten durchführen können. Unsere neue Raffinerie arbeitet jetzt.
Das ist auch die Grundlage für die Schulen, die wir in Jumen errichtet haben. Wir haben eine ständige Arbeiteruniversität, und hier in Jumen hat das Ölministerium seine Schule für Techniker. Hier werden Arbeiter zu hochqualifizierten Technikern ausgebildet, Spezialisten für Ölbohrung und Ölgewinn. In drei Jahren haben wir von hier 5500 ausgebildete Techniker zu verschiedenen anderen Ölfeldern geschickt.«
Am Morgen ist es grau und trübe über Jumen. Regen hängt in der Luft über der Steppe, und wir sind auf dem Weg nach Osten zu den neuen Ölfeldern.
»Hier ist die Arbeit vollautomatisiert«, sagt Tschu Ju-tschen. Er ist Öltechniker und für die Arbeit verantwortlich. »Das Öl fließt in Rohrleitungen in frostfreier Tiefe zu der 18 Kilometer entfernten Raffinerie. Wir führten die ganze Arbeit daran in den Jahren 1969 bis 1974 durch. Eine ganze Reihe von technischen Problemen gab es zu lösen. Das Problem der frostfreien Tiefe war davon nicht das geringste. Das konnte durch die Drei-in-eins-Kombination gelöst werden. Ich war verantwortlich für die Arbeit, aber wir hatten keine solche Einmannherrschaft, wie es sie in der Sowjetunion gibt und wie die sowjetischen Experten sie uns aufzwingen wollten. Das gilt nicht nur für die allgemeine Leitung der Arbeit, das gilt auch für die technischen Fragen. Ein allmächtiger Oberingenieur kann eine noch so gute Ausbildung haben, er ist in jedem Fall weniger kundig und macht mehr Fehler als ein Kollektiv, das aus Technikern besteht, die sowohl theoretische Kenntnisse als auch Erfahrung aus eigener Arbeit draußen auf den Ölfeldern haben, aus Ölarbeitern mit langer Erfahrung und aus politisch verantwortlichen Kadern, die sowohl Erfahrung durch Arbeit als auch Kenntnis der Langzeitplanung in Verwaltung und Wirtschaft haben. Die Drei-in-eins-Kombination ist effektiver als die despotischen Oberingenieure der KMT und die alleinherrschenden Direktoren der Sowjetunion.
Es ist eine politische Angelegenheit«, sagt Tschu Ju-tschen. »Das Volk ist die treibende Kraft in der Geschichte. Das gilt auch für die Technologie. Die Kraft des Volkes für technologische Erneuerung muß freigesetzt werden. Es gilt, die Kenntnisse und Erfahrungen des ganzen arbeitenden Volkes im Aufbau auszunutzen und zu entwickeln.«
Tschu Ju-tschen hatte die Arbeit geleitet, als die automatische Kontrollanlage, die die Arbeit auf dem ganzen Feld steuert, konstruiert wurde.

Sein Helfer war 25 Jahre alt und hieß Tschou Wen-tschi. Er zeigte uns die Anlage:
»Ich komme aus Schanghai. Nach der Schule arbeitete ich auf dem Land, um mich zu ändern und die Wirklichkeit besser verstehen zu lernen. Als man diskutierte, wofür ich mich eignete, meinte man in der Brigade, in der ich arbeitete, daß ich mich zum Techniker eignete, und ich durfte hierher auf das Ölfeld kommen. Hier habe ich mit älteren Technikern zusammengearbeitet und von ihnen gelernt.
So kam es, daß ich die Möglichkeit erhielt, mit Tschou Ju-tschen zu arbeiten, als er hier die Konstruktion der Kontrollanlage leitete. Als wir sie gebaut hatten, wurde dieses Feld hier voll automatisiert. Wir brauchten früher 47 Personen hier, aber jetzt brauchen wir nur noch acht. Die schwere körperliche Arbeit hat sich verringert. Wir überwachen und steuern die Arbeit an 83 Ölquellen, aber wir haben die Kapazität für einen weiteren Ausbau bis auf 130. Wir brauchen nicht mehr Personal, um 130 Ölquellen zu betreuen, als wir für diese 83 brauchen.
Ich bleibe hier bei den Ölfeldern. Ich sehne mich nicht nach Schanghai zurück. Ich wohne jetzt in Kansu, und hier werde ich heiraten.«
Von Jumen geht die Straße nach Ostsüdost über die Hochebene. Wir fahren in 1800 Metern Höhe, und das Wetter ist merkwürdig. Ein schneidender Wind weht uns entgegen, und dunkle Wolkenmassen türmen sich am Himmel auf. Schnelle Wolken jagen einander und ziehen ihre Schatten über die Landschaft. Neben der breiten Asphaltstraße ist der Boden kahl und steinig. Das ist die Gobi. Aber stellenweise wurde jetzt diese unfruchtbare graue Landschaft schwarz von Feuchtigkeit, und in den Vertiefungen standen Wasserlachen und blinkten. Und das dürften sie eigentlich nicht, denn hier regnet es nicht.
Die niedrigen Berge links von uns auf die große Wüste im Norden zu waren schwarz. Dort zogen sich die Ausläufer der Großen Mauer hin. Auf den Kämmen konnte man alte Wachtürme sehen, die sich vor dem Himmel abzeichneten. Die Mauer verlief neben uns, denn die Straße ist zwar neu, die Route aber dennoch uralt. Die Lastwagen, die uns begegneten, grüßten mit lautem Heulen ihrer Hupen, und die Fahrer winkten, wenn sie auf ihrem Weg nach Westen nach Jumen und zu den Ölfeldern oder zu den neuen Industriestädten oder nach Anhsi und Tunhuang oder vielleicht noch weiter weg nach Sinkiang an uns vorbeifuhren.
Dies ist die Kaiserstraße. Hier reisten nicht nur Karawanen und Kaufleute und Gesandte, hier marschierten Trupp auf Trupp kaiserlicher Soldaten westwärts in die fernen Quartiere. Als sie hier vorbeistapften, hatten sie nicht einmal den halben Weg von Peking hinter sich und noch mehr als 2000 Kilometer Luftlinie bis nach Kaschgar. Es ist 85 Generationen her, seit die Route eine bewachte Straße wurde, der Weg durch den Kansu-Korridor, durch Hohsi, das ›Land westlich des Flusses‹.

Der Fluß, das ist der Gelbe Fluß auf der anderen Seite der Wasserscheide. Hier auf der Hochebene nähern wir uns dem Rand Innerasiens, aber es sind noch 600 Kilometer bis zur Wasserscheide. Rechts von uns sind die Tschilien-Berge zu sehen. Auf europäischen Karten steht Richthofengebirge. Aber die Berge hatten einen Namen, lange bevor deutsche Freiherren begannen, China zu bereisen.
Es liegt Regen in der Luft, und das ist wahrhaftig merkwürdig. Vom Atlantik können niemals regenträchtige Wolken hierherkommen. Bis in die Dsungarei können sie kommen; aber über den Tien Schan können sie nicht weg.
Vom Indischen Ozean kommt kein Regen. Hunderte von Meilen breit versperren die gewaltigsten Gebirgsketten der Welt den Weg. Und der Sommermonsun, der vom Südchinesischen Meer herweht, kann es nicht schaffen, den Regen über die Bergketten und Hochebenen hinwegzuführen. Die Wolken entleeren sich, ehe sie so weit kommen, und der Wind sollte trocken und heiß blasen. Aber das tut er nicht.
Vorige Woche, als wir in Tunhuang waren, öffneten sich alle Schleusen des Himmels über uns, und der Regen rauschte herunter. Es ist regnerisch und kühl in Innerasien, wo es warm und trocken sein sollte.
»Das ist ein seltsames Wetter«, sagt Wang. »Vielleicht hängt es mit den Erdbeben zusammen.«
Dies ist ein schweres Jahr in China. Es ist ein Notjahr. Es hat Überschwemmungen und Erdbeben gegeben, und dann auf den Herbst und Winter zu wird eine große Dürre auf viele landwirtschaftliche Gebiete zukommen.
Wäre das vor 40 Jahren geschehen, hätte es ein Jahr mit Hungersnot und Seuchen und Chaos gegeben. Nun wurde es ein Jahr der Naturkatastrophen. Es gab viele Todesopfer bei den Erdbeben 1976. Wie viele? Ich weiß es nicht. Die Zahl 800000 habe ich gehört. Sie ist vielleicht richtig. Aber es gab keine Seuchen, und es gab keine Hungersnot, und der Staat brach nicht zusammen. Die Bereitschaft erwies sich als gut. Man war den Anweisungen des Vorsitzenden Mao Tse-tung gefolgt, auf Krieg und auf Naturkatastrophen vorbereitet zu sein. Aber man spürte natürlich die Katastrophen. Es war, als seien die Industriegebiete im Nordosten von einem Kernwaffenschlag betroffen worden. Doch mit Voraussicht und Bereitschaft konnte die Katastrophe gemeistert werden.
Auf dem Weg durch den Korridor westlich des Flusses, in dieser eigenartigen Zeit, als der Regen in der Luft lag und China von großen Naturkatastrophen erschüttert wurde, sprechen wir von Notjahren und Hungersnot, und Tschen sagt:
»China ist ein großes Land. In unserer Geschichte sind wir immer wieder von großen Naturkatastrophen betroffen worden. Aber wenn das Volk einsieht, daß die Naturkatastrophen uns getroffen haben und uns

weiter treffen werden und daß unausweichlich weitere Naturkatastrophen kommen werden, und wenn das Volk sich nicht erschrecken läßt und nicht erlahmt, sondern wirklich den Kampf dagegen aufnimmt — dann kann der Mensch über die Katastrophen siegen. Man muß auf Krieg und auf Naturkatastrophen vorbereitet sein. Dann kann man auf vernünftige Art den Kampf gegen sie aufnehmen und dafür sorgen, daß die Zahl der Opfer niedrig bleibt und der Schaden begrenzt wird. Daß wir Chinesen die Notwendigkeit einsehen, auf Krieg und auf Naturkatastrophen vorbereitet zu sein, bedeutet wahrhaftig nicht, daß wir uns Krieg und Naturkatastrophen wünschen.«

In einem solchen Jahr der Katastrophen, die China schwer prüfen, fahren wir nun in dem beginnenden Sturm über die Hochebene.

34
Das westliche Tor

Die Straße kreuzt die Eisenbahn, und die Schranken gehen vor uns herunter. Der Zug läßt auf sich warten. Weit weg steigt eine Rauchfahne aus der Ebene. Sie wird größer. Der Zug nähert sich. Es beginnt zu läuten im Bahnwärterhäuschen. Jetzt kommt der Zug, es donnert und zischt, und der Boden bebt, als die Lok auf uns zustürmt. Es ist eine gewaltige Lokomotive vom Santa-Fe-Typ, eine 2-10-2. In Schweden würden wir 1-E-1 schreiben. Die schwere Wagenreihe rasselt vorbei, und die Wagen sehen aus, als rollten sie auf der Union Pacific nach Westen. Als die Lokomotive schon vorbeigezogen ist und auf der Ebene in Richtung Sinkiang verschwindet, rattern die Wagen immer noch an uns vorbei. Am Ende kommt dann ein Bremswagen, der aussieht, wie ein richtiger amerikanischer Bremswagen aussehen soll.

Die chinesischen Eisenbahnen sind vom amerikanischen Typ. Das ist nicht erstaunlich. Viele Merkmale im amerikanischen Eisenbahnbau, die spezifisch amerikanisch scheinen, wurden von chinesischen Ingenieuren in China entwickelt.

Wenn dieser Zug aus Peking kam, dann war er wahrscheinlich über Tatung, Tschining, Huhehot, Jintschuan und Wuwei gekommen. Hat der Zug Peking auf der Linie verlassen, die einmal Kalgan-Bahn hieß, dann ist er etwa nach einer Stunde bei der Station Tschinglungtschiao an der Bronzestatue eines Mannes im Straßenanzug vorbeigefahren. Der Bronzemann blickt auf die Eisenbahnlinie, gerade bevor sie unter der Großen Mauer nach Norden fährt. Es ist eine Statue zur Erinnerung an Doktor Tscheme Tien-jao.

Er war einer der bedeutendsten Eisenbahnbauer der Welt und entwickelte die Eisenbahntechnologie. Er leitete den Bau dieser Linie in den Jahren unmittelbar nach der Jahrhundertwende. Schon am Anfang dieses Jahrhunderts — also vor dem Fall des Kaisertums — hatten die chinesischen Techniker das Weltniveau eingeholt und übertroffen. Sie lösten Aufgaben, die schwerer waren als die, vor denen ausländische Eisenbahnbauer standen, und sie machten es elegant. Aber die Arbeit dieser chinesischen Eisenbahningenieure wurde vom ausländischen Imperialismus, von eigenen Warlords und korrupten Beamten behindert. Auch diese große Bahnlinie, an Lantschou vorbei, durch den Kansu-Korridor nach Sinkiang hinaus, wurde von chinesischen Technikern vor dem Ersten Weltkrieg geplant und diskutiert. Doch erst nach 1949, als das chinesische Volk in einem langen, blutigen und schweren Kampf die Bande sprengen, das Land einigen und allmählich aufräumen konnte, erhielten

die chinesischen Eisenbahnbauer die Möglichkeit, ihre vernünftigen Pläne durchzuführen.
Die Bahn ist für den schweren Verkehr gebaut. Sie hat Chinas großen Nordwesten geöffnet. Als der Zug vorbeigefahren und im Westen verschwunden ist, gehen die Schranken hoch, und die breite Asphaltstraße liegt nach Osten offen. Jetzt wird der Korridor allmählich enger. Die Hügel rücken näher zusammen, und mitten durchs Tal läuft eine Mauer. Dort im Tal liegt eine Festung. Es ist das westliche Tor der Großen Mauer der Neuzeit: Tschiajükuan. Die Asphaltstraße schwenkt in einem weiten Bogen um die alte Burg, aber der Karawanenweg geht direkt auf die schweren Türen zu, die die Pforte in der Großen Mauer versperren.
Die Große Mauer ist nicht eine einzige, es gibt viele. Deshalb läßt sich über ihre wirkliche Länge immer wieder streiten. Zu verschiedenen Zeiten ist auch ihre Ausdehnung unterschiedlich gewesen. Unter der Han-Dynastie verlief sie westlich von Tunhuang. Heute liegt ihre westliche Festung in diesem langgestreckten Paß, wo der alte Karawanenweg auf einer öden Hochebene zwischen den Bergen verlief. Von dieser Festung Tschiajükuan bis zur östlichen Festung der Großen Mauer bei Schanhaikuan an der Grenze zwischen den Provinzen Hopei und Liaoning, wo die Mauer in der Pohai-Bucht das Meer erreicht, hat der amerikanische Geograph Fredrick G. Clapp vor dem Ersten Weltkrieg die Länge auf 6323 Kilometer berechnet. In China sagt man, daß die Mauer 10000 Li lang ist. Das wären 5000 Kilometer. Aber im Chinesischen ist ›wan‹, 10000, wie ›Myriade‹ nicht nur eine Zahl, sondern auch eine Unzahl. Die Große Mauer ist lang; sie ist eines der größten Bauwerke der Menschheit, ihr größtes.
Die Große Mauer ist von verschiedenen Reichen und unter verschiedenen Dynastien gebaut worden. Sie ist nicht — wie es manchmal heißt — ein Werk, daß Tschin Schi Huang, der China einte, befahl, aber 220 vor unserer Zeitrechnung, als das Einigungswerk vollendet war, wurde General Meng Tien angewiesen, mit 300000 Mann die Große Mauer zu verstärken und auszubauen.
Die Große Mauer ist als Grenzmarkierung bezeichnet worden. Das war sie eigentlich nicht. Ihre Funktion war eine andere. Sie bildete ein Bewachungssystem und ein System von Kontrollpunkten. Eine davon war, einen Schutz gegen die Eroberungszüge der Reitervölker zu bilden. Wenn man diese Funktion betrachtet, könnte man sagen, daß die Große Mauer der Han-Dynastie einen Teil der Verteidigung der Zivilisation gegen die Barbarei ausmachte, die sich dann in der sogenannten ›Alexander-Mauer‹ durch die Turkmenische Steppe zum Kaspischen Meer fortsetzte und dann von den römischen Befestigungen durch ganz Europa bis zum Hadrians-Limes quer durch England weitergeführt wurde. Aber die Große Mauer gehört nicht nur in die Antike.

Man kann sie mit dem System innerer Grenzen vergleichen, die die Briten an den Rändern ihres indischen Imperiums errichteten. Wie die Briten eine innere bewachte Grenze und eine äußere hatten, so hatte das kaiserliche China eine innere bewachte Grenze an der Großen Mauer. Marco Polo reiste auf diesem Weg. Aber er hat die Festung Tschiajükuan nicht beschrieben. Das konnte er auch nicht, denn sie wurde erst 1372 errichtet — zwei Generationen nach seinem Tod. Damals war China wieder geeint worden. Es war die Zeit der Ming-Dynastie. Und weitere zwei Generationen später, am 27. August 1420 nach unserer Zeitrechnung, kam auf diesem Weg zur Pforte vor uns eine Gesandtschaft von Schah Ruch, Timurs Sohn, der damals in Herat herrschte. Die Gesandtschaft war seit dem 4. Dezember 1419 unterwegs. Im Bericht der Gesandtschaft heißt es:

»Am folgenden Tag zogen sie durch die Wüste weiter. Als sie an eine mächtige Festung namens Karaul (=vorgeschobener Posten, Wache), die in einem Bergpaß lag und durch welche der Weg verlief, kamen, wurden alle Reisenden gezählt und ihre Namen aufgeschrieben, bevor sie die Erlaubnis erhielten, ihre Reise fortzusetzen.«

Hier an dieser Kontrollstation wurden alle Reisenden registriert. Wenn sie ohne gültige Papiere vom Kaiser kamen, und ohne daß der Kommandant im voraus benachrichtigt worden war, wurden sie festgehalten, während die Behörden in Peking den Fall behandelten und die Sache entschieden. Die Mitteilungen von dieser Festung weit draußen im Westen wurden mit Hilfe von Rauch- und Feuersignalen an die Regierung in Peking übermittelt. Die Wachtürme standen auf der ganzen Strecke in Sichtweite voneinander und hielten ständig Kontakt.

Es konnte dennoch Zeit kosten, bis Peking die Angelegenheit entschied. Der Jesuitenpater Benedict Goes, der Neujahr 1606 hierherkam, hatte keinen gültigen Paß. Er erhielt die vorläufige Erlaubnis, in die nächste größere Stadt weiterzureisen — sie hieß damals Sutschou und heute Tschiutschuan —, wo er den Bescheid abwarten sollte. Aber er starb im Frühjahr 1607, ehe die Angelegenheit entschieden werden konnte.

Die heutigen Gebäude wurden errichtet, als die Festung 1539 ausgebaut wurde. 1566 wurde sie umgebaut und erhielt ihr heutiges Aussehen. Die Festungsmauern sind 11,60 Meter hoch. Sie bestehen aus gebrannten Ziegeln um einen Kern aus sonnengetrockneten Ziegeln. Die Festung wurde bis zum Sturz des Kaisertums 1911 benutzt. Die Gebühr betrug damals 120 Tsien (kleine Kupfermünzen mit viereckigem Loch in der Mitte) für jeden Reisenden und 400 Tsien für jedes Tier. Für Waren gab es dazu eine besondere Zollgebühr. Aus diesem Zoll innerhalb des Landes zogen auch die Beamten ihren privaten Gewinn.

Tschiajükuan wurde 1949 zum nationalen Denkmal erklärt. In den Jahren 1957 und 1958 wurden umfangreiche Restaurierungsarbeiten durch-

geführt. 1974 begann man eine neue Restaurierung. Sie wird erst in einigen Jahren abgeschlossen sein.
Jetzt stehen verschiedene Telefonmasten aus Zement und Strommasten aus Eisen mitten in der Festung. Die Leitungen verlaufen anscheinend planlos kreuz und quer.
»Das wurde 1967 gebaut, als die zentralen koordinierten Behörden nicht mehr gut funktionierten«, sagte Wang. »Damals herrschte eine gewisse Anarchie. Verschiedene Behörden zogen ihre eigenen Strom- und Telefonleitungen und nahmen weder Rücksicht darauf, daß dies ein nationales Denkmal ist, noch darauf, daß die zentrale Planung es billiger gemacht hätte. Jetzt hat die Politik wieder die Führung, und es ist Schluß mit der Anarchie. Jetzt soll alles wieder weg. Es ist weder praktisch noch schön.«
Es gibt jedoch auch eine andere Geschichte hinter diesem verwirrenden Netzwerk von Drähten und Kabeln. Wenn sie in einer Zeit mit einer gewissen Anarchie aufgestellt wurden, so geschah das doch nicht ganz planlos. Sie sind aus einer Zeit übrig, die auch heroisch war. Wir stehen oben an der Pforte nach Osten. Hier unter uns verließen Sven Hedin und seine Expedition in ihren ›Ford-Automobilen‹ am 27. Dezember 1934 auf dem Weg nach dem Landesinnern Tschiajükuan. Sven Hedin hatte damals den Auftrag von der chinesischen Zentralregierung, die Voraussetzungen für den Ausbau der Seidenstraße/Kaiserstraße zu untersuchen, und er fuhr nun von Sinkiang zurück nach Osten. Die Route sollte ein moderner Verkehrsweg für Motorfahrzeuge werden.
»Man hat Tschiajükuan kaum hinter sich gelassen, da ist man schon wieder in unfruchtbarer Wüste. Das Land ist jedoch nicht gänzlich ohne Leben. Hier eilt eine Herde Antilopen schnell wie der Wind, und auf einem Seitenweg zieht eine Kamelkarawane.«
Aber als wir jetzt oben auf der Mauer stehen und von diesem Tor nach Osten blicken, da sehen wir eine Stadt. Es ist eine große Stadt. Die Einwohnerzahl liegt etwa bei 80 000. Sie ist eine von Chinas neuen Stahlstädten und wurde seit 1965 gebaut.
Die Stadt ist so neu, daß Theodore Shabad 1971 nicht ganz sicher war, ob sie existierte. Er schrieb das Standardwerk ›China's changing map‹. Er erwähnte jedoch, daß einige Worte in einem Nachrichtentelegramm von 1971 möglicherweise darauf hinweisen, daß das Projekt, ein Eisen- und Stahlkombinat in Tschiajükuan zu errichten, nicht ganz abgeschrieben war. Als er das schrieb, war die Produktion seit über einem Jahr in Gang.
Dieses anscheinend verwirrende Netzwerk aus Kabeln und Drähten, das verschiedene Behörden durch dieses alte Tor am westlichsten Punkt der Großen Mauer gezogen haben, ist eine Erinnerung aus der Zeit, als China sich unter großem innerem Kampf zwischen verschiedenen Linien

sammelte, um aufzubauen. Tschiajükuan wurde während der Kulturrevolution als Stahlstadt gebaut.
China ist groß. Es gibt dort Städte, die man auf keinem Atlas findet. Es gibt gewaltige Industriebetriebe, die in keinem Standardwerk erwähnt werden. Es gibt ganze Bahnlinien, die auf keiner Karte erscheinen, riesige Brücken — technische Wunderwerke von Weltrang —, die nie auf Bildern vorkommen und auch noch nie in Berichten aus Hongkong erwähnt worden sind. Als wir auf die Stahlstadt Tschiajükuan blickten, war sie noch nie in einer Reportage aufgetaucht.
»Aber du siehst es«, sagte Wang. »Diese Stahlstadt gibt es. Jetzt geben wir sie frei. Jetzt kann sie bekannt werden. Es ist kein Geheimnis mehr.«
Es gibt Gründe für die Heimlichkeit, begreifliche Gründe. Wir kamen einmal auf dieser halbjährigen Reise zu einer gewaltigen Eisenbahnbrücke, wo es weder eine Brücke noch eine Eisenbahn geben dürfte. Wenigstens nicht, wenn man sich auf die Karten verlassen wollte.
»Wir wären froh, wenn du die Brücke nicht fotografierst«, sagte Wang zu Gun. »Und wir wären froh, wenn du nicht beschreibst, wo und wie sie liegt«, sagte er zu mir.
»Aber was macht das denn«, sagte Gun, »von ihren Satelliten haben Russen und Amerikaner sie sicher fotografiert und auf ihren Karten verzeichnet.«
»Sicher«, sagte Wang, »da hast du recht. Aber Satellitenbilder sagen nicht alles. Sie zeigen zum Beispiel nicht, wie man anfliegen muß, um die Brücke zu zerstören, wenn man das will. Sie zeigen auch nicht die genaue Konstruktion. Wenn Satellitenbilder ausreichten, brauchten die Russen nicht ihre Kundschafter hereinzuschicken, um an Ort und Stelle zu spionieren. Aber sie tun es. Wir greifen sie auf. Hierher dürften sie nicht gekommen sein.«
Seit der Befreiung hat China bei seinem industriellen Aufbau danach gestrebt, das Ungleichgewicht, das ein Erbe der Vergangenheit war, auszugleichen. Der Imperialismus und die ausländischen Mächte hatten eine schiefe Industrieverteilung hinterlassen. Schanghai und andere Küstenstädte lagen wie große angeschwollene Stadtmassen da und sogen den Saft aus dem Land.
Es war bekannt, daß China anstrebte, diese Entwicklung zu ändern. Wie gut es China tatsächlich gelungen ist, eine gleichmäßigere Verteilung zu erreichen, ist nicht veröffentlicht worden. Die Provinzen Kansu und Tschinghai werden zu einer starken industriellen Basis weit im Inneren Chinas ausgebaut; das ist bekannt. Dagegen sind keine Einzelheiten enthüllt worden, und Satellitenfotos können nicht genau aufdecken, welche Produktionsrichtung und Kapazität die neuen Industrien haben. In verschiedenen internationalen Studien ist man deshalb zu dem Schluß gekommen, daß es China wohl nicht gelungen ist.

Ich finde die chinesische Heimlichtuerei vernünftig. Als ich auf den alten Festungsmauern stand und über die neue Stahlstadt blickte, wußte ich wohl, daß einige 100 Kilometer entfernt eine von Chinas großen Raketenbasen lag. Aber ich bat nicht darum, hinfahren zu dürfen. Wenn ich zufällig hingekommen wäre, hätte ich sie nicht beschrieben. Und zwar aus demselben Grund, aus dem ich die schwedischen Militärflugplätze und iranischen Festungsgebiete nicht beschrieben oder bezeichnet hätte, auf die ich zufällig gestoßen wäre. Sowohl Schweden als auch die Länder der dritten Welt haben das Recht, sich zu schützen. Ein journalistisches Interesse, den Supermächten bei deren Nachrichtentätigkeit zu Diensten zu sein, gibt es nicht.
Aber gerade weil ich es von China für einleuchtend halte, daß es über viele seiner Fortschritte schweigt, meine ich, die Umwelt tut klug daran, wenn sie im Gedächtnis behält, daß die tatsächliche Entwicklung in China größer ist, als die chinesische Propaganda berichtet. China verbirgt nicht so sehr seine Fehler und seine Konflikte — davon kann man immerzu auf Wandzeitungen in Schanghai und Peking lesen, und die Neuigkeiten gelangen dann durch verschiedene Kanäle in Hongkong in die Zeitungen in aller Welt —, aber es geschieht ziemlich oft, daß China seine Fortschritte versteckt.

35
Die Stahlstadt

»Das hier«, sagte Tschia Tschang-jun, stellvertretender Vorsitzender des Revolutionskomitees, »ist das ›Stahlwerk Kansu‹. Aber der Name deckt sich nicht mit der Wirklichkeit. Noch sind wir kein Stahlwerk. Wir sind ein Eisenhüttenkombinat mit Grube und Transportanlagen und Kraftwerken und so weiter. Aber eine Eisenhütte sind wir, und Eisen produzieren wir schon. Ein Stahlwerk werden wir in fünf Jahren. Dann sollen das Stahlwerk und das Walzwerk produzieren. Wir heißen Stahlwerk, aber wir sind eine Eisenhütte, die erst noch ein Stahlwerk werden soll. Schreib das!«
Die Stahlstadt Tschiajükuan erhielt vom Staatsrat 1971 die Stadtrechte. Ihre Fläche wurde damals auf 1798 km^2 festgelegt. Das bedeutet, daß das Stadtgebiet sowohl den eigentlichen Stadtkern als auch große Gebiete in der Umgebung umfaßt. Beabsichtigt ist, daß Tschiajükuan die Selbstversorgung mit landwirtschaftlichen Produkten anstreben soll. Das ist die allgemeine Linie in der chinesischen Planung. 1976 erreichte die Stadt die volle Selbstversorgung mit Gemüse. Bis 1980 soll sich die Stadt mit Fleisch und Gemüse selbst versorgen. Bei der Getreideproduktion ist die Lage etwas schwieriger. Hier am Wüstenrand herrscht Bewässerungsfeldbau. Es wird mehr als fünfjährige Arbeit notwendig sein, bis es möglich wird, genug zu produzieren, um den Bedarf zu decken. Die Stadt verbraucht jetzt ungefähr 16 500 Tonnen Getreide im Jahr. Die Jahresproduktion erreicht nur 10 000 Tonnen. Bis 1980 soll die Mechanisierung der Landwirtschaft abgeschlossen sein, aber dann ist auch die Einwohnerzahl höher, und es werden weitere Anstrengungen nötig sein, bis es möglich wird, sich selbst zu versorgen.
»Die Fischerei ist auch ein Problem«, sagte Tschia Tschang-jun. »Fisch ist ein wichtiger Bestandteil der Ernährung. Wir setzen Fische in den Teichen und Kanälen aus. Dieses Jahr sind es ungefähr 600 000 an Brut. Aber das reicht nicht. Die Massen haben sich beklagt.«
1958 beschloß man, eine Basis für die Stahlindustrie in Kansu aufzubauen. Das geschah gemäß der Linie des Vorsitzenden Mao Tse-tung, wie die Industrieansiedlung geplant werden sollte. Es war notwendig, mit dieser Basis im Nordwesten dazu beizutragen, das Gleichgewicht in der Entwicklung des Landes herzustellen.
Im Tschilien-Gebirge südwestlich von Tschiajükuan gab es große Eisenerzreserven. Sie waren von mittelmäßiger Güte. Das Erz enthielt 37%. Nach den vorläufigen geologischen Untersuchungen gab es jedoch dort mindestens 420 Millionen Tonnen Eisenerz.

In jenem Jahr begann der Bau. Man mußte eine Eisenbahn zu dem Grubengebiet bauen und gleichzeitig die Eisenhütte aufbauen. 50000 Bauarbeiter kamen hierher.
»Aber 1960 wurden alle Arbeiten abgebrochen«, sagte Tschia Tschangjun. »Es war Liu Schao-tschi, der den Beschluß durchsetzte. Er behauptete, die Schwierigkeiten seien für China zu groß. Es gab kein Essen für das Volk; es blieb nichts anderes übrig, als mit dem Bau aufzuhören und die Ausrüstung abzumontieren. Liu Schao-tschi und seine Umgebung hatten es mit der Angst bekommen und setzten durch, daß viele Bauten gestoppt wurden.
Zwischen den Jahren 1960 und 1964 gab es hier nur ein paar tausend Mann, um das Gelände zu bewachen. 1962 erfuhr Mao Tse-tung die Neuigkeit, daß das Eisenhüttenprojekt in Kansu gestoppt worden war und die Pläne aufgegeben worden waren. Er sagte damals, daß er vor Unruhe nicht habe schlafen können. Er hatte die ganze Nacht nicht schlafen können, als er erfuhr, daß das ganze Projekt einer Basis für die Stahlindustrie in Kansu abgeschrieben war. Es gab harte Debatten in der zentralen Führung. Die Gegensätze zwischen den Linien Mao Tse-tungs und Liu Schao-tschis traten sehr deutlich zutage.
Aber 1964 siegte Mao Tse-tungs Linie, und der Beschluß, die Arbeit wieder aufzunehmen, wurde durchgesetzt. In den Jahren 1964 und 1965 blies jedoch ein kalter Wind aus einer gewissen Richtung, und es wurde behauptet, daß man im Nordwesten keine metallurgische Basis brauche. Erst als das überwunden war, konnte der Aufbau wieder beginnen.
Zur selben Zeit fingen wir dann auch an, die Stadt um die Eisenhütte zu errichten. Vorher war hier alles Ödland. Alles mußte von Grund auf gebaut werden. Als wir die Industrie bauten, gliederten wir auch gleichzeitig verschiedene Kleinindustriebetriebe und alle Dienstleistungseinrichtungen, die zu einer Stadt gehören, an. Wir haben jetzt 32 Betriebe der Kleinindustrie verschiedener Art.
Diese ganze Arbeit wurde ohne ausländische Spezialisten durchgeführt. Von den ersten Entwürfen an sind es nur chinesische Techniker gewesen, die an den Plänen und Untersuchungen gearbeitet haben.
Die Gußeisenproduktion lief im April 1970 an. Der Produktionswert für 1975 betrug 57 Millionen Yüan und für 1976 70 Millionen Yüan. Erst 1980 wird die Stahlproduktion anlaufen. Dann werden wir 19000 Arbeiter im Werk sein. Das Problem für uns ist, daß das Produktionsvolumen immer noch niedrig ist. Das technische Können ist ungenügend. Wir haben große Lücken.
Die meisten unserer Arbeiter sind jung. Ungefähr 70% sind Jugendliche. Sie kommen von der Volksbefreiungsarmee, sind nach abgeschlossener Dienstzeit ausgemustert worden und ziehen vom Land zu. Wir haben nur eine geringe Zahl erfahrener Arbeiter. Die haben wir aus

Anschan und Peking bekommen. Sie haben sich freiwillig gemeldet, hierherzukommen, am Aufbau teilzunehmen und die Jugendlichen anzuleiten. Das bringt es natürlich mit sich, daß die Produktivität nicht besonders hoch ist. Aber die jungen Menschen lernen, während sie aufbauen, und Schwierigkeiten sind dazu da, daß sie überwunden werden.«

Li Ju-tschan ist eine Frau. Sie war Lehrerin am metallurgischen Institut in Sian und arbeitete mit ihren Schülern im Werk:

»Diese Studenten studieren am Institut Metallurgie. Wir haben die Richtung des Unterrichts in diesen Jahrzehnten oft diskutiert. Wir halten es für notwendig, daß diese Studenten nicht von der Praxis getrennt werden. Jetzt sind sie drei Monate lang hier. Sie studieren, während sie gleichzeitig praktisch in der Eisenherstellung arbeiten und die Probleme in der Wirklichkeit erleben.

Es sind Studenten im zweiten Jahr. Wenn sie hier arbeiten, bilden wir besondere Gruppen, die aus dem Lehrer, den Studenten, Arbeitern und Technikern bestehen. Durch eine so kombinierte Gruppe können sie sich die Arbeitserfahrungen besser zunutze machen.«

»Auf die Krankenpflege sind wir stolz«, sagte Tschu Juan-tschi, der Vorsitzender des Revolutionskomitees der Stadt war. »Da können wir sagen, daß wir allmählich gewisse Ergebnisse erzielen. Wir haben zwei Krankenhäuser und fünf Kliniken und je eine Poliklinik in den drei Volkskommunen draußen auf dem Land, dazu Krankenpflegestationen in jeder Produktionsbrigade. Wir haben jetzt 866 Arbeiter in der Gesundheitspflege. Das bedeutet, daß einer auf 100 Personen kommt. Alle Beschäftigten sind in der staatlichen Krankenkasse versichert, und alle draußen auf dem Land gehören jetzt der kooperativen Krankenkasse an. Ich glaube, wir brauchen uns nicht zu schämen. Wir haben noch viel zu tun, und wir werden nicht übermütig, aber es ist nicht schlecht, daß jetzt 100% der Kinder im schulpflichtigen Alter in der Stadt und 98% der Kinder auf dem Land in die Schule gehen. Ganz hoch in den Bergen sind die Menschen Nomaden. Es ist ein Sieg, auch dort den Schulbesuch durchführen zu können.«

Als wir gehen, sagt Tschia Tschang-jun plötzlich:

»Ich habe deinen dritten Bericht von der Produktionsbrigade Liu Lin in Nord-Schensi gelesen. Das war interessant. Ich glaube, ich kenne Genossen dort. Wir sind ein paar, die sich gedacht haben, wir könnten dort einen Studienbesuch machen, nachdem wir gelesen hatten, was du darüber geschrieben hast. Wir haben das diskutiert, und es ist nicht ganz unmöglich. Ich will selbst dabeisein, wenn es geht.«

Die Straße aus Tschiajükuan heraus ist überschwemmt. Es hat im Gebirge stark geregnet, und alle Bewässerungskanäle sind übervoll. Die Felder stehen unter Wasser. Wir pflügen uns durch. Und hier dürfte es nie regnen.

36
Die Frauenfrage

»Der Distrikt hat 957000 Einwohner«, sagte Wang Li, stellvertretender Vorsitzender des Revolutionskomitees des Distrikts Tschangjeh. »98,4% sind Han. Der Rest gehört zu an die zehn Nationalitäten. Vor der Befreiung herrschte hier der Warlord Ma Pu-fang. Er war ein lokaler Despot, ein kleiner Kaiser. Das Land hier war sehr arm und zurückgeblieben.«
Wir unterhalten uns über die Wirtschaft und Industrialisierung und über das Schulwesen. Die Fortschritte sind groß.
»Wir haben jetzt 1900 richtig ausgebildete Ärzte und Krankenschwestern. Dazu haben wir 2000 Barfußärzte. Das heißt, daß eine in der Gesundheitspflege arbeitende Person auf 240 Einwohner kommt. Und dazu haben wir 4000 Hebammen ausgebildet. Wir haben Schwierigkeiten, und wir haben Schwächen, aber wir haben auch Grund, stolz zu sein auf das, was wir getan haben. Das Leben ist jetzt besser für die Menschen. Jeder von uns in der älteren Generation, der sich erinnern kann, wie es noch vor 10, 15 Jahren war, sieht, was für große Fortschritte wir erreicht haben. Aber es hat schwere Arbeit gekostet.«
»85,2% aller Ehepaare nehmen nun an der Familienplanung teil«, sagte Tschau Tan-ping, die Verantwortliche für die Frauen im Revolutionskomitee. »Die Geburtenzahl ist von 34‰ 1965 auf 12,4‰ 1975 und 10‰ 1976 zurückgegangen. Das ist eine wichtige Angelegenheit. Aber wir achten sehr genau darauf, daß wir die Familienplanung nicht in den Minderheitengebieten propagieren. Das ganze Problem muß politisch gesehen werden.
Der Vorsitzende Mao Tse-tung hat betont, daß wir planvoll arbeiten und auch die Bevölkerung planen müssen. Unsere Arbeit geschieht auf drei Wegen. Die führenden Genossen müssen mit gutem Beispiel vorangehen. Sie müssen Aktivisten in der Familienplanung sein. In den ideologischen Debatten bekämpfen wir die schlechte Tradition der Frauenunterdrückung. Unser medizinisches Personal gibt kostenlos Verhütungsmittel und Pillen aus. Wir arbeiten mit großen Versammlungen wie auch mit privaten Gesprächen. Es gibt welche, die auch scheu sind und nicht wagen, auf einer Versammlung aufzustehen und über ihre Probleme zu sprechen. Wir streben auch ein höheres Heiratsalter an. Wir sind gegen frühe Ehen.
Die Sterilisierung ist eine gute Methode. Wir haben sie in großem Umfang angewandt. Aber da gibt es Schwierigkeiten. Ich spreche nicht von medizinischen Schwierigkeiten; die können wir überwinden, son-

dern ich spreche von ideologischen Schwierigkeiten. Wir haben hier im Distrikt ungefähr 40 000 Sterilisierungen bei Frauen ausgeführt, aber nur ein paar 100 bei Männern. Das ist nicht angemessen. Es ist für den Mann ganz ungefährlich, eine Sterilisierung vornehmen zu lassen. Es ist eine ganz leichte Operation. Aber es gibt eine alte Tradition, daß der Mann Herr in seinem Haus ist und daß er die Familie versorgt und daß er wichtiger ist, und es gibt auch andere und stark gefühlsbestimmte und irrationale Gründe, die bewirken, daß sowohl Männer als auch Frauen vor der Sterilisierung des Mannes zurückschrecken.
Die Männer, die sterilisiert worden sind, haben das erst nach langer Überredung gemacht. Das ist eine politische Frage. Wir müssen das Denken verändern. Das braucht Zeit. Hier bei uns war der Mangel an Gleichheit sehr groß. Die Frauen mußten unter Umständen schwere Mißhandlungen ertragen. Ein Mann hatte das Recht, seine Frau zu verprügeln. Wenn er saß, mußte sie stehen. Sie mußte hinter ihm gehen. Sie durfte ihm nicht widersprechen. Wenn der Mann zu Hause war, lag er auf dem *kang*. Die Frau mußte ihn bedienen. Mädchen waren nichts wert. Nur die Jungen zählten. Solche alten Sitten sitzen tief.
Heute ist es selten, daß Frauen mißhandelt werden. Die Frauen haben ein stärkeres Bewußtsein ihres Wertes bekommen, da sie jetzt arbeiten und man nicht mehr sagen kann, daß der Mann sie versorgt. Wir haben auch durch politische Arbeit die Einstellung zur Mißhandlung der Ehefrau geändert. Früher war es ein männliches Recht. Heute ist es eine Schande für einen Mann, wenn es bekannt wird, daß er seine Frau geschlagen hat. Er hat die öffentliche Meinung gegen sich. Alle zeigen mit dem Finger auf ihn. Von unserer Seite in der Partei nehmen wir uns dieser Dinge auch unmittelbar an. Wenn es um häusliche Streitigkeiten geht, greift der Vergleichsausschuß des Distrikts ein. Wir versuchen, die Parteien zur Einsicht zu bringen. Wenn ein Mann seine Frau schlägt, führen wir ein sehr ernstes Gespräch mit dem Mann. Aber wenn es sich wirklich um eine Mißhandlung handelt wie in alten Zeiten, dann bringen wir ihn vor Gericht. So etwas darf auf keinen Fall mehr vorkommen.
Noch vor der Kulturrevolution waren vermittelte Heiraten und verschiedene Formen von Brautkauf und Mitgift ein Problem. Die Heirat war wie eine geschäftliche Abmachung zwischen zwei Familien. Dies bekämpfen wir durch Aufklärung und durch erzieherische Tätigkeit bei den jungen Mädchen schon vom Pioniersalter an. Wir greifen Beispiele von vermittelten Ehen auf und zeigen die verschiedenen wirtschaftlichen Vereinbarungen und wecken Abscheu davor. Wir versuchen, den jungen Mädchen beizubringen, daß sie selbständig sein sollen und daß es schimpflich ist, sich kaufen oder verkaufen zu lassen. Wir lehren sie, daß eine Ehe nur dann moralisch ist, wenn sie aus freiem Willen zwischen erwachsenen Menschen, die aus Liebe heiraten, eingegangen wird.

Auf diese Weise schaffen wir neue Traditionen, die den alten genau entgegengesetzt sind. Heute sagen wir ›Geschenke sind schimpflich‹. Das ist neu. Viele junge Mädchen schicken nun alle Geschenke zurück. Sie empfinden es nun als schimpflich und beleidigend, wenn jemand versucht, sie mit Geschenken zu gewinnen. Aber viele in der alten Generation sind schwierig. Das ist nicht der Fehler der Mädchen. Sie können leicht dazu erzogen werden, einzusehen, daß vermittelte Heiraten und große Geschenke unwürdig sind, und daß sie selbständige Menschen sind. Aber die alten Sitten sitzen bei vielen Älteren noch fest.

In den jungen Familien benimmt man sich anders als in den älteren. Die jungen Familien teilen sich die Hausarbeit. Der Mann holt Wasser und Brennstoff und hilft der Frau. Das ist ein großer Fortschritt. Aber noch muß ein weiter Weg gegangen werden. Du kannst unseren Fortschritt ermessen, wenn du dir den Anteil weiblicher Kader ansiehst. Von 3100 Kader oberhalb der Brigadenebene sind 540 Frauen. Das ist ein großer Fortschritt. Aber sie machen nur 17% aus, und das zeigt, was noch vor uns liegt.

Die Partei stellt uns viele Aufgaben in der Frauenarbeit. Da geht es nicht nur darum, die Frauen aufzufordern, zu arbeiten und zu zeigen, daß da der Weg zur Selbständigkeit liegt. Wir müssen darauf achten, daß die Frauen auch an ihre Gesundheit denken. Es gibt spezielle Frauenprobleme. Wir müssen zusehen, daß die Frauen das Recht auf leichtere Arbeit während ihrer Regel erhalten. Wir müssen zusehen, daß sie schonendere Arbeit während der Schwangerschaft bekommen und daß sie nach der Entbindung nicht zu schwer arbeiten müssen. Die Arbeit unter den Frauen umfaßt also viele verschiedene Aufgaben. Aber im Grunde sind sie alle eine Sache der richtigen politischen Linie. Der Vorsitzende Mao Tse-tung und die Partei haben immer wieder die Bedeutung einer richtigen Arbeit unter den Frauen hervorgehoben.«

»Oder nimm die Frage der Baumpflege«, sagte Wang Li, »auch das ist eine politische Frage. Es gibt eine alte schlechte Tradition, daß die Menschen Äste von den Bäumen abreißen und die Zweige von den Ziegen abweiden lassen. Diese Tradition muß bekämpft werden. Wir pflanzen viel. Der Distrikt steckt ungeheure Mittel in die Baumpflanzungen. Jeder merkt, daß die Bäume uns vor dem Wüstenwind schützen. Wir müssen also mit den schlechten alten Traditionen brechen und neue gute Traditionen schaffen.

Jede Produktionsbrigade hat eine Baumpflanzungsgruppe. Wir treiben Propaganda unter den Pionieren. Wir bilden Baumschutzgruppen unter den Pionieren. In den Brigaden werden förmliche Verträge abgefaßt, wie die Bäume vor den Ziegen geschützt werden sollen. Die Hirten werden in die Baumbewachungsgruppen aufgenommen und bekommen selbst den Auftrag, die Bäume zu bewachen.

Wir schaffen mit Aufklärung und Propaganda und Organisation das Bewußtsein, wie wichtig es ist, die Bäume zu pflanzen. Das geht nicht an einem Tag. Du kannst selbst sehen, daß viele Bäume entlaubt sind. Aber mit der Zeit geht es. Das ist eine Frage des politischen Kampfes. Wir zeigen, daß letzten Endes die Sache mit den Bäumen eine Sache des Klassenkampfes ist.«

37
Der liegende Buddha

»Paß auf«, rief Wang, »die Planken dort oben können morsch sein!« Gun fotografierte gerade den liegenden Buddha in Tschangjeh, und sie war auf die Galerie geklettert, um näher an das große Gesicht zu kommen. Die Bretter waren alt, und sie knarrten und schwankten, und der liegende Buddha starrte mit riesigen Augen an ihr vorbei in den großen dunklen Saal.

Der liegende Buddha in Kantschou, wie Tschangjeh früher hieß, ist weithin berühmt. Die Figur ist 34,50 Meter lang und 7,50 Meter hoch. Der Tempel wurde unter der Sung-Dynastie 1098 gebaut und unter der Ming- und der Tsching-Dynastie restauriert. Der spätere Umbau wurde im zwölften Regierungsjahr des Kaisers Tschien Lung (1776 nach unserer Zeitrechnung) durchgeführt, und der Tempel erhielt damals sein heutiges Aussehen. 1963 wurde er zum geschützten Denkmal auf Provinzebene erklärt. Restaurierungsarbeiten wurden dann 1965, 1971 und 1975 durchgeführt. Man ist sehr stolz auf das Denkmal.

Eigentlich ist er nicht so abgelegen, auch wenn es weit ist, dieser Tempel in der alten Stadt an der großen Handelsstraße. Er wurde von ausländischen Reisenden, Gesandten und Kaufleuten und anderen, die auf diesem Weg vorbeikamen, besucht. Der liegende Buddha in Kantschou ist nie unbekannt gewesen. Wenn man näher hinschaut, entdeckt man, daß er eigentlich auch einen Teil unseres eigenen historischen Hintergrundes ausmacht.

Gun ist immer noch auf der Galerie. Ich kann sie in der Dunkelheit über mir hören. Ich gehe näher an die große Figur, und die Augen sehen durch mich durch. Eines Tages um 1550 begab sich eine Gesellschaft von Venedig hinüber nach Murano, um zu Mittag zu essen und zu plaudern. Die Gesellschaft bestand aus vier Personen. Der Gastgeber war der gelehrte Autor und Staatsmann Gian Battista Ramusio. Er war seit langem Witwer und hatte sich zurückgezogen, um sein großes geographisches Werk ›Navigationi e Viaggi‹ auszuarbeiten. Im Vorwort zu dessen zweitem Band von 1556 berichtet er von diesem Nachmittag in der Lagune.

Zu Gast waren sein naher Freund und Verleger, der Buchdrucker Giunti, und der berühmte Architekt und Festungsspezialist Michele Sanmichele sowie der persische Kaufmann Hadschi Mohammed, der sich in Venedig aufhielt, um eine große Sendung echte Rhabarberwurzeln (Rheum palmatum) aus den Bergen von Sutschou, dem heutigen Tschiutschian, zu verkaufen.

Als das Essen abgetragen war und die Herren noch bei den Gläsern saßen, erzählte der Perser von China und sagte unter anderem, daß die Tempel in Kantschou ungefähr wie die Kirchen in Europa gebaut seien: » — mit Säulen von einer Seite zur anderen . . . Es gibt auch zwei merkwürdige Statuen in dieser Stadt. Eine von einem Mann und die andere von einer Frau. Sie sind beide 40 Fuß lang, und die Figuren sind auf dem Boden liegend dargestellt.«

Rhabarberwurzel aus Kansu hatte es unter den Medikamenten gegeben, die Meister Lukas, Gustav Vasas Hofapotheker, bereithielt, und als die Hofapotheke vom Schloß in die Stadt umzog und zur Schloßapotheke wurde, verkaufte sie weiter Rhabarberwurzel aus Kansu; und wer an Verstopfung leidet und heute in der Apotheke Lejonet in Stockholm ein Abführmittel kauft, kann die gleiche Medizin kaufen, die Hadschi Mohammed damals, als er Ramusio von dem liegenden Buddha in Tschangjeh berichtete, nach Europa brachte, und die Apotheke ist eigentlich noch dieselbe, die Gustav Vasa diente, zu einer Zeit, als in China die Ming-Dynastie herrschte.

Am Abend ging ich zu einem späten Spaziergang durch die Stadt. Auf dem Heimweg sehe ich eine merkwürdige ragende Konstruktion sich vor dem sternklaren Himmel abzeichnen. Wie ein aus Zahnstochern gebautes Schloß. Ich frage mich, was das ist.

»Eine Pagode«, sagt Wang Li. »Eine Holzpagode aus der Sui-Dynastie. Sie steht auf dem Hof der Mittelschule Nr. 1.«

Am Morgen besuchen wir sie. Es ist ein bemerkenswertes Bauwerk. Sie soll 583 unter der Sui-Dynastie gebaut worden sein. Aber mit den chinesischen Bauwerken verhält es sich wie mit Großvaters altem Stock. Vor 50 Jahren kaufte Großvater den Stock. Vor 40 Jahren wurde die Krücke ausgewechselt. Vor 30 Jahren wurde die Zwinge ausgewechselt. Vor 20 Jahren wurde der eigentliche Stab am Spazierstock ausgewechselt. Aber es ist immer noch Großvaters alter Stock. Wie oft die Holzpagode zwischen der Sui-Dynastie und der späten Tsching-Dynastie umgebaut wurde, weiß ich nicht. Aber 1890, unter der Tsching-Dynastie, wurde sie ausgebessert, und damals wurden auch Ziegelmauern eingezogen, um sie zu verstärken. 1925 wurde sie dann noch einmal ausgebessert. 1953 beschloß der Kreis, sie zu einem geschützten Denkmal zu erklären:

»Dieses Denkmal muß sorgfältig geschützt und erhalten werden«, haben die Behörden des Kreises auf ein Schild geschrieben, das bei der Pagode aufgestellt wurde. Die Pagode ist ein Kreisdenkmal. Ein Heimatdenkmal. Sie ist kein nationales Denkmal wie die Pforte in der Großen Mauer. Sie ist kein Provinzdenkmal wie der liegende Buddha. Sie ist nicht einmal ein Distriktsdenkmal. Sie ist nur ein Kreisdenkmal.

»Wir haben ja so viele solche Sachen hier«, sagt Wang Li. »Die Stadt ist voll von Tempeln und alten Denkmälern. Wir versuchen, sie als Schulen

und Versammlungslokale und alles mögliche zu nutzen. Aber hab keine Angst wegen der Pagode. Ein Kreisdenkmal ist genauso geschützt wie ein nationales Denkmal. Es steht unter dem Schutz des Volkes.«
Aber wenn Tunhuang und die Pforte in der Großen Mauer und der liegende Buddha und die Holzpagode geschützt waren, so hatte doch nicht alles geschützt werden können. Sandan, ein wenig weiter östlich im Korridor, war verwüstet worden. Dorthin waren Rotgardisten gekommen, und nicht irgendwelche Rotgardisten, sondern solche, die von sich behaupteten, die wirkliche Linke zu sein, und die jetzt mit allen alten Bräuchen und allem alten imperialistischen Einfluß Schluß machen wollten.
In Sandan hat es die einzige große Asoka-Stupa in China gegeben. Eine riesige Kuppel aus sonnengebrannten Ziegeln, geweißt und mächtig. Sie enthielt angeblich ein Haar des Königs Asoka von Indien. Diese Rotgardisten, die sich als die wirkliche Linke bezeichneten, rissen die ganze Stupa nieder, um den imperialistischen Einfluß auszulöschen.
Dort in Sandan gab es auch mitten in der Stadt ein Holzhaus aus der Sung-Dynastie, das sich seit dem 11. Jahrhundert im Besitz derselben Familie befunden hatte. Es gab Legenden um das Haus. Es hieß, es sei verflucht, und keiner wohnte darin, und es hatte seit fast 1000 Jahren keiner darin gewohnt. Es stand da wie ein Denkmal. Es war eines der ältesten erhaltenen Holzhäuser in China. Es gibt nur eine kleine Zahl von Holzhäusern aus dieser Zeit. Dieses Haus in Sandan war von großer Bedeutung, weil es dem chinesischen Volk die Möglichkeit gab, seine Geschichte zu studieren und zu untersuchen, wie die Handwerker vergangener Zeiten die Technik, die dem heutigen Bauen zugrunde liegt, entwickelt haben. Aber um sich selbst davon zu überzeugen, daß sie nicht an den Spuk zu glauben brauchten, ließen diese Studenten, die von sich behaupteten, die wirkliche und die wahre Linke zu repräsentieren, das alte Haus abreißen und das Holz vernichten.
In Sandan gab es ein einfaches Grabmal für George Hogg. Er war im Krieg gegen Japan mit Tschu Teh in Südost-Schansi gewesen. Er hatte sich auf die Seite des chinesischen Volkes gestellt. Er hatte aufopfernd und ohne Aufhebens für die Zukunft des chinesischen Volkes gearbeitet und dessen Lebensumstände geteilt.
1943 schrieb er in Paotschi in Schensi ein Buch über den Kampf des chinesischen Volkes, ein Buch, das dann meine Ansicht und die vieler anderer von der Stärke des Volkes und der inneren Schwäche des Faschismus bestimmte: ›I see a new China‹. Ich bekam mein Exemplar von einem englischen Soldaten 1945 in Oslo. Er kam aus London und war Kommunist. Wir waren uns bei den großen Demonstrationen nach der Befreiung begegnet. Wir sprachen von der neuen Welt nach dem Sieg über den Faschismus, und er sprach viel von China. Er gab mir Hoggs Buch

zu lesen. Dann wurde er nach Deutschland verlegt, und ich konnte ihm das Buch nicht mehr zurückgeben. Ich habe es noch. Jetzt will ich in Sandan George Hoggs Grab besuchen.
Aber das konnte ich nicht. Dieser George Hogg, der sein Leben in solidarischer Arbeit im Krieg gegen den Faschismus geopfert hatte und am 22. Juli 1945 gestorben war, bevor der Sieg im Krieg gegen Japan gewonnen war, durfte sein Grabmal nur 20 Jahre behalten. In dem neuen China wurde sein Andenken geehrt. Er war einer der vielen, die aus fremden Ländern — Indien, Kanada, England, Deutschland und vielen anderen — aus Solidarität gekommen waren. Mao Tse-tung betrachtete sie als Beispiel für die Solidarität der Völker und dafür, was es bedeutet, »dem Volk zu dienen«.
Um auf revolutionäre Art und Weise — nach eigener Aussage — den Imperialismus zu bekämpfen, griffen diese sich als Linke bezeichnenden Rotgardisten George Hoggs Grab an. »Weg mit allem Unkraut!« riefen sie. Dann warfen sie den Grabstein um, zerschlugen ihn und verstreuten die Bruchstücke, so daß man sie nie mehr wiederfinden konnte. Das Grab machten sie dem Erdboden gleich.
»Verstehst du, warum das Volk diese sogenannten Rebellen verabscheut?« fragte Wang.

38
Zur Wasserscheide

Wir fahren auf Wuwei zu und sind seit Anhsi jetzt 1000 Kilometer in Kansu gefahren. Wir sind die alte Kaiserstraße durch den Kansu-Korridor heruntergekommen. Wir sind nicht die direkte Strecke gefahren; wir haben Abstecher gemacht und sind Seitenstraßen gefahren, aber dann sind wir auf die Hauptstrecke zurückgekehrt und in östlicher Richtung weitergefahren.

Die Straße verläuft zwischen dem Gebirge und der Wüste. Südlich der Straße hatten wir das schneebedeckte Tschilien-Gebirge. Hinter ihm liegt Tsaidam mit seinen Sümpfen und Salzseen, oben auf dem Wüstenplateau, das nun im Begriff ist, sich zu einer industriellen Basis des innersten China zu verwandeln. Nach Norden hin waren hinter Tschiajükuan wieder niedrige Bergketten aufgetaucht. Hinter ihnen liegen die großen Wüsten. Die Straße, auf der wir fuhren, hatte sich an das bebaute Land unter den Bergen gehalten. Das Schmelzwasser aus dem Tschilien-Gebirge ermöglicht Ackerbau. Um die Flüsse, die von den Bergen kamen, lagen Oasen. Je länger wir nach Osten fuhren, desto größer wurden die Oasen und desto dichter lagen sie zusammen.

Aber zwischen den Oasen gab es Strecken von Buschsteppe und Gobi. Je mehr Tage vergingen, desto mehr überwog jedoch das bebaute Land. Die Große Mauer, die uns von Tunhuang mit Wachtürmen und Mauerabschnitten begleitet hatte, war zu einer zusammenhängenden Mauer geworden, die Meile für Meile neben der Straße herlief, seit wir Sandan verlassen hatten. Erst oben bei den einsamen Gebirgspässen schwenkte sie nach Norden ab, wurde zu Wachtürmen auf den Höhen.

Jetzt hatte das Kulturland die Führung übernommen. Die Wüste und das Ödland waren entlang der Straße durch bebautes Land zu eingekreisten Wüstenflecken geworden. Hier und da sahen wir, wie das Kulturland vorrückte. Die Dünen waren abgetragen. Die Baumpflanzungen marschierten über die Ebenen hinaus. Teiche und Kanäle sammelten Wasser für den Angriff auf die Wüste, und in den Laufgräben am Wüstenrand arbeiteten Kommunenmitglieder mit Spaten und Hacken. Hier und da bewegte sich ein Traktor zwischen den Schubkarren.

Der Regen hatte sich vor Tschangjeh verzogen, und der Wind war trocken und heiß, wie er sein sollte. In den Nächten brannten die Sterne wie Löcher am schwarzen Himmelsgewölbe. Aber als wir nun am Abend auf Wuwei zufuhren, hatte die Luft Geschmack und Farbe geändert. Sie war weich im Hals, und sie trug einen schwachen süßlichen Duft nach bebautem Land. Der Mond leuchtete mild und weich über der Landschaft. Es war ein Mond wie in Schweden. Er war nicht mehr weiß und scharf geschnitten wie der Mond weiter oben im Korridor und über den Bergen und Wüsten Innerasiens. Wir kommen nach Wuwei, und schon hier, bevor wir die Wasserscheide erreicht haben, haben wir Innerasien verlassen.

Die Städte an der Straße durch den Korridor sind alte Kulturstädte gewesen. Jetzt befinden sie sich in einem schnellen Umwandlungsprozeß. Sie werden industrialisiert. Aber es ist nicht genug, das zu sagen; es ist notwendig, auf den Hintergrund zu verweisen, vor dem diese Entwicklung geschieht. Wir reisten durch ein Kansu, das nicht nur arm und von Naturkatastrophen betroffen war, sondern das als ein armer Teil Chinas während der Kaiserherrschaft seit der Mitte des 19. Jahrhunderts ein Schicksal durchmachte, das schlimmer war als das, welches Deutschland im Dreißigjährigen Krieg erlitten hatte.

Hier erhoben sich die Bauern zu einem gerechten Freiheitskrieg gegen die Kaisermacht, die Ausbeutung und den Hunger. Sie taten es unter religiösen Parolen, wie es die Bauern im 16. Jahrhundert in Europa getan hatten. Hier in Kansu und Schensi wurde der Bauernkrieg von 1862-1878 unter muslimischen Parolen geführt, genauso, wie der gewaltige Bauernkrieg für die Freiheit, den die Taiping-Armee von 1847 bis 1864 gegen die Kaisermacht führte, christliche Parolen hatte.

Während der 16 Jahre, die die Kaisermacht gegen die aufständischen Bauern in Kansu kämpfte, wurde dieser Kampf von ausländischen Handelsgesellschaften wie Jardine, Matheson & Company finanziert. Für sie war es reines Geschäft. Sie investierten im Kampf gegen die Bauern, und der Jahreszins bei dieser Investition betrug 10,5%. Sie erhielten das Zollwesen und die Steuereinnahmen als Sicherheit, und die Truppen, die sie finanzierten und an denen sie Geld verdienten, machten China gleichzeitig sicherer für ausländisches Kapital, indem sie Aufständische und Nationalisten und Revolutionäre aller Art niederschlugen. 1878, als der General des Kaisers, Tso Tsung-tang, die muslimischen Bauernheere in Kansu endgültig besiegt hatte, war die Bevölkerungszahl in Kansu in diesen 16 Jahren von 15 Millionen auf eine Million gesunken. Wenn die historische Rolle, die Tso Tsung-tang gegen Jakub Beg in Sinkiang hatte spielen können, zu einem Teil progressiv gewesen war, so war seine Rolle in Kansu ungeteilt negativ.

Aber die Kämpfe waren auch nicht — wie sie manchmal dargestellt werden — nationale Kämpfe gewesen. Sie waren soziale Kämpfe gewesen, Bauernkampf, Klassenkampf. Die kaiserliche Macht nutzte ihre Mandschu-›Verwandten‹, um die Macht durch Teilen und Herrschen zu behalten. Die Mandschu bildeten keine Herrscherklasse. General Tso Tsung-tang gehörte zum Han-Volk und zu den Herrschenden. Wie die Mandschufamilien lebten, als das Kaisertum gestürzt war und sie nicht

einmal mehr Diener waren, berichtete der schwedische Schatzsucher und chinesische Staatsbeamte Johan Gunnar Andersson 1926:
»Liangtschou (= Wuwei) hat den sonderbaren und man kann sagen zweifelhaften Ruhm, ein Zentrum für den Handel mit jungen Mädchen zu sein. Daß so viele kleine Mädchen gerade an diesem Ort zum Verkauf angeboten werden, beruht wahrscheinlich darauf, daß die Stadt seit der früheren mandschurischen Kaiserdynastie eine ansehnliche Mandschubevölkerung hat, die nun nach der Einführung der Republik in äußerster Armut lebt. Diese Mädchen, die angeboten werden, sind in jedem Alter vom ganz kleinen Kind bis zu 15-16 Jahren, und in den meisten Fällen sind wohl die kleinen Mädchen am billigsten, denn sie müssen ja mehrere Jahre ernährt und versorgt werden, ehe sie von Nutzen sein können, sei es als Dienerinnen oder als Nebenfrauen. Man sagte mir, daß zur Zeit unseres Besuches ungefähr 2000 Mädchen zum Verkauf standen, zu Preisen zwischen 50 und 200 Dollar und ausnahmsweise bedeutend mehr, wenn es sich um besonders gefragte Schönheiten handelt.« (›Draken och de främmande djävlarna‹, Stockholm 1926.)
Unsere Altersgenossen in China sprechen mit den Jugendlichen über diese bitteren Erinnerungen. Aber diese Bitterkeit, mit der sie von der Vergangenheit sprechen, verwandelt sich in eiskalten Zorn, wenn sie sich daran erinnern, was diese Ausländer und die eigene herrschende Klasse zu dieser unerträglichen Unterdrückung zu sagen hatten:
»Man sollte meinen, daß dieser Handel mit kleinen Mädchen ein verabscheuenswerter Handel sei, aber dem, der mit den chinesischen Verhältnissen vertraut geworden ist, stellt sich die Sache etwas anders dar. Diese armen Mandschufamilien, aus denen die Mädchen zum großen Teil kommen, sind so außerordentlich arm, daß es wohl sogar den kleinen Spekulationsobjekten selbst, wenn sie alt genug sind, um darüber nachzudenken, wie ein besseres Schicksal vorschwebt, aus dem Elternhaus und dessen hoffnungsloser Armut wegzukommen.«
Andersson war sicher kein schlechter Mensch. Er war nicht schlechter, als es seine Klasse damals in China war, und er ist ganz genau derselbe Schlag Mann wie die Geschäftsleute, die man in Bombay und Kalkutta treffen kann und die berichten, wie das Leben in Indien ist, und wie man es sieht, wenn man ›mit den indischen Verhältnissen vertraut geworden ist‹.
Europäische und amerikanische Liberale auf der Reise durch China beklagen sich im allgemeinen darüber, daß alle Chinesen in mittleren Jahren und älter, mit denen sie sprechen, ›dieselbe Sache erzählen‹: von der alten Gesellschaft und deren Elend. Sie hätten gern mehr Abwechslung in den Erzählungen. Es geht ihnen nicht auf, daß das den Chinesen auch lieber wäre, daß aber die Vergangenheit eben so eintönig bitter war, wie sie geschildert wird.

Wuwei war ein Zentrum des Mädchenhandels. Kansu war ein Zentrum des Opiumanbaus in China. In Nordwestchina regierten Warlords und verschiedene Despoten. China wurde von fremden Eroberern verheert und von deren Kaufleuten und Experten und Plünderern ausgebeutet. Die eigene Regierung war korrupt und tyrannisch.

Die große Unterdrückung erzeugte Aufruhr, und die hoffnungslose Armut stellte die Forderung, sich gemeinsam mit eigener Kraft aus dem Elend zu erheben. Aber Mao Tse-tung und die Volksbefreiungsarmee wurden nicht nur von den Kleinbauern und vom Proletariat unterstützt; die Befreiung wurde von der überwältigenden Mehrzahl gestützt. Nur ganz wenige folgten der KMT und Tschiang Kai-schek auf der Flucht oder blieben eingefleischte Konterrevolutionäre und Gegner des neuen China nach 1949.

Das ist nicht schwer zu begreifen. Nur die Klassen und Gruppen und Individuen, die total verfallen und moralisch verkommen waren, konnten Korruption und Unterdrückung, Rauschgifthandel und Mädchenverkauf und völlige nationale Erniedrigung akzeptieren. Aus diesem Grund wurde die Unterstützung für die Befreiung so groß. Alte Lehrer, die Konfuzius anhingen; Beamte, die sich nicht korrumpieren lassen wollten; Offiziere, die trotz allem zur Armee gegangen waren, weil sie China gegen die japanischen Angreifer verteidigen wollten; aber auch Kaufleute, Kapitalisten und sogar Grundbesitzer begrüßten die Befreiung. Sie taten es deshalb, weil die Erfahrungen so bitter waren, daß sie meinten, Mao Tse-tung habe China gerettet.

»Ich denke über die Abrechnung mit den Opiumhändlern nach«, sagt Gun.

Wir machen einen Abendspaziergang durch Wuwei. Wir sind am Tag in der Fabrik für landwirtschaftliche Geräte gewesen und werden am nächsten Tag in Textilbetriebe gehen. Jetzt gehen wir spazieren und unterhalten uns in der milden Nacht. Die Stadt ist still geworden. Die Geschäfte sind geschlossen. Im Hotel leuchten die Fenster noch, aber die Straßen sind fast leer. Unter einer einsamen Straßenlampe weit weg ist ein Radfahrer zu sehen. Chinesische Städte begeben sich zeitig zur Ruhe.

»Als die Volksbefreiungsarmee auf dem Marsch durch Kansu nach Sinkiang hierherkam, da brachten die Menschen alle Opiumhändler zusammen. Sie kamen vor Gericht, wurden verurteilt und erschossen, und das war eine gerechte Strafe. Alles Opium wurde zusammengetragen und verbrannt.

Als das Opium verbrannt wurde, hörte jede Art von Freiheit, sich mit Rauschgift zu Tode zu bringen, in Kansu völlig auf. Auch die Freiheit, sich zu prostituieren, hörte auf. Die Erniedrigung hörte auf. Es sind seitdem nicht einmal 30 Jahre vergangen. Ich glaube, wir könnten irgendeinem von unseren Freunden nicht vorlesen, was Andersson über den

Mädchenverkauf in Wuwei geschrieben hat, ohne daß sie sich schrecklich aufregten und es ihnen schwerfiele, sich zu beherrschen.
Es sind in China nicht so viele erschossen worden«, sagt sie. »Aber damals bei der Befreiung erschoß man Opiumhändler, Mädchenhändler und lokale Despoten. Sie hatten es verdient.«
Wir gehen durch das schlafende Wuwei nach Hause zum Gästehaus. Es geht auf elf Uhr zu. Gun sagt:
»Viele in der akademischen sogenannten Linken in Europa und den Vereinigten Staaten haben ihre liberalen und anarchistischen Träume auf China projiziert. Das hat China geschadet. Wie oft hat man nicht gelesen, wie die Chinesen mit Milde und ohne Gewalt Prostituierte und Opiumsüchtige an ein menschliches Leben angepaßt haben und sie in kollektiver Arbeit ihre Menschenwürde wieder finden ließen. Das alles ist wohl richtig, nur hat man weiter nicht viel darüber berichtet, was geschah, bevor man mit der Anpassung beginnen konnte.
Die Volksbefreiungsarmee handelte genau wie die große revolutionäre Volksarmee, die sie war; genauso, wie Taiping es tat; genauso, wie Mao Tse-tung die Bauernbewegung in Hunan beschreibt; genauso, wie Volksarmeen es in solchen Lagen immer getan haben. Die Spielhöllen, Opiumhöllen und Bordelle wurden auf einmal und für immer geschlossen. Die Opfer wurden herausgeholt. Die Verbrecher wurden auf den Marktplatz geführt. Sie wurden öffentlich angeklagt. Sie wurden öffentlich verurteilt. Sie wurden öffentlich hingerichtet. Alles Opium wurde auf einmal verbrannt, und jeder Opiumgenuß hörte mit einemmal auf. Es war für viele der wirklich Süchtigen schwer, hat man gesagt. Ich habe die Genossen danach gefragt. Es ist wahr, daß die Entzugsbeschwerden groß waren, sagten sie. Es gab eine ganze Menge, die das nicht überlebten. Sie waren zu tief im Opiummißbrauch versunken. Sie starben oder begingen Selbstmord, als es kein Opium mehr gab. Aber das war der Preis, den man bezahlen mußte, damit das Opium für immer aus China verschwand. Es gab keinen anderen Weg. Das Volk forderte, daß alle Rauschmittel sofort abgeschafft werden sollten.
Revolutionen sind keine Kaffeekränzchen; sie sind auch keine Form von Gesprächstherapie. Tschu Teh und mehrere mit ihm hatten sich selbst aus der Sucht befreit und wußten, daß es keinen Mittelweg zwischen einer totalen Ausrottung des Opiumgenusses und der erniedrigenden Sucht gab.«

39

Der Gelbe Fluß

Auf 3000 Meter Höhe geht die Straße über den Wutschiaoling, und von hier an fließen alle Flüsse ins Meer. Wir haben die Wasserscheide überquert. Der Tschuanlang Ho fließt neben uns auf die Ebene hinunter und wächst zu einem Fluß an. Es ist eine grüne und lächelnde Landschaft, wo der Tschuanlang Ho den Huang Ho, den Gelben Fluß, erreicht. Hier heben gewaltige Wasserräder das Flußwasser in ihren Schöpfkellen langsam hoch und führen es durch die Bewässerungskanäle auf die Felder hoch über dem Flußbett.

»Siehst du«, sagt Gun, »jetzt ändert sich die Bewässerungstechnik!«

Aber wir verlassen die Straße nach Lantschou und fahren am Gelben Fluß entlang. Die Hügel wachsen wie Berge um uns, und der große Fluß stürmt unter uns voran. In Liutschia stehen wir im Bergraum des Kraftwerks. Hier erzeugt der Gelbe Fluß in fünf großen Generatoren 1225000 Kilowatt. Es donnert und bebt im Berg um uns, und über die Berge weg ragen die Strommasten.

»330000-Volt-Hochspannungsleitungen hinunter nach Schensi und 220000-Volt-Leitungen hinauf nach Tschinghai und weiter nach Ninghsia und nach Kansu«, sagt Wang Tu-kiang, stellvertretender Vorsitzender des Revolutionskomitees am Kraftwerk Liu-Liutschia.

Hier erzeugt nun der Gelbe Fluß Energie für neue Industrien im innersten China. Dieses Kraftwerk ist einer von Chinas Großbauten und ein Teil des großen Projektes, den Gelben Fluß zu regulieren.

»Dies war eines der 100 Projekte, bei denen uns die Sowjetunion helfen wollte«, sagt Wang Tu-kiang, »und wir begannen die Planung 1956. 1958 wurden die ersten Bauarbeiten begonnen. 1960 gingen die Russen weg. Sie benutzten die Hilfeleistungen und Kredite zur politischen Erpressung. Wer ihnen nicht gehorcht, wird bestraft. Sie glaubten, daß wir mit diesem Bau niemals zurechtkommen könnten.

Es mochte so aussehen, als behielten sie recht. Diese Fachleute stahlen Zeichnungen und geologisches Untersuchungsmaterial, als sie abzogen, und wir standen hier mit 10000 Mann ohne ordentliche Pläne und mit der riesigen Aufgabe, ein Kraftwerk im Gelben Fluß zu bauen, das allein mehr Energie produzieren sollte, als ganz China vor der Befreiung produzieren konnte.

Zugleich soll gesagt sein, daß viele sowjetische Fachleute aufrichtige Freunde des chinesischen Volkes waren. Sie waren so bewegt, daß sie weinten, als ihre Regierung sie zwang, nach Hause zu reisen und unsere Wirtschaft zu sabotieren.

Das waren schwere Jahre. Das Land wurde auch von schlimmen Naturkatastrophen betroffen, und im August 1962 brachte Liu Schao-tschi den Beschluß durch, daß auch dieses Projekt gestoppt werden sollte. Das war sehr bitter für uns. Viele von uns weigerten sich, die Gründe, die für den Beschluß angegeben wurden, gelten zu lassen. Liu Schao-tschi behauptete, daß die Naturkatastrophen so groß seien und die Schäden, die die sowjetischen Führer bewirkt hatten, indem sie ihre Verträge mit uns brachen und wesentliche Teile unserer Industrie lahmlegten, so umfangreich seien, daß es keinen Sinn habe, auch nur zu versuchen, den Bau dieses Kraftwerks fortzusetzen. Besonders weil wir große technische Probleme hatten und die sowjetischen Fachleute die Archive und Laboratorien nach Zeichnungen und Karten und geologischem Untersuchungsmaterial geplündert hatten. Für uns, die wir hier arbeiteten, war das ein schmerzlicher und unfaßbarer Beschluß.
Mehrere große Projekte wurden in diesen Jahren in Kansu gestoppt. Das war eine schwere Zeit. Die Arbeit mußte aufhören, aber wir fuhren mit den Untersuchungen und dem Planen fort. Die Bauarbeiter, die hier gearbeitet hatten, wurden bei einigen anderen und kleineren Kraftwerken in der Nähe untergebracht. Am Kraftwerk bei Jangkou, 30 Kilometer von hier, das heute 300000 Kilowatt liefert, und am Kraftwerk bei Papan, 43 Kilometer von hier. Aber dieses Kraftwerk bei Liutschia war das größte; es war entscheidend für das Energieangebot in dem neuen Industrieaufbau. Wir fuhren fort, dies zu diskutieren. Wir erkannten nicht an, daß es von den Plänen gestrichen worden war.
Die großen Diskussionen, der Kampf zwischen den Linien und die Bewegung für sozialistische Erziehung bewirkten, daß wir Liu Schao-tschi allmählich zurückdrängen konnten. Im Juli 1964 wurden die Richtlinien für den industriellen Aufbau in Nordwestchina beschlossen. Damit bekamen wir auch das Startsignal, mit den Arbeiten hier wieder anzufangen. Damals waren wir hier 20000 Arbeiter. Wir hatten die Pläne umgearbeitet. Wir sprengten uns noch 20 Meter tiefer hinunter.
Die ganze Anlage ist in China konstruiert und ausgeführt worden. Der große Generator mit 300000 Kilowatt ist in Harbin hergestellt. 1974, nach zehn Jahren, begann es, mit voller Kapazität zu arbeiten.
Unsere Aufgabe ist nicht nur, Energie zu produzieren; wir tragen auch dazu bei, den Gelben Fluß zu regulieren. Wir sind eine der großen Anlagen, die zu dem großen Plan, den Gelben Fluß zu kontrollieren, gehören. Der Damm wurde gebaut, um auch sehr starke Hochwasser aufzuhalten und zu kontrollieren. Wir können dafür sorgen, daß es nicht einmal im Katastrophenfall zu verheerenden Überschwemmungen in Lantschou kommt. In normalen Fällen und auch bei ungewöhnlichem Hochwasser können wir die Überschwemmungen völlig verhindern, die früher in Lantschou üblich waren.

Das Problem für uns hier — wie überhaupt das große Problem mit dem Gelben Fluß — ist die Verschlammung. Hier im Oberlauf des Flusses sind die Schwierigkeiten nicht ganz so groß wie weiter unten. Doch sie sind groß genug. Es gibt unterschiedliche Lösungen. Um den eigentlichen Damm zu schützen, greifen wir zu der kurzfristigen Lösung, die Schlammablagerungen auszuspülen und fortzuschwemmen. Das machen wir bei Hochwasser. Aber am Damm bleiben jährlich ungefähr 4000 m^3 zurück. Um die müssen wir uns kümmern. Auf lange Sicht müssen wir dafür sorgen, daß die Erosion im Oberlauf des Flusses verhindert wird. Das ist die einzige Lösung, die eine echte Lösung des Problems bringt. Dazu gehören die Pflanzungen von Bäumen, die Erosion verhindernde Dämme, verschiedene Terrassierungsarbeiten. Sie gehören zu dem großen Plan für den Gelben Fluß. Das gilt für den Oberlauf wie für den Unterlauf. Jede Produktionsbrigade im Einzugsgebiet des Flusses hat ihre Aufgabe in dem großen Plan. Auf lange Sicht wird dieser Plan China verändern.«

Fast eine Woche später fahren wir oberhalb von Liutschia mit einem Flußschiff weiter. Noch weiter oben war der Gelbe Fluß noch für den Schiffsverkehr gesperrt. Dort sollte er erst mit dem Hochwasser im Oktober beginnen. Aber flußaufwärts bis zur Mündung des Tatscha-Flusses konnten wir kommen. Dort würden wir dann an Land gehen und nach Linhsia weiterreisen.

Wir stehen an der Reling und blicken über das Wasser auf die roten Berge im Südwesten. Dort, nach der Grenze mit Tschinghai hin, liegt Pinglingsi. Bevor das Hochwasser kommt, ist es schwierig, dorthin zu reisen. Der Weg von Liutschia ist nicht leicht. Besonders der Weg durch die Schluchten hinunter war schwer gewesen. Aber die Anstrengungen hatten sich wohl gelohnt, denn Pinglingsi hat die vielleicht am besten erhaltenen Skulpturen aus der Nördlichen Wei-Dynastie im 6. Jahrhundert nach unserer Zeitrechnung.

Die Grotten liegen so verborgen, daß kein ausländischer Archäologe vor der Befreiung dorthin kommen konnte. Deshalb sind sie auch nicht geplündert worden. Soviel ich weiß, ist vor mir noch kein Ausländer in Pinglingsi gewesen.

»Ich freue mich, daß ich die Möglichkeit bekam, Pinglingsi zu sehen. Wenn nur die Bilder auch gut herauskommen.«

Es war ein ruhiger Nachmittag. Das Wasser war spiegelblank, und wir saßen in Decken gewickelt auf dem Deck, tranken Tee und lasen unsere Post. Wir hatten einen ganzen Sack mit Post von Lantschou herauf bekommen. Es war eine eigenartige Stimmung. Es war, als hätten wir das Schiff von Revsnes am Sognefjord genommen und wären dann durch den Aurlandsfjord und Nærøyfjord nach Gudvangen gefahren. Die Felswand spiegelte sich im Wasser, und hoch über uns war der Himmel

unsagbar blau. Wir gingen die Briefe und Bücherpakete und Zeitungen durch, sortierten und lasen.
Überall, wohin wir in diesen Monaten kamen, waren die Menschen in weitreichende Diskussionen vertieft. Hier und da hatten diese Diskussionen alle Mauern mit Wandzeitungen gefüllt wie in Chotan. An anderen Orten hatte sich uns die Diskussion gezeigt, als wolle sie das, was da in den Zeitungen aus Peking zu lesen war, stillschweigend übergehen. Die Diskussionen in China wurden auch nicht formell oder nur zum Schein geführt. Sie rührten an wesentliche Dinge.
Aber in den Briefen und Zeitungen, die wir mit der Post aus Europa bekamen, schien China etwas anderes zu sein. Während wir den Fluß hinauffuhren und die Klippen steil aus dem stillen Wasser ragten, unterhielten wir uns darüber.
»Das ist seltsam«, sagte Gun. »Es ist, als beschrieben sie eine ganz andere Welt als die, in der wir uns bewegen. Die Welt, in der wir reisen, ist eine viel gewöhnlichere. Die chinesische Politik ist nicht wunderlich. Aber sie fahren durch ein anderes China und scheinen einer anderen Diskussion zu folgen.«
Wir sprechen darüber, woher das kommt. Denn es ist ganz augenfällig, daß das so ist. Man braucht nur zu lesen, was wir im Laufe der Jahre veröffentlicht haben, um zu sehen, daß wir dieselben Länder wie sie, dieselben Orte, vielleicht sogar dieselben Menschen schildern — aber nicht dieselbe Welt. Das gilt für China genauso wie für Indien oder Pakistan oder Afghanistan oder irgendein anderes Land, in dem wir viel und lange gereist sind. Schweden zum Beispiel. Oder Frankreich. Aber nun saßen wir auf dem Deck eines Flußschiffes im Oberlauf des Gelben Flusses, und wir sprachen von China.
Wir reisen in einem Sommer und Herbst durch China, als die intensivsten Diskussionen, die wir jemals im Lande erlebt haben, stattfinden. Es ist spannungsreicher als 1962, spannungsreicher als 1969. Uns erscheinen diese Diskussionen wie richtige Diskussionen um ernste Fragen, die alle daran Beteiligten tief berühren. Doch wir lesen darüber in den Zeitungen von zu Hause, als handelte es sich ausschließlich um Intrigen auf höchster Ebene in Peking, als leierten Millionen über Millionen von Chinesen in verschiedenen politischen Rollenspielen ihre Antworten herunter.
Aber hier in Liutschia hatte Wang Tu-kiang erzählt, wie bitter enttäuscht viele hier im August 1962 waren, als das Projekt gestoppt wurde. Er hatte erzählt, wie sie protestierten und wie sie darum kämpften, möglichst große Teile der Planungsarbeit fortsetzen zu dürfen, wie die Debatte sich dann während der Bewegung für sozialistische Erziehung 1964 vertiefte und wie man endlich den Beschluß vom Juli 1964 durchsetzen und den Bau wieder aufnehmen konnte.

»Und überall erzählt man ähnliche Geschichten«, sagte Gun. »So war es in Nija, so war das beim Eisenwerk. Man beschreibt wirkliche Auseinandersetzungen um wirkliche Probleme.«

Es gibt Studentenkreise und Journalistenkreise in China, wo die Probleme ebenso abstrakt gestellt werden wie in Lund oder in Paris. Das ist ein ernstes Problem für China. Wenn man in den Kreisen verkehrt oder sich an deren Artikel hält, wird China natürlich zu einem eigenartigen Land. Dann wird es einleuchtend, zu glauben, China sei ein einziges Knäuel von oben gelenkter Palastintrigen, wo Privatinteressen als Ideologien verkleidet werden. Auf die gleiche Art wurde es für den, der sich in den 30er Jahren in gewissen französischen Journalistenkreisen bewegte, einleuchtend, zu glauben, Frankreich werde von Freimaurerintrigen regiert. Aber als Bild von China in den 60er und 70er Jahren oder von Frankreich in den 20er und 30er Jahren ist das unsinnig. Obwohl es in China Intrigen gibt und obwohl es im Frankreich der Zwischenkriegszeit Freimaurerpolitik gegeben hat.

Wir haben versucht, diese Schwierigkeiten zu vermeiden, indem wir uns aus diesen Kreisen herausgehalten haben. Das gilt sowohl für China als auch für andere Länder, in denen wir wohnen, in denen wir reisen, die wir beschreiben.

Gerade was China betrifft, so haben wir noch einen anderen Vorteil als den, nicht in Universitäts- und Journalistenkreisen zu verkehren. Jenen nämlich, mit Menschen, die wir kennen, gereist zu sein und verkehrt zu haben. Sowohl 1962 als auch jetzt sind es Freunde und Arbeitskameraden aus der Jugend, mit denen wir zusammen waren. Menschen, die wir gekannt, mit denen wir verkehrt, mit denen wir zusammen gearbeitet und diskutiert haben, in anderen Zeiten und in anderen Ländern.

Wenn man einander seit 10, 20, 25 Jahren kennt und über Wichtiges und Unwichtiges gesprochen hat, über Weltpolitik und Alltagsprobleme und Privatangelegenheiten, viele Male zu unterschiedlichen Ansichten gekommen ist und sowohl die Ansicht in verschiedenen Angelegenheiten ändern als auch um andere streiten konnte — dann wird es leichter, zu verstehen. Der Kampf zwischen den beiden Linien war nicht geheim. Zwar enthüllten sie keine Staatsgeheimnisse und keine Parteigeheimnisse. Aber wenn man sich seit langem kennt und sie dann jeden Abend bei Versammlungen sitzen, da kann man nicht umhin, zu begreifen, worum es sich handelt und worüber man diskutiert und wie das Parteivolk sich verhält.

Die Dämmerung fällt auf den Fluß, und Gun sagt:

»Ja, nun sind es also letztlich Tschou En-lais Politik und die Beschlüsse des vierten Volkskongresses, worum es geht. Hier in Kansu gibt es keinen Zweifel, wo die Kader stehen. Wir haben nichts gesehen, was auf irgendeine organisierte Rebellentätigkeit hinweist. Ja, höchstens jenes Anschlagbrett in Tschangjeh.«

Gun packt die Post zusammen. Die Bücher, die wir von Urumtschi aus bestellt hatten, treffen allmählich ein.
»Die Welt funktioniert«, sagt sie. »Die Post kommt an.«
Sie ist dabeigewesen, Sir Aurel Steins ›Ruins of desert Cathay‹ zu lesen. Jetzt packt sie die dicken Bände in die Büchertasche. Die Tasche ist groß und braun und mit schwarzen Lederriemen umspannt, damit sie nicht aufgeht.
»Das ist eine altmodische Art zu reisen«, sagt sie. »Ich glaube, wir gehören zu den letzten, die eine ordentliche Reisebibliothek bei sich haben, wenn sie reisen. So brauchen die Reisen auch mehr Zeit. Seit 1956 haben wir mehr Monate unterwegs als zu Hause zugebracht. Ich habe vorhin nachgerechnet.«
Das Schiff hat angelegt. Es ist Niedrigwasser, und die Landungsstelle hat hohe Ufer. Ich balanciere mit der Büchertasche in einer Hand und der Schreibmaschine in der andern und Guns Kameratasche über der Schulter über die schwankende Planke.
»Sieh mal, was für ein schöner Sonnenuntergang das ist«, sagt Gun.
Hoch oben brennen jetzt die Wolken im Sonnenuntergang, die Schatten liegen schwer um uns, und dort vorn in der Dämmerung warten die Jeeps mit eingeschalteten Scheinwerfern. Wir laden unser Gepäck auf und fahren nach Linhsia.

40

Wo die Straßen sich teilen

Linhsia ist ein autonomer Distrikt. Einmal war die Stadt Hauptort der Brüder Ma, Warlords und Feudalherrscher, die sie wie Eigentum gehalten hatten. Nun ist Linhsia seit 1956 autonomer Distrikt der Hui. Es ist ein reiches Ackerbaugebiet. Man bietet uns Hirsekuchen an und spricht über Landwirtschaftspläne und wirtschaftliche Planung. Von den 1254000 Einwohnern im Distrikt sind 1140000 in der Landwirtschaft tätig. Doch eigentlich sind wir wegen der Industrie hier.

Hier ganz oben an der Grenze nach Tschinghai, was einmal der entlegenste Teil Chinas gewesen ist, gibt es heute auch eine der modernsten Industrien Chinas: die fototechnische Industrie der Provinz Kansu.

Die Fabrik hat große und moderne Gebäude dicht am Berghang. Die Anlage ist groß. Es gibt viele Gebäude. Im Kriegsfall kann die Fabrik in bombensichere Räume im Berg ziehen und die Produktion fortsetzen. Zum Teil befindet sie sich schon im Berg. Daß die fototechnische Industrie der Provinz Kansu errichtet wurde und daß sie gerade hier nach Linhsia verlegt wurde, hat wirtschaftliche und verteidigungspolitische Gründe.

»1966 zogen wir aus dem Küstenland nach hier um«, sagt der stellvertretende Parteisekretär Kao Jong-tschin. »Der Vorsitzende Mao Tse-tung hatte zu einer planmäßigen Streuung der optischen Industrie aufgefordert, um die Bereitschaft zu erhöhen. Vier Fabriken und Institute zogen herauf. Wir kamen aus Harbin, Nanking, Sian und Schanghai. Wir waren 800, als wir im Winter 1966/67 hierherkamen. Damals gab es hier weder Wohnungen noch Werkstätten. Wir mußten anfangen, alles mit unseren eigenen Händen aufzubauen. Es war ein kalter und schwerer Winter. Seitdem haben wir diese Industrie Stück für Stück aufgebaut. Jetzt sind wir 3700 Angestellte. Wir tragen dazu bei, das Innere von China zu industrialisieren.

Vor der Befreiung stellte China keine fotografischen Objektive und andere Fotoausrüstungen her. In Schanghai waren die Geschäfte in jener Zeit eine kleine Weltausstellung von teuren Importartikeln. Nach der Befreiung begannen wir, unsere Industrie für fotografische Ausrüstung aufzubauen. Heute sind wir ein Stückchen weitergekommen. Das hier ist nur einer unserer Betriebe. Es gibt mehrere derselben Branche an anderen Orten des Landes.

Ein Teil der Produktion, um die es jetzt geht, besteht zum einen aus Filmprojektoren für 35 mm, 16 mm und 8,5 mm und zum anderen aus Filmkameras für die Nachrichtenreportagen des Fernsehens. Handliche leichte Kameras. Dazu produzieren wir Tonbandausrüstungen und verschiedene Bandtypen und ähnliches für Computer. Schließlich stellen wir Optiken für fotografische und andere Zwecke her. Das ist ein Gebiet, auf dem wir neue Techniken entwickeln und eigene Fortschritte erreichen können.

Unser erstes großes politisches Problem war der Energiebedarf. Hier gab es nicht annähernd soviel Energie, wie wir brauchten. Es war ein politisches Problem, denn wir hätten verlangen können, daß der Staat eine Hochspannungsleitung vom Kraftwerk Liutschia hierher legen würde, aber wir führten eine grundsätzliche Diskussion und beschlossen, die Arbeit mit eigenen Mitteln durchzuführen. Wir hatten zwei Techniker mit gründlicher Erfahrung. Sie leiteten die Arbeit. In 100 Tagen zogen wir 1966 die Leitung hierher. Wir gingen über 40 Berge und fünf Reservoire und mußten zweimal den Gelben Fluß überqueren. Aber wir machten es.

Wir müssen viele technische Probleme in unserer Produktion lösen. Hier wird äußerste Päzision gefordert. Wir müssen teuer importierte Ausrüstung durch solche ersetzen, die wir selbst herstellen. Aber es reicht nicht aus, die ausländischen Geräte zu ersetzen — wir müssen die Präzision und die Leistungsfähigkeit übertreffen, die die ausländischen Apparaturen besitzen. Das läßt sich machen, wenn man sich auf die Arbeiterklasse verläßt und die Aufgabe auf die richtige Art stellt. Wissenschaftler, Kader und erfahrene Arbeiter in der Drei-in-eins-Kombination können die schwersten Probleme überwinden.

Eine Sache, die wir mit großem Ernst diskutiert haben, ist die Frage, wem wir eigentlich mit unserer Produktion dienen. Es ist gut, daß wir 35-mm-Projektoren herstellen. Wir machen gute Projektoren, die die Massen schätzen. Sie sind haltbar und leicht zu handhaben. Aber die Arbeiter stellen die Frage: Wem dienen wir? Dienen wir nur den großen Städten? Das ist eine Frage der Stellungnahme im Klassenkampf. Wir müssen den Kleinbauern dienen. Die Filme müssen dem Volk dienen. Aber unsere Projektoren sind zu schwer und fordern trotz allem zuviel Wartung, als daß sie auf dem Land verwendet werden könnten.

Wir lösten die Frage 1973 und konstruierten einen Projektor, der draußen bei den Produktionsbrigaden verwendet werden kann. Er ist tragbar und wiegt nur 20 Kilo. Wir haben nun eine Jahresproduktion von 30 000 solcher Projektoren.

Jetzt steht die Frage des Super-8 an. 8,5 mm ist ausgezeichnet. Das gibt eine gute Qualität. Nun müssen wir dieses Format erobern. Wir müssen die höchstmögliche Qualität schaffen. Das ist ein Format, das die Massen selbst benutzen können. Die Frage, wie man die Produktion einrichtet, ist eine politische Frage. So stellen wir sie, und deshalb haben wir uns jetzt daran gemacht, das Super-8 zu erobern.

1975 produzierten wir für 26 Millionen Yüan. 1976 für 30 Millionen Yüan. 1980 sollen wir nach dem Plan für 90 Millionen Yüan produzieren.«

Die Kupferindustrie in Pajin oder die petrochemische Industrie in Lantschou sind bekannt; aber die optische Industrie ist eines der charakteristischen neuen Projekte in China, die selten in die Nachrichten gelangen.

»China ist ein armes Land der dritten Welt«, sagt Gun, als wir auf dem Weg hinunter nach Lantschou sind. »Wer hierherkommt, um ein Land zu finden, in dem alle Umweltprobleme untersucht sind, die Frauen völlige Gleichheit erreicht haben, wo alle Fragen der Gesellschaft mit entspannten und kameradschaftlichen Diskussionen gelöst werden und wo keiner Vorteile auf Kosten der anderen sucht — diese Person wird schrecklich enttäuscht sein und nach Europa zurückfahren und über ihre Enttäuschung schreiben. China kann solchen Hoffnungen nicht entsprechen.

Aber wer in China mit offenen Augen reist und die Veränderungen sieht, versteht, was die Chinesen meinen, wenn sie sagen, daß sie China modernisieren werden, so daß das Land bis um die Jahrhundertwende ein blühendes und entwickeltes sozialistisches Land mit einer Wissenschaft und Technik von Weltrang wird. Und man soll nicht vergessen, daß sie sagen, sozialistisches Land. Nicht nur entwickeltes.«

In Lantschou treffen wir wieder auf den Gelben Fluß. Hier zieht er sich 250 Meter breit durch die Stadt. Es ist eine alte Stadt. Seit langem ein Knotenpunkt des Handels. Nun ist sie seit der Zeit des ersten Fünfjahrplans zu Anfang der 50er Jahre nicht nur zu einem Verwaltungsmittelpunkt und Knotenpunkt des Handels entwickelt worden, sondern auch zu einem industriellen und wissenschaftlichen Hauptort im nordwestlichen China.

Der alte Häuserwirrwarr ist zum größten Teil abgerissen worden, um Luft und Licht hereinzulassen. Breite schattige Alleen sind durch die Hüttenstadt gezogen worden. Aber es liegt ein schwerer gelber Teppich von Industrieschmutz über dieser neuen Stadt. Es gibt Smog über Lantschou, und wir husten.

Aber noch riecht der Industrieschmutz nach Fortschritt in Lantschou, und wenn man auch sagt, daß es notwendig ist, etwas dagegen zu tun, erzeugt der Husten doch einen Kitzel von Fortschritt und Zukunft in den Bronchien.

Hier verläuft nun die alte Straße, die Seidenstraße, die Kaiserstraße, quer durch Lantschou. Wir sind von der sowjetischen Grenze weit draußen im Westen hergekommen. Es ist früher Morgen. Die Luft ist dick von Dunst. Noch hat sich die Straße nicht mit Arbeitern gefüllt, die in die Fabriken radeln. Bald werden sie kommen. Hier in Lantschou hat fast jede Familie jetzt die ›vier Großen‹: Fahrrad, Nähmaschine, Armbanduhr und Transistorradio. Es ist schon zu schweren Verkehrsproblemen gekommen, wenn die Straßen sich in der Hauptverkehrszeit mit Fahrrädern füllen. Die Verkehrserziehung ist intensiv. Fahrt nicht nebeneinander! Haltet beide Hände am Lenker! Nehmt keine Erwachsenen auf dem Fahrrad mit! Gebt Zeichen!

Die Produktionsbrigaden fahren mit ihren Traktoren in die Stadt. Das verstopft die Straßen. Das Revolutionskomitee hat den Traktorverkehr innerhalb des Stadtgebietes verboten. Die Lastwagen dürfen nicht mehr in die Stadt hineinfahren. Sie müssen in den Randbezirken bleiben. Dort haben sie ihre Rastplätze und Fernfahrerhotels.

»Es ist unmöglich, den ganzen Verkehr zum Korridor und nach Sinkiang mitten durch die Stadt fließen zu lassen«, sagt Ho Jing, der Vorsitzender des Revolutionskomitees der Stadt Lantschou ist. »Wir müssen die Hauptroute an der Stadt vorbeileiten. Eine neue Straße mit neuen Brücken über den Gelben Fluß bauen, damit wir den Durchgangsverkehr loswerden.«

Es gibt auch Probleme mit dem Verkehr, weil die Jüngeren, die den Führerschein in ihrer Militärzeit bekommen haben, gern flott und etwas leichtsinnig fahren.

»Wir müssen uns gründlich um die Fahrprüfung kümmern«, sagt Ho Jing. »Es gibt auch welche, die ohne Führerschein fahren.«

Aber noch liegt die Kaiserstraße an diesem frühen Morgen leer und verlassen. Da kommen zwei Männer mit Latrinekarren. Sie haben in der Stadt Fäkalien geholt und sind auf dem Weg zu ihrer Produktionsbrigade im Vorort. Sie ziehen ihre Karren, und wir sehen sie an, und wenn auch der Rauch des Fortschritts über Lantschou liegt und uns zum Husten reizt, so zeigen diese zwei, daß Lantschou wohl auch seinen Smog und seine Verkehrsprobleme und seine Wachstumsschmerzen überwinden wird.

Denn die Fäkalien werden nicht in den Gelben Fluß geleitet. Die chinesische Landwirtschaft beruht darauf, daß jeder Abfall sorgfältig verwendet und zu Dünger für die Felder kompostiert wird. Fäkalien sind in China kein verachteter ›Schmutz‹, sondern ein Reichtum, den man nutzen muß. Mao Tse-tung betonte auch, daß die Vorstellung, Scheiße sei schmutzig, und Menschen, die mit Scheiße zu tun hätten, machten Scheißarbeit, eine armselige Oberklasseneinstellung sei. Wer nicht einsieht, daß die Fäkalien wertvoll sind und der Landwirtschaft dienen und damit dem Menschen bei seiner Arbeit dienen, kann nie ein Kommunist sein, sondern bleibt ein rebellierender Oberklassenintellektueller.

Wir betrachten die zwei Männer mit den Latrinekarren, die auf der Kaiserstraße vorbeiziehen, und Gun sagt:

»Was soll der Smog! Dort geht Chinas Zukunft.«

Der schwedische Schriftsteller Jan Myrdal wurde am 19.7.1927 in Stockholm geboren. In seinen Romanen und Dramen setzt er sich kritisch mit der schwedischen Gesellschaft auseinander. Darüber hinaus ist Myrdal durch seine engagierten Berichte und Reisebücher bekannt geworden.

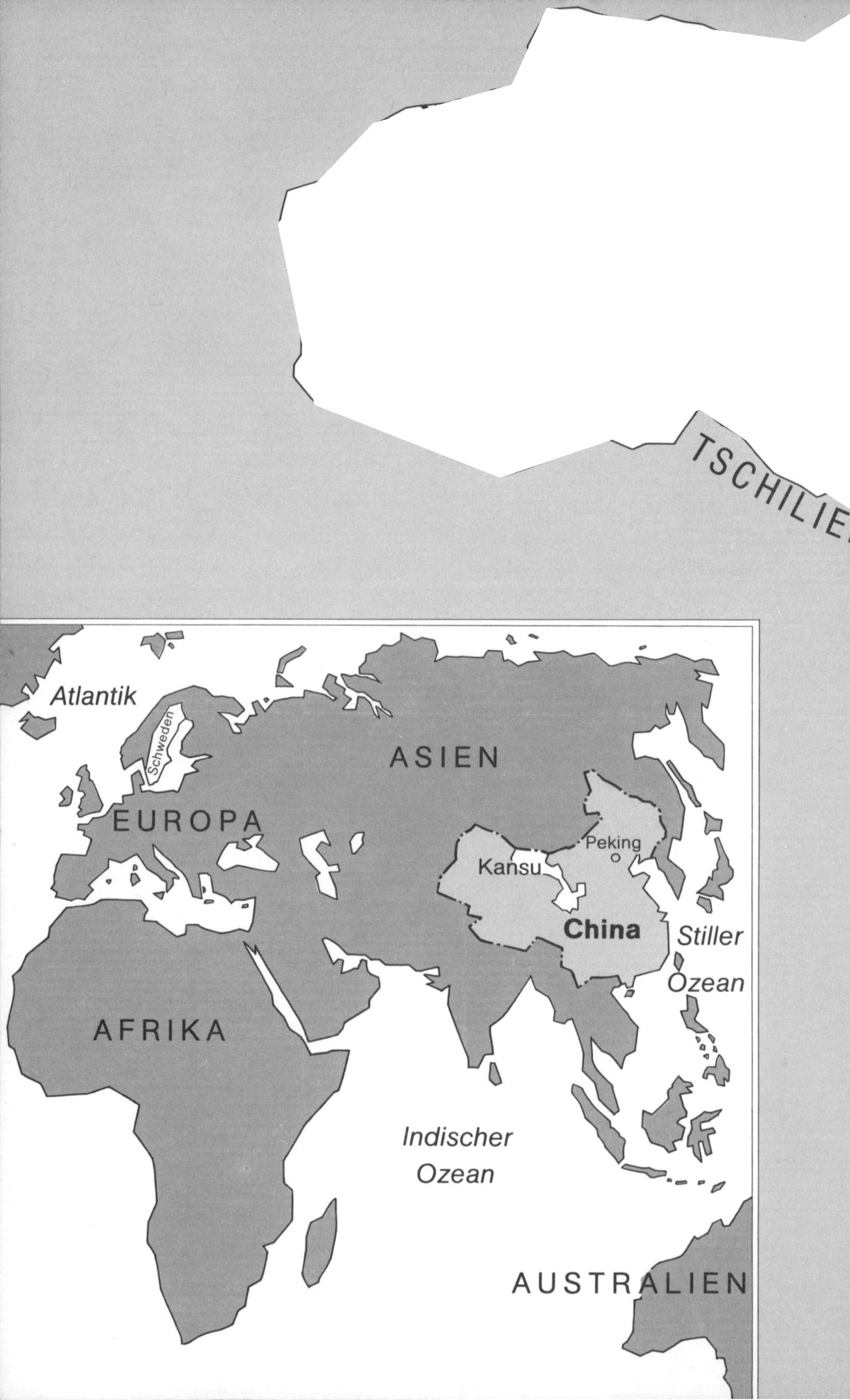
TSCHILIE
Atlantik
Schweden
ASIEN
EUROPA
Peking
Kansu
China
Stiller
Ozean
AFRIKA
Indischer
Ozean
AUSTRALIEN